ÉTUDE

DES ARMES.

Paris.—Imprimerie de Lacour , r. S.-Hyacinthe-S.-Michel 33.

ÉTUDE
DES ARMES

PAR

Le chevalier J. XYLANDER,

Major au corps royal des ingénieurs de Bavière, chevalier de plusieurs ordres,
membre de l'Académie royale des sciences militaires de Suède,
docteur en philosophie.

3e ÉDITION, AVEC 2 PLANCHES,

augmentée

PAR KLÉMENS SCHÉDEL,

Capitaine au régiment royal
d'artillerie bavaroise, prince Luitpold, professseur
de tactique au corps royal des Cadets.

Ouvrage traduit de l'allemand,

Par P. D'HERBELOT,

Capitaine d'artillerie.

Revu, complété, considérablement augmenté et suivi d'un *Vocabulaire des
Armes* par le traducteur.

PARIS

J. CORRÉARD, ÉDITEUR D'OUVRAGES MILITAIRES,

RUE DE L'EST, 9

1847

ÉTUDE

DES ARMES.

PARIS. — IMPRIMERIE DE LACOUR ET Cie.

Rue Saint-Hyacinthe-Saint-Michel, 33.

ÉTUDE

DES ARMES

PAR

Le chevalier J. XYLANDER,

Major au corps royal des ingénieurs de Bavière, chevalier de plusieurs
ordres, membre de l'Académie royale des sciences militaires
de Suède, docteur en philosophie.

3e ÉDITION, AVEC 2 PLANCHES.

augmentée

PAR KLÉMENS SCHÉDEL,

**Capitaine au régiment royal
d'artillerie bavaroise, prince Luitpold, professeur
de tactique au corps royal des Cadets.**

Traduite de l'Allemand,

PAR M. D........,

Capitaine d'artillerie.

PARIS,

J. CORREARD, Éditeur d'Ouvrages militaires,
Rue de l'Est, n° 9.

1846.

PRÉFACE DU TRADUCTEUR.

———

Le chevalier J. Xylander expose, dans une préface, que l'*Étude des Armes* forme la première partie de son *Traité de Tactique*, ouvrage qui sert de base à l'enseignement dans le corps royal des Cadets à Munich et dans les Ecoles régimentaires, et dont on se sert en outre dans d'autres écoles militaires en Allemagne. L'auteur ajoute que dans les dix années qui se sont écoulées depuis la publication de la 2ᵉ édition de ce traité, d'importants perfectionnements ayant eu lieu dans l'armement de la plupart des Etats, et notamment en Bavière, il est devenu nécessaire de faire paraître une 3ᵉ édition de ce qui concerne les armes. Cette édition a été augmentée par M. le capitaine Schedel, chargé depuis 13 ans de professer la tactique au corps royal des Cadets à Munich, et la première partie du *Traité de Tactique* peut être considérée maintenant comme un ouvrage à part.

Il se compose : 1° d'un aperçu historique, faisant connaître les progrès successifs de l'armement depuis les temps les plus reculés jusqu'à nos jours;

2° D'une partie technologique, présentant les propriétés des diverses matières employées à la fabrication des armes;

3° De l'étude des armes usitées de nos jours, savoir : *armes de main ou armes blanches, et armes de jet ou armes à feu.*

On voit, d'après l'étendue du programme, qu'il y eût eu matière à un volumineux ouvrage, si chacun des points à traiter l'eût été avec tous les développements qu'il comporte; mais l'auteur s'est imposé la condition de ne pas excéder les dimensions d'un seul volume, petit in-8°, et s'est borné à exposer succinctement tout ce qu'il est le plus nécessaire de connaître sur les armes et sur leur partie technologique, de manière à donner aux commençants les premières et principales notions relatives à ce sujet, et à les mettre à même d'en entreprendre au besoin avec succès une étude plus approfondie.

On s'est attaché dans cette traduction à ne pas s'écarter du plan d'un ouvrage qui a été accueilli favorablement en Allemagne. Cependant on ne s'est pas astreint à reproduire servilement en français la rédaction allemande; il a paru nécessaire de la modifier souvent, d'y faire des retranchements et des additions. Non-seulement quelques notes ont été placées au bas des pages, mais on a quelquefois fait des changements au texte, en respectant toutefois la pensée de l'auteur.

Le traducteur n'a pas cru même devoir reproduire littéralement en tête de l'ouvrage le titre allemand (*Waffenlehre*), *Science des armes.* Le titre *Étude des Armes*, qu'il a adopté, lui a paru plus en rapport avec le plan de l'auteur.

ÉTUDE
DES ARMES.

APERÇU HISTORIQUE.

—

1. Dans l'origine, l'homme en inventant les armes a eu pour but de s'en servir non-seulement dans les combats, mais encore à la chasse, par laquelle il pourvoyait à sa subsistance, et d'en faire usage pour se défendre contre les attaques des bêtes féroces.

PREMIÈRES ARMES DES PEUPLES SAUVAGES.

Les armes, dans leur simplicité primitive, telles qu'on les a trouvées entre les mains des peuplades sauvages, furent des massues faites avec de fortes branches d'arbres ou avec des os d'animaux. Plus tard vinrent les lances destinées, soit au choc, soit au jet : elles consistaient en tiges de bois taillées en pointe à l'un des bouts ou aux deux, et armées d'os pointus, d'arêtes ou de dents. On se servit aussi de couteaux, de marteaux et de haches, formés de pierres dures, percées pour passer un manche.

2. D'une part, ces armes exigeaient dans leur emploi une

force de corps supérieure ; de l'autre, elles étaient insuffi-
santes pour tous les besoins, particulièrement pour la chasse.
On fut conduit à confectionner des frondes, des arcs et des
flèches, pour pouvoir atteindre un but de loin. L'arc était
formé d'un bois tenace et élastique, de **6** à 8 pieds de longueur, que l'on courbait en forme demi-circulaire, en ban-
dant fortement des nerfs tordus d'animaux qui y étaient adaptés. Les flèches étaient faites d'un bois dur, et portaient au bout
opposé à la pointe des plumes sur deux ou quatre faces.

Pour se garantir des atteintes de l'ennemi, on se couvrit
avec des boucliers faits d'épaisses peaux de bêtes, d'écorces
d'arbres, de clayonnage ou d'écailles de tortues.

3. La connaissance de plus en plus approfondie des propriétés des diverses matières, amena, comme conséquence, des
perfectionnements dans la fabrication des armes.

C'est en Asie qu'on trouve les premières traces de l'art de
la guerre ; on doit y chercher également les premiers travaux
d'art dont les armes furent l'objet ; mais les sources histori-
ques y sont très obscures, et on ne peut y puiser avec fruit.

ARMES DES GRECS ET DES ROMAINS.

4. Plus tard eut lieu l'organisation militaire des Grecs et
des Romains. Il existe sur l'armement de ces deux peuples
des écrits détaillés. Leur vêtement paraît une conséquence de
leur armement. Il consistait en un manteau (*sagum*) d'épaisse
étoffe de laine, descendant jusqu'aux genoux, et que l'on déposait dans les combats. Sous ce manteau, le soldat portait
un vêtement plus court (*tunica*), qui, dans les premiers temps,
se mettait sur le corps nu, sans le serrer, et qui n'avait pas de
manches ; ensuite on en ajouta, et on porta par-dessous une

espèce de chemise. Des culottes faites de cuir descendaient jusqu'aux mollets, et des bottines s'adaptaient dessus.

Les officiers portaient des manteaux plus fins et plus longs que ceux des soldats. Les généraux avaient des manteaux de pourpre, qu'on nommait (*paludamenta*).

5. Les premières armes de ces deux peuples étaient en cuivre ou en airain. Pour produire ce métal, les Grecs alliaient le cuivre avec l'étain ou le plomb, et les Romains avec l'oxide de zinc. Plus tard, ils apprirent à travailler le fer et à le convertir en acier, et des armes furent confectionnées avec ces matières.

Ces armes se divisaient en trois classes : 1° celles qui servaient à la défense, et qu'on nommait armes défensives ; 2° celles qui servaient dans les combats homme contre homme, et qu'on appelait armes offensives ; 3° enfin celles qui nécessitaient le concours de plusieurs hommes pour frapper un grand coup sur l'ennemi, et qui s'employaient aussi bien en bataille rangée ou dans les camps, que dans l'attaque et la défense des places.

6. Les armes défensives des Grecs et des Romains étaient le bouclier, le casque, la cuirasse et les jambières.

Les Grecs avaient du côté gauche un bouclier d'airain, de forme ovale, et de 4 pieds de longueur sur 2 pieds 1/2 de largeur. Le milieu s'élevait en forme convexe, afin de mieux garantir contre les pierres, les traits ou tout autre projectile de l'ennemi. Il présentait aussi une espèce de pointe dont on se servait dans l'attaque. Intérieurement, il avait la forme concave, et était muni de deux anses. L'une d'elles, dans laquelle on enfonçait le bras, correspondait au centre de gravité ; l'autre, placée vers le bas du bouclier, était disposée de manière que la main pût y atteindre. Le bouclier, pendant la marche, se portait sur l'épaule gauche : on avait coutume d'y peindre des têtes de bêtes féroces, quelques traits de la vie des héros célèbres, où même l'image des divinités.

Les troupes légères d'infanterie et de cavalerie faisaient usage de boucliers en bois, de petite dimension et de forme ronde.

Les Romains, imitateurs des Grecs, portaient un bouclier (*scutum*), de même forme, fait en bois recouvert intérieurement et extérieurement de plusieurs pièces de cuir ou de toile superposées, et garni de tôle sur les bords. On y retrouvait au-dehors la partie convexe (*umbo, ombilic*), et au-dedans les deux anses des Grecs.

Les cavaliers et les troupes légères à Rome se servaient de plus petits boucliers (*parma*), de 3 pieds de diamètre, faits d'ailleurs comme ceux des autres troupes.

Du temps de César, on donna une enveloppe au bouclier pour le ménager.

Sur chaque bouclier était écrit le nom et le grade de celui qui le portait, et la division dont il faisait partie.

Chez ces deux peuples, on attachait une haute importance au bouclier. Ceux qui revenaient du combat sans le rapporter, étaient regardés comme déshonorés. Chez les Romains, après l'action, ils étaient battus de verges jusqu'à la mort, ou lapidés.

7. Le casque des Grecs était d'airain ou de cuir muni d'airain. Il descendait jusqu'aux épaules et laissait la vue libre. Des deux côtés se trouvaient des courroies qui fixaient fortement le casque sous le menton et qui protégeaient les joues. Les Lacédémoniens portaient des casques fermés ; les Macédoniens se servaient souvent d'une espèce de coiffure de peau de bête pour se préserver du froid.

Les simples soldats avaient sur leur casque une petite queue de cheval, la plupart du temps, teinte en rouge. Les chefs en portaient de plus grandes qu'ils quittaient en signe de deuil.

Le casque romain (*galea, cassis*) était semblable à celui des Grecs, et était porté, soit par la grosse infanterie, soit par la cavalerie. Les troupes légères, au lieu de casque, se servaient d'une peau de loup ou de tout autre animal pour couvrir leur tête. Cette variété de coiffure devint aussi l'occasion de distinctions pour les guerriers qui, dans un combat, s'étaient signalés par quelque action d'éclat.

8. La cuirasse (*lorica*), destinée à défendre le corps, était, chez les Grecs, faite de métal, de cuir, ou de toiles superposées. Les bras, depuis les épaules jusqu'aux coudes, étaient couverts de bandes d'airain. Les cuirasses de métal étaient formées d'écailles, d'anneaux ou de chaînettes. Dans les grades subalternes de l'armée, on n'avait de cuirasse que sur la poitrine, et le dos restait découvert. La cuirasse s'appuyait sur les hanches, elle y était fixée par plusieurs bandes garnies de métal ayant la forme de courroies, qui descendaient jusqu'aux genoux et qui entouraient le bas du corps et le garantissaient.

Les chevaux portaient aussi des chaînes et des plaques de métal sur les parties du corps où les blessures présentent le plus de gravité.

Les Romains couvraient leur poitrine avec une cuirasse métallique du même genre; plus tard s'introduisit dans leurs troupes l'usage des cuirasses de cuir, dont la résistance était augmentée par une garniture en écaille ou en chaînes de métal. Le soldat de ligne romain, s'il n'avait pas de ressources pécuniaires, prenait, au lieu d'une cuirasse complète, une pièce métallique (*pectorale*) de 12 doigts de diamètre. Chacune de ses épaules était couverte de 4 courroies garnies de chaînettes; 6 autres protégeaient la partie inférieure du corps sans gêner sa marche.

9. Les Grecs couvraient avec des jambières les genoux et l'os de la jambe; elles étaient d'abord faites en cuir; on les

fît plus tard en forte tôle. Pour ceux qui se servaient de la
lance, le pied gauche seul était garanti, parce que dans les
combats il était le plus exposé.

Les jambières (*ocreæ*) des Romains ne couvraient que l'os
de la jambe, elles étaient de tôle, doublées en laine et bou-
clées fortement derrière le gras de la jambe. Dans les temps
reculés, on s'attachait davantage à protéger le pied et le bras
droit, parce que le côté gauche était, dans l'action, plus en
arrière et garanti par le bouclier, tandis que le droit était plus
exposé par suite du maniement de l'épée.

10. La seconde espèce d'armes chez ces deux peuples comprend : 1° *les lances et les diverses espèces d'armes de jet ;* 2°
l'épée ; 3° *la fronde ;* 4° *l'arc.*

La *sarisse*, lance de 18 à 24 pieds de longueur, arme de
choc, se composait d'une hampe de bois fort, quoique léger,
terminée par une pointe aiguë de métal. L'emploi que les Macédoniens firent de cette arme, lui donna une grande célébrité. L'arme de choc des Romains s'appelait (*hasta*) ; elle
pouvait avoir 14 pieds de longueur, et en marche, se portait de
la main gauche. Les longues armes de choc usitées plus tard,
se nommaient lances (*lanceas*).

La *lance* des cavaliers (*centus*) était munie d'une pointe à
chacun des bouts de la hampe, de sorte que si l'une venait à
se rompre, l'autre pouvait servir. On employait cette arme au
commencement de l'action, comme arme de choc, avant de
tirer l'épée, on la jetait comme hasta dans les rangs de l'ennemi.

Les légionnaires portaient deux lances de jet (*pila*), dont l'une
d'un fort diamètre, était garnie d'une courroie vers le centre
de gravité, pour en faciliter le port ; l'autre, plus mince et
plus légère. Cette dernière était spécialement destinée au jet ;
l'autre, au contraire, devait être aussi employée comme arme

de choc. La hampe de l'une et de l'autre avait 5 pieds 1⁄2 de longueur. La pointe de fer était munie d'une espèce d'hameçon qui, lorsqu'on la retirait, aggravait la blessure. Ce fer avait à peu près la longueur du bois, et y était fortement fixé.

Le javelot (*jacula*) des troupes légères avait un bois de 4 pieds et une pointe d'une palme. Le bois avait un pouce de diamètre, la pointe était si mince, qu'après le premier jet, elle se courbait, ce qui ne perme ti pas à l'ennemi de s'en servir; chaque homme portait sept javelots avec lui.

Sous les empereurs, les javelots plombés (*plumbatas*) furent adoptés dans quelques légions. Chaque homme en portait cinq sous son bouclier. Le plomb leur donnait une plus grande force de projection.

11. L'épée des Grecs a varié de forme et de longueur suivant les époques. Anciennement, elle était plus longue; ensuite on adopta un sabre plus court, qui, comme celui des Perses, était souvent courbé sur le devant et qui encore aujourd'hui en usage chez les Orientaux, a beaucoup de rapport avec le *yatagan*. (Planche I, fig. 1).

Les Lacédémoniens se servaient d'épées courtes, lourdes, à deux tranchants, recourbées et très vraisemblablement destinées seulement à la taille.

Les Romains employèrent, avant la deuxième guerre punique, un glaive à un tranchant, sans pointe; ensuite ils le remplacèrent par une épée espagnole nommée (*gladius*), propre à frapper de taille et de pointe, dont la lame était d'acier, courte, forte, et très tranchante. (Pl. I, fig. 2).

Le glaive des cavaliers romain était plus long que celui des fantassins et seulement destin é à la taille; c'était leur arme principale. Quelques auteurs prétendent que ce glaive (*spalha*) fut, du temps des empere u s, emprunté aux peuples

du Nord. On ne peut décider si les Grecs portaient l'épée à
droite ou à gauche, on sait que les Romains la portaient à
droite, et de manière à ne pas gêner la marche. Du temps de
Vespasien, les Romains avaient, (peut-être seulement les cavaliers), d'après le dire de Joseph, à gauche une épée, à droite
un poignard.

L'épée ne tint pas toujours à la ceinture, mais, ainsi qu'on
le voit sur les sculptures des colonnes de Trajan et d'Antonin,
on la porta à un sautoir (*balteo*), qui s'appuyait sur l'épaule.

A côté de l'épée, la plupart portaient un couteau ou un poignard dont ils se servaient, soit dans la mêlée, soit pour leur
usage habituel.

12. La simple fronde (*funda*), avait la forme d'une espèce
de sangle qui au milieu s'élargissait en ovale, et qui à chaque
bout se terminait en étroites courroies. On la faisait avec des
joncs, des crins, de la laine ou avec des cordons, des muscles
d'animaux, et on s'en servait pour jeter au loin des pierres,
des balles et même des traits ; on tournait fortement la fronde
deux ou trois fois en cercle au-dessus de la tête, puis lâchant
tout-à-coup l'un des bouts, pendant que l'autre restait en-
gagé dans la main, on lançait la pierre au but ; il en résultait
de dangereuses blessures. Le frondeur qui, en un seul tour,
donnait au projectile la force centrifuge nécessaire, passait
pour très habile.

Chez les Grecs, les Acarnaniens, les Achéens, les Étoliens,
du temps dès Romains, les habitants des îles Baléares étaient
très habiles à se servir de la fronde, et ils contribuaient
puissamment au gain d'une bataille.

Alexandre, dédaignait l'usage de la fronde ; Xenophon au
contraire, dans la célèbre retraite, s'en servit avec un grand
succès dans plusieurs occasions.

Sous Trajan, il y eut en usage une autre espèce de fronde,

(*fustibatus*) ; elle consistait en une courroie fixée à un bâton
de 4 pieds de long avec lequel on lançait très légèrement.

Chaque frondeur portait du côté gauche dans un sac de
cuir, le nombre de projectiles nécessaire pour pouvoir en alimenter le jet d'une manière continue.

13. L'*arc* (*arcus*), fut originairement employé par les peuples orientaux. C'est à eux que les Grecs paraissent l'avoir
emprunté. Ils donnaient cette arme de préférence aux cavaliers, et la faisaient en corne ou en acier pour lui procurer
une force de tension qu'on ne pouvait obtenir avec le bois
le plus élastique. A Rome, elle n'était en usage que chez les
troupes auxiliaires.

Les guerriers Crétois et Thraces étaient renommés pour
leur d'extérité à manier l'arc, et plusieurs d'entre eux s'en servaient avec beaucoup de succès à 130 pas (98 m.) de distance.

14. La troisième et dernière espèce d'armes, dont l'emploi nécessitait le concours de plusieurs hommes, compre-
nait : 1° les chariots de combat ; 2° les balistes et onagres ;
3° les catapultes ; 4° les frondibales ; 5° les béliers.

Les chariots armés de faux étaient dans l'origine portés
par deux roues et attelés de deux chevaux harnachés.

Le timon, les roues et le corps du chariot, étaient souvent
garnis de différents instruments pointus ou tranchants.

Sur le char se trouvait le conducteur, et derrière lui, un
guerrier habile à manier l'arc, le javelot ou la lance. Plus
tard, on augmenta les dimensions de ces chariots, on les
monta sur quatre roues, et on y plaça huit ou dix combattants. On les attela de quatre chevaux de front. Le conducteur s'en servait pour rompre l'infanterie, ensuite les combattants sautaient à terre, attaquaient l'ennemi à dos, pendant que les autres troupes profitant du désordre occasionné
par les chariots, l'attaquaient de front.

Ces chariots furent considérés longtemps comme un excellent moyen de combat; mais petit à petit leur puissance s'affaiblit. On les entourait d'hommes armés à la légère, qui jetaient à bas les combattants et tuaient les chevaux. D'après l'ordre d'Alexandre, les guerriers poussant subitement de grands cris, effrayaient les chevaux et les couvraient de traits de toute espèce ; les chars approchaient-ils des rangs avec un grand fracas, on les ouvrait sans résistance et on les refermait aussi vite que possible.

Sous Sylla, on plantait de nombreux pieux en avant de l'ordre de bataille ; ils restaient cachés à l'ennemi par les troupes légères placées en avant, jusqu'à l'approche des chars. En ce moment les troupes légères se retiraient derrière les pieux. Les légionnaires jetaient de violents cris de guerre ou frappaient avec force sur leurs boucliers ; les chevaux s'effrayaient, se retournaient, renversaient les chars, ce qui souvent devenait préjudiciable à ceux qui les envoyaient. Les Romains employaient aussi l'infanterie légère contre ces chariots; eux-mêmes ne s'en servaient jamais. En général, il suffisait d'un terrain inégal pour rendre leur action impuissante et petit à petit, ils disparurent complétement de l'ordre de bataille.

15. Un autre moyen de guerre qui était très comparable aux chariots, tant pour le mode d'action que pour l'effet produit, c'étaient les éléphants. Ils furent employés d'abord à la guerre dans les pays orientaux. C'est là que les Grecs et les Romains firent l'épreuve de leur puissance ; et au temps d'Alexandre-le-Grand, plusieurs éléphants furent transportés d'Asie en Europe : ils avaient probablement été pris aux Perses.

On les chargeait de tourelles sur lesquelles on plaçait de quatre à trente guerriers armés de traits. Ces animaux je-

taient l'épouvante par leur masse et leurs cris. Ils renversaient tout ce qui se trouvait sur leur route, saisissaient les
ennemis avec leurs trompes, les jetaient au loin, ou les
livraient aux hommes armés, montés sur les tours. De son
côté, l'armée ennemie avait aussi des éléphants, qui combattaient de la même manière ; la rage de ces animaux était
excitée au plus haut degré par les blessures. Les Romains en
prirent quelques-uns dans les guerres puniques ; ils les rendirent à la conclusion de la paix, et en employèrent eux-
mêmes dans la guerre contre Philippe III roi de Macédoine.
Les éléphants soutinrent fortement l'aile droite des Romains,
à la bataille de *Cysnoscéphale*, et contribuèrent puissamment
au gain de cette affaire décisive. Jules César fit transporter
quelques éléphants d'Afrique en Italie. Les guerriers et les
chevaux s'accoutumèrent à leur vue et à leurs cris. Il parvint à les dresser et à leur faire observer dans le combat un
ordre étonnant. D'un autre côté, l'ennemi cherchait à les
effrayer par des cris violents et des feux, à couper leurs
trompes, à les blesser au jarret et alors perdant la tête, ils se
retournaient assez souvent et renversaient l'armée dont ils
faisaient partie.

Pour se prémunir contre ce danger, les guerriers se servaient de cuirasses garnies de beaucoup de pointes, qui empêchaient les éléphants de les attaquer avec leurs trompes.

On se défendait de loin, soit avec des machines de jet, soit
en préparant en avant de l'ordre de bataille de l'armée, des
trous profonds ou des chausse-trapes que l'on recouvrait.
Cette disposition devenait-elle inutile, on ouvrait les rangs
pour laisser passer les éléphants ; on les refermait le plus
promptement possible, et on n'avait plus à craindre de nouvelles attaques par suite de l'indocilité de ces bêtes devenues
furieuses.

ÉPOUR DES ARMES. 1re liv. 2

16. Pour faire éprouver de loin de grands désastres à l'ennemi, les Grecs et les Romains employaient *la baliste,* machine de jet (pl. I, fig. 3), consistant en un fort échafaudage (*a*), dont la pièce principale était formée par une poutre (*b*) terminée en forme de cuiller, enveloppée de corde ou de toile. On y plaçait des pierres, des projectiles de métal. L'extrémité la plus basse était engagée entre des câbles, de fortes cordes à boyau, ou des nerfs de cheval, de cerf, ou de taureau, que l'on tordait fortement à l'aide d'une roue dentée (*c*).

Pour faire usage de cette machine, il fallait d'abord abattre avec force la poutre avec un cabestan (*d*). La cuiller était arrêtée en position horizontale par un crochet (*e*), qu'on pouvait lâcher facilement après avoir enlevé les cordages nécessaires pour la manœuvre du cabestan. Alors les projectiles placés dans la cuiller étaient lancés avec force.

Au commencement, les Grecs et les Romains se servaient de ces machines de jet, dans les siéges, dans la défense des défilés, et des rivières, sur des points où ces pièces pouvaient rester longtemps dans la même position; mais depuis la guerre contre les Parthes, on les plaça sur des chariots à quatre roues et on s'en servit sur les champs de bataille.

Les Grecs nommaient leurs grandes balistes *onagres.* Dans Végèce, on donne aussi ce nom à des machines de jet traînées par des bœufs.

17. Les *catapultes* (*carcobalistæ*) ne lançaient par les projectiles suivant des courbes à forme parabolique, comme les balistes mais dans une direction plus rasante; elles avaient en général beaucoup de rapport avec une grande arbalète. Elles consistaient en un canal de bois sur lequel était posé un très fort arc d'acier, muni d'une corde à boyau ou d'une corde de chanvre, et que l'on bandait au moyen d'un crochet de fer

et de deux cabestans, jusqu'à ce que la corde fut bien arrêtée par un mécanisme en arrière ; on lâchait les cordes tout-à-coup, et le trait placé dans le canal était lancé avec violence contre le but dans la direction donnée.

18. Dans les grandes catapultes (pl. I, fig. 4), l'arc était remplacé par un châssis (a), sur lequel se dirigeaient horizontalement deux bras (bb). La force d'impulsion était produite par deux fortes cordes à boyau (dd), fixées par le haut au châssis, et par le bas, à une des extrémités des bras. Ces cordes avaient acquis une grande élasticité par une forte torsion. Les deux autres bouts de ces bras était liés par un câble (e), qui, au moyen d'un cabestan (f), pouvait être successivement tendu et lâché comme la corde d'un arc, et lançait un trait ou une poutre placée dans le canal (c). Plusieurs de ces catapultes, particulièrement celles destinées à servir sur le champ de bataille, avaient un mécanisme qui permettait de les tourner promptement autour d'un axe, dans le sens horizontal. D'autres avaient aussi un mouvement dans le sens vertical, ou étaient susceptibles de lancer à la fois plusieurs traits.

Les plus légères, qui pouvaient être placées sur un chariot attelé de deux chevaux, étaient employées à différentes places dans les combats, et leur manœuvre, confiée à des hommes exercés, s'exécutait très rapidement. La plus petite espèce (peut-être *manu baliste*) (pl. I, fig. 5) s'appelait, suivant Vitruve, *scorpion*. Elle se chargeait sur un pied, qui permettait de la tourner horizontalement, et pouvait être manœuvrée par un seul homme, et lancer des traits de 300 à 500 pas (de 226 à 377 mètres).

Indépendamment des machines de jet ci-dessus nommées, les anciens employaient particulièrement pour la défense une machine très simple nommée *Frondibale* (pl. I, fig. 6).

Elle consistait en un pied massif (a), sur lequel s'élevaien
deux montants (bb), qui, à leur extrémité la plus élevée,
étaient reliés par une tige horizontale. A cette tige était fortement assujettie une perche à bascule (d). Au bout de sa plus
longue partie elle portait un panier rempli de pierres, un sac
de cuir, ou une caisse (c) ; à l'autre bout on attachait une ou
plusieurs cordes (b), qui s'enroulaient sur une poulie (g); en
lâchant ces cordes, on projetait jusqu'à une distance de 200
pas (156 mètres) des pierres ou d'autres projectiles pesant
souvent jusqu'à 20 ou 30 livres.

19. Toutes les machines mentionnées jusqu'à présent, ne
suffisaient pas pour renverser le mur d'enceinte d'une ville.
Dans ce but, les Grecs et les Romains employaient le *bélier*
(*aries*). Suivant le degré de résistance du mur, cette machine
était construite plus ou moins fortement. Une espèce de bélier très simple consistait en un tronc d'arbre, muni à son
extrémité d'une pièce de fer ou de métal en forme de tête de
bélier ou de cheval, destinée à empêcher le bois de se fendre
par le choc. Souvent ce bélier, au lieu de cette pièce, portait
une forte pointe ou une pioche pour séparer les pierres les
plus légères et les rompre. Ces machines étaient manœuvrées
simultanément par plusieurs guerriers, qui, après les avoir
mises en vibration, en frappaient tout-à-coup le mur.

Une seconde espèce consistait en une longue pièce de bois
de 60 à 100 pieds, garnie de tôle de fer, pour la préserver du
feu de l'ennemi, fixée par son centre de gravité à un écha-
faud, au moyen d'une corde ou d'une chaîne. Pour qu'elle
fût balancée plus en équilibre, l'extrémité portait un fort
contre-poids, qui en outre servait à augmenter le poids et la
force du choc de la machine. Elle était mise en mouvement
par cent ou un plus grand nombre de guerriers tirant sur
la corde.

Une troisième espèce de béliers, et la plus lourde, pouvait seulement être mue au moyen d'un système de poulies et de treuils. En général, pour préserver les travailleurs des traits et des projectiles ennemis, on recouvrait les deux dernières espèces de béliers d'un toit mobile de bois (*testudo aretariæ*).

20. Les Grecs et les Romains s'occupaient avec le plus grand soin des moyens de conduire sous les murs ennemis, en s'exposant le moins possible, les machines de destruction; et ils construisaient pour leur sûreté, non-seulement de longues galeries de bois, mais aussi des tentes, des toits et des tours qu'on appelait *Helépoles*, et qu'ils mettaient en mouvement par des systèmes de poulies et de roues; mais ces ingénieux moyens d'approche sont du ressort de l'art de la fortification et ne doivent pas être décrits ici.

Nous ferons remarquer toutefois que les Grecs et les Romains n'alourdissaient pas leurs armées par la conduite des machines de siége et de destruction ; mais qu'ils réunissaient au lieu de leur destination tout ce qui était nécessaire, et préparaient d'avance les machines de jet avec les travailleurs nécessaires, et non-seulement les têtes de béliers ou les cordages, etc., mais aussi tout ce qui pouvait ne pas se trouver sur les lieux, comme des bois, par exemple.

21. D'abord sous les empereurs, l'emploi des machines de jet étant devenu général sur le champ de bataille, chaque légion romaine traîna avec elle 50 catapultes et 10 balistes. Cette proportion fait voir combien on préférait les machines qui projetaient au loin leurs projectiles en ligne directe, très vraisemblablement parce qu'elles avaient plus de justesse, quoique leur force de projection dût être moindre.

On peut remarquer cependant qu'entre les instruments de jet décrits dans les chapitres 16 et 17, la ligne de démarcation n'est pas bien arrêtée, mais que par l'addition d'un canal (*f* (pl. 1 , fig. 3), dans lequel on pouvait aussi placer un trait, le mode d'action des balistes fut combiné avec celui des catapultes ; d'où il est résulté que dans la plupart même des anciens écrivains, il s'est glissé quelque confusion dans la désignation des balistes et des catapultes.

22. Pour ce qui concerne la puissance de ces machines, on sait que les Romains lançaient ordinairement avec les plus grandes, à 1,200 pas (904 mètres) de distance, des masses de pierres, du poids de 200 à 600 livres ; qu'ils projetaient des traits, de 6 à 12 pieds de longueur, semblables à des poutres, à une distance qui n'excédait pas 4 à 500 pas (302 à 377 mètres) en direction horizontale ; mais à une hauteur plus grande que cette distance.

Ces machines produisirent beaucoup plus d'effet qu'on ne peut le croire , parce que les armées alors combattaient de près, et que, de plus, on n'était gêné, ni par le bruit, ni par la fumée.

23. La valeur de l'armement était aux frais du gouvernement, soit en Grèce, soit à Rome. Dans ce dernier État, on avait créé des établissements particuliers où l'on déposait toutes espèces d'armes et de munitions; elles se trouvaient, partie dans un grand arsenal sur le mont Cœlius, ou dans ceux des provinces, partie dans les camps romains ; elles étaient prises en recette, mises en ordre et entretenues toujours en bon état par des gardes.

Toutes les armes de grande dimension devaient être ainsi conservées dans chaque camp; quant aux petites, telles que les poignards et les épées, non-seulement les guerriers romains, mais même les travailleurs employés aux fortifications ne devaient jamais les quitter.

Tous les sept jours, les armes , objets d'armement et d'habillement, étaient passées en revue et les négligences étaient punies.

A Rome, la vente de toutes armes et même celle du fer était sévèrement défendue. Les particuliers pouvaient bien faire des couteaux et autres instruments tranchants, jamais des armes.

24. Tous les bourgeois en Grèce devaient être exercés au maniement des armes. Cet exercice à Sparte, à Athènes et en Macédoine était poussé à un haut degré de perfection. Les enfants spartiates, dès l'âge de sept ans, apprenaient à combattre en jouant, et à prendre rapidement leur ordre de bataille ; ils combattaient entre eux avec un incroyable acharnement et aimaient mieux tomber comme morts de fatigue que de s'avouer vaincus.

Lycurgue pensait que les jeunes guerriers devaient être plus durement tenus dans leur patrie que même en guerre.

En paix, les guerriers avaient à couper les bois, labourer les terres, creuser des canaux, faire des routes. Ceux qui se distinguaient dans ces travaux, en étaient récompensés par de belles armes.

Du reste, les exercices sur les armes, étaient sans doute à peu près les mêmes, chez les Grecs et chez les Romains. Végèce les décrit clairement dans son premier volume, du onzième au dix-huitième chapitre. Nous en donnons un extrait.

25. Chaque jeune soldat devait enfoncer un pieu en terre assez fortement pour qu'il ne pût être ébranlé, et de manière qu'il en restât une hauteur de 6 pieds hors de terre.

On lui donnait un bouclier d'osier, et pour épée une arme de bois qui cependant était deux fois plus lourde que celle destinée aux circonstances sérieuses.

Le jeune guerrier devait simuler une défense contre ce pieu, censé représenter un ennemi, apprendre à porter des blessures.

tantôt dans le haut, tantôt dans le bas à la partie supérieure
du jarret, à se dérober rapidement aux coups d'estoc ou de
taille de l'ennemi, et à renouveler son attaque, sans donner
prise sur lui-même.

Plus tard, on exerça moins aux coups de taille qu'à ceux
d'estoc, parce qu'il fut reconnu que les coups d'estoc faisaient
des blessures plus meurtrières que ceux de taille, et parce que
dans le premier mode d'escrime on se découvre moins que
dans le second.

26. Le jeune soldat était exercé aussi à lancer des traits
contre ce pieu, en employant toute sa force.

Le quart des soldats romains environ apprenaient à lancer des
traits sur le pieu au moyen de l'arc ; la main gauche le tenait
avec fermeté, pendant que la droite le bandait, et on exerçait à
tirer non-seulement à pied, mais aussi à cheval.

On montrait également aux soldats de recrue à lancer des
pierres, soit avec la main, soit avec la fronde décrite ci-
dessus.

On leur apprenait à s'élancer sur un cheval de bois et à sauter à terre. Cet exercice avait lieu à l'air en été, sous un toit
en hiver ; on l'exécutait d'abord avec célérité sans **armes**, ensuite armé, et en dernier lieu l'épée tirée.

Enfin, les jeunes guerriers étaient habitués à porter, outre
leurs armes, un poids qui s'élevait jusqu'à 60 livres, non-seulement en marchant, mais même en courant.

Les recrues étaient exercées le matin et l'après-midi ; les anciens soldats, une fois par jour seulement.

27. Après la destruction des provinces de l'ouest de l'empire romain, celles de l'est se soutinrent encore longtemps,
soit parce qu'elles étaient mieux défendues au nord, soit
parce que les peuples voisins ne les attaquèrent pas aussi vivement.

Cependant elles succombèrent peu à peu à leur tour. Dans les années 673 et 717, la ville capitale de Constantinople résista aux Sarrasins, par suite de l'invention ou plutôt de l'emploi habile du feu grégeois (1).

La composition de ce feu n'a jamais été bien connue. Quelques écrivains modernes en reconnaissent trois espèces : 1° du naphte ou du pétrole très pur, qui, par sa légèreté spécifique, surnageait non-seulement sur l'eau, mais encore sur l'esprit de vin ; cette matière était très inflammable ; 2° un mélange de résines avec lesquelles on formait des traits enflammés ; 3° une composition détonnante, vraisemblablement de salpêtre, soufre et charbon. On rapporte que ce feu ne pouvait être éteint ni par l'eau, ni par les acides, ni par le sable, ni par la terre.

(1) On paraît avoir exagéré fortement les effets du feu grégeois. Lors de la découverte, en 1807, du sodium et du potassium, on crut d'abord en avoir retrouvé les éléments.

Voici du reste ce que des recherches modernes ont appris de plus certain sur cet objet. Lors du siége de Constantinople par les Sarrasins, en 673, un Syrien nommé Callinique en apporta le secret aux Grecs. Au dixième siècle, la recette de sa composition fut mise au rang des secrets d'État par l'empereur Constantin Porphyrogénète, et le secret fut gardé sous ses successeurs. Il fut employé en 1106 par Bohémond, lors du siége de Durrazzo. Les Sarrasins n'en eurent pas connaissance dans les premières croisades, et s'en servirent pour la première fois dans la cinquième, en 1218, au siége de Damiette. Connu exclusivement des Byzantins jusqu'au treizième siècle, il fut employé en 1257, au siége de Niebla, en Espagne ; en 1356, par les Anglais au siége du château de Romorantin ; en 1453, par les Grecs assiégés dans Constantinople et par les Turcs qui, sous les ordres de Mahomet II, assiégeaient cette place. Tout porte à conclure que la composition du feu grégeois est analogue à celle de la poudre de guerre, employée d'abord sous forme de fusée, et qu'ensuite il tomba en discrédit lors de l'invention des bouches à feu et de leur perfectionnement vers la moitié du quinzième siècle.

(Note du traducteur.)

Les Grecs restèrent pendant 400 ans en possession de ce secret, qui doit avoir été livré aux Sarrasins, car ceux-ci en plusieurs circonstances s'en servirent avec avantage contre les
Chrétiens ; ensuite on perdit les traces de ce feu si puissant
dans ses effets.

ARMEMENT DANS LE MOYEN AGE.

28. Dans le moyen âge, on vit se former la chevalerie , et
chaque homme de guerre fut couvert de la tête aux pieds
d'armures pesant de 30 à 50 livres et davantage. On pouvait
difficilement trouver une jointure par laquelle il fût possible
de blesser le chevalier.

Ces armures consistaient : 1° en un *bouclier, écu, rondache* ;
2° un *armet, casque, elme* ; 3° une *cuirasse* ; 4° des *brassards*
et *cuissards* ; 5° des *gantelets*.

Les boucliers des chevaliers étaient ronds ou ovales, d'abord
en bois ou en cuir, plus tard garnis de tôle ; enfin complètement recouverts de ce métal. Le fantassin portait un armement de défense moins complet, mais il se servait d'un grand
bouclier qui couvrait tout son corps et qui, terminé en pointe
vers le bas, se nommait *targe*.

Dans les tournois, les chevaliers portaient, fixé à la cuirasse, une espèce de bouclier plat de bois très tenace, destiné
à les garantir des coups de l'ennemi.

On enfonçait les lances dans des disques, qu'on nommait
(*Brechscheiben*) *ailes*.

29. L'*armet, casque, elme* du cavalier était de fer ou d'acier,
quelquefois richement décoré, mais assez solide pour résister
à un fort coup de hache d'armes ; il pesait de 6 à 9 livres. Il
enveloppait et couvrait toute la tête ; il était ordinairement
muni d'une visière grillée ou ayant des ouvertures pour les

yeux ; cette visière pouvait se lever ou se baisser à volonté.

Pour ornement, le casque était surmonté d'un aigle, d'un lion ou d'un panache flottant. En Allemagne, les chevaliers portaient des casques qui ne s'ouvraient pas facilement. Ceux des écuyers et des fantassins portaient la dénomination de *salade*, *bourguignotte*.

30. Le casque était lié au *hausse-col, gorgerin*, qui pesait de 1 livre et 1/2 à 3 livres, et défendait le cou et une partie de la poitrine, complètement couverte d'ailleurs, ainsi que le dos, par le *haubert* ou *cuirasse*.

Il y en avait trois espèces différentes. Les plus anciennes pour la plupart étaient faites en fort fil de fer tressé, et couvraient le corps comme une chemise. Dans les croisades, le fantassin français portait de semblables cottes de maille. La deuxième espèce se composait d'écailles de métal ou de corne fortement réunies de manière à ne laisser aucun vide. Enfin, la troisième espèce, confectionnée complétement en tôle de fer ou d'acier, d'après la forme du corps était polie au blanc, bronzée ou noire ; elle pesait de 10 à 12 livres.

Sous la cuirasse, les chevaliers portaient un *gobisson* de cuir, fortement doublé, pour empêcher la pression de la cuirasse contre le corps, et de plus, pour amortir les coups de l'ennemi.

31. A l'extrémité de la cuirasse proprement dite, commençait le *corselet*, qui s'étendait jusque au haut de la cuisse et qui était attaché à la cuirasse ; il pesait de 3 à 4 livres. A cette pièce tenaient les *cuissards*, et à ceux-ci les *genouillères* et les *jambières*, pesant de 8 à 15 livres, sous lesquels on portait des culottes ou hauts de chausse.

Avec le hausse-col, la cuirasse de poitrine et de dos étaient liées les *épaulières*, et avec celles-ci les *brassards*, réunis aux articulations du coude. Ces portions d'armures, destinées à préserver les bras, pesaient ensemble de 6 à 10 livres.

Ces pièces étaient si bien adaptées qu'elles permettaient tous les mouvements du corps.

Quelquefois les gens de pied à cette époque portaient au pied droit une jambière de fil métallique, le gauche était complétement couvert par la *targe*.

52. Indépendamment de cette armure, les chevaliers de distinction prenaient dans les grandes occasions un vêtement de dessus sans manches, semblable à la tunica des Romains, *cotte d'armes*, sur laquelle ils faisaient graver leurs armes, lorsqu'ils ne portaient pas de bouclier.

Dans les tournois, les hérauts d'armes avaient de semblables tuniques.

Les *gantelets* complétaient l'armure des chevaliers. Ils étaient faits en cuir, garni par-dessus de fortes écailles en tôle de fer, qui n'empêchaient pas le mouvement de la main. Pour mieux garantir les articulations de la main, un rebord de fer s'étendait jusqu'au milieu de l'avant-bras; ils pesaient de 3 à 4 livres.

Le cheval avait aussi la tête, la poitrine et les flancs couverts de chaînettes ou d'écailles.

33. Le chevalier avait pour armes offensives : 1° la *lance*; 2° le *glaive, espadon, épée*; 3° le *poignard*; 4° le *marteau d'armes, la hache d'armes* ou la *massue armée de pointes de fer*; 5° l'*arc* et les *flèches*; 6° l'*arbalète*.

Les chevaliers proprement dits, portaient seuls la lance, et on comptait la force d'une troupe par le nombre de lances. Cette arme de choc consistait en une forte hampe en bois, garnie au bout d'une courte pointe d'acier; à l'autre bout se trouvaiet les ailes (*Brechscheibe*) pour la défense de la main. La lance entière avait une longueur de 18 à 21 pieds. Dans les combats sérieux elle était ornée d'une banderolle, dont l'objet était de faire reconnaître plus aisément dans la mêlée les chevaliers aux écuyers et aux valets. Dans les tournois les lances ne portaient pas de banderolles, soit pour ne pas effrayer le cheval de l'adversaire, soit pour pouvoir remplacer plus vite les lances brisées.

Indépendamment de la longue lance, les chevaliers en avaient encore une plus petite, nommée *épieu,* qu'ils lançaient de loin sur l'adversaire.

34. L'*espadon* ou *glaive,* au commencement de la chevalerie, n'était pas très grand; dans la suite on en augmenta les dimensions, on en porta la longueur de 3 à 5 pieds, la largeur de 3 à 4 pouces, et le poids de 3 à 5 livres. Chacun fit faire son glaive à sa volonté et le régla sur la conformation de son corps et la force de son bras. Enfin, ils devinrent si grands qu'on ne peut plus les porter qu'à deux mains; de là on les appela *épées à deux mains* (*Doppelzfauster*) et *flamberges,* parce que leurs lames avaient une forme ondoyante.

Le *quillon* défendait suffisamment la main (elle était couverte en outre du gant de fer déjà décrit), le quillon, la lame et la poignée étaient réunis en forme de croix.

35. La lourdeur de ce glaive rendait nécessaire au chevalier l'emploi d'une arme plus légère, qu'on appelait *dague*, *glaive de merci, miséricorde,* avec laquelle il blessait l'ennemi renversé au point d'attache de la cuirasse vers la hanche. Les écuyers et les fantassins portaient aussi une dague. Quand le chevalier n'était pas armé, il se servait pour défense d'une épée, que par ce motif on nommait *défense de la maison* (*Hauswehr*), et outre le quillon, elle avait pour garantir la main une garde et une branche.

36. Lorsque les armures furent portées à leur plus grande perfection, et que les armes offensives indiquées plus haut,

ne suffirent plus pour les détruire, les chevaliers firent usage
de *marteaux*, de *massues* et de *haches*, pour étourdir ou tuer
leurs adversaires. Les plus grandes de ces armes furent suspendues du côté droit au pommeau de la selle; les plus petites,
au moyen d'une chaîne, au cou du chevalier.

Le *marteau d'armes* était un marteau rond, de fer ou de métal, qui souvent était muni d'une pointe recourbée, sur le
côté opposé à la masse, et qui avait un manche court. On
pouvait l'employer à détruire une partie de l'armure pour en
trouver le défaut.

La *massue* était une espèce de masse garnie au gros bout
d'un long aiguillon de fer; elle pesait fréquemment 25 ou
30 livres, souvent on y attachait au moyen de chaînes une
grosse boule de fer, munie de pointes.

Si la massue était munie d'une tige de 4 à 6 pieds de long;
on la nommait *Morgenstern*. Telle était celle qu'on donnait de
préférence au fantassin.

La hache d'armes avait un manche mince et long de 2 ou
3 pieds, auquel tenait une forte hache d'acier, taillée d'un
côté en forme de croissant, de l'autre formant une longue et
forte pointe ou une espèce de marteau. Cette arme était très
puissante dans l'action, et produisait de très dangereuses
blessures.

37. Les armes à main, destinées à agir au loin, étaient pour
les cavaliers l'arc et l'arbalète. La première de ces armes était
particulièrement d'un usage très commun en Angleterre, et
à la fin des longues guerres avec la France on l'employait encore avec beaucoup de succès. L'arc ordinaire avait 6 pieds
et les flèches 3 pieds de longueur. On les tirait avec une grande
justesse de 250 à 300 pas (188 à 226 mètres).

L'arbalète paraît avoir été connue d'abord en Orient par les
premiers croisés. Elle se perfectionna et se répandit bientôt

en Allemagne, en Angleterre, en France et en Italie. Elle consistait en une pièce de bois traversée par un arc d'acier du poids de 6 à 10 livres. Une corde que l'on pouvait tendre fortement, était fixée aux deux extrémités. Cet arc se bandait au moyen d'un cabestan à main (pied de biche ou cranequin) de fer. Au-dessus du bois se trouvait un canal cylindrique ou demi-cylindrique, dans lequel on plaçait des traits de 15 pouces de longueur, des flèches et même des balles qu'on lançait avec une grande force et avec justesse.

Le *balester* était une très petite variété de l'arbalète, entièrement de fer, et qui portait sous la détente un mécanisme pour bander la corde. Ces armes de jet remplacèrent bientôt le simple arc, et elles furent en usage dans les combats, en Allemagne jusqu'au règne de l'empereur Charles-Quint, et en Angleterre environ 100 ans plus tard encore. Pour la chasse, ces pièces d'acier obtinrent longtemps la préférence, même après l'introduction des armes à feu, soit par suite de la force de l'habitude, soit par la crainte que le bruit des armes à feu n'effarouchât le gibier.

38. Pour l'attaque des places fortes, châteaux forts, les guerriers du moyen âge employèrent des machines analogues à celles des Grecs et des Romains, mais ils leur donnèrent d'autres noms. Les principales furent nommées *blyden* (*blyen, bluden), marga, petrern, gewerffen, maugen, rutten, ankwerk, etc.,* une description exacte de ces moyens de destruction manque jusqu'à présent; on sait seulement qu'en général leurs machines étaient formées d'après celles des Grecs, qui ont toujours servi de modèles, et qu'elles avaient assez de puissance pour jeter sur la place ennemie des poids de 1 quintal (50 kilogrammes), des poutres enflammées, des traits de feu, des tonneaux pleins d'ordures, des corps morts, etc., de manière à y porter l'incendie ou des maladies contagieuses.

39. Les chevaliers firent faire leurs armes à leur volonté, toujours rivalisant à grands frais de goût et de luxe dans leur confection.

Pour se préparer aux combats plus sérieux, les chevaliers devaient se livrer à un exercice continuel des armes, et ils s'y vouaient avec la plus grande ardeur dès leur plus tendre jeunesse.

Dans les premiers temps de la chevalerie, le combat se passait toujours entre plusieurs combattants de chaque côté. Il avait lieu à volonté, soit à pied, soit à cheval, et consistait en une lutte violente au glaive ou à la massue. Ensuite vint le combat singulier, auquel on donna le nom de *béhourd*. Plus tard, les princes et les chevaliers célèbres donnèrent des tournois que précédaient des invitations solennelles et qui étaient réglés d'après des lois particulières.

Dans les tournois on se servit d'abord de massues non garnies et de glaives émoussés, mais ensuite presque exclusivement de la lance dans le combat singulier à cheval, où l'on devait s'attacher simplement à faire vider les arçons à son adversaire, sans soi-même perdre les étriers. Plus il y avait de lances rompues dans un tournoi, plus était grande la gloire du vainqueur.

40. D'abord les succès des Suisses ébranlèrent la réputation des guerriers combattant toujours à cheval ; ensuite l'alliance des princes avec les bourgeois des villes, et enfin l'invention de la poudre changèrent essentiellement le mode de guerre tel qu'il était au temps de la chevalerie.

Le premier armement des Suisses est présenté partout comme fort défectueux. Notamment leurs armes défensives durent toujours être en très mauvais état, puisque quelques soldats de cette nation, faute de meilleures armes, avaient fixé à leur bras gauche et devant leur poitrine de petites planches, comme cela eut lieu au combat de *Sempach*.

Dans la guerre contre les Bourguignons, ils parurent déjà mieux défendus et mieux armés ; puis, par suite des victoires qu'ils remportèrent, beaucoup d'armures tombèrent dans leurs mains, et plus tard, lorsque, modèle de l'infanterie, ils prirent du service à l'étranger, ils furent armés, comme les lansquenets soldés, d'une lance de 15 à 16 pieds de long à 3 ou 4 arêtes, qu'on appelait *Schafelin*.

En outre, ils eurent un habillement uniforme et adoptèrent les mêmes armes de défense et d'attaque que les fantassins au temps de la chevalerie.

41. Lorsque l'infanterie eut pris une supériorité considérable sur la cavalerie, la noblesse s'exerça aussi à combattre à pied, comme les Suisses et les lansquenets, et on nomma ces exercices *tournois à pied*. Plusieurs eurent lieu en Allemagne et dans les Pays-Bas, au milieu du seizième siècle ; mais on remarquait la décadence complète de la chevalerie dans l'organisation militaire.

42. L'emploi des lances dans l'infanterie resta encore longtemps en usage lorsque les armes à feu étaient déjà très répandues ; seulement on les raccourcit insensiblement, et on donna au fer la forme d'un croissant, d'une hache ou d'un crochet pointu. Ces armes furent employées aussi bien de taille que d'estoc on les nomma *piques*, *hallebardes*, *pertuisanes*.

A une époque plus récente, les officiers de mousquetaires et les sous-officiers adoptèrent une lance de 8 à 9 pieds de long, sous le nom de *hallebardes*, et les officiers d'infanterie, au moins dans quelques armées, étaient munis encore à la fin du siècle passé d'une semblable arme de choc sous le nom d'*esponton*.

POUDRE A CANON ET PREMIÈRES ARMES A FEU.

43. Déjà longtemps avant le treizième siècle, on trouve des traces d'une matière qui s'enflamme en produisant des effets puissants ; mais on fixe à la fin du treizième ou au commencement du quatorzième siècle l'époque à laquelle la poudre fut inventée ou au moins connue en Europe (1), et dans le cours du quatorzième siècle elle fut employée aux usages de la guerre.

L'élasticité des cordes et des bois ne pouvait produire les effets de la poudre qui lance au loin les plus lourdes masses; cette matière supplanta donc peu à peu les anciennes machines, et l'art faisant des progrès, on en confectionna d'autres dans lesquelles on fit usage de ce puissant moteur.

44. Dans les premiers siècles où la poudre fut employée en Europe, les proportions de ses éléments varièrent beaucoup ; on pulvérisa chacun d'eux , on les mêla aussi intimement que possible, et on fit usage de ce mélange sous forme de *pulvérin*.

Pour en faciliter la préparation, on eut, au commencement, des moulins à poudre à main ; on s'en servait déjà à Augsbourg, en 1340 ; les premiers grands moulins à pilons pour la poudre furent en activité à Nuremberg, en 1435.

La force et la puissance de la poudre fut presque augmentée d'un tiers, lorsque au commencement du seizième siècle, le pulvérin employé jusqu'alors fut converti en poudre à grains.

45. Quelques chroniques rapportent que la force explosive de

(1) Voir la note page 25, d'où il résulte que la poudre n'est autre chose que le feu grégeois.   (*Note du traducteur.*)

la poudre fut découverte par hasard en Allemagne. Les premières armes à feu furent sans doute une espèce de mortier. Leur âme, formée en entonnoir, recevait des boulets de pierre ou de plomb qu'ils projetaient au loin. Bientôt ensuite on reconnut qu'avec les bouches à feu courtes, la justesse du tir était extrêmement difficile pour ne pas dire impossible à obtenir. On donna au vide intérieur huit fois plus de longueur environ. On y pratiqua une chambre en forme conique, destinée à recevoir la charge de poudre. Telles furent les *bombardes pierrières* (pl. I, fig. 7).

46. Quoique le mécanisme et l'emploi des armes à feu soit beaucoup plus simple que celui des anciennes machines de jet, cependant on éprouva, dans leur construction, de grandes difficultés pour leur donner de la durée et de la solidité. Les premières bombardes furent faites en bois ; elles étaient revêtues intérieurement de forte tôle de fer ou de cuivre et munies extérieurement de plusieurs cercles de fer. Ensuite, on souda ensemble dans leur longueur de grosses bandes. On forma ainsi un cylindre qu'on enveloppa de plusieurs cercles de fer, comme la douve d'un tonneau. Vers la fin du quatorzième siècle, la plupart des bouches à feu étaient en fonte de fer, et à Augsbourg on en avait déjà coulé en bronze.

Ces bouches à feu furent à demi engagées dans un échafaudage formé de grosses poutres, réunies en dessous par des boulons ; elles y étaient fortement fixées par des chaînes et des bandes. Pour le transport, elles étaient chargées sur des voitures. Voulait-on s'en servir pour le tir, on les descendait ; on faisait feu souvent en les posant à terre, et on cherchait à empêcher leur fort recul. Plus tard, on fixa les pièces sur une espèce d'affût en bois, muni en avant de deux roues massives, et on adapta en dessus un mécanisme pour donner à la bouche à feu une direction approximative.

47. On se servit de préférence de ces lourdes machines pour l'attaque et la défense des places ; et, dans l'espoir d'obtenir un effet de plus en plus grand, on augmenta leur dimension (1). Ces grandes bouches à feu étaient non-seulement très difficiles à mouvoir et à transporter, mais elles consommaient des charges de poudre si fortes qu'elles se brisaient promptement, et détruisaient les moyens de défense et les murailles des assiégés qui les employaient.

Néanmoins elles donnèrent souvent des résultats avantageux, moins par leurs atteintes et leurs effets directs, que parce qu'elles agissaient fortement sur le moral de l'ennemi par les torrents de feu qu'elles lançaient, par le bruit et la fumée.

48. Déjà, au commencement du quinzième siècle, on se servit de boulets de fer, et on coula de longues bouches à feu qu'on appela *canons*. On y pratiqua intérieurement une chambre cylindrique ou conique pour la charge de poudre. Elles avaient un tir plus juste que les bombardes, et ressemblaient beaucoup extérieurement aux canons employés de nos jours.

Vers la fin de ce siècle, on reconnut l'inutilité des bouches à feu trop grandes; on songea à en couler de plus petites de dimension convenable. On les monta sur des affûts

---

(1) Mahomet II fit faire en 1452, par des fondeurs hongrois la plus grande pièce. Elle lançait des pierres de 1200 livres, avait 27 pouces de calibre, était mise en mouvement par 2000 hommes et 70 paires de bœufs. Il fallut deux mois pour lui faire franchir la distance de 36 lieues d'Andrinople à Constantinople. Là elle ne fit feu que sept fois par jour. Il fallait deux heures pour la charger. Elle éclata après quelques jours de service.

En France, en 1478, on coula une pièce de bronze destinée à lancer des projectiles de fer et de pierre. Elle reçut une charge de 532 livres, lança des pierres de 500 livres à 2700 toises (6750 pas, 5096 mètres).

(Note de l'auteur.)

munis de roues avec avant-train, et on employa les plus légers sur les champs de bataille (2).

49. Les premières petites armes à feu furent en usage au milieu du quatorzième siècle, et furent nommées *canons à feu de main, canons au poing, bombardelles.*

Elles consistaient en un fort canon de fer, du poids de quinze à cinquante livres, dont on se servait à deux mains, que l'on plaçait sur un affût, et auquel on mettait le feu avec une mèche ou avec de l'amadou.

Parmi elles se trouvait une autre espèce d'armes à feu, qui pouvaient se charger par derrière, et auxquelles on donnait le nom de *keilstucke,* (*pièces se chargeant par derrière*) (pl. I, fig. 8). La bouche à feu (*a*) était fixée sur un trépied de bois à roulettes. En arrière se trouvait une boîte mobile (*b*), munie d'un canal de lumière destiné à recevoir la charge de poudre. On la poussait derrière le projectile introduit dans le canon, et on la serrait au moyen d'un coin de fer (*c*), ou d'un crochet (*d*) fixé en (*e*), au canon.

Dans les autres pièces de ce genre, on remplaça le coin par une vis, mais on ne put parvenir à fixer assez solidement et d'une manière durable la boîte au canon. La fermeture n'avait pas lieu hermétiquement. On renonça à ces pièces.

50. Pour mieux diriger ces armes à feu, on adapta près de leur centre de gravité des tourillons, au moyen des-

(1) Charles VIII de France, dans son expédition d'Italie en 1494, dut avoir plus de 100 canons montés sur des roues, et traînés par des chevaux. Les plus grands avaient le calibre de la tête d'un homme, les suivants étaient plus longs et s'appelaient *couleuvrines ;* les plus faibles, dont le calibre était celui d'une grenade, *faucons.* Les affûts avaient deux flasques et on les séparait de l'avant-train pour faire feu. Les plus petits n'avaient que deux roues, une limonière, et étaient destinés à suivre principalement la cavalerie.   (*Note de l'auteur.*)

quels, en les appuyant sur une fourche, on pointait, soit dans le sens vertical, soit dans le sens horizontal.

Le canon se terminait par une anse que la main gauche saisissait pendant que la droite avec une mèche donnait le feu à la lumière.

Ces canons à main avaient souvent sept pieds de longueur, projetaient des balles de plomb de seize loths (0,280 grammes), et s'appelaient *arquebuses*. Elles produisirent souvent sur le champ de bataille , dans l'attaque comme dans la défense, d'importants résultats.

51. Les canons de fer présentant assez de durée, on chercha de plus en plus a alléger ces arquebuses ; on disposa le canon proprement dit dans un bois, et on fit feu en l'appuyant à l'épaule. On mit encore le feu avec la main droite, à l'aide d'une mèche. On plaça de côté un canal de lumière, et auprès un bassinet pour verser la poudre. Celui-ci portait un recouvrement pour préserver d'une inflammation fortuite.

Quoiqu'elles ne dussent lancer que d'assez petits projectiles, elles ne pouvaient être tirées sans appui. On plantait, à cet effet, en terre des espèces de fourchettes sur lesquelles on les appuyait.

Les armes plus grandes et plus lourdes étaient munies, en dessous, d'une espèce de crochet (*h*), (planche I, fig. 11) qu'on plaçait contre un mur ou autre point d'appui pendant le feu, pour diminuer la violence du recul ; ces armes à feu s'appelaient *arquebuses à croc*.

52. Sous Charles-Quint, les Espagnols se servaient de longues armes à feu, qui tiraient des balles de plomb du poids de quatre loths (0,070 grammes) ; mais, à cause de leur lourdeur, elles ne pouvaient être tirées qu'appuyées sur des fourchettes, et s'appelaient *mousquets*.

On allégea et on rapetissa peu à peu ces armes à feu. Il est vrai qu'on ne tira plus avec elles que des balles dont dix-huit ou vingt pesaient ensemble une livre, et de cette manière s'est formé le type usité de nos jours dans nos fusils.

LEUR PERFECTIONNEMENT SUCCESSIF.

53. L'usage des armes à feu augmenta notablement, lorsqu'à la fin du quatorzième siècle on eut découvert le *serpentin*. Jusque-là c'était une opération difficile que de coucher en joue les armes portatives, de viser et d'y mettre le feu tout à la fois.

Le serpentin (pl. I, fig. 9) consistait en un levier (*a*) de fer courbe, qui se divisait dans le haut en deux parties entre lesquelles un morceau de mèche enflammée (*b*) ou d'amadou était fixé par une vis. Au bas de ce levier, il y avait un axe autour duquel il se mouvait pour tomber sur le bassinet, lorsqu'on pressait la détente (*d*) avec le doigt. On avait soin auparavant de repousser le couvercle du bassinet. La poudre d'amorce prenait feu; et, au moyen d'un canal de lumière adapté au canon, le communiquait à la charge, même malgré la pluie ou le vent; mais ces moyens d'inflammation exigeaient que les troupes portassent toujours avec elles du feu et des provisions de mèches, ce qui avait l'inconvénient, surtout la nuit, d'indiquer leur présence à l'ennemi, et de plus occasionnait souvent des accidents dans la charge.

54. Toutes ces difficultés dans l'emploi des armes à mèche amenèrent l'invention des platines à rouet allemandes, en 1517, à Nuremberg (pl. I, fig. 10 et 11); mais le mécanisme de cette arme était trop compliqué, trop fragile et trop coûteux, pour ne pas être ensuite remplacé par un autre.

La platine à rouet consistait en une roue d'acier dentelée et cannelée sur son pourtour, qui se trouvait sous un bassinet (*d*) muni d'une coulisse. Le fond de ce bassinet recevait la poudre

d'amorce. Extérieurement la roue avait à son centre une tige
ou arbre carré (c), que l'on pouvait tourner ou monter au
moyen d'une clef ou d'un monte-ressort (i), qui s'y adaptait.
Au-dedans, une chaînette s'enroulait d'un côté sur l'arbre de
la roue ; elle était, à son autre bout, attachée à la branche
mobile d'un ressort qu'on bandait pour le montage (1). On
saisissait, en dedans, une broche par une ouverture ménagée
dans la roue ; on la mettait dans le cran débandé, où elle était
maintenue par un second ressort, et on ôtait la clef.

A la partie antérieure de la platine se trouvait un crochet ou
un chien (a), qui portait vissé entre ses mâchoires un morceau
de pyrite ou une pierre à feu émoussée (b). Voulait-on faire feu,
on faisait tomber ce chien sur le bassinet, sur lequel il était
pressé par le ressort (c). On tirait avec le doigt la détente (f),
et la broche, décrite plus haut, lâchait la roue ; celle-ci, en-
traînée par la chaînette que tirait en se débandant la branche
mobile du ressort qui y était fixé, tournait rapidement autour
de son axe ; son contour en tournant frottait violemment contre
la pyrite, et donnait des étincelles qui enflammaient la poudre
du bassinet et par suite la charge. Bientôt on abandonna les
chaînettes intérieures, et on fit agir directement le ressort sur
le contour de la roue. On préserva le bassinet contre l'humidité et la poussière en lui donnant un recouvrement qui se
retirait de lui-même lorsqu'on bandait la roue. Pour garantir
ces platines d'un départ involontaire, on les munit souvent
d'un appareil de sûreté (g).

La manœuvre de la platine à rouet exigeait beaucoup d'a-
dresse et de soin pour ne pas déranger le mécanisme, et le montage de la roue seulement étant long, on ne pouvait penser à
faire feu rapidement.

(1) Le mécanisme de cette platine est semblable à celui d'une montre
trouvée dans cette ville.   (*Note de l'auteur.*)

55. Presque à la même époque, on avait inventé, en Espagne, la *platine de Miquelet*, nommée aussi *platine espagnole (schnap-phanschloss)*.

Elle présentait (pl. I, fig.12), en dehors du corps de platine, un ressort (*a*) qui pressait à l'extrémité (*b*) de sa branche mobile, sur un bras du chien (*c*) ; l'autre bras (*d*) de cette pièce, lorsqu'on mettait le chien au bandé, appuyait contre une broche (*e*) sortant de l'intérieur et traversant le corps de platine. On retirait cette broche, et le ressort poussait le chien qui n'était plus retenu et la pierre sur un plan d'acier cannelé, qui faisait corps avec le couvercle du bassinet. Le choc de la pierre sur le plan d'acier produisait le feu.

Au commencement, le recouvrement du bassinet ne tenait pas à l'arme ; on l'y fixait par une espèce d'étrier. Plus tard, on adapta une deuxième broche à la platine pour pouvoir la mettre aussi au repos.

56. Avant la fin du quinzième siècle, l'emploi des armes à feu devint si général que la cavalerie commença aussi à s'en servir.

La plus grande des armes dont ce corps faisait usage s'appelait *pétrinal*. C'était une espèce de courte arquebuse qui lançait de grosses balles de plomb, et dont la crosse très recourbée s'appuyait à la partie inférieure de la cuirasse ou au pommeau de la selle pour rendre le recul moins incommode ; mais alors, l'œil n'étant pas dirigé suivant la ligne de mire, on ne pouvait atteindre que les objets très rapprochés. Elle était suspendue à l'épaule par une courroie.

Les Espagnols allongèrent cette arme jusqu'à trois pieds et demi et la nommèrent *carabine*. Quelques compagnies de cavalerie ainsi armées rendirent de bons services au duc d'Albe dans son expédition des Pays-Bas. Ces carabiniers servaient de modèle, lorsqu'on eut la première idée d'après laquelle les armes ont été successivement amenées à l'état où elles sont maintenant.

57. Les armes à feu courtes formèrent les pistolets qui reçurent ce nom pour la première fois vers le milieu du seizième siècle. On croit qu'ils ont tiré leur origine de canonnières longues d'une palme, fabriquées en 1364, au Pérou, dont la balle avait assez de force d'impulsion pour percer une des armures usitées alors, mais le fait n'est pas certain.

En général, les premiers pistolets furent assez longs (il y a des pistolets de 20 à 25 pouces de long, qui remontent à l'année 1547). Leur poignée, un peu abaissée, se termina la plupart du temps par une espèce de boule (pl. I, fig. 10), et peu à peu prit la forme du pistolet usité aujourd'hui. Les lansquenets portaient des pistolets comme les cavaliers, mais les armes destinées à ces troupes étaient munies de platines à rouet ou de platines de Miquelet ; car il fut reconnu que l'emploi des platines à mèche, dont l'infanterie se servait presque exclusivement, offrait beaucoup de difficulté à cheval.

Les cavaliers allemands employaient, en 1607, des pistolets à deux coups ; mais on les remplaçait, en 1620, par de grands pistolets à un coup.

58. Cependant les progrès des petites armes à feu allèrent de front avec ceux du canon, dont la fabrication et l'emploi se perfectionnaient aussi. La création d'une école d'artillerie à Venise, au commencement du seizième siècle, et, un peu plus tard, à Burgos et en Sicile, y contribua efficacement. Mais l'ignorance, la superstition, le mystère pesaient alors sur l'artillerie et particulièrement sur l'art de fondre les canons.

Pour établir une proportion exacte entre la longueur, l'épaisseur du canon et le diamètre du projectile, Charles-Quint fit faire à Bruxelles, en 1521, des essais qui démontrèrent que la longueur de 17 à 18 diamètres de boulet était en rapport convenable avec la charge de poudre employée. D'après cette donnée, il fit couler à Malaga des canons qu'on appela les Douze Apôtres, et qui, quoiqu'ils lançassent des boulets de 45 livres, servirent longtemps de modèle à toutes les artilleries européennes.

On commença à distinguer les canons de campagne de ceux de siége et de place, et ceux-ci, des mortiers qui ne lancèrent plus seulement des pierres, mais aussi des projectiles creux appelés bombes. Cependant le nombre des diverses espèces de canons était trop grand encore (quelques États en avaient jusqu'à 45 ou 20) pour qu'on pût obtenir des résultats favorables de l'emploi et du concours de l'artillerie.

Vainement chercha-t-on, vers le milieu du seizième siècle, à réduire leur nombre à six ou huit espèces différentes. Les modèles de canons existants étaient trop nombreux pour qu'une réforme radicale ne dût pas occasionner une dépense devant laquelle on recula. Cette réforme ne se fit que lentement, et longtemps après la guerre de trente ans, on employait encore des couleuvrines, souvent longues de 40 à 60 diamètres du boulet et plus. Elles donnaient, il est vrai, une grande portée, mais d'ailleurs n'étaient nullement en rapport avec l'espèce de poudre employée alors.

59. Le roi de Suède, Gustave-Adolphe, en 1631, allégea ses pièces autant que possible, les chargea avec plusieurs petits boulets réunis, et en tira un habile parti dans toutes ses campagnes. Il alla pourtant trop loin, en vue de leur allégement; car ses canons, nommés *canons de cuir*, s'échauffaient tellement après un tir de 10 à 12 coups à faible charge, qu'il fallait les rafraîchir.

Ces canons de cuir consistaient en un tube de cuivre long de 15 calibres de boulet et épais de un huitième de calibre, fermé en arrière par un tire-fond à six faces fortement vissé. A la place de la charge, la résistance du tube était augmentée par des cercles de fer; dans sa longueur, il était enduit de mastic et entouré de couches épaisses de corde et de toile ; il était muni sur les côtés, près du centre de gravité, de tourillons de fer ; enfin, le tout était égalisé avec du plâtre et recouvert de cuir. Au lieu de canal de lumière , on vissait un tube de fer.

Ces canons étaient montés sur des affûts si légers, que deux hommes suffisaient à la manœuvre de la pièce.

60. Bientôt après la guerre de trente ans, la platine à silex s'introduisit en France, et on commença à désigner les anciens mousquets sous le nom de *fusils.*

La platine à silex provient , selon toute apparence , d'une heureuse combinaison du mécanisme de la platine à rouet avec celui de la platine espagnole, car elle a emprunté à la dernière ses pièces extérieures, et à la première ses principales pièces intérieures.

Malgré la simplicité de la platine à silex, on renonça cependant à regret à la platine à mèche, et Vauban en proposa une qui réunissait les deux modes d'inflammation; mais les rapides perfectionnements de la platine à silex firent abandonner bientôt ce double mécanisme.

61. Presque à l'époque de cette invention, on commença à faire usage de la baïonnette, ainsi nommée, parce qu'elle fut découverte à Bayonne en 1640, et les fusils, qui n'avaient été employés jusqu'alors que comme armes de jet, devinrent aussi armes de choc. Elle consistait d'abord en une petite pique qu'on enfonçait dans le canon, ce qui empêchait momentanément de se servir du fusil comme d'arme de jet ; trente à cinquante ans plus tard, la baïonnette fut fixée au canon comme nous la voyons presque partout aujourd'hui.

62. Après la guerre de trente ans, il s'écoula près d'un siè-

cle sans qu'on eût fait dans les bouches à feu aucune réforme importante. En France, on fit insensiblement refondre toutes les pièces et on conserva seulement cinq espèces de canons et deux de mortiers (1). Le roi Frédéric II allégea ses pièces et chercha à introduire un mode de division rationnel entre l'artillerie de siége et de place, et celle de campagne.

Cet exemple fut suivi par l'Autriche, lors de la première guerre de Silésie ; l'organisation de son matériel fut si simple et si bien entendue, qu'il fut supérieur à tous ses modèles et put, jusqu'aux dernières guerres, suffire aux divers perfectionnements de la tactique.

Vers la fin du siècle passé (de 1765 à 1776) Gribeauval, se modelant sur les bouches à feu autrichiennes et prussiennes, réforma l'organisation de l'artillerie française et l'allégea.

En même temps, il construisit pour les diverses pièces des affûts dont les perfectionnements furent en rapport avec ceux de bouches à feu et qui furent pris pour modèles par toutes les artilleries européennes (2).

(1) C'est ce qu'on appelle la réforme de Vallicre le père, directeur général de l'artillerie. Elle eut lieu en 1732. Les cinq calibres adoptés pour les canons furent ceux de 24, 16, 12, 8 et 4, et pour les mortiers celui de 12 pouces, l'un cylindrique l'autre en forme de poire. La longueur du canon fut de 20 à 26 fois le calibre du boulet. Ces bouches à feu étaient très lourdes. Les affûts étaient à limonière, avaient leurs essieux en bois. Les affûts et voitures reçurent peu de perfectionnement et ce système d'artillerie fut peu mobile. La charge fut fixée aux deux tiers du poids du boulet. (*Note du traducteur.*)

(2) Gribeauval divisa le matériel de l'artillerie française en matériel de siége, place et côte, et matériel de campagne. Dans le premier il admit les calibres de 24, 16, 12, et 8, l'obusier de siége de 8 pouces (22 c.), les mortiers à chambre cylindrique de 12 p. (32 c.), 10 p. (27 c.) à grande et petite portée et de 8 pouces (22 c.); enfin le pierrier de 15 pouces (41 c.). Dans le second, ceux de 12, 8, 4; il introduisit un obusier du

63. Tel était, en général, l'état de l'armement, lorsque éclatèrent les guerres de la révolution française. Mais comme l'esprit d'invention n'est jamais inactif, des efforts bien dirigés, soit pendant cette période, soit dans les suivantes, conduisirent à d'importantes améliorations dans la fabrication des armes.

CHANGEMENTS RÉCENTS DANS L'ARMEMENT.

64. Les principaux changements de l'armement proviennent incontestablement de la découverte de la poudre fulminante, à la fin du siècle passé. Déjà, en 1807, on commença à s'en servir, dans les fusils de chasse et de luxe, comme d'un moyen d'inflammation plus sûr, et depuis trente ans on a tellement amélioré les mécanismes destinés pour l'emploi de cette poudre, qu'on a pu les adapter aux fusils de la plupart des États européens; de plus, on s'est occupé sérieusement presque partout d'étendre ce mode d'inflammation aux canons dans lesquels jusqu'à présent, au moins dans les pièces de campagne, on a toujours mis le feu à la main.

65. Plus tard, l'artillerie trouva dans les fusées à la Congrève un nouveau et puissant moyen de destruction. L'emploi des fusées remonte, sinon à une époque antérieure à l'inven-

calibre de 6 pouces (16 c.), diminua la longueur et le poids des pièces, adopta la hausse à coulisse, diminua le vent du boulet de moitié, perfectionna et mobilisa les affûts, substitua l'essieu en fer à l'essieu en bois, l'attelage à timon à l'attelage à limonière. On lui doit l'emploi de la prolonge, du coffret à munition, des boîtes à balles, le remplacement du coin de mire par la vis de pointage ; il fixa la charge au tiers du poids du boulet, l'enveloppa dans un sachet de serge et la réunit au boulet en- saboté, etc. *(Note du traducteur.)*

tion de la poudre, au moins à la même époque (1). Elles furent
employées à la guerre; mais les artificiers se les approprièrent
pour les feux de joie, dont elles forment aujourd'hui les principaux éléments.

A la fin du siècle dernier, les Anglais reconnurent à Serin-
gapatam la puissance de ces fusées. Congrève les perfectionna,
en fit l'essai sur terre et sur mer en 1805, et elles furent adoptées en Angleterre. Les autres États ayant pu apprécier leur
efficacité, les adoptèrent également.

66. Le même Congrève, en 1807, fit abandonner le système
d'affût à flasques jusque-là en usage, et introduisit en Angleterre des affûts à flèche avec lesquels on obtenait une grande
simplification dans les trains et dans l'attelage (2)

Plusieurs États ont déjà imité ces affûts à flèche, d'autres se
sont occupés de perfectionner leurs anciens affûts à flasques, de
manière à leur procurer les avantages des premiers.

67. Indépendamment de ces améliorations on voulut même
introduire dans les armes de jet une nouvelle force motrice.
L'Autriche, dans la première campagne des guerres de la révolution, arma des chasseurs avec des *arquebuses à vent* qui
lancent leurs projectiles sans bruit ni fumée avec la même force

(1) Voir la note ci-dessus relative au feu grégeois, page 25.

(2) Ce système fut adopté en France, vers l'année 1827. Après de longues et consciencieuses épreuves, on prit pour modèle le système anglais,
en substituant le timon à la limonière, et y faisant encore quelques autres modifications. L'affût à flèche fut adopté non-seulement pour les
pièces de campagne mais même pour les pièces de siége. On a fait aussi,
soit à la même époque, soit depuis, en ce qui concerne les bouches à
feu, quelques changement au système Gribeauval. L'artillerie de siége et
de place se compose aujourd'hui des canons de 24, 16 et 12, de l'obusier de 22 c., des mortiers à la Gomer de 32 c., 27 c., 22 c., 15 c. du
pierrier de 41 c.; l'artillerie de campagne, des canons de 12 et 8, et
des obusiers de 16 c. et 15 c.

qu'en employant une charge égale au demi-poids de la balle. Dans ce tir, l'air est comprimé autant que possible, mais cette compression dans le réservoir est difficile et offre quelque danger. Ces armes ne sont plus destinées en Autriche qu'à la défense des places. L'arquebuse à vent était découverte dès le quinzième siècle, elle ne se répandit que dans le dix-septième. L'arme autrichienne mentionnée ci-dessus n'a pas été adoptée par les autres armées européennes.

68. Les canons à vapeur, de Perkins, furent annoncés avec emphase comme un moyen de guerre très puissant et destiné à supplanter les pièces en usage; en 1829, des épreuves faites à Vincennes, démontrèrent que ces armes avaient un tir incertain, que leur portée diminuait progressivement, et que les machines nécessaires pour lancer un boulet de 4 livres en pesaient 40000.

69. Aujourd'hui des moyens rapides de communication sont établis entre les États européens, et toute nouvelle invention qui vient à surgir est renvoyée à l'examen de commissions de militaires consommés dans la science de la guerre. Ils repoussent les projets chimériques, mais aussi ils font triompher les perfectionnements de l'armement, des obstacles que leur opposent quelquefois la routine ou la prévention.

PRINCIPES, MODE DE DIVISION ADOPTÉ DANS L'ÉTUDE DES ARMES.

70. On peut poser en principe que les armes les meilleures, sont celles dont l'usage est le plus simple et le plus facile, dont la confection et l'entretien exigent le moins de dépense, et qui en même temps produisent les effets les plus puissants.

71. Les armes se divisent, eu égard à leur mode de destination, en: 1° celles dont on se sert directement contre l'ennemi, en

n'employant que la force du bras, et qu'on nomme *armes de main, armes blanches* ; 2° celles dont l'action contre l'ennemi ou contre ses moyens de défense s'étend à une distance plus ou moins grande, et qu'on appelle *armes de jet, armes à feu.*

72. Autrefois les armes défensives jouaient un rôle si important, qu'il a fallu dans l'aperçu historique former (6 et 28), pour exposer leurs propriétés des divisions en opposition à celles qui comprenaient les armes offensives. La grande puissance que ces dernières ont acquise aujourd'hui, a fait abandonner les premières presque complètement, et le petit nombre de celles destinées à la défense ne peut plus entrer en comparaison avec les autres ; ce qui les concerne a été rejeté à la fin et traité brièvement.

73. Il y a donc lieu de former dans l'étude des armes deux divisions principales : celle relative aux armes de main, et celle qui comprend les armes de jet ; chacune de ces divisions doit traiter de leurs propriétés, de leur mode d'emploi et de leurs effets.

74. Avant de commencer la description proprement dite des armes, il a paru nécessaire ou au moins utile de faire connaître succinctement les diverses matières qui peuvent être employées à leur fabrication. On a donc présenté en abrégé ce qui concerne ces matières dans une partie technologique, en les classant suivant le règne de la nature auquel elles appartiennent.

POIDS ET MESURES.

75. On a rapporté dans cet ouvrage toutes les mesures au pied du Rhin, comme cela a lieu dans l'artillerie bavaroise. Le pied du Rhin vaut 139,13 lignes de Paris, ou 0 m. 314. Il se subdivise en 12 pouces, qui valent chacun 0 m. 0262.

Toutes les autres petites mesures sont exprimées en décimales de ce pouce. La toise vaut six pieds (1m. 883). Le pas, **2 2/3**, ou 2,4 pieds, c'est-à-dire 28,8 pouces (0 m. 755).

76. Dans les figures qui sont destinées à faciliter l'intelligence des objets, l'échelle de réduction est indiquée à côté pour un grand nombre, et particulièrement pour celles qui représentent les divers modèles d'armes.

77. Dans l'estimation des poids, on a pris pour unité la *livre* bavaroise. Elle équivaut à 560 *grammes* français, ou à 11655,168 *as* de Hollande. La livre contient 32 *loths* ; le *loth* 4 *quints* ou 0 k^e. 0175. 100 livres donnent un quintal.

Pour les projectiles de chaque espèce, on s'est servi des anciens poids du commerce de Nuremberg. 100 livres équivalent à 91,064 livres de Bavière.

PARTIE TECHNOLOGIQUE (1).

MATIÈRES APPARTENANT AU RÈGNE VÉGÉTAL.

Le bois, sa structure, sa croissance et ses maladies.

78. Le bois de construction se tire, en général, du tronc ou des plus fortes branches d'un arbre ; les branches plus minces seules sont brûlées et converties en charbon.

---

(1) Dans cette partie technologique, on a cru devoir faire d'assez nombreux changements. Il a paru nécessaire de combler quelques lacunes, de donner plus de développement à l'exposé des procédés de fabrication et d'extraction ; enfin quelques mots techniques allemands n'ayant pas leurs équivalents dans la langue française, on les a omis dans la traduction, et quelquefois on en a présenté d'autres qu'il a paru utile de faire connaître.

(*Note du traducteur.*)

Le tronc contient dans l'intérieur le *cœur* ou *moelle*, autour
de celui-ci le bois *proprement dit* en cercles ou couches concentriques ; ensuite vient le bois jeune, tendre, blanc. *aubier*,
suivi du *liber*, et de l'*écorce* formée nouvellement qui enveloppe
les parties ci-dessus désignées.

79. Chaque année la sève d'un arbre sain forme une nouvelle couche d'aubier et d'écorce. L'intérieur de l'aubier se
transforme en bois ; la partie extérieure du liber contribue à
augmenter et à développer l'écorce. La section transversale
d'un tronc présente donc des couches concentriques très vi-
sibles qu'on appelle *couches annuelles, couches ligneuses.* Dans
la coupe longitudinale, elles forment par la différence des
nuances, des lignes parallèles rapprochées l'une de l'autre.

80. Ces couches ligneuses servent à reconnaître l'âge d'un
arbre, s'il n'est pas trop vieux ou malade. Dans un âge avancé
la moelle paraît disparaître complétement dans certains
bois.

81. Du cœur à l'écorce se dirigent des espèces de rayons,
qui contribuent à lier entre elles les fibres longitudinales.

82. C'est principalement dans le cœur et dans l'aubier que
se trouve la sève du bois. Elle se compose de gomme, sucre,
mucilage, et d'autres matières qui toutes paraissent dissoutes
dans l'eau. La proportion de sève s'élève : au printemps, à
40 p. 0/0 environ; en hiver, à 20 ou 25 p. 0/0 du poids du bois
sec. Les branches, dans la première de ces saisons, contiennent
deux fois autant de sève que le tronc. A l'époque de la maturité
des fruits, la sève diminue ; et, à la chute des feuilles, elle se
réduit au minimum.

83. Un terrain humide et marécageux produit un bois riche
en sève, dont les fibres montrent peu de cohésion et qui pourrit facilement. Dans les terrains mous, les fibres du bois sont
rarement susceptibles de durer long temps ; au contraire,

dans les terrains secs sans être trop maigres, les fibres, moins divisées par la sève, acquièrent de la durée et de l'élasticité. Les arbres qui se forment dans cette condition ont l'écorce fine, l'aubier mince et d'épaisses couches ligneuses, de nuance pâle.

84. On remarque plusieurs phases dans la vie d'un arbre. Il est pendant un certain nombre d'années en croissance, suit un état stationnaire de peu de durée, lorsqu'il a atteint toute sa croissance, et enfin un dépérissement insensible.

Dans les deux premières époques, la fibre du bois est la meilleure, ensuite elle devient d'un emploi de moins en moins avantageux. L'arbre vieux s'appelle *sur le retour*.

85. Tant qu'un arbre est en croissance et dans sa jeunesse, la cime a une apparence vivace, l'écorce est fine et unie; si on la déchire, on trouve les traces d'une végétation active. Les feuilles sont d'un vert vif et tombent tard.

Lorsqu'un arbre a pris tout son développement, sa tête s'arrondit ; les nouvelles pousses deviennent plus courtes que les précédentes : il commence à verdir prématurément et à jaunir de bonne heure en automne, et les branches s'inclinent vers la terre.

Si la cime commence à se dépouiller (auquel cas on dit que l'arbre se couronne), si les feuilles ne sont plus en proportion suffisante, si l'écorce présente des gerçures, de la mousse, des champignons, des taches de plusieurs couleurs, des éminences en forme de corde, des nœuds, et se détache du tronc ; si la poussière tombe des arbres à feuilles aciculaires, si la sève coule de l'écorce, si l'arbre est becqueté par le pic noir, le bois n'est plus d'un bon emploi pour la construction. Le tronc frappé rend un son sourd, le foret pénètre facilement, et produit des copeaux de mauvaise odeur.

Un arbre peut rester sur pied jusqu'à un âge très avancé, et pourrir intérieurement. Alors son bois se change d'abord en une substance molle telle que le liége, qui enfin tombe en pourriture.

86. Outre la vieillesse, les bois sont sujets encore à plusieurs maladies et infirmités. Les branches donnent souvent une autre direction aux couches ligneuses du tronc, qu'elles courbent, affaiblissent, et dont l'emploi devient par suite moins avantageux. Les jeunes arbres souffrent souvent du froid, et commencent à pourrir intérieurement, ou bien il se forme des fentes, *gélivures*, dirigées du centre à la circonférence, et celles-ci déterminent souvent l'introduction dans le bois d'une partie d'écorce ou d'aubier (*gélivure entrelardée*). Si les couches ligneuses se séparent, on nomme ce défaut *roulure.* Les fentes produites par le vent sont de plus petites fentes sur le contour du tronc; si elles s'étendent jusqu'au cœur, on les nomme *cadranures.*

Les arbres abattus par le vent ne valent rien pour construction, parce qu'ils tombent ordinairement pendant l'été, époque où le bois est riche en sève. Les vers contribuent aussi à diminuer l'emploi utile du bois. Dans les mois de mai et de juin, les insectes déposent leurs œufs entre l'écorce et l'aubier, la plupart du temps, dans les bois déjà vieux ; de là sortent des vers qui se glissent entre l'aubier et le bois, et qui l'épuisent.

87. L'automne est la saison la plus favorable pour juger de l'état et de l'âge d'un arbre. On estime à cette époque quels sont les arbres à abattre. Cet abatage a lieu en hiver, parce que c'est l'époque ou le tronc contient le moins de sève (82). Par suite non-seulement la dessiccation du bois est alors plus facile, mais aussi il est moins exposé aux maladies et aux accidents. Il est d'ailleurs moins poreux et plus facile à travailler.

88. L'arbre abattu est ébranché; on laisse à la souche son écorce, ou on la diminue par place. Le travail ultérieur du bois dans la forme correspondante à sa destination technique se fait sur place, pour éviter un transport inutile. Le flottage du bois est moins dispendieux que le transport sur essieu, mais il nuit à sa qualité.

DÉSIGNATION TECHNIQUE DU BOIS DE CONSTRUCTION.

89. La partie inférieure d'un tronc s'appelle *souche*.

On désigne sous le nom de *bois en grume* celui qui a été coupé et ébranché, mais qui a conservé son écorce.

Au contraire, celui qui a été taillé à angle droit sur les quatre faces se nomme *bois équarri*.

On entend par *bois de brin* le bois équarri mais non refendu par la scie; il donne les plus grosses pièces ou *poutres*.

Le *bois de sciage* comprend les *solives*, *chevrons*, *madriers*, pièces de bois ayant une largeur de 1 pied environ, et une épaisseur de 2 à 4 pouces; les *planches*, dont l'épaisseur n'est que de deux tiers de pouce à 1 pouce, les *lattes*, qui sont des planches subdivisées en bandes plus minces.

La partie extrême d'un tronc scié d'un côté et où l'enveloppe circulaire a été conservée de l'autre, s'appelle *dosse* ou *flache*.

Essence, en terme d'eaux et forêts, signifie espèce de bois.

TRANSFORMATIONS DU BOIS DE CONSTRUCTION
A L'AIR.

90. Le bois sèche à l'air jusqu'à ce qu'il ne contienne plus

que 10 p. o/° d'humidité. Cette dessiccation s'opère tantôt lentement et tantôt vite, suivant l'état du bois, le rapport de sa
surface à son volume, le renouvellement de l'air, lent ou rapide. Si l'air qui environne le bois à sécher contient plus d'humidité, celui-ci en absorbe de nouveau jusqu'à ce qu'il se
soit mis en équilibre avec l'air sous le rapport hygromé-
trique.

91. Dans la dessiccation, le bois nouveau perd souvent un
quart de son poids. Il diminue aussi en dimension, et il en
résulte que les garnitures en fer souvent ne s'y fixent pas bien.
Si ensuite le bois redevient humide, il se gonfle, et de cette
manière il est exposé à des changements continuels, et par
suite se déchire facilement à la surface.

Les sections du bois perdent dans la dessiccation leurs surfaces planes, c'est-à-dire qu'elles se déjettent ou se faussent.

Les méthodes de séchage artificiel nuisent la plupart du
temps à la qualité du bois.

92. Si la sève ne sèche pas promptement, il tombe en pourriture, et gâte les bois environnants s'il est enfermé en magasin.

Espèces de bois.

93. Le bois de chêne est fort et lourd, il se fend et se déjette dans la dessiccation; il n'est pas très élastique, mais dans
le sens vertical porte de lourd fardeaux.

On emploie de préférence le *chêne pédoncule* ou *à grappes*,
et, à son défaut, le *chêne vert* ou *yeuse* aux objets qui ont à supporter un fort frottement ou qui sont exposés aux alternatives
de l'humidité et de la sécheresse : sous l'eau, la fibre de ce
bois s'épaissit complétement. Dans l'artillerie on s'en sert pour

affûts de siége, roues, barils de poudre. Les essieux faits avec ce bois s'échauffent aisément. En général, cette essence sèche plus lentement que les autres. On regarde le chêne dont la couleur est d'un jaune clair comme le plus fort. Les meilleures pièces sont les souches de quatre-vingts à cent ans, qui ont de soixante à quatre-vingts pouces (de 1 mètre 572 à 2, 096 mètres) de circonférence (1).

94. L'orme, principalement l'orme rouge est dur, se déjette moins, est plus élastique et plus léger que le précédent. Il supporte les alternatives de sécheresse et d'humidité, est peu susceptible de se fendre, de donner des éclats, et tient fortement les clous d'applicage. On emploie ce bois pour affûts de campagne et pour toute espèce de charronnage. Il mûrit jusqu'à quatre-vingts ou cent ans; il a rarement à la souche plus de soixante pouces (1 m. 572) de circonférence (2).

95. Le bois de hêtre rouge est dur et fort, élastique jusqu'à sa cinquantième année; ensuite il devient cassant. Dans la dessiccation il se déjette fortement, perd souvent un quart de ses dimensions; il est aisément attaqué par les vers, et pourrit promptement s'il est exposé aux intempéries. On s'en sert pour outils de pionniers, brouettes ; au besoin, à la monture des armes portatives, et, même sans être séché, au charronnage (3).

96. Le bois de charme a des fibres fines, est très fort, lourd et élastique, il travaille peu, supporte très bien le frottement, et est suceptible d'ètre bien tordu et travaillé ; il peut se fendre

(1) Le chêne blanc est employé en France presque exclusivement pour les constructions de l'artillerie.

(2) L'orme sert en France pour jantes de roues, bouts de coffres à munition, têtes d'écouvillons et de refouloirs, sabots d'obus, etc.

(3) On fait en France avec le hêtre des établis, bancs, etc.

fortement et est exposé aux vers. On l'emploie pour les machines, roués dentées, engrenages, vis ; autrement aussi pour outils (1).

97. Le bois de frêne est fort, se fend aisément, se comporte à l'air moins bien que l'orme, mais est très élastique, et par suite de cette propriété s'emploie aux manches et hampes de toute espèce, même aux timons, rais de roues et volées.

98. Le bouleau est aussi élastique, et convient bien à la confection des manches ; toutefois il est aisément attaqué par les vers; on l'emploie aux timons, échelles, etc., et les branches, à la tonnellerie.

99. Le bois de tilleul, l'aulne, l'alisier, le peuplier et principalement le bourdaine (en arbustes de dix à douze pieds de haut) sont employés au charbon pour la poudre. On prend seulement les branches; on les coupe au mois de juillet, et on enlève l'écorce, qui donne un charbon moins inflammable. Le bois de brin de ces espèces d'arbres est mou et léger ; on le débite çà et là en planche, ou on le donne à travailler au tourneur ; on s'en sert peu pour les objets d'artillerie (2).

100. Le noyer donne le meilleur bois pour la monture des armes portatives ; il est fort, tenace et dure longtemps ; il devient de plus en plus rare et cher, surtout dans le nord. Au besoin, le bois d'érable peut servir au même usage ; il se travaille bien, est tenace, a la fibre fine, mais il est trop sensible à l'influence de l'air. Le noyer peut, au besoin, remplacer l'orme.

101. Le bois de saule sert principalement pour les fascines

---

(1) Dans l'artillerie française le charme donne des leviers de brin, masses d'armes, fusées de projectils creux.

(2) En France, le tilleul, l'aulne, le platane donnent des fusées de projectiles creux, sabots à boulet, tampons de charge d'obusier.

et gabions dans les fortifications ; les branches de cet arbre,
d'un pouce d'épaisseur, peuvent donner des cercles de tonneau ; seulement on doit l'écorcer, parce que autrement les
vers s'y mettent facilement, comme dans les cercles de noisetier (1).

102. De tous les bois d'arbres à feuilles aciculaires, celui du
mélèse est un des plus importants ; il supporte très bien les
alternatives d'humidité et de sécheresse, et peut rester à l'air
libre pendant des siècles ; pourtant il ne prospère que dans
les pays de montagne, et est rare dans les plaines. Il donne de
très bonnes planches, et peut anssi être d'un bon usage
comme bois de brin.

103. Le bois de pin sauvage (*pinus sylvestris*), pin de Genève
et d'Écosse est léger et élastique ; il est peu susceptible de se
fendre, ne se déchire pas sous les clous, mais se gonfle beaucoup à l'humidité, a beaucoup de branches et est facilement
attaqué par les vers. On l'estime d'autant plus, qu'il contient
plus de résine ; seulement la couleur à l'huile ne tient pas sur
ce bois résineux. On l'emploie comme bois de sciage pour coffres à munitions et autres.

104. Les bois de pin et de sapin sont moins durables ; cependant ils sont tous deux propres à être employés comme
bois de sciage ; le sapin est particulièrement élastique et léger, et se conserve bien lorsqu'il est sec. Ces deux espèces ont
beaucoup de branches (2).

---

(1) Les bois qui conviennent le mieux à la confection des fascinages
sont ceux qui poussent de longues tiges droites, flexibles et garnies de
rameaux sur la moitié seulement de leur longueur, tels que le chêne, le
châtaignier, le coudrier, le saule, la bourdaine. Pour les harts, on se sert
de brins de bois flexible, fort, droit et sans nœuds, jeunes pousses de
chêne, de châtaignier, de noisetier. de charme, d'osier et de vigne.

(2) Le sapin du Nord sert en France pour parois de coffres à muni-

Examen et conservation du bois.

105. Lorsque les officiers chargés de la direction des établissements militaires jugent plus avantageux de ne pas faire exécuter eux-mêmes l'abatage des bois destinés aux constructions, ils doivent s'assurer que ces bois ont été abattus en hiver. Les arbres sont visités dans tous les sens. L'espèce de bois, son âge, la disposition de ses fibres, son degré de dessiccation, sont l'objet d'un examen rigoureux. On doit rejeter le bois malade (86) et se tenir en garde contre la fraude.

106. Les bois reçus sont empilés jusqu'à l'époque de leur emploi, dans des magasins secs, munis d'un plancher, qui ne sont exposés ni aux rayons solaires, ni à la poussière, et qui sont dépourvus de toiles d'araignées.

Le bois tendre et le hêtre rouge sèchent suffisamment en deux ou trois ans. Les flasques d'affût en orme ont besoin de six à huit ans pour être suffisamment secs, ceux en chêne de douze à quinze ans. L'accès de l'air accélère cette opération, mais il ne doit jamais arriver à l'état de courant, parce qu'il occasionnerait des fentes dans le bois.

107. Pour l'empilement, on fait en sorte que les bois soient distants de cinq à six pouces du plancher. On sépare les piè-

---

tion, hampes d'écouvillons de siége. Le sapin de France, à défaut de celui du Nord, pour hanches et pieds-de-chèvre, coffres et caisses d'outils, caisses d'armes, bateaux-pontons, poutrelles et madriers de ponts.

Le bois de pin sert, dans l'artillerie française, à faire des caisses d'armes, il est d'ailleurs peu employé.

Le chêne, l'orme, le noyer, le frêne, le hêtre, le charme, le cormier, pommier, poirier sauvage, sont considérés comme bois durs. Le sapin, le pin, le peuplier, le platane, le tilleul, comme bois tendres ?

ces par des chantiers de bois sain et sans vers, ayant un pouce d'équarrissage, pour que l'air puisse circuler. On marque le numéro de l'année où elles ont été livrées, pour pouvoir les employer successivement au travail, suivant leur ancienneté et le degré de dessiccation. Dans la première année, on visite soigneusement le bois tous les trimestres, dans la deuxième, seulement tous les semestres, plus tard, tous les ans. On le retourne complétement, et on met de côté le bois défectueux. De cette manière, le bois sèche lentement, et cette méthode est préférable à tous les moyens artificiels d'accélération.

Bois de chauffage, charbon et autres moyens de chauffage.

108 Une livre de bois complétement sec, quelle qu'en soit l'espèce, peut élever de 0 à 80° (Réaumur) la température de 35 livres d'eau ; une livre de bois dans l'état de sécheresse habituelle, c'est-à-dire contenant 20 p. 0/0 d'humidité, produit la même élévation de température sur 26 livres d'eau seulement.

Les bois tendres donnent un feu vif avec grande flamme; les bois durs, une flamme plus petite mais plus durable. Le bois flotté perd un tiers de son pouvoir échauffant qui diminue aussi dans les bois d'arbres malades et sur le retour. La nature du terrain où les arbres se sont développés, est encore une cause de différence.

109. Le charbon de bois dur est de moitié environ plus lourd que celui de bois tendre. Une livre de l'une et de l'autre espèce élève 73 livres d'eau de 0 à 80° (Réaumur) (1). Le char-

_____

(1) Mais les charbons durs produisent dans les mêmes temps une tem-

bon s'emploie d'ordinaire pour chauffer des objets avec lesquels il doit être en contact immédiat. 10 p. 0⁄0 d'humidité augmentent son pouvoir échauffant.

On retire ordinairement 16 p. 0⁄0 de charbon, d'une certaine quantité de bois. Celui qui est destiné au charbon pour la poudre est exposé d'abord à l'influence de l'air, pour diminuer en lui la proportion des substances incombustibles susceptibles de produire des cendres ; plus les fibres du bois sont tendres et fines, plus le charbon est inflammable.

Le bon charbon de forge doit être ferme, compacte, cassant, d'un beau noir, en morceaux ronds.

Dans la cassure, on distingue les couches ligneuses du bois. Il ne doit pas être poudreux, ni contenir encore de l'écorce ; frappé légèrement, il rend un son clair. Il faut qu'il ne s'y trouve aucun *fumeron*, c'est-à-dire morceau de bois carbonisé incomplétement.

Le charbon de bonne qualité ne se conserve pas longtemps, il faut l'employer promptement. On l'emmagasine dans un local sec, car à l'humidité il devient tendre et friable.

Les bois qui conviennent le mieux à la carbonisation sont : parmi les bois durs, le chêne, le châtaignier, le frêne, le charme, le hêtre, l'érable, l'orme ; et parmi les bois tendres, le pin, le sapin, le mélèze, l'aulne, le bouleau, le tremble, le tilleul, le peuplier et le saule.

110. La qualité de la houille varie beaucoup ; pour la bien apprécier, on en brûle un certain poids, et on pèse le résidu qui est très variable et de 1 à 25 p. 0⁄0. La cassure doit être résineuse, brune, et n'être ni terreuse ni noire.

---

pérature plus élevée que les charbons tendres, bien que les deux espèces de charbon, à poids égaux, développent la même quantité de chaleur.

On distingue deux espèces de houilles, relativement à leur emploi : la *houille grasse* et la *houille sèche* ou *maigre*.

La première est légère, assez friable, très combustible, se gonfle, s'agglutine facilement et laisse peu de résidu. Elle est très favorable au travail de la forge.

La deuxième est plus lourde et plus solide. Elle se brise moins facilement, sa couleur passe au gris de fer. Sa surface et sa cassure sont souvent très éclatantes. Elle s'enflamme plus difficilement que la grasse, donne moins de résidu, et ne convient pas pour la forge.

Indépendamment de l'examen des caractères physiques de la houille, on doit l'éprouver pour la forge avant de la recevoir. Une livre de charbon de terre allemand élève 60 livres d'eau de 0 à 80 ° Réaumur. Quelque humidité étant susceptible d'augmenter encore son pouvoir échauffant, on la conserve à l'air ou dans une cave avant de l'employer.

Le coke est le résultat de la carbonisation de la houille. Il ne doit être ni vitreux ni gras; présenter une cassure mate, un aspect poreux, celluleux, et être sonore. Le bon coke produit peu de cendres.

111. Au besoin, on emploie le jayet et la tourbe. Ces matières ont environ le tiers du pouvoir échauffant d'un poids égal de houille. Elles sont d'autant meilleures qu'elles s'enflamment plus rapidement, que leur flamme dure plus longtemps et qu'elles produisent moins de résidu et de cendres.

112. Tableau présentant les pesanteurs spécifiques et les pouvoirs échauffants de diverses espèces de bois, cette dernière propriété dans le hêtre rouge étant prise pour unité.

(Il est à remarquer que les pesanteurs spécifiques sont celles du bois qui n'est pas complétement sec, mais dans l'état où il est lorsqu'il doit être travaillé).

ESPÈCES DE BOIS.	Poids en livres de Bavière d'un pied cube de bois récemment abattu.	Poids en livres de Bavière d'un pied cube de bois au degré de siccité convenable pour le travail.	Pesanteur spécifique.	Pouvoir échauffant
Erable.	51,4	43,4	0.78	1,05
Bouleau.	51,2	43,4	0,78	0,82
Hêtre.	55,6	44,6	0,80	1,00
Chêne.	59,3	49,5	0,89	0,86
Aulne.	46	37	0.67	0,55
Frêne.	53,7	46	0,83	1.05
Pin.	45,8	34,7	0,58	0,73
Pinastre. Pin sauvage.	49,3	38,1	0,69	0,80
Mélèze.	47,8	42	0,76	0,70
Tilleul.	45,4	37	0.67	0,55
Noyer.	50	42	0,76	0,75
Peuplier.	49	36	0,60	0.50
Ormeau, Orme.	52,8	46	0,83	0,90
Sapin.	47	39,7	0,72	0,68
Charme commun.	57	52	0,93	1,05

Ces densités des bois varient beaucoup, suivant la nature du terrain dans lequel ils se sont développés, suivant leur position, suivant qu'ils ont été choisis plus près du tronc, de la cime, des branches, du cœur ou de l'écorce.

Lin et chanvre. — *Travail du cordier.*

113. Le lin et le chanvre sont des plantes dont les fibres longitudinales sont faiblement cimentées entre elles. On dissout ce ciment (1), on brise l'écorce et on obtient ces fibres. On sépare la portion d'écorce a l'aide du *séran*; les copeaux qui en résultent prennent le nom d'*étoupes* et sont employés à l'emballage des munitions.

Les fibres du lin et du chanvre, si l'humidité y séjourne longtemps, s'altèrent ; elles sont aussi détruites par le salpêtre; les mites ne les attaquent pas.

114. Plusieurs fibres semblables filées ensemble à l'humidité produisent le *fil* ; deux de ces fils tordus ensemble donnent le *bitord*. La *toile* est formée de fils de lin : les fils longitudinaux s'appellent *chaînes* ; ceux transversaux, *trames*. La qualité de la toile, lorsqu'elle est peinte, ne peut être bien appré-

---

(1) Cette opération s'appelle *rouissage ;* elle a pour objet de débarrasser, à l'aide d'une espèce de fermentation, le lin, le chanvre et autres plantes textiles des différentes substances qui agglutinent les fibres entre elles. Il se pratique par une immersion compléte de ces végétaux, soit dans l'eau stagnante, soit dans l'eau courante ou en les exposant à la rosée. Les substances glutineuses, cause de l'adhérence des fibres étant détruites, on les détache facilement, soit à la main, soit à l'aide d'une machine très simple, ce qu'on appelle *teiller*. Les libres une fois séparées, on les purge des débris de tiges qui pourraient y rester en les passant entre les pointes de fer de l'instrument appelé *séran*. On appelle *chenevottes* les débris de la tige dont on a ainsi isolé les plantes textiles. La couleur du chanvre est un indice de sa qualité. Le plus estimé est gris de perle ou argenté, ensuite le verdâtre, puis le jaunâtre. La couleur brune dénote qu'il a été trop roui, qu'il a trop fermenté et qu'il commence à pourrir. Il doit avoir une odeur forte, mais ne sentir ni le pourri, ni le moisi, ni même l'échauffé. Il faut s'assurer qu'il est bien peigné, souple et purgé de chenevottes.

ciée. Le *coutil* est tissé plus épais que la toile ; on emploie aussi à sa confection des fils de chanvre. Les *sangles* se font de forts fils de chanvre. Les fils longitudinaux doivent être tournés alternativement à droite et à gauche, de manière à ne pouvoir plus aisément se détordre.

115. La *ficelle* est composée de deux fils tordus, et a une épaisseur de 0,03 à 0,08 pouces (0 m. 0008 à 0 m. 0020) ; on en emploie dans le service de l'artillerie trois espèces qu'on appelle *fine, moyenne, forte*. Les *torons* s'obtiennent en tordant ensemble de deux à vingt fils, et on forme les forts cordages de trois ou quatre torons (1).

116. Pour reconnaître la force et la durée de la corde, il faut examiner la pureté du chanvre et le degré de torsion de cette corde et de ses torons. Le chanvre ne doit pas sentir le pourri ni contenir de chenevottes. La couleur brune ou jaune, même celle rouge ou blanche ne sont pas un bon indice. On s'assure que la corde a le nombre exact de torons sans ficelle de remplissage dans l'intérieur, qu'elle a le degré nécessaire de torsion ; car, si elle est trop tordue, certains fils sont tendus inégalement, se brisent aisément, et elle n'a plus la flexibilité nécessaire. Si elle est trop peu tordue, elle n'a pas de force, se dénoue et se relâche. Un bon câble doit être fort , partout égal, cylindrique, et présenter de la résistance si on cherche à le détordre.

117. Pour bien conserver les cordages, il faut les nettoyer

---

(1) La fabrication du cordage se compose du filage et du commettage, qui consiste à réunir plusieurs fils par le tortillement : ce qui donne la *ficelle, les torons , les aussières* composés chacun d'un certain nombre de fils; les *grelins*, formés de 3 ou 4 aussières.

Un cordage est commis au tiers ou au quart, c'est-à-dire qu'il est plus court de 1/3 ou 1/4 que les torons tendus. Les cordages de l'artillerie française sont commis au quart.

avec une brosse, en les mouillant faiblement ; les sécher
convenablement, les rouler, les suspendre les uns près des
autres sur une petite épaisseur dans le haut des magasins,
de manière que l'air puisse les traverser toujours. Avant de
les employer, ou au moins tous les ans, on doit, par un beau
temps, les tendre à l'aide d'un cabestan ou d'un fort poids.
Il n'y a pas d'avantage à enduire les cordages de quelque matière, telle que huile, graisse, etc. Le goudron diminue leur
durée, mais il sert de préservatif contre l'humidité aux cordages d'ancre qui doivent être fréquemment plongés dans
l'eau (1).

Résine et huile.

118. En exposant à la chaleur un arbre résineux à feuilles
aciculaires, il en découle un certain liquide qu'on appelle *fiel
de goudron*. Il s'en sépare une huile essentielle qu'on nomme
huile de goudron. Si l'on mêle avec de l'eau le fiel de goudron
et si on le distille, l'huile se volatilise avec l'eau, et le résidu
est de la *poix blanche* ; si on continue à chauffer, on voit couler du bois le *goudron* à travers le fiel ; en le faisant bouillir,
on obtient la *poix verte* ; enfin, on retire la *poix noire* par l'é-
bullition du goudron qui s'échappe à la fin. Cette dernière est
moins chère que la blanche et que la verte et s'amollit moins ;
elle est plus propre à faire l'enduit de quelques artifices.

Le *goudron* est une huile essentielle empyreumatique, qui

---

(1) Si l'on désigne par *d* le diamètre d'un cordage en millimètres, le
poids capable de le rompre est exprimé par 4 d 2 kilog. On ne doit
faire supporter aux cordages que la moitié de ce poids. Avant de se rompre, un cordage neuf s'allonge de 1/7 à 1/5 et son diamètre diminue
de 1/7 à 1/14.

contient de la résine carbonisée. Il est d'autant meilleur qu'il est plus limpide et plus fluide (1).

119. La résine qui coule en été du pin et du sapin se nomme *térébenthine commune;* celle qui provient du mélèse, *térébenthine de Venise.* En la faisant bouillir dans l'eau et distillant, on obtient une huile essentielle, plus légère que l'eau, fluide, ayant la clarté aqueuse ; c'est l'*huile de térébenthine.* Elle est très volatile, et s'enflamme à une basse température. Le résidu résineux , de couleur blanche, se nomme *poix de Bourgogne.* En chauffant la térébenthine sans eau, l'huile se volatilise et on obtient un résidu brun et cassant qu'on appelle *colophane.*

120. L'huile d'olives s'obtient par la compression à froid des olives à l'aide d'un moulin qui écrase le fruit et le réduit en pâte et d'un pressoir pour exprimer l'huile qui y est contenue. A cet effet, on met cette pâte dans des sacs de joncs marins appelés *cabas,* et les soumettant à la pression, on extrait l'*huile vierge.* On desserre ensuite les cabas, on verse sur la pâte de l'eau bouillante , et on remet les cabas en presse. L'eau chaude entraîne la plus grande partie de l'huile contenue dans la pâte. La première huile, huile vierge, a une saveur faible et douce, est d'un jaune pâle, presque incolore ; sa pesanteur spécifique est de 0.92. L'huile provenant des pressées suivantes contient encore quelques mucilages, rancit, s'altère aisément, et dans cet état serait préjudiciable au fer ou au cuir qui en serait enduit. Pour la purifier, on la fait bouillir, ou bien on y verse du plomb fondu. La première opération fait évaporer les liquides étrangers : la deuxième les décompose.

121. En comprimant la graine de lin, on extrait une *huile de lin,* qui sèche à l'air. On la combine avec les couleurs ou

_____

(1) Il est de consistance sirupeuse, transparent et d'une couleur rougeâtre et a une odeur forte qui lui est particulière

avec la litharge. Il en résulte une couleur à l'huile et un vernis qui sèche promptement et qui sert à peindre toutes les voitures d'artillerie.

La résine et l'huile se conservent dans des souterrains frais
ou dans des caves. L'action de la chaleur liquéfie la première
et fait rancir la deuxième.

Esprit-de-vin, eau-de-vie, vinaigre.

122. Si on abandonne à elles-mêmes dans l'eau les substances qui contiennent le sucre et l'amidon, elles se gonflent,
commencent à fermenter, et développent un liquide aroma-
tique, l'*alcool*. Le fabricant arrête à temps cette fermentation, et obtient par la distillation d'abord de l'eau-de-vie, ensuite de l'esprit-de-vin, et enfin en le séparant de l'eau , qui
a pour cette matière une très forte affinité, il extrait l'alcool
pur. Le bon esprit-de-vin se volatilise sans résidu, et reste clair
lorsqu'il est dissous dans l'eau. Celui qui a une odeur douce est
susceptible d'être employé dans les laboratoires ; il doit mar-
quer trente degrés à l'aréomètre de Baumé.

Le *vinaigre* s'obtient par la fermentation des liquides spiri-
teux et sucrés ; suivant le corps dont il a été extrait, on l'appelle *vinaigre de vin, de bierre, de pomme*, etc. ; il est fréquemment falsifié par des acides minéraux et du suc de plantes
aigres. Ces falsifications se reconnaissent par les réactifs chimiques. Le vinaigre est souvent employé dans les laboratoires ;
il a la propriété de dissoudre un peu le salpêtre.

MATIÈRES APPARTENANT AU RÈGNE ANIMAL.

Cuir.

123. La peau des animaux se compose de plusieurs tissus

et chairs superposés. Lorsqu'on sèche la peau fraiche, elle devient dure et ferme, et passe insensiblement en pourriture par l'action de l'humidité. La préparation dégage la peau proprement dite des chairs intérieures, et, dans la plupart des cas aussi, des chairs extérieures et des poils. Elle fait disparaître ou changer de nature les substances susceptibles de se pourrir facilement, de telle manière que la peau ne puisse plus être facilement pénétrée par l'eau ; les fibres deviennent plus denses et cependant restent tenaces et souples.

Le côté extérieur de la peau s'appelle *fleur*, la partie intérieure *chair*.

123 bis. La préparation peut s'effectuer de trois manières différentes :

1° On se sert de végétaux qui contiennent du *tan*, tels que l'écorce du chêne ou du bouleau moulue ou réduite en poudre, ou la noix de Galle, etc. Le cuir, lorsqu'il est devenu brun, se nomme *tanné*.

2° On se sert de l'alun, et le cuir ainsi préparé s'appelle cuir, *mégi* (mégisserie commune);

3° Enfin, la peau, après la précédente purification, est imbibée de graisse pure ; on l'appelle alors *chamoisée*.

Au premier mode de préparation appartient aussi le *cuir de Russie*. On y emploie particulièrement l'écorce de saule.

124. Pour le tannage par l'écorce du chêne, on écorne d'abord et on lave les peaux ; on les foule aux pieds, on les débourre en les plongeant dans l'eau de chaux ou dans de l'eau acidulée ; et, en levant ensuite le poil au couteau rond, on les écharne avec un couteau tranchant ; on les fait gonfler dans des eaux acidulées, et alors elles sont susceptibles d'être livrées au tannage. Cette opération a lieu dans des fosses ou cuves, où l'on met des couches alternatives de tan et de peaux: on retire les peaux et on renouvelle le tan tous les deux ou

trois mois. Les cuirs restent environ un an dans les fosses
à tan.

Au tannage succède l'opération du corroyage, qui a pour
objet de donner au cuir le brillant, le lustre, la couleur et la
souplesse nécessaires et dans laquelle on le détrempe, on le refoule, on le met en suif et on le teint.

On obtient avec les peaux de bœuf et de buffle le meilleur
cuir fort ; avec celles de cheval, de vache, ou de petit bœuf,
le *cuir à œuvre*, qui s'emploie pour les selles, les empeignes de
bottes et de souliers ; enfin, la peau de veau et de mouton donne
un cuir qui, teint en noir, s'emploie particulièrement pour
les empeignes de bottes et de souliers.

La mégisserie, lorsqu'elle s'exerce sur des peaux de bœuf
et de vache pour selles et courroies s'appelle *mégisserie hon-
groise* Dans cette préparation, le cuir n'est pas tanné ; il doit
sa conservation et son inaltérabilité aux matières grasses dont
il est imprégné. Elle consiste à laver, écorner, fendre les peaux,
les raser à la faux, les tremper, les fouler à plusieurs reprises
dans une dissolution d'alun et de sel marin, les sécher et les
passer au suif.

La mégisserie commune ne travaille que des peaux très
minces de mouton, de chevreau et d'agneau, pour des ouvrages
qui n'exigent pas une grande résistance, tels que tabliers,
doublures, gants, etc. Dans cette opération, on plonge les
peaux, après qu'elles ont été mises en l'eau de chaux et pelées,
dans un bain d'eau de son aigrie ; ensuite on les chauffe dans
une solution d'alun et de sel marin, jusqu'à ce qu'elles en
soient bien imprégnées ; enfin on les enduit d'une pâte de
farine et de jaunes d'œufs délayée dans la même dissolution.

Dans la chamoiserie, les peaux de chamois, de cerf, de che-
vreuil, de brebis, de chèvre et de veau sont passées à la chaux,
pelées comme dans la mégisserie ; ensuite on enlève l'épiderme,

on les met dans un bain d'eau aigrie par du son, on leur donne
l'huile, on les foule sous le pilon, on les met à l'étuve, on enlève le reste de la fleur et on les dégraisse dans une lessive de
cendre et de potasse.

Les peaux ainsi préparées sont destinées aux pantalons et
aux gants. Si on traite les peaux de bœuf ou de vache, on obtient un cuir propre aux baudriers.

125. Le cuir bien tanné doit montrer, lorsqu'on le coupe, un
tissu fibreux ; l'intérieur doit être luisant, comme marbré, ne
doit pas présenter au milieu une raie blanche appelée *corne
ou crudité du cuir*, qui indique qu'il n'est pas assez nourri par
le tan. Dans ce cas, son tissu, au lieu d'être serré et compacte,
est lâche et poreux ; on l'appelle *cuir creux*. Le cuir de cheval
est spongieux, très sensible au changement de température ; il
a une odeur douce, mais désagréable. Le cuir d'animaux trop
gras ou malades est de qualité inférieure : la peau d'une brebis
morte se reconnaît par l'aspect terne de la fleur.

Le cuir se paie au poids ; on le pèse au moment où il est livré, et on le pèse de nouveau après l'avoir déposé pendant
quelques jours dans un local sec. S'il perd 4 à 5 0/0 en poids,
on en conclut qu'il avait peut-être été mouillé frauduleuse-
ment. La peau dans le milieu doit être très épaisse, se montrer élastique en la pliant, ne présenter sur le côté de la chair
ni pièce, ni incision, et ne pas avoir sur le côté de la fleur des
taches de plusieurs couleurs. Une pièce de cuir doit absorber
l'eau lentement sans s'amollir ; enfin, le cuir doit s'épaissir
sous le marteau, mais non s'étendre.

Il convient de ne pas conserver longtemps le cuir, mais de
le travailler promptement; on le dépose dans un local frais et
sec, et on le préserve avec soin des vers.

Laine, soie et poils.

126. La laine produit un charbon qui s'enflamme difficilement, mais qui ne conserve pas de parties en combustion.
L'artillerie l'emploie pour sachets de cartouches, cousue avec
des fils de la même matière. Dans la réception de la laine, on
doit s'assurer qu'elle n'est pas mêlée avec du coton ou du lin.
Pour la préserver des mites, on se sert avec succès de fraîche
écorce de chêne.

127. Les meilleures soies de porc se tirent de Pologne, de
Hongrie, de Moldavie et de Russie ; elles valent mieux lorsqu'elles proviennent d'animaux tués que d'animaux morts, et
sont meilleures recueillies en hiver qu'en été.

Les soies du cou ont la plus grande longueur et l'élasticité
la plus forte. On les contrefait en les trempant dans l'eau de
colle et dans l'huile de lin, et on les mêle avec des poils de
cheval préparés de cette manière. Comme la laine, elles sont
exposées aux mites, et doivent être conservées dans un local
sec et à l'abri de la poussière. Les soies de porc sont destinées
à faire des brosses d'écouvillons.

128. Les poils de veau ou la bourre servent à rembourrer
les selles. Ces poils ne doivent pas être poudreux ni traités
par la chaux (1).

Colle.

129. On extrait la colle des nerfs des pieds, des rognures de
peaux et des os, des sabots et oreilles de bœuf, de cheval, de mou-

---

(1) Les panneaux des selles de la cavalerie en France, sont rembour-
rés avec de la paille et du crin. *(Note du traducteur.)*

ton. On en sépare le sang, la graisse et autres substances
sujettes à pourrir. A cet effet, on les nettoie dans l'eau de chaux,
et ensuite on les fait bouillir et dissoudre dans l'eau commune ;
on enlève les écumes, on filtre, on décante la liqueur et on la
chauffe de nouveau en l'écumant, jusqu'à ce qu'elle soit réduite en consistance convenable. Refroidie, elle se prend en
gelée, et on la sépare en tranches que l'on subdivise avec un
fil d'archal, et qu'on fait sécher sur un réseau de ficelle. Elle
est d'autant meilleure qu'elle est plus transparente, a une cassure vitreuse, doit rester sèche à l'air humide, et se gonfler
fortement dans l'eau froide en trois jours, se dissoudre dans
l'eau chaude sans résidu, et bien coller ensemble deux morceaux de bois uni. La *colle de poisson* ou *icthyocolle* n'est que
la partie inférieure de la vessie de plusieurs espèces d'estur-
geons. On l'obtient en séparant cette vessie de l'animal, la lavant, la coupant en long et la séchant à l'air. La colle de poisson doit être blanche, transparente, sèche, et se dissoudre
facilement dans l'eau ou dans l'alcool étendu d'eau.

La *colle marine* (*marineléim*), découverte en Angleterre, se
compose de gomme élastique, d'écailles et de quelques autres
éléments. Elle colle si fortement le bois, le fer et autres matières, qu'elles présentent autant d'adhérence à la partie col-
lée que partout ailleurs.

Graisse.

130. La *graisse* est blanche, inodore, fond à 25° et est liquide à 50 ; on l'extrait du bœuf, du mouton, du porc et de
tous les animaux.

131. L'*huile de baleine* est brune, a une odeur très désagréable, est fluide, brûle avec une flamme blanche, et se retire de la graisse dorsale de ce poisson de mer.

132. Le *suif* est une graisse blanche, ferme, que l'on retire particulièrement du bœuf, du mouton, du bouc ou du cerf, et qui, purgée de sang et de mucosités, s'altère rarement.

133. Le *savon* s'obtient par le mélange de la potasse ou de la soude avec la graisse ou l'huile. Il est soluble dans l'eau et dans l'alcool, et produit une forte mousse par le frottement ; dissous dans l'eau, il a la propriété d'enlever les immondices qu'il prend en dissolution.

134. Le *graissage* des voitures ou des essieux en bois s'effectue avec un composé de goudron et de graisse; pour les essieux en fer, on forme l'enduit de deux parties de suif, deux de graisse de porc et une demie de graphite ; ou de deux parties de suif et d'une d'huile. Elle doit être purifiée.

135. La *cire* est une substance qui a beaucoup de rapport avec la résine ; elle a une odeur douce de miel. Jaune à l'état naturel, elle peut être blanchie facilement. Elle est souvent mêlée de farine et de suif: la première altération se reconnaît en faisant fondre la cire ; la deuxième, à l'odeur. Elle fond à 52° R.

Toutes les graisses doivent être conservées au frais.

MATIÈRES APPARTENANT AU RÈGNE MINÉRAL.

Fer.

136. Le fer ordinaire, tel qu'on le voit travailler partout, est loin d'être complétement pur ; mais il renferme plus ou moins de carbone. La plupart du temps, il contient de la *fonte* ou *fer cru*, de l'*acier* en moindre quantité, et très peu de *fer ductile*. Plus les fers contiennent de carbone, plus ils sont fusibles; plus, au contraire, la proportion de carbone est petite,

plus ils sont malléables et soudables. Le fer ductile se rouille
très facilement, l'acier moins, et la fonte encore moins. Pour
rendre plus dur le grain de la fonte ou de l'acier, on les chauffe
et on les refroidit brusquement; si, au contraire, on les refroidit lentement, ils redeviennent plus mous qu'auparavant.

137. Chaque pays a son minerai particulier qui doit être
éprouvé et analysé chimiquement. Les mines très riches contiennent soixante-douze pour cent de fer ; celles qui sont très
pauvres paraissent en contenir vingt pour cent. Le reste du
minerai se compose de mélanges terreux. La richesse d'une
mine influe sur la bonté du fer en tant que la fusion est plus ou
moins accélérée. Toutes les matières étrangères restent dans
les scories.

138. Le minerai est cassé d'abord, ensuite grillé, bocardé de
nouveau, et porté dans un haut-fourneau avec une substance
castine ou *erbue*, qui doit accélérer la fusion, et du charbon de
bois ou coke (1).

Le fer fondu , *fonte de fer* ou *fer cru*, peut être coulé en
moule, ou mis sous forme de barreaux ou de demi-cylindres

_____

(1) Le haut-fourneau se compose de deux espèces de troncs de cônes
adossés base à base. On verse par le haut appelé *gueulard* des couches
alternatives de minerai, de charbon de bois ou coke et de fondant. La
partie inférieure qui se nomme le *creuset* est percée d'un ou plusieurs
trous par lesquels arrive le vent de forts soufflets destinés à alimenter le
feu. Ce creuset est prismatique, cylindrique ou conique. Le fer contenu
dans la mine est désoxydé par le carbone, et s'unissant à une portion de
celui-ci, constitue la *fonte ;* l'argile et la chaux qui se trouvent dans la
fondant étant fondus, et s'unissant à une portion de l'oxyde de fer du minerai, forment une substance vitreuse appelée *laitier*. La fonte et le laitier
descendent dans le creuset ; le deuxième , plus léger, s'écoule par une
ouverture placée à la partie supérieure du creuset. La fonte s'échappe
par un trou appelé *trou de coulée*, qu'on perce à la partie inférieure du
creuset.

qu'on appelle *gueuses*. En séparant le fer cru du carbone, on obtient le *fer forgé* ; en Allemagne, on y est parvenu jusqu'à présent par l'*affinage* ; en Angleterre, par le *puddelage*. Ce dernier procédé a été adopté en beaucoup d'endroits (1). On peut convertir le fer cru en acier naturel en le carbonisant; on obtient aussi un acier qu'on appelle *acier de cémentation* ou *poule*, en disposant dans des caisses bien fermées des couches de barres de fer d'un à deux pouces d'épaisseur, alternant avec des couches de charbon, et les exposant à la chaleur pendant dix ou douze jours (2).

(1) Lorsqu'on veut convertir la fonte en fer ductile , on peut employer deux méthodes, l'*affinage à l'allemande* ou le *puddlage*. Dans le premier cas, on divise la gueuse, et on en porte une partie dans un fourneau , où elle est entourée de charbon de bois ; là elle se liquéfie sous le vent des soufflets qui la décarbonisent. Des grumeaux de fer se forment ; on les rassemble et on en chasse le laitier et le carbone qu'ils peuvent encore contenir, en les cinglant sous un marteau. On obtient ainsi une masse de fer appelée *loupe*, qu'on étire en barres sous le marteau.

Dans le *puddlage* ou *affinage à l'anglaise*, on met la fonte dans des fours à réverbère et on la brasse fortement. Lorsqu'elle est décarburée, on en réunit une certaine masse que l'on comprime sous un cylindre, et que l'on met en barres également sous le cylindre ou laminoir. Dans ce procédé , on ne traite que des fontes blanches ou des fontes grises blanchies par le *finage*.

(2) L'acier naturel ou de forge s'extrait de la fonte dans un fourneau semblable à celui d'affinage. On dirige le vent plus horizontalement et on en donne moins. Il arrive un moment où la fonte , après s'être ramollie, reprend de la solidité. C'est un signe que la fonte est convertie en acier.

Pour fabriquer l'acier de cémentation, on prend des barres de fer d'une faible épaisseur; on les place dans des caisses en poterie , par couches alternatives avec du ciment, mélange composé de charbon , suie, cendre et sel marin. Les caisses sont disposées dans un four que l'on chauffe fortement pendant sept à huit jours. Lorsqu'on juge l'opération achevée,

Fonte ou fer cru.

139. Elle se distingue en deux espèces principales, la *blanche*
et la *grise*. La première a une couleur qui varie depuis le blanc
d'argent jusqu'au gris cendré ; sa cassure est rayonnante,
lamelleuse, compacte, conchoïde ou grenue. Elle est dure et
cassante, ne peut ni se limer ni se forer, et ne convient pour
aucun des objets coulés d'artillerie. Sa densité est de 7,2. La
fonte grise est d'un gris foncé, a une cassure grenue. Un grain
un peu gros et terne indique une *fonte de bonne qualité*. Elle
est moins dure, plus tenace, et peut être travaillée. Sa densité
est de 7,00. Elle convient pour les moulages de l'artillerie.

Entre ces deux espèces est la *fonte truitée, gris blanc*, dont
les propriétés sont intermédiaires entre celles des deux précédentes, et qui est très propre à la fabrication des projectiles.

On a cru pendant longtemps que la fonte blanche ne diffé-
rait de la grise que parce qu'elle contenait moins de carbone.
On admet aujourd'hui que la différence que présentent ces
deux espèces de fontes tient au mode de combinaison du carbone avec le fer, et que dans la fonte blanche le carbone est
plus intimement combiné avec le métal que dans la grise.

La fonte destinée au moulage se coule dans des moules en
fonte, en argile ou en sable mêlé avec de la poussière de charbon, qui a l'avantage de s'opposer à l'adhérence du sable sur
la fonte. Ce métal ayant un retrait dans le refroidissement,
on donne au moule des dimensions un peu plus fortes que l'objet à mouler.

on laisse refroidir, et on trouve les barres converties en acier, couvert de
petites soufflures, qu'il reste à chauffer et à forger pour le rendre plus
homogène.   *(Note du traducteur.)*

Les pièces à couler devant souvent être creuses intérieurement, on obtient ces creux en se servant de noyaux en terre
glaise ou en sable, que l'on fixe dans le moule.

Fer de forge ou en barres.

140. Le fer de forge a une surface d'un gris noir ; il contient de 0,5 à 1 0/0 de carbone, et se distingue par suite en *fer
fort* et en *fer mou*. Il se courbe à froid et change peu par un refroidissement subit. Il se rouille aisément, et a souvent des
veines longitudinales. Le fer fort est plus dur, se rouille moins,
donne moins de déchet, et est susceptible de supporter un violent frottement. En général, le fer martelé est plus tenace que
le fer pudlé (1). Celui-ci se casse aisément lorsqu'on le courbe
en travers ; il convient pour les ferrures qui peuvent rester
en place, comme par exemple : *bandes, cercles, clous,* etc.

141. Le fer de forge est dit *brûlé,* s'il est purgé complètement de carbone ; et si ses fibres ne sont pas adhérentes entre
elles ; *pailleux, aigre,* s'il contient du silicium ; *rouverin, cassant au blanc,* s'il renferme du fer sulfureux. Dans ce cas,
il se comporte à froid comme le bon fer ; mais chauffé, il se
brise, le premier à la chaleur rouge, le deuxième à la chaleur blanche. On nomme *cassant à froid* (2) le fer qui se comporte bien à chaud, mais qui se brise aisément à froid. Si,
dans le travail du fer, on y a laissé des scories, il en résulte
des solutions de continuité.

---

(1) Il existe des fers pudlés et laminés qui jouissent d'une grande ténacité, et qui, par exemple, donnent d'excellents essieux pour le service de l'artillerie.

(2) Le fer cassant à froid est produit, en général, par les minerais
phosphoreux.   (*Note du traducteur.*)

142. Dans la réception du fer, on met le mauvais de côté ; on sépare le fer fort du fer mou. On visite d'abord l'extérieur, s'il n'y existe aucune crique, si les arêtes sont bien achevées, et les barres des dimensions prescrites; ensuite on examine la cassure de quelques barres : si elle présente des filaments longs, d'un gris plombé, adhérents entre eux, qui se tordent et se déchirent plutôt qu'ils ne se rompent; si le grain est moyen, égal, ou mêlé de nerfs, sans facettes brillantes, ni taches, ces caractères indiquent un fer de bonne qualité. Un nerf court, noirâtre, entremêlé de gros grains à facettes, indique un fer mal affiné. Un grain très fin et très serré appartient à un fer aciéreux, dur et cassant à froid. Un gros grain mêlé de taches jaunes ou brunes est l'indice d'un fer cassant à froid, mais susceptible de se travailler à chaud. Une couleur foncée, sans éclat, avec des criques sur les arêtes, dénote un fer rouverin, cassant à chaud. Indépendamment des inductions tirées de l'aspect du fer, on peut encore observer sa sonorité, le plier, le courber, exercer sur les barres une pression ou un choc, les projeter assez violemment sur une enclume, les soumettre au choc d'un poids de cinq ou six quintaux, en le laissant tomber sur le milieu, d'une hauteur proportionnée à la force des pièces à éprouver. Enfin on fait travailler quelques barres à chaud : on les étire, on les élargit, on les courbe, on les perce. on y taille à froid des pas de vis, et on les éprouve à la lime.

143. Le fer de forge reçoit diverses dénominations suivant la forme qu'on lui donne, ou bien on le distingue d'après les numéros qui lui sont assignés. Dans le premier cas, on appelle *fer à grille* les barres qui ont une section carrée; et on le divise en gros, moyen ou petit, suivant que le côté de cette section est de 1,6 à 0,4 pouces. Les barres qui ont plus de largeur que d'épaisseur se nomment *fer à bandes, fers à cheval, à cercles*; et ont en dimensions de 0,15 à 0,75 pouces d'épaisseur, et de

0,9 à 5 pouces de largeur. Le fer rond se travaille pour chaînes. On nomme *verges* les barres de fer dont on fait les clous. Il est nécessaire pour certaines fortes ferrures, de dimension partilière, qu'elles soient d'avance préparées au marteau ; on les appelle *fers ébauchés*.

Tôle de fer.

144. On l'obtient, soit au marteau, soit au cylindre presque exclusivement, avec du fer très mou et nerveux. La bonne tôle présente une surface bien plane et bien polie, sans bosses, rides, ni criques, a une épaisseur égale, et est partout également parée. Elle est très élastique et très flexible; courbée plusieurs fois et ramenée à sa position, elle ne se déchire pas (1).

145. Le fer-blanc se prépare avec de bonne tôle ; on la décape avec de l'acide hydrochlorique ou sulfurique, et on l'écure avec du sable pur ; on l'essuie, on l'enduit de suif, et on la plonge dans un bain d'étain fondu. Ce métal doit bien recouvrir toute sa surface ; les places qui en seraient dégarnies se rouilleraient d'autant plus aisément, pendant que les autres seraient garanties par leur surface étamée (2).

Fil de fer, clous, vis à bois.

146. Le fil de fer se fait également avec du fer très mou (3) :

---

(1) On la perce près des bords, et on s'assure qu'après cette opération, il ne s'est produit ni fentes ni criques. La plus forte épreuve à lui faire subir est l'*emboutissage*, qui consiste à la battre pour lui faire prendre une forme concave.

(2) Il y a deux espéces de fer-blanc, le *brillant* et le *terne*. Le premier est étamé avec de l'étain pur, le deuxième, avec de l'étain mêlé d'une certaine quantité de plomb.

(3) D'après Karsten, le fer fort et dur serait préférable.

on étire d'abord le fer en barres très minces; on forge un des bouts en pointe, on le présente à une filière (1) percée de trous ronds, et, le saisissant de l'autre côté avec une tenaille, on le fait passer d'abord dans les ouvertures les plus larges, et ensuite, en lui donnant des chaudes réitérées, dans d'autres de plus en plus étroites, jusqu'à ce qu'il soit transformé en fil de fer du diamètre voulu. Le bon fil de fer a une cassure claire et crochue, une couleur sombre ; il est très flexible et ne présente ni fentes, ni rayures, ni solutions de continuité ; il doit être homogène, rond et poli.

147. Les clous se font avec de la verge. On en met l'extrémité à un feu de forge; on la porte sur un billot, et on épointe cette extrémité ; on la coupe à la longueur voulue, ensuite la tige est introduite dans un mandrin vertical, et la tète se confectionne au marteau. Dans la réception des clous, on en prend une grande quantité, on les pèse, on examine leur dimension, leur couleur et leurs arêtes. Les clous pour fer à cheval doivent être particulièrement flexibles ; les autres, lorsqu'on les enfonce, ne doivent pas se plier aisément, mais ils doivent pouvoir se river.

148. Les vis à bois se font la plupart du temps avec de forts fils de fer doux. Pour les confectionner, on arrondit sur une

---

(1) La filière est une plaque d'acier très résistante, et percée de trous dont le diamètre va toujours diminuant d'une extrémité à l'autre. On la fixe solidement entre deux rainures. On épointe un des bouts de la tige qui doit être réduite en fil , de manière à ce qu'il puisse traverser la filière de part en part. On la saisit sur la face opposée , avec une tenaille, et on réduit le diamètre de toute la barre à celui de l'ouverture. On amincit de nouveau l'extrémité de la tige , et on la présente au trou de la filière qui est immédiatement inférieur à celui qu'elle vient de quitter, en continuant à suivre la même marche de trou en trou , on l'amène à n'avoir plus que la dimension désirée.   (*Note du traducteur.*)

étampe le bout de ce fil de fer, puis on le coupe à la longueur
voulue ; on engage la tige dans une clouière, et on fait la tête
au marteau ; ensuite on lime la tige, et on forme les filets en l'introduisant dans un taraud ; enfin, on fend la tête avec une scie.
On fait attention dans une vis si le pas est profond, net, vif, et
s'il ne s'émousse pas.

Acier.

149. L'acier se rapproche tantôt du fer, tantôt de la fonte pour
la proportion du carbone et pour les propriétés. En général,
les aciers plus riches en carbone ne sont pas d'abord plus cassants et plus durs ; mais ils prennent par la trempe plus de
dureté que les autres espèces. L'acier redevient mou si, après
avoir été porté à la chaleur rouge, il est refroidi lentement ; il
acquiert de l'élasticité, si, après l'avoir porté à un faible degré
de chaleur, on le trempe.

150. L'acier se ternit à la chaleur, et prend extérieurement
une couleur que les acides enlèvent aisément. L'acier jaune est
dur et sans élasticité ; il a le plus petit degré de dureté et la plus
grande élasticité, s'il est porté au bleu sombre. Pour distinguer
l'acier du fer, on se sert d'acide nitrique concentré, qui dans
le premier forme une tache noire extérieurement, en raison du
carbone isolé, et dans le deuxième produit une tache plus
claire.

151. Outre l'acier naturel et de cémentation (1) dont il a été

_____

(1) L'acier naturel et l'acier de cémentation sont assez semblables entre eux. Ils présentent un grain fin, égal, serré, argenté, mêlé d'un nerf
très fin. Ce nerf, lorsqu'il est long, ductile ou lamelleux, et de couleur
plombée, indique un acier ferreux et de mauvaise qualité.

L'acier fondu a le même aspect que le précédent, à cela près qu'il présente un grain plus fin et plus homogène

fait mention (138), il y a encore l'*étoffe à ressort* et l'*acier fondu*, qui s'obtient en fondant dans un creuset les espèces différentes d'acier ci-dessus désignées, les coulant dans des moules de fer et les traitant au marteau; l'étoffe à ressort est un mélange de fer et d'acier, que l'on corroie à chaud, de manière à le rendre propre à la destination qu'on veut lui donner. On n'emploie pas toujours dans leur état primitif les deux espèces d'acier mentionnées ci-dessus, *naturel* et de *cémentation;* mais on le raffine et on le corroie, et on distingue l'acier qui a subi un, deux et trois corroyages.

152 L'acier corroyé (1) une fois s'emploie pour enclumes, marteaux, pelles, etc. ; il sert aussi pour lames de baïonnettes, baguettes, tranchants de sc e. L'acier corroyé deux fois sert pour les instruments avec lesquels on travaille le fer, tels que marteaux à main, limes, burins, bigornes, etc ; l'acier corroyé trois fois, pour les objets fins, comme tarauds, filières, tranchants de ciseaux, ressorts et vis, etc. Avec l'acier fondu on fait certains instruments destinés à travailler particulièrement le fer et autres métaux. L'étoffe à ressort sert pour lances, faux, cuirasses, ressorts de voitures. En combinant ensemble de très minces lames ou même des fils de fer et d'acier, on fabrique l'*acier damas*; on le reconnaît par l'action d'un acide concentré sur la surface, parce que les parties d'acier de-

---

(1) L'acier *corroyé* ou *raffiné* s'obtient en étirant en barres minces ou languettes les aciers naturels ou de cémentation, et réunissant et soudant ensemble plusieurs de ces languettes, ce qu'on appelle *corroyer*. L'acier corroyé une fois s'appelle *acier à une marque*. Les barreaux à une marque doublés ou étirés une ou deux fois, donnent l'acier *à deux ou trois marques*. On ne dépasse pas, en général, ce dernier nombre de marques.

Les étoffes sont des mélanges de fer et d'acier, réunis par la soudure dans des proportions variables, suivant l'usage qu'on veut en faire.

(*Notes du traducteur.*)

viennent noires, tandis que celles de fer restent blanches.

153. Enfin, on peut couvrir le fer d'une enveloppe mince d'acier par la *trempe en paquet*. Dans cette opération, les parties de fer sont recouvertes par place de charbon fin, de manière qu'elles en soient complétement environnées, dans des boîtes de tôle ; on place ces boîtes au milieu d'un feu modéré et bien réglé, jusqu'à ce que les particules de fer soient chauffées au rouge cerise, et on les trempe dans l'eau froide.

154. Lorsqu'on connaît bien une espèce d'acier, et qu'on a appris à la travailler, on doit hésiter à la remplacer par une autre espèce, dont l'emploi nécessiterait de nouveaux essais. Pour les usages de l'artillerie, on emploie : 1° *l'acier ordinaire ou tyrolien ;* 2° *styrien ou de Bresse ;* 3° *l'acier fondu anglais ;* 4° *l'étoffe à ressort*. Dans la fabrication des armes, on se procure une qualité supérieure d'acier naturel styrien, le *scharfachstalh* ; on le corroye encore ou on le raffine sous le marteau.

Dans la réception de l'acier (1), on examine d'abord l'extérieur, ensuite la cassure. Elle doit être claire et à grain fin,

---

(1) Les caractères du meilleur acier sont les suivants : trempé à une faible chaleur, il devient très dur, raie le verre, et résiste aux meilleures limes ; la dureté est uniforme dans toute la masse. Après la trempe, il résiste aux chocs sans se rompre, et ne perd sa dureté que par un recuit très intense; il se soude avec facilité, ne se fendille pas, supporte une chaleur très élevée, et conserve presque toute sa dureté après un affinage répété. Il montre dans sa cassure le grain le plus fin, le plus égal ; il est très homogène et peut recevoir un beau poli. Il est plus pesant que le fer ; sa pesanteur spécifique moyenne est 7,816.

On casse quelques barreaux pris au hasard, et avec leurs débris, on fait confectionner des outils que l'on éprouve à outrance.

La trempe d'un acier est d'autant plus dure qu'on a plus élevé la température et qu'on l'a plongé dans un bain plus froid. Cette opération renp

avoir la couleur grise et non bleue ; ensuite on forge un morceau à la chaleur rouge, il ne doit pas se fendiller : on le
trempe à une forte chaleur rouge, il ne doit plus être atta-
quable à la lime et ne présenter aucun grain. On doit aussi
éprouver sa soudabilité avec le fer, et sa facilité à passer au
bleu.

Cuivre (1).

135. Ce métal est quelquefois natif, mais la plupart du
temps on le trouve à l'état de pyrite cuivreuse, c'est-à-dire
d'un mélange de pyrite de cuivre et de pyrite de fer. Le cuivre
natif se fond assez facilement. La purification de la pyrite de
cuivre présente, au contraire, des difficultés. Le soufre est séparé du minerai par de fréquentes chaudes. On fond ensuite
le minerai ; on sépare les parties terreuses autant que possible
et on obtient la matte, qui contient, outre le cuivre, du soufre,

l'acier plus dur et plus élastique; au-delà de certaines limites, elle le rend
aigre et cassant.

Le recuit est destiné à rendre aux pièces une partie de la ténacité que
la trempe leur a fait perdre. On le donne en les chauffant légèrement jusqu'à l'une des couleurs qui précèdent le rouge, ou en les plongeant dans
un métal fondu et les laissant refroidir lentement. Les teintes qu'on leur
donne sont d'abord le jaune paille, puis successivement la couleur de la
paille, le brun, le bleu et le rouge brun. On donne la deuxième teinte
aux canifs et rasoirs, la troisième aux ciseaux, couteaux, sabres; la couleur
bleue aux ressorts de montre, aux cheminées ; la couleur rouge-brun aux
ressorts de voiture.

(1) Le cuivre est un métal dont la découverte paraît remonter à une
très haute antiquité, et qui a servi, dans les premiers âges, à fabriquer les
ustensiles domestiques et les instruments de guerre.

La couleur du cuivre est rouge, très brillante quand il est poli; il est
doux, ductile, tenace et très sonore.   (*Notes du traducteur.*)

du fer, de l'arsenic, quelquefois aussi de l'or et de l'argent.
La matte est grillée de nouveau dans un fournau à manche :
le soufre et l'arsenic en sont séparés, et l'on a le cuivre noir
qui n'est rien moins que pur encore. Ce cuivre est affiné et
fondu dans un creuset, où il se couvre de scorie qu'on enlève,
et on trouve au dessous le cuivre affiné.

156. Le cuivre est, après le fer, le métal le plus dur, et peut,
par un martelage répété, atteindre un degré de dureté plus élevé
que celui-ci. Chauffé, il devient plus malléable, et par un refroidissement lent, plus flexible. Coulé dans des moules, il ne
les remplit pas bien et est poreux. Il s'enflamme à l'air à une
très haute température. Frappé contre une pierre à feu, il
ne donne pas d'étincelles, et par cette raison, il est employé
dans les travaux de l'artillerie et même dans les moulins à
poudre.

157. Le cuivre du Japon est estimé comme le plus pur :
vient ensuite le cuivre de Russie et de Hongrie. Le cuivre allemand est souvent altéré avec du plomb et de l'argent ; ces
substances, en petite quantité, ne nuisent pas à la qualité du
cuivre, s'il doit être employé à la préparation du laiton ou
d'objets coulés ; mais le cuivre destiné à la forge devient, par
suite de l'addition de ces métaux, surtout lorsqu'il contient
de l'arsenic, dur et cassant. Dans ce dernier cas, le cuivre
doit être travaillé avec des marteaux du poids de 10 livres.

158. Pour éprouver le cuivre pur, on en brise un morceau : la cassure doit avoir un grain fin et nerveux et dentelé
comme celui du fer doux ; sa couleur doit être d'un rouge intermédiaire entre le pourpre et le rose, exempt de taches jaunes
ou grises. La pesanteur spécifique du cuivre coulé n'est pas
au-dessous de 8, 4 ; celle du cuivre de forge ne s'élève point
au-dessus de 8,8. Si elle était plus grande, on en conclurait
qu'il contient du plomb. Le cuivre fondu peut être éprouvé au

moyen d'une tige d'acier poli qu'on introduit dans le bain.
On voit s'attacher à cette tige un peu de cuivre qui doit aussi
facilement s'en détacher dans l'eau. Indépendamment de
cette épreuve, il y a aussi celles données par les réactifs de la
chimie.

Étain (1).

159. L'étain n'est jamais natif, mais en minerais mêlés
avec du soufre, du cuivre et d'autres métaux. Il est séparé
des terres auxquelles il est mêlé, dans un fourneau à manche,
raffiné et livré dans le commerce en *plaques roulées, rouleaux
d'étain*, en *lames* et en *baguettes*.

Un mélange de plomb le rend cassant et peu propre à la
fabrication du bronze et de la soudure. L'étain des Indes orien-
tales, de Banca et Malaca, passe pour le plus pur. Vient ensuite le saumon anglais, et enfin l'étain allemand en plaque
et grenaille; c'est le moins purgé de substances étrangères.

L'étain pur est blanc, à une surface unie, fait entendre
sous la flexion un craquement particulier, et se brise difficilement. Sa cassure est nerveuse et dentelée, claire sans être
brillante. L'étain doit rester longtemps à l'air sans s'altérer.
mais il prend par l'oxydation une teinte grise.

Zinc.

160. Ce métal est d'un blanc brillant avec une nuance de

_____

(1) L'étain est connu de toute antiquité ; il est dur, très malléable,
très flexible et d'une ténacité médiocre. Sa densité est de 7,2. Il est très
fusible (à 212° centigrade).   (*Note du traducteur.*)

bleu. On le retire de l'oxyde et du sulfure de zinc que l'on traite dans une cornue avec du charbon, par la chaleur (1). Il est presque toujours mêlé de fer, de cuivre et de charbon. Le premier de ces corps nuit pour la préparation du laiton. Sa texture est lamelleuse et perd bientôt son éclat métallique lorsqu'il est exposé à l'air. Quand il est en contact avec le fer ou le cuivre, il se recouvre d'une forte croûte d'oxyde blanc de zinc. Mêlé avec 6 °/₀ de cuivre, il devient trois fois plus tenace qu'il ne l'est isolément. Le zinc a, lorsqu'il est fondu, une pesanteur spécifique de 6,86, et lorsqu'il est laminé, de 7,2. A 120° (Réaumur), il se montre très malléable, plus qu'à toute autre température; il fond à 288°; et à une température plus élevée, brûle avec une lumière blanche éblouissante et donne de l'oxyde de zinc.

Alliages de cuivre avec l'étain et le zinc.

161. Le cuivre s'unit à l'étain dans la proportion de 31 à 10. Ce mélange est blanc, très cassant et même pulvérisable, 8 parties de cuivre et 1 d'étain forme ce qu'on appelle le *bronze dur* (hartbronze), qui est plus dur et plus jaune que le *bronze à canon*. Celui-ci se compose de 10 parties de cuivre et 1 d'étain. Plus le mélange est intime, et meilleure est la qualité du bronze. La couleur de ce métal doit être égale et sans tache (2).

---

(1) On le retire principalement de la *calamine*, carbonate de zinc, qu'on calcine pour la pulvériser facilement, que l'on mêle avec du charbon finement pulvérisé, et qu'on chauffe ensuite fortement en vase clos. Le zinc réduit se dégage en vapeur, mêlé à du gaz oxyde de carbone, et arrivé dans les récipients, s'y condense.

(2) Le bronze pour bouches à feu est au titre de 100 de cuivre pour

162. Le laiton s'obtient en fondant ensembles 2 parties de cuivre et 1 de zinc. Cependant cet alliage ne contient que de 27 à 30 °/₀ de zinc, parce que quelques parties de ce dernier métal se volatilisent dans la fusion. Le laiton se coule en tablettes entre des dales de pierre. On l'étire ensuite en fil ou on le lamine en tôle. On la nomme *tôle noire*, si elle a encore son enveloppe d'oxyde, et *tôle blanche*, si cette enveloppe a été enlevée par les acides. On doit faire attention que le laiton ne contienne pas de plomb ou d'étain. Le laiton s'emploie à faire des vases, des épingles, des poignées de sabre, des boutons, etc.

163. Parties égales de zinc et de cuivre, ou 1 partie du premier et 4 du second donnent un alliage très jaune, qui imite l'or, et que par cette raison on nomme *similor*. Il est ductile, même à la chaleur rouge et le devient encore plus par l'addition d'un peu d'acier fondu. Plusieurs autres alliages de ces métaux se présentent encore sous les noms de *tomback*, *pinsbeck*, etc.

Le *paillon de soudure* consiste en 5 parties de zinc et 35 de cuivre. Il doit avoir une cassure égale, être bien liquide et bien tenir la soudure.

---

1 1 d'étain, avec tolérance de 1 partie d'étain ou plus ou moins. Il est plus fusible que le cuivre , beaucoup moins que l'étain. Sa densité est de 8,70.

On connait en outre plusieurs autres alliages du cuivre et de l'étain :

1° Le métal de cloche, composé de 78 de cuivre et 22 d'étain.

2° Le métal de tam-tam, et des cymbales, composé de 80 de cuivre et 20 d'étain.

3° L'alliage pour miroirs de télescope, composé de 2 de cuivre et 1 d'étain.   (*Note du traducteur*.)

Plomb.

164. Le plomb se retire de la galène (sulfure de plomb). On le fond dans des fourneaux à manche en pièce de 1 à 2 quintaux. Le plomb pur a une couleur grise, beaucoup d'éclat et, s'il n'a pas été refroidi trop brusquement, il est complétement mou. trace sur le papier, et fond à 267° (Réaumur); à une plus haute température, il s'enflamme en produisant une fumée nuisible à la santé. Fondu à l'air, il se couvre d'une espèce de cendre blanchâtre. qu'on peut éviter en le couvrant de charbon de bois. La pesanteur spécifique du plomb pur s'élève à 11,445 ; moins il est pur, plus il paraît léger. Par la pression et le martelage, on n'augmente pas sa densité, mais on fait disparaître les soufflures intérieures. Par une seconde fusion, le plomb devient plus dur.

165. Les substances qui se trouvent d'ordinaire mêlées avec le plomb, savoir : le cuivre, le fer, le soufre et un peu d'argent, n'empêchent pas qu'il soit d'un bon usage dans le service militaire. Les caractères d'imprimerie se composent de 4 parties de plomb pour 1 d'antimoine.

CONSERVATION DES MÉTAUX (1).

166. Le fer, l'acier, la tôle, doivent, pour être préservés de la rouille, être conservés dans des magasins secs et éloignés des

(1) En France, les bouches à feu sont réunies par espèce et par calibre, sur des chantiers en pierre on en bois, en plein air, sur un terrain solidifié et recouvert d'une couche de machefer ou autre substance propre

écuries. Les canons et projectiles de fonte doivent être placés
dans un local ouvert et aéré. Les chantiers de bois pourrissent
aisément et engendrent l'acide carbonique dont l'influence est
très fâcheuse. La rouille se produit aussi lorsqu'on place les
objets métalliques sur le sol. Si l'on bouche avec du bois l'intérieur de l'âme d'un canon, il en résulte que des couches
d'air humide y séjournent souvent et engendrent une forte
rouille. Un enduit composé d'huile de lin et de graphite, destiné à préserver le fer, doit être renouvelé souvent, et l'huile
ne doit pas être rance. Le lait de chaux n'est pas un préservatif.

167. Le cuivre et ses combinaisons sont plutôt altérés que
conservés par un enduit huileux. Le plomb et le zinc sont
placés à terre, sans être sur des chantiers de bois.

En général, tous les métaux doivent être déposé dans des
magasins très secs.

Soufre.

168. Ce corps se présente dans la nature, partie natif et
mêlé avec des terres, partie mêlé avec des métaux, comme
dans les pyrites métalliques. Le soufre natif s'extrait de la terre
en Sicile, à Naples, en Italie et en Pologne. On le sépare par

---

à arrêter la végétation ; les bouches sont fermées avec un tampon de bois
tronc conique, enfoncé à coups de maillet.

Pour les bouches à feu en fonte, on enduit à chaud l'âme des canons et
le canal de lumière avec un mélange de 9 parties de suif et de 1 d'huile;
on peint la surface extérieure avec une forte couche de colthar, produit de
la distillation de la houille pour l'éclairage. On renouvelle cette peinture
et le graissage au moins tous les deux ans.

Les projectiles sont enduits d'une forte couche de colthar et empilés,
autant que possible, sous des hangards couverts. (*Note du traducteur.*)

la fusion des substances auxquelles il est mêlé. On distingue le *soufre brut*, qu'on retire par la fusion de la pyrite et de la blende ; *le sou,re en baton* ou *en canon*, qu'on obtient du soufre brut par la distillation. En refondant des scories de soufre, on produit le *soufre cabalin*, qu'on coule en moule et que l'on recouvre de bon soufre. C'est une fraude à laquelle il importe de faire attention.

169. Le soufre fond à 88° Réaumur, et est liquide jusqu'à 112°. Ensuite il devient visqueux jusqu'à 200° ; à 240° il commence à se volatiliser en vapeurs jaunes qui se précipitent sur un corps froid en poussière, *fleur de soufre*. Il est facilement friable, la chaleur et le frottement y développent une électricité de nature résineuse. Il petille alors et répand une faible odeur. Le soufre n'est pas soluble dans les huiles grasses et essentielles, peu dans l'alcool et nullement dans l'eau.

170. Le soufre doit avoir une belle couleur jaune pâle ; s'il paraît rouge, il contient de l'arsenic ; s'il est gris, il est rarement dépourvue d'argile ou de fer. Sa pesanteur spécifique est de 1,98 à 2,00, et sa qualité paraît d'autant meilleure qu'il est plus léger. Le soufre amorphe est opaque; celui qui se présente cristallisé est, au contraire, très transparent. Pur, il doit avoir une cassure nette, luisante, et donner au plus 1 °/° de résidu, si on en brûle une certaine quantité avec de l'esprit-de-vin. Ce résidu ne doit pas contenir de quartz, lequel serait très dangereux dans la préparation de la poudre. On le conserve dans un local frais, à l'abri des rayons solaires.

SULFURE D'ANTIMOINE.

171. Ce corps est produit par la combinaison de **27 parties**

de soufre et 73 d'antimoine. On l'emploie dans les artifices, et dans sa combustion, il produit une flamme blanche
très brillante. Sa cassure a la couleur d'une gris d'acier.

Salpêtre.

172. Ce sel se produit naturellement dans plusieurs lieux,
en Egypte, dans l'Inde, dans l'Amérique méridionale et même
en Espagne. Dans ces divers pays, il vient s'effleurir à la surface du sol et il n'y a plus qu'à le ramasser avec des hous-
soirs, espèce de longs balais. Reste ensuite à le purifier.
En Europe et dans nos climats, on le voit effleurir à la surface des vieux bâtiments, dans les lieux bas et humides, tels
que les caves, dans les lieux habités par les animaux, étables,
écuries, etc. On a cherché à le former de toutes pièces en
établissant des nitrières artificielles où l'on rassemblait et
mettait en contact à l'air, dans un lieu humide, d'une part
des terres calcaires, de l'autre, des matières végétales et animales.

173. La pesanteur spécifique du salpêtre s'élève de 1,93 à
2,00. Il se compose de 53 parties d'acide nitrique, et de 47 de
potasse. Les substances étrangères qui attirent l'humidité le
rendent moins propre à la fabrication de la poudre, parce
qu'elles prolongent la durée de la combustion, et augmentent
le résidu. Le salpêtre forme des cristaux prismatiques, hexa-
gones, tronqués obliquement, qui se dissolvent dans les deux
cinquièmes de leur poids d'eau bouillante, et dans 6 ou 7
fois leur poids d'eau froide. La solubilité du salpêtre est donc
16 à 17 fois moins grande à froid qu'à chaud.

Avant d'extraire le salpêtre, en France, on commence par
s'assurer que les matériaux dont on veut le retirer en con-

tiennent une proportion suffisante. Ensuite on lessive ces matériaux, qui sont des terres, des substances salpêtrées, broyées et passées à la claie. Les premières eaux de lessive ainsi obtenues s'appellent *eaux de lavage;* en les versant sur de nouvelles terres salpêtrées, on les transforme successivement en *eaux faibles, eaux fortes,* et *eaux de cuite.* Pour convertir en nitrate de potasse les sels terreux de chaux et de magrésie contenus dans la liqueur, on ajoute des cendres; cette opération s'appelle *saturation.* On fait évaporer, on enlève les écumes, on laisse reposer la liqueur, et on la verse pour la faire cristalliser dans des vases placés en un lieu frais; on décante. on lave le salpêtre qui est brut et qui contient de l'eau et des sels déliquescents. Il doit être ensuite purifié par le raffinage. A cet effet, on le jette dans une chaudière avec un poids égal d'eau; on chauffe et on détermine ainsi la dissolution; on clarifie à la colle, on enlève les écumes, et on fait cristalliser; enfin, on fait encore un lavage, on le mêle de nouveau dans une chaudière avec la moitié de son poids d'eau. Il se dissout par la chaleur, et en opérant comme ci-dessus, on a enfin le salpêtre propre à la fabrication de la poudre, qui cristallise en petites aiguilles. Ces opérations sont fondées sur cette propriété du salpêtre d'être beaucoup plus soluble dans l'eau chaude que dans l'eau froide; ce qui fait qu'il se précipite presque tout entier par le refroidissement, tandis que les autres corps avec lesquels il est mêlé sont retenus dans la dissolution. On fait sécher le salpêtre qui doit être parfaitement blanc et pulvérulent.

174. Dans la réception du salpêtre, on examine s'il est léger, pur ou impur, et quelle proportion il renferme de matières étrangères. Fondu, il a une cassure plus ou moins rayonnante, et en versant dans une dissolution de salpêtre quelques gouttes d'acide nitrique, on reconnaît la présence de

l'oxyde d'argent. Cet acide ne doit produire dans la dissolution ni trouble ni précipité, si le salpêtre est bien pur. On
le conserve, après sa dessiccation, dans des tonnes qui en
contiennent un quintal environ, ou bien on le fond et on le
dépose dans un magasin sec.

CHLORATE DE POTASSE.

175. Ce sel se compose de 62 parties d'acide chlorique et
de 38 de potasse. On l'obtient en petites paillettes de forme
rhomboïdale. Il a une saveur fraîche, analogue à celle du salpêtre, est soluble dans l'eau, et a cette propriété caractéris-
tique que, mêlé avec des corps combustibles, tels que le soufre,
le charbon, l'antimoine, etc., si on le frappe avec un marteau,
ou si on verse dessus de l'acide concentré, il détonne violemment. Un mélange de chlorate de potasse et de soufre détonne
souvent spontanément; on doit donc le manier avec précaution, et le diviser en petites quantités. Les artifices qui en
contiennent s'enflamment sous la simple influence des rayons
solaires, si on ne les en préserve pas. Lorsqu'il est traité par
l'acide nitrique, le chlorate de potasse doit, s'il est pur, ne
pas donner de précipité d'oxyde d'argent, et se comporter en
cela comme le salpêtre (1).

(1) Le soufre mêlé au chlorate de potasse détonne par le choc. Ce
mélange se fait ordinairement avec trois parties de chlorate de potasse
et une de soufre.

Le carbone, le phosphore, les substances végétales et animales dessé-
chées, détonnent aussi avec le chlorate de potasse.

(*Note du traducteur.*)

FULMINATE DE MERCURE.

176. Ce corps se compose de 25 parties d'acide fulminique (formé de cyanogène et d'oxygène), et de 75 parties d'oxyde de mercure, et s'obtient en précipité d'un gris jaunâtre, en dissolvant le mercure dans l'acide nitrique, y versant de l'alcool concentré, et chauffant doucement. Ce sel, sans être mêlé d'aucune substance inflammable, se décompose avec une violente explosion, sous le choc d'un marteau, ou à une chaleur de 150° Réaumur. Il produit une lumière d'un brun rouge, et le choc est assez violent pour détruire toutes les enveloppes. Il peut se faire qu'il n'enflamme pas de la poudre placée à côté, mais qu'il la projette au loin. Il fait aussi explosion, soit sous l'étincelle électrique, soit sous celle produite par le choc du silex sur l'acier, soit en versant dessus de l'acide sulfurique ou nitrique concentré.

Le fulminate de mercure est conservé avec précaution. On ne le garde pas dans des bouteilles bouchées ni dans des boîtes, mais on le recouvre de papier, ou, pour plus de sûreté, on le met dans des flacons pleins d'eau.

177. Indépendamment des matières dont les propriétés viennent d'être exposées, il en existe encore d'autres dont on fait usage, soit dans la confection, soit dans l'entretien des armes; mais elles ne jouent qu'un rôle secondaire, et leur connaissance peut s'acquérir suffisamment par l'usage et par l'examen des ateliers.

ÉTUDE

DES ARMES.

⸺•∘•➤ ✷ ⧼•∘•⸺

ARMES DE MAIN, ARMES BLANCHES.

178. Les armes usitées pour combattre de près s'appellent *armes de main, armes blanches*.

179. Suivant leurs propriétés et leur mode d'emploi, elles se divisent en :

1° *Armes d'estoc*, avec lesquelles on se sert de la pointe ;

2° *Armes tranchantes*, avec lesquelles on frappe de taille ;

3° *Armes d'estoc et de taille*, qui peuvent agir de la pointe ou du tranchant.

ARMES D'ESTOC.

180. Les *armes d'estoc*, aujourd'hui en usage, sont : *l'épée, la lance, la baïonnette*.

L'ÉPÉE.

Propriétés.

181. Il y a dans l'épée trois parties principales, *la lame, la monture* et *le fourreau* (planche I, fig. 14).

182. Dans la *lame*, on distingue la *pointe*, à l'extrémité opposée, la *soie* qui sert à réunir la *lame* à la *poignée*. Entre la *soie* et la *pointe*, on remarque près de la première, *le talon* (*a*), le *fort* (*b*), le milieu (*c*), et contre la pointe, le faible (*d*). La lame a deux, trois ou quatre faces latérales terminées par des arêtes.

183. Une lame d'épée doit avoir, du bout de la soie à la pointe, une longueur de 30 à 33 pouces (0^m, 79 à 0^m, 86), et être complétement droite.

La largeur de la lame est de 1/2 à 3/4 de pouce (0^m, 013 à 0^m, 020). Souvent la surface se relève ou s'arrondit vers le milieu de la lame, et lorsqu'elle a trois ou quatre arêtes, on forme entre elles des pans creux, de manière à l'alléger, sans cependant lui enlever la force nécessaire(fig.16,*e-f-h-i-k-l-m*) (1).

184. La lame se fait en acier naturel corroyé à trois *marques*, la soie avec du fer mou : on soude ces deux pièces. On forge la lame avec soin à divers degrés de chaleur, on l'étire et on l'amène à la forme voulue sur des étampes; on la trempe à la chaleur rouge cerise. Si elle se déjette dans cette opération, on la redresse après l'avoir laissée refroidir jusqu'au bleu. On l'achève sur plusieurs meules de pierre sur lesquelles on fait tomber un filet d'eau; on la met aux dimensions régulières; on la polit sur une forte meule de bois dur, en se servant d'abord d'huile et d'émeri, ensuite de poussier de charbon (2).

---

(1) Les évidements, dont le but est de diminuer le poids des lames, sont de deux sortes : les *goutlères* et les *pans creux*. Les premières se distinguent des autres par leur moindre largeur, leur plus grande profondeur, et parce qu'elles ont toujours à côté une arête saillante.

(2) L'acier propre à la fabrication des armes est un acier naturel,

Pour qu'une lame soit bonne, il faut qu'elle ne présente ni crique, ni veine, ni doublure, ni cendrure, ni travers, qu'elle soit bien unie, sans inégalité, et que, lorsqu'on a ployé fortement la pointe, elle revienne bien à sa première position, sans conserver aucune flexion.

185. La monture consiste en une *poignée* (*g*), la plupart du

---

contenant peu de parties ferreuses, sans pailles ni cendrures, se soudant bien et avec le fer et avec lui-même. On raffine d'abord cet acier; cette opération en comprend cinq : 1° étirage en *languettes*; 2° composition des *trousses*, réunion des languettes et leur soudure; 3° ploiement pour obtenir de l'acier à une ou plusieurs marques; 4° étirage en barres; 5° étirage en *maquettes* pour lames de sabres et d'épées. Ces *maquettes* sont de petits barreaux de la forme d'une pyramide quadrangulaire tronquée. Les maquettes ayant été visitées et reçues, sont transformées en *lames noires ou de forge*, au moyen des opérations suivantes : *forge du plion* (morceau de fer plié en V pour former la soie; 2° *soudage de la maquette au plion*; 3° *distribution de la matière de la lame*; 4° *formation des évidements* 5° *forge de la soie*. (Pour les sabres il y a une opération de plus qui consiste à *forger le tranchant et à donner la courbure*). Les lames reconnues bonnes sont trempées, recuites, redressées, et ensuite on leur donne la trempe de recuit. On les aiguise sur une grande meule de grès, sur une meule moyenne cannelée et sur une petite meule ou *meule en travers*. Sur la grande meule en grès, on met la lame de longueur; sur la meule moyenne cannelée, on aiguise les *pans creux*; les *gouttières*, sur la meule en travers, on élargit les évidements on blanchit complètement la lame. On la retrempe et on la recuit de nouveau. Ensuite on la passe, enduite d'émeri délayé dans l'huile, sur un *polissoir*, meule étroite en bois de chêne; enfin on la brunit sur un *polissoir* recouvert de poussier de charbon.

On est parvenu récemment à substituer, avec avantage, l'acier fondu à l'acier raffiné, dans la fabrication des lames de sabres,

temps en bois, environnée de fil de métal. La *soie* est engagée
dans cette *poignée*. On y remarque une pièce ronde ou ovale,
destinée à la défense de la main (*coquille, garde, e*) ; le *quillon*
(*f*) placé entre la *coquille* et la *poignée* qui sert à détourner la
lame de l'ennemi ; le *pommeau* ou *calotte* (*i*) à l'extrémité de la
poignée, sur lequel on rive la soie, ce qui complète la réunion
de la lame avec la monture ; la *branche h*, qui a la forme
courbe et va du pommeau au quillon, servant à défendre
la main de côté. Le pommeau, le quillon et la garde, forment
la plupart du temps une seule pièce faite en similor, en tombac
ou en acier (1).

186. L'épée est contenue dans un *fourreau* de cuir (*k*). On
distingue en haut la *chappe* (*l*) avec un crochet qui s'a-
dapte dans un trou pratiqué au ceinturon, au bas le *bout* (*m*)
dans lequel est fixée l'extrémité inférieure du fourreau. La
chappe et le bout sont faits avec le même métal que les pièces
de montures. Le poids d'une épée avec son fourreau est de
1 livre à 1 livre 1|2 (0 k, 560 à 0 k, 840).

Maniement et usage.

187. Lorsqu'on ne s'en sert pas dans le combat, l'épée est

---

(1) Le métal employé à la monture se compose de 80 parties de cuivre, 17 de zinc et 3 d'étain. On les fond et on les coule ensemble ;
à cet effet, on met d'abord le cuivre en fusion ; ensuite, lorsque
ce métal est fondu en totalité et ne bouillonne plus, on y projette le
zinc et l'étain, et l'on brasse fortement le bain. On coule l'alliage
dans des moules à noyau ; on retire ces noyaux, on lime et burine ;
dans les sabres à poignée en bois, on réunit d'abord toutes les parties de la monture, on introduit la soie dans la coquille, la poignée
la calotte, et on rive le bout de la soie.

suspendue du côté gauche au moyen d'un ceinturon qui fait le tour du corps, ou d'une courroie en sautoir qui s'appuie sur l'épaule droite. Par cette disposition, on la tire facilement du fourreau avec la main droite.

Pour combattre, on saisit la poignée de la main droite, le pouce allongé sur cette poignée qui est entourée des quatre autres doigts, la calotte dans la paume de la main.

Le combattant doit s'effacer pour présenter à son ennemi le moins de surface possible, le côté droit en avant, le corps immobile, s'appuyant sur la jambe gauche ployée et en arrière, la droite de 2 pieds environ en avant.

188. De cette position le combattant cherche à atteindre son adversaire et à se soustraire à ses coups. L'escrime indique les règles à suivre pour l'attaque et la défense au moyen de bottes et de parades désignées d'après huit positions diverses de la main, formant entre elles des angles de 45°, *prime, seconde, tierce, quarte, quinte, etc.*

On ne peut s'étendre davantage sur les règles de l'escrime, sans s'éloigner du sujet.

189. L'épée est une bonne arme pour qui sait bien s'en servir, mais elle est peu avantageuse contre des armes plus fortes, et devient alors trop faible pour la parade.

190. Dans beaucoup d'armées, les officiers sont armés d'épées à deux arêtes, d'espadons ou de sabres qui appartiennent à la troisième espèce d'armes de main désignées ci-dessus. Le sabre est presque exclusivement adopté dans l'armée française.

LA LANCE.

191. La *lance* ou *pique* se compose de la *lame* ou *fer*, et de la *hampe* ou *bois* (planche I, fig. 23).

Le fer ou lame (*b*) a 8 ou 10 pouces (0^m, 210 à 0^m, 262, de longueur, deux, trois ou quatre arêtes. Le bout opposé à la pointe présente une *douille* conique et creuse destinée à recevoir l'extrémité supérieure de la hampe, et est muni d'un *arétoir* (*c*).

Viennent ensuite deux *branches* de fer qui servent à fixer le fer au bois et aussi à préserver le haut de la hampe contre les coups de taille. On leur donne de 1 pied 1/2 à 2 pieds (0ᵐ, 471 à 0ᵐ, 628) de longueur. Elles sont fixées par des vis à bois. Il y a aussi trois vis à boucle (*e*) pour tenir un petit drapeau (*flamme* ou *guidon*) dont le but est, dans l'attaque, d'effrayer les chevaux ennemis, et qui, en outre, sert d'ornement.

192. La hampe ou bois doit être d'un bois fort, sec, sans nœuds. On y emploie le chêne, le hêtre, le sapin (1). Son diamètre, à la partie inférieure, est de 1/4 de pouce (0ᵐ, 0065) plus fort que du côté du fer. Elle a la forme ronde, et est peinte en noir la plupart du temps.

---

(1) En France, on y emploie du bois de frêne, coupé depuis trois ans, très sain, de droit fil, sans nœuds, fentes, gerçures ni autres défauts. La hampe a la forme d'un fuseau, dont la plus grande épaisseur est à 1 mètre du bout du sabot, où elle est de 0 m,033 c.

Le travail d'une lame de lance se divise en trois parties : 1o *Confection de la douille et de la masselotte*; 2° *préparation de la mise d'acier pour la pointe, soudage à la douille, étirage, étampage*; 3° *fabrication, étampage et soudage des attaches ou branches*.

La confection du sabot se compose de la *fabrication de la douille du sabot sur un mandrin conique, de l'introduction dans la douille et du soudage du culot* (morceau de fer plein tronc conique), *de la fabrication et du soudage des attaches*.

On trempe les lames au rouge cerise, on aiguise. polit et brunit sur des meules la lame et le sabot. Il ne reste plus qu'à réunir ces pièces à la hampe.

Le bout inférieur, dont le diamètre est d'environ 1 pouce 1/4 (0ᵐ, 0527), est logé dans un *sabot* en fer qui l'empêche de se dégrader, lorsqu'il porte à terre.

Vers le milieu est une courroie (*f*) qui sert soit à pendre la lance au bras, soit surtout à la diriger.

193. Le sabot, les branches, la douille, sont en fer, la pointe de la lame est en acier corroyé à deux marques. On la soude à la douille, on la trempe et on l'aiguise comme cela se pratique pour une lame d'épée (184).

La longueur totale de l'arme varie de 8 pieds 5 pouces à 11 pieds (2ᵐ, 643 à 3ᵐ, 454). La première plus courte, telle qu'elle est portée par les hulans autrichiens, pèse 3 livres 14 loths (1k, 925).

Une bonne pique bien travaillée doit être, sur les quatre côtés, assez flexible et assez élastique pour pouvoir prendre une courbure dont la flèche soit de 14 à 15 pouces (0ᵐ,3668 à 0ᵐ,393) (1).

Maniement et usage.

194. La lance se porte de deux manières à cheval; ou elle est enfoncée, par son extrémité inférieure, dans une fonte en cuir placée vers l'étrier gauche, et tient au bras par la courroie; dans ce cas, le cavalier la conserve avec lui en mettant pied

---

(1) Il y a en France deux modèles de lance (1816 et 1823). La longueur totale de l'une et de l'autre est de 2 m. 842. Le poids est de 2 kil. 203 pour le modèle 1816, et de 2 kil. 330 pour le modèle 1823. La principale différence entre ces deux modèles, tient à ce que, dans celui de 1816, les branches sont moins longues que dans celui de 1823.

à terre. Ou bien, si la lance est lourde et longue, on enfonce la partie inférieure dans une fonte vers l'étrier droit, et la courroie s'attache au pommeau de la selle. Par cette disposition elle reste toujours placée de la même manière, que le cavalier soit à cheval ou qu'il en descende. On peut encore disposer deux fontes, chacune vers un des deux étriers, pour que la lance puisse aussi être portée du côté gauche.

195. Dans le combat on saisit la lance de la main droite près du centre de gravité, et on la tient, le fer incliné de haut en bas, entre le bras ployé et le corps, de telle manière que les deux tiers de la lance soient en avant. De cette position on porte des coups, on forme des parades, à droite, à gauche, en arrière, en bas : le cavalier s'élève sur les étriers, ou s'incline, suivant qu'il veut diriger son arme en avant, en arrière, ou de côté, soit pour attaquer, soit pour se défendre.

196. La lance est une arme très avantageuse à cheval ; elle atteint de loin, à une distance où réciproquement, on est hors de la portée des autres armes de main. Si elle n'est ni trop longue, ni trop lourde, elle frappe des coups sûrs et violents ; elle est particulièrement propre à renforcer le côté gauche, côté faible du cavalier, parce que la main gauche est occupée à diriger les rênes ; mais il est souvent difficile, dans un combat corps à corps, de manier la lance avec dextérité, et en même temps de bien conduire son cheval. Cette arme, à cause de sa longueur, est d'ailleurs peu avantageuse aux avant-postes et dans les pays couverts. Les difficultés dans le maniement de la lance ne sont plus à considérer dans une charge en ligne de cavalerie. Si les règles de l'escrime ne sont pas applicables dans cette circonstance, leur emploi n'est d'ailleurs nullement nécessaire.

La lance portant au loin produit des effets considérables

dans un engagement contre l'infanterie, et dans la poursuite.
Elle avait entièrement disparu des armées dans le siècle passé,
mais, par suite de l'expérience des grandes guerres de la fin
du dix-huitième siècle et du commencement du dix-neuvième,
elle a repris faveur, et dans presque toutes les armées, une
partie de la cavalerie en a été armée.

197. Pour le fantassin, la lance est aussi une bonne arme,
surtout contre la cavalerie. Mais dans l'arme à feu munie
d'une baïonnette, la moindre valeur comme arme de choc
est compensée par l'effet produit au loin par le tir. A défaut
d'arme à feu, la lance serait d'un bon usage pour des troupes
vigoureuses et bien conduites; on peut en dire autant de la
faux employée dans les guerres de Pologne qui, à l'extrémité
d'une hampe, produit un effet analogue à celui de la
lance (1).

LA BAÏONNETTE.

Propriétés.

198. La baïonnette (61) peut servir de loin ou de près; on
l'adapte à une arme à feu qui devient alors *arme de choc*; elle
consiste en une *lame* (a fig. 13) en acier raffiné à 2 marques,
qui a, soit une seule arête avec un dos, soit 2, 3, 4 arêtes, une

---

(1) On ne peut se dissimuler que, comme *arme de main*, le fusil,
armé de sa baïonnette, n'a qu'une importance très secondaire. Sa
longueur n'est que de 1 m. 93, la pointe de la baïonnette s'avance
tout au plus à 1m,30 en avant du premier rang. Certes, cette arme
n'eût pas remplacé la *pique*, dont la longueur s'élevait quelquefois
jusqu'à 6 mètres, si sa principale valeur n'était pas comme *arme
de jet* ou *de hast*, dans les feux.

douille b qui sert à adapter la baïonnette au canon, et un *coude (c)* qui réunit à la douille la lame, et qui en porte la naissance à deux pouces (0m, 0524) du bout du canon, pour qu'elle ne gène ni dans la charge, ni dans les feux.

199. La lame doit ajouter à l'arme à feu la longueur nécessaire pour mettre le fantassin hors de la portée du sabre du cavalier. On lui donne, à cet effet, une longueur de 17 à 20 pouces (0m, 4454 à 0'', 524) et au delà. La lame de baïonnette des nouvelles armes à feu de l'infanterie bavaroise a 20 pouces (0m, 524) de longueur, elle a 5 arètes, un pan creux tourné vers le canon; la baïonnette pèse 20 loths 1|2 (0k, 359) (1).

200. Le moyen d'attache de la baïonnette au canon consiste la plupart du temps en une fente ou entaille dentelée, dans laquelle entre un *tenon*, soudé sur le canon, et la baïonnette est maintenue dans cette position par une *bague* ou *virole (d)* qui empêche le tenon de sortir de l'entraille; on donne plus ou moins de jeu à cette bague, en serrant plus ou moins une petite vis (*vis de bague*). En Autriche, la douille de la baïonnette porte une entaille dans laquelle enfonce un fort ressort fixé au bois, qui sert à maintenir la baïonnette.

201. Indépendamment de cette baïonnette répandue généralement, il en existe une de plus grande dimension munie d'une lame large et longue à une seule arète, et destinée aux armes à feu courtes ou aux carabines. La lame d'une telle baïonnette a 25 pouces (0m, 65) de long, et pèse 1 livre 1|2 (0'', 840) (planche I, fig. 20). Dans quelques armées, les

----

(1) La lame de baïonnette, dans les fusils français, a 0m,460 de longueur. La baïonnette pèse 0k,327. La lame de la baïonnette, dans la carabine modèle 1842, a 0m,573 de longueur, et pèse 0k,750.

chasseurs ont des carabines et des sabres-baïonnettes qui
peuvent être placés au bout de l'arme et à la poignée desquels
se trouve un ressort destiné à les y fixer.

202. La confection de la baïonnette se compose de celle de
la douille et de celle de la lame, et du soudage de ces deux
parties entre elles. On forge la douille en y employant de bon
fer plat, on forme le coude, on étire la douille proprement
dite, on amincit les bords, on la roule, on y introduit un
mandrin et on en soude les bords entre eux.

La lame se fait en acier raffiné : on l'ébauche d'abord et on
la soude avec le coude de la douille, on l'étire, on lui donne
la forme convenable sur des étampes, on termine au marteau
le plat et la pointe, on donne la pente dans des étampes. On
chauffe la lame au rouge cerise ; on la trempe et on la
recuit.

On la passe sur des meules en grès et en bois, comme on
l'a indiqué pour les lames d'épée. Ensuite on l'éprouve sur un
chevalet, lui donnant une courbure de 16 lig. On examine
alors s'il ne s'est pas déclaré de criques et si la lame n'est
pas ployante. On fore la douille avec des alésoirs ; elle est
limée, tournée ; enfin on y pratique la fente ; on adapte la
bague et la vis de bague qui sont en fer. On taraude le trou
de l'étouteau, et on y visse cette petite pièce en fil de fer. On
lime et on polit avec des bâtons de bois imprégnés d'émeri.

La bague se fait avec du petit fer que l'on roule sur un mandrin autour d'une étampe, et dont on rapproche et soude les
bords.

Maniement et usage.

203. Lorsqu'elle est séparée de l'arme à feu, la baïonnette
ordinaire peut s'employer comme poignard. Celle de la carabine sert en outre pour la taille.

La baïonnette, lorsqu'elle n'est pas adaptée au canon, se place dans un fourreau de cuir fixé au baudrier du sabre, ou si l'infanterie ne porte pas de sabre, comme cela a lieu dans quelques armées, à la giberne et même à un baudrier spécial semblable à celui du sabre.

204. Adaptée au bout d'un canon, elle ne doit pas avoir sa lame parallèle à ce canon, la pointe doit ressortir d'environ un demi-pouce (0^m, 0131); elle peut atteindre la lance d'autant plus loin qu'elle est plus longue et plus légère; mais la pointe de la baïonnette se trouve en dehors de la ligne suivant laquelle agit la force du bras.

On a appliqué récemment au fusil à baïonnette les principes de l'escrime, en supprimant seulement les mouvements déliés, les feintes, etc., parce que le poids exigeant l'emploi des deux mains, ils ne sont plus exécutables. L'escrime de la baïonnette, dans un combat singulier, donne un véritable avantage à celui qui y est exercé.

205. L'arme, munie de sa baïonnette est, par suite de sa forme et de son poids, avantageuse et dans l'attaque et dans la défense, principalement contre la cavalerie. Dans ce corps, le soldat, pour attaquer, doit d'abord rassembler son cheval, et n'a toute sa puissance d'action que du côté où il porte ses armes. L'infanterie exercée peut aisément se soustraire à ses atteintes.

Si l'on considère les avantages que peut donner l'escrime de la baïonnette, dans un combat singulier, où le fantassin est à même de changer de position et de faire usage de toutes les ressources de cet art, on est amené à croire que cette instruction doit être ajoutée à celles qui sont déjà données au soldat dans une armée, et que la confiance que, par suite, il acquerra dans son arme est de nature à augmenter sa puissance d'action dans un combat en ligne.

ARMES DE TAILLE.

Propriétés.

206. Les armes de taille consistent en divers genres de sabres courbes , qui , pour la plupart , ont conservé le nom du peuple ou de l'espèce de troupes qui en font usage ; par exemple : *sabre turc, sabre de hussard, sabre d'infanterie, etc.*

207. On distingue , dans la lame d'un sabre de cavalerie, les mêmes parties déjà mentionnées ci-dessus (182) ; elle est plus ou moins cambrée, et sa longueur varie de 30 à 36 pouces (0ᵐ,786 à 0ᵐ,945). Elle a en général 1 1|2 pouce (0ᵐ,0395) de largeur, souvent même davantage ; ses dimensions en largeur et en épaisseur augmentent encore vers la poignée. Les deux tranchants sont effilés vers la pointe. Dans le reste de l'arme, il n'y en a qu'un qui le soit ; le côté opposé est émoussé, plat ou arrondi, et se nomme dos (Fig. 16, *a*, *b*, *c*, *d*, *g*). Le poids de la lame ne doit jamais excéder 1 liv. 1|2 (0ᵏ,840) pour que le bras puisse la manier facilement.

208. On les confectionne comme les lames d'épée (184), seulement, dans la forge, il importe de marteler le tranchant avec un soin tout particulier, de manière à lui donner la courbure voulue et à éviter que la lame ne se déjette dans la trempe. Dans les lames des sabres d'infanterie et d'artillerie, comme dans celles de baïonnette, on emploie l'acier à deux marques (1).

Pour éprouver les lames de sabre , on les pique sur une planche et on leur donne des deux côtés la même courbure

---

(1) Voir, pour la confection des sabres, la note page 99.

que pour les épées; on les frappe à plat avec beaucoup de
force sur une table horizontale. On éprouve la trempe de la
lame, en essayant de couper soit du bois dur, soit des crampons de fer (1).

209. La monture consiste en une *poignée* faite souvent en
bois, dans laquelle se loge la soie , un *quillon*, une *branche*,
un *pommeau* et un *anneau* qui tiennent à la poignée. On
trouve encore dans diverses montures de sabre la *branche
du pouce* (*b*) (fig. 17) (daumbugel), destinée à protéger le
pouce, le *panier* ou *demi-panier* (korb) (2) (*a*), formée de une,
deux, ou plusieurs branches qui vont de la branche principale
au quillon et qui servent à couvrir la main, soit du côté extérieur, soit des deux côtés. Le quillon , la garde et le panier
sont généralement d'une seule pièce en fer forgé ou en laiton
coulé. Le premier système est plus léger , plus durable et
mieux fini; le second n'a pas l'inconvénient de la rouille et
il est facile, s'il vient à rompre, de le remplacer en le coulant
de nouveau.

210. Les cavaliers, en Asie, ont des lames très cambrées,

---

(1) On éprouve les lames de sabres : 1° en les faisant ployer sur
leur plat, dans les deux sens, de manière à leur faire prendre une
courbure déterminée ; 2° on les frappe deux fois de chaque plat sur
une jante, pièce de bois dur, dont la surface convexe a une courbure moins prononcée que celle de l'épreuve du ploiement. La partie
voisine du talon frappe d'abord la jante vers une de ses extrémités;
la pointe, en se courbant, doit venir s'appliquer vers l'autre extrémité; 3° on frappe sur un bloc de bois dur une fois le taillant et
une fois le dos.

(2) *Panier* de sabre; mot peu usité par lequel on désigne l'ensemble de la branche principale et de celles en S de la monture qui
garantissent la main du cavalier.

légères et excellentes. La monture consiste souvent en un simple quillon et elle est munie d'un cordon ou d'une chaînette.

211. Dans quelques armées, l'infanterie a un sabre petit et courbe de 2 pieds à 2 pieds 1|2 ($0^m,628$ à $0^m,785$) de longueur; ce sabre sert surtout pour les usages économiques. Il convient, dans ce but , qu'il ait une lame droite , courte et forte. Il peut, en outre, dans une action, servir d'estoc et de taille. De telles armes sont adoptées dans l'infanterie bavaroise. La lame, de la soie à la pointe , a en longueur 18 p. ($0^m,472$), et en largeur 1 po. 1|2 ($0^m,0593$). La monture avec simple quillon, est en laiton et le tout avec fourreau de cuir blanc. pèse 1 livre 21 loths ($0^k,9275$) (fig. 19). Les soldats d'artillerie et des compagnies d'ouvriers en Bavière sont armés de sabres du même genre ; ils ont des lames de 23 pouces de longueur (0,6026) et pèsent avec leur fourreau de cuir 2 liv. 1|2 ($1^k,400$). Les sabres des ouvriers, en Autriche, sont de même espèce et ils ont sur le dos deux rangs de dents taillées obliquement.

212. Le sabre, comme l'épée , se porte dans un fourreau fait en bois recouvert de cuir et muni de garniture, ou depuis peu de temps presque partout, pour les grands sabres de cavalerie, confectionné en tôle de fer, ou en métal.

La garniture du premier consiste en une *chape* à laquelle, dans le sabre de cavalerie, est adapté un *anneau*, une plaque du milieu munie également d'un *anneau*, et un *bout*, à l'extrémité duquel se trouve un *dard* (fig. 17), destiné à empêcher le bout de s'émousser ou de se percer. Les fourreaux de fer sont, à la vérité, beaucoup plus lourds que ceux de cuir ; ils pèsent de 1 livre 1|2 à 2 livres ($0^k,840$ à $1^k,120$), et ont l'inconvénient d'émousser la lame ; mais ils ne subissent pas, comme ceux de cuir, l'influence de l'humidité et de la sécheresse, sont plus durables, et moins sujets à être mis hors de service par des chocs.

213. Les fourreaux de cuir sont rarement employés dans la cavalerie. Ils le sont, au contraire, la plupart du temps, pour les troupes d'infanterie et d'artillerie. Avant de les recevoir, on doit examiner la qualité du cuir, s'assurer si la couture est bien faite, si les garnitures sont bien adaptées, collées et fixées avec des fils de métal.

Une tôle de fer bien battue, est la matière la plus convenable pour fourreaux de cavalerie; le corps de ces fourreaux est roulé et martelé sur un mandrin, brasé avec des bracelets et un dard d'acier ou de fer dur, et les bords sont brasés sur toute leur longueur. On les achève à la lime, à la meule et au polissoir. On fait aussi des fourreaux en tôle d'acier, ils ont un poli plus fin; mais ils sont plus chers et cassants. On éprouve les fourreaux de métal en laissant tomber dessus, d'une certaine hauteur, une pièce de bois d'un poids déterminé, qui ne doit y produire aucun enfoncement (1).

214. La lame du sabre des chevau-légers bavarois a 34,6 pouces (0^m,91) de longueur, et une cambrure de 1 pouce (0^m,0262). La monture et le fourreau sont de fer. Le tout pèse 4 livres (2^k,240), fig. 17. Les officiers d'infanterie, en Bavière, portent, en remplacement de l'épée, usitée autrefois, un sabre un peu cambré (lame de 32 pouces 0^m,84) de longueur. Fourreau de fer, garniture de tombac, poignée en bois. Le tout pèse 2 livres 6 loths (1^k,225), fig. 18.

_____

(1) Les fourreaux de cavalerie en France se font en tôle d'acier. On les éprouve en faisant tomber un poids en fer de 1 kil., de la hauteur de 0^m,50 : 1° au dessus du premier bracelet; 2° de l'autre côté, au dessus du deuxième, 3° du premier côté, à 0^m,162 du bout.

Maniement et usage.

215. Le sabre, quelle qu'en soit la dimension, est porté par le fantassin, au moyen d'une courroie en sautoir sur l'épaule ; par le cavalier, au moyen d'un ceinturon bouclé autour du corps. Ce ceinturon tient deux courroies qui passent dans des anneaux fixés à deux bracelets. La courroie supérieure doit n'avoir pas trop de longueur, pour que le cavalier, sans baisser le haut du corps, puisse saisir le sabre de la main droite et le tirer du fourreau. La seconde courroie doit être assez longue pour permettre au sabre de tomber verticalement, quand le cavalier est à cheval.

216. Le sabre, dans le combat, se tient, le petit doigt placé sous le pommeau, ou dans l'angle que la branche forme avec lui. Les jointures des autres doigts sont autour de la poignée, en face de la branche principale, le pouce portant sur le dos de la poignée. Le bras libre, sans être tendu, présentant le tranchant de la lame assez élevé, de manière à couvrir le haut du corps un peu penché en avant, ainsi que la tête, à défendre le bas du corps et à trouver le défaut de l'ennemi (1).

217. L'action se compose de bottes, de parades, etc. Chaque coup est précédé d'un mouvement de la paume de la main qui peut, comme dans l'escrime de l'épée, prendre huit positions principales, dont quatre de haut en bas, et quatre de bas en haut, ou quatre de droite à gauche, et quatre de gauche à

---

(1) TENUE DU SABRE.—Engager le poignet droit dans la dragonne, tenir le sabre à la poignée, le dos de la lame au défaut de l'épaule droite, le poignet appuyé à la hanche, le petit doigt en dehors de la poignée.

droite; de là huit bottes et autant de parades correspondantes: six seulement sont aujourd'hui en usage (1).

218. Pour qu'on puisse tirer le parti le plus avantageux d'un sabre, il ne doit pas être trop long, trop large de lame, ni muni de pans creux trop profonds, ou d'une demi coquille trop lourde. Les coups de taille sont en général moins dangereux que ceux de pointe.

219. Dans le maniement du sabre, il y a trois points à considérer : la partie de la poignée où il est saisi par la main du combattant, le centre de gravité, et le point par lequel la lame touche l'ennemi.

Le rapport de distance, dans la position relative de ces trois points, influe plus ou moins sur l'effet de l'arme. Plus le centre de gravité sera rapproché du point de choc, plus le coup aura de force, mais aussi plus le maniement sera pénible. Si le centre de gravité se rapproche de la poignée et s'éloigne du point de choc, le sabre est plus facile à manier, mais la puissance du coup diminue. Ces relations peuvent être régularisées par rapport à une force de bras déterminée, en allégeant ou alourdissant plus ou moins la poignée. On peut poser en principe que le centre de gravité du sabre de cavalerie (comme cela a lieu dans le sabre des chevaux-légers bavarois) doit être à 3 ou 4 pouces (0^m, 0786 ou 0^m, 1048) de la poignée, vers la pointe.

220. Assez généralement la cavalerie légère est armée de sabres courbes. On doit en conclure que cette arme est d'un bon usage pour ce genre de cavalerie dans le combat singulier ou corps

---

(1) *Tierce* est la position dans laquelle le tranchant de la lame est tourné à droite (ou en dehors), les ongles en dessous.

Quarte est la position dans laquelle le tranchant de la lame est tourné à gauche (ou en dedans), les ongles en dessus.

à corps, parce qu'on frappe facilement dans toutes les directions, et sur les hommes et sur les chevaux.

Il faut toutefois remarquer que la grosse cavalerie porte généralement le sabre droit, et, dans quelques armées même, la cavalerie légère, par exemple, les chevau-légers bavarois dont le sabre n'a qu'une très faible cambrure (1).

ARMES D'ESTOC ET DE TAILLE.

Propriétés.

221. Les armes destinées à frapper et du tranchant et de la pointe s'appellent *espadons, sabres droits, sabres de cuirassiers.* Fig. 21 (*Pallasche.*)

Les lames sont droites, comme celles des épées, mais elles ont un tranchant et un dos. La pointe est effilée des deux côtés. La longueur de la lame du sabre de cuirassiers s'élève de 38 à 40 pouces ($0^m, 9936$ à $1^m, 048$). Sa largeur est variable, et peut s'élever jusqu'à 1 pouce 1|2 ($0^m, 0393$). Son poids doit monter tout au plus à 1 liv. 1|2 ($0^k, 840$). On l'éprouve comme la lame du sabre de taille (208).

---

(1) Les sabres cambrés sont plus faciles à employer pour la taille que les sabres droits, lesquels sont, au contraire, plus propres à pointer. Ces dernières armes doivent donc être affectées à la cavalerie de ligne qui charge en pointant contre des lignes d'infanterie. La cavalerie légère, qui combat plutôt individuellement qu'en ligne, a besoin de sabres plus courbes pour pouvoir frapper d'estoc et de taille.

Le canonnier monté, ne chargeant jamais en ligne, a reçu en France un sabre encore plus cambré.

222. La monture se compose de la *poignée*, de la *calotte*, la plupart du temps d'une *coquille* (*c*), au lieu de *quillon*, et dans quelques-uns d'un simple ou double *panier*. (*Korb.*)

La monture d'un sabre autrichien pèse de 29 1|2 à 30 loths (0k, 51G à 0k, 525).

Les fourreaux sont de diverses espèces, mais faits en tôle de fer. La plupart du temps leur confection et la manière de porter le sabre est conforme à ce qui a été déjà indiqué ci-dessus.

Le sabre des cuirassiers bavarois a une lame droite de 37 pouces (0ᵐ, 970) de longueur, un fourreau de fer avec deux bracelets, une poignée de bois recouverte de cuir de veau, et entourée de fil de laiton ; la calotte, la garde et le panier en laiton, le tout pèse 4 liv. 4 lohts (2k, 310) (1).

---

(1) MODÈLES DE SABRES EN USAGE EN FRANCE.

Le sabre des troupes à pied (modèle 1831), a la lame droite, à deux tranchants; long. 0ᵐ487; poids 0k 660. Monture en cuivre coulée d'une seule pièce; fourreau en cuir noir, garni en haut d'une chappe, et en bas d'un bout en cuivre; poids de la lame avec la monture 1k,08.

TABLEAU DES PRINCIPALES DIMENSIONS ET

	SABRES	
	DE CAVALERIE DE LIGNE.	
	1816.	1822.
Longueur de la lame.	1ᵐ,000	0ᵐ,975
Largeur au milieu.	0 ,0237	0 ,0248
Flèche de la courbure au milieu.	0	0 ,0233
Poids de la lame.	0k,704	0k,610
Poids de la lame et de la monture.	»	1 ,25
Poids total du sabre.	2k.448	2k.20

Maniement et usage.

223. Avec cette arme, on fait usage de l'escrime d'estoc et de l'escrime de taille.

Dans le combat en ligne, les coups de pointe sont plus efficaces pour détruire l'ordre de bataille ennemi, et font des blessures plus violentes. Dans le sabre droit, le point de percussion est près de la pointe, et le centre de gravité de tout le système doit être plus rapproché de la main que dans le sabre courbe. Cette arme est par là moins avantageuse pour la taille, mais elle l'est davantage pour l'estoc.

Contre l'infanterie, le sabre droit, atteignant au loin, est aussi préférable au sabre courbe.

Ces avantages du sabre droit s'appliquent, à plus forte raison,

---

Les sabres destinés à la cavalerie légère sont plus cambrés que ceux de la cavalerie de ligne, et moins que les sabres de canonniers montés ; les fourreaux sont, comme on l'a dit ci-dessus, en acier ; ils sont ainsi plus légers et moins faussants.

DES POIDS DES SABRES DE TROUPES MONTÉES.

	SABRES DE CAVALERIE LÉGÈRE.		SABRES DE CANONNIERS MONTÉS, 1829.
	1816.	1822.	
Longueur de la lame. .	0m,930	0m,921	0m,810
Largeur au milieu. .	0 ,0271	0 ,0277	0 ,027
Flèche de la courbure au milieu.	0 ,0248	0 ,0378	0 ,059
Poids de la lame. . .	0 ,640	0 ,600	0 ,540
Poids de la lame et de la monture.	»	1 k,09	0k,95
Poids total du sabre. .	2k,180	2k,055	1 k,860

comme on l'a fait voir ci-dessus, à la lance, lorsqu'elle est employée par la cavalerie dans une attaque en ligne (1).

224. Dans le combat contre l'infanterie, le cavalier s'efforce à rejeter hors de sa direction, l'arme à feu et la baïonnette; il cherche à trouver le défaut de son adversaire et à le blesser particulièrement au bras et à la main gauche qui sont plus avancés.

Contre les lanciers, le cavalier, armé de sabre, doit, s'il est possible, se dérober aux atteintes de la lance, en jetant son cheval de côté, et chercher à frapper la main droite ou à couper le bois de la lance, ou à s'avancer aussi près que possible, ce qui met son ennemi dans une position désavantageuse.

225. C'est ici le lieu de mentionner une espèce de sabres proposée récemment par M. Marcy, général de cavalerie française. Il est muni d'une lame courbée en avant, avec pointe à deux tranchants. Les parades contre le choc d'une telle arme (si elles n'ont pas été appliquées très vigoureusement) préservent difficilement des atteintes de la lame courbée en avant. Cette espèce de sabre n'est pas sans avantage, comme l'ont constaté des épreuves.

Par *damas* ou lames de damas, on entend celles fabriquées avec une espèce particulière d'acier (152) dont les lames sont combinées avec des lames de fer. Ces armes venaient originairement de la contrée de Damas; mais depuis longtemps on

---

(1) Les coups de pointe exigent moins de force et ont un résultat plus prompt, plus certain et plus décisif que les coups de taille. Le cavalier doit les diriger vivement et à fond au corps de l'adversaire, en tenant la poignée du sabre à pleine main, le pouce appuyé contre la lame, dans la direction de cette lame.

Les parades contre la lance sont les mêmes que contre la pointe du sabre.

est parvenu à en confectionner ailleurs. Elles sont remarquables par leur bonté. On cherche souvent à la contrefaire et à imiter, dans des lames ordinaires, les veines noires que ces lames de Damas présentent extérieurement.

En terminant ce qui concerne les armes blanches, une observation, qui n'est pas sans importance, c'est que, pour que ces armes remplissent bien leur objet, il faut que le soldat apprenne à s'en servir et qu'il ait confiance en elles (1).

ARMES A FEU.

226. Pour qu'une arme puisse agir à distance, il faut le concours de trois éléments :

1° Une force motrice, capable de lancer un objet au loin;

2° Des machines dans lesquelles cette force soit mise en œuvre ;

3° Des corps qui, au moyen de la force développée par la machine, soient projetés au loin sur l'ennemi.

---

(1) A la manufacture d'armes du Klingenthal, on a depuis longtemps fabriqué des lames de Damas, en formant un faisceau en trousse de lames très minces d'acier nerveux et d'acier fin ou de fer. On chauffait cette trousse, on la soudait et on l'étirait en barreau qu'on faisait chauffer et qu'on tordait. On applatissait cette pièce et on la coupait en deux parties égales. On forgeait une lame d'acier fin destinée à former le tranchant, on la plaçait entre les deux autres. On les soudait ensemble et on les étirait. La maquette ainsi obtenue, était soudée à la soie de fer nerveux. On distribuait la matière de part et d'autre de la ligne du milieu de la lame, on formait les pans et le tranchant, on donnait la courbure et on finissait de forger la soie. La trempe, l'aiguisage et le poli se donnaient comme pour les autres lames de sabres.

Dans le système moderne, la force motrice est la *poudre*, les machines sont les *armes à feu*, les corps lancés sont les *projectiles*.

Principes constituants.

227. La poudre est un mélange intime, sous forme de grains de salpètre (172-174), de charbon (108-110) et de soufre (168-170) qui, par l'inflammation, passe rapidement de l'état solide à l'état de fluide élastique.

228. Le salpètre peut en être considéré comme l'élément le plus essentiel, en ce qu'il contribue principalement à développer, par l'inflammation, une grande quantité de matières gazeuses. Les deux autres principes servent à augmenter en outre, directement ou indirectement, la proportion des gaz et à développer un haut degré de chaleur et d'inflammabilité nécessaire.

Le mélange du salpètre et du charbon seuls, lorsqu'on l'enflamme, produit un effet analogue à celui des trois principes réunis de la poudre. Cependant ce mélange binaire est moins inflammable, et manque de quelques autres propriétés essentielles qui proviennent de la présence du soufre et dont les avantages sont supérieurs aux inconvénients qui résultent de l'addition de ce corps (1).

---

(1) Les gaz de la poudre sont fournis par le salpètre et par le charbon ; le rôle du soufre est de favoriser l'incorporation, la granulation et la conservation du mélange, d'augmenter la densité, l'inflammabilité de la poudre, d'empêcher l'acide carbonique, dégagé par la détonation, de se combiner avec la potasse du nitre.

Le mélange du salpêtre et du soufre est moins complètement combustible, et ne produit plus d'effets analogues à ceux
résultant de la réunion des trois corps.

229. La proportion des trois éléments est en général de
3|4 de salpêtre, 1|8 de charbon, 1|8 de soufre. On trouve ce-
pendant quelques différences dans la préparation. Elles consistent, la plupart du temps, en une augmentation dans la
proportion du salpêtre et du charbon, et une diminution équivalente en soufre. La poudre anglaise, russe et suédoise, se
compose de 75 de salpêtre, 15 de charbon et 10 de soufre. La
poudre française (procédé Champy) contient 80 de salpêtre,
15 de charbon et 5 de soufre (1).

Fabrication.

230. Les effets de la poudre dépendent non seulement des
proportions du mélange, mais principalement aussi des propriétés de ses principes constituants et des procédés de fabrication (2).

---

et de contribuer par suite à une augmentation dans le volume des
gaz dégagés, conséquemment dans l'effet dynamique. L'excès de
soufre aurait l'inconvénient de gâter les armes, en sulfurant les métaux dont elles sont formées.

(1) La poudre de guerre française se compose de 75 de salpêtre,
12,50 de charbon et 12,50 de soufre.

(2) Le bois dont provient le charbon n'a qu'une faible influence
sur la force de la poudre; mais la manière dont ce combustible a
été fabriqué, peut en avoir une énorme. Le charbon distillé roux,
et même noir, donne une poudre très souvent destructive pour
les bouches à feu.

D'un autre côté, le mode de fabrication contribue aussi très

La manière d'obtenir, de préparer et de purifier les trois corps, qui entrent dans la composition de la poudre, n'est pas partout la même. Plusieurs améliorations, introduites récemment dans diverses parties de la fabrication, ont eu pour objet de diminuer les chances d'accidents et le prix de revient.

La fabrication de la poudre consiste sommairement dans les opérations suivantes : on cherche d'abord à dégager, autant que possible, les principes constituants de toute substance étrangère, à les purifier et à les amener soit avant, soit pendant le mélange, au plus grand état de division possible. On les humecte avec de l'eau (on se garde bien de le faire avec l'alcool qui rend la poudre mauvaise) et on les mêle ensemble très intimement. La pâte qui en résulte est pressée sur un crible et, d'après la dimension de l'ouverture de ce crible formée en grains plus ou moins forts, séchée, polie de nouveau, assortie et époussetée.

La division et le mélange des éléments se font à l'aide de moulins à pilons ou à cylindre, de tonneaux ou de tambours de cuir dans lesquels ils sont en contact avec des balles de métal. Les moulins à pilons donnent en général une poudre très bonne, très durable. Les autres procédés ont l'avantage d'être moins longs et moins dangereux.

Le séchage se fait ou au soleil ou dans une étuve destinée à cet effet. L'arrondissage, lissage, polissage, ont lieu dans des tonneaux qui tournent et où les aspérités et inégalités des grains sont détruites par le frottement, et aussi sous des meules pour les espèces à grains fins.

---

puissamment à cette action destructive. Des poudres rondes ou anguleuses, à charbon noir ordinaire, fabriquées au moyen de meules, ont mis hors de service des pièces de huit, après une moyenne de 100 coups.

231. En Bavière, le salpêtre est apporté dans les poudreries déjà à l'état de ténuité convenable. Le charbon, au contraire, est broyé dans un tonneau de forme particulière tournant, où on en met 20 liv. (11 k, 20), au moyen de balles de bronze dur du poids de 27 loths (0k, 473). On pulvérise de même le soufre par blocs ou canons, formant un poids de 75 liv. (42 k). dans un autre tonneau, avec un poids double de balles semblables aux précédentes; on le réduit ainsi en poudre très fine.

Ces matières premières sont ensuite travaillées dans des moulins à pilons. Ils se composent d'une très forte poutre (pile) contenant six mortiers dans chacun desquels on verse 18 liv. (10 k,080) de salpêtre, 5 liv. (1 k,680) de soufre et 3 liv. (1 k,680) de charbon que l'on humecte et dont on opère le mélange soit à la main, soit au crible. Une roue hydraulique met en mouvement, par l'intermédiaire d'un système de roues dentées et de lanternes, six pilons de 30 liv. chacun (16k,80), munis, à la partie qui frappe, d'une enveloppe ou boîte de bronze.

Le travail dure quatorze heures et, pendant sa durée, la matière est transportée neuf fois d'un mortier dans un autre, retournée et mêlée de nouveau, et arrosée pour en empêcher la dispersion en pulvérin. La poudre obtenue est séchée ; on lui donne le grain à travers un crible sur lequel on presse la matière avec un *tourteau* ou *disque cannelé*. Pour rendre les grains plus ronds et augmenter leur degré de consistance, on les met dans un tonneau soumis à un mouvement de rotation. A cet effet, on prend 300 liv. (168 k,000) de poudre, on en polit les grains en les faisant tourner, pendant neuf à douze heures, dans le tonneau. Enfin, on laisse sécher complétement la poudre, on l'assortit, on l'époussette. Le poussier, les grains trop lins ou trop gros, sont soumis à un nouveau travail (1).

Espèces de poudre.

232. La poudre ainsi obtenue se nomme *poudre en grains*, et diffère du *pulverin* que l'on se procure pour certains usages en pulvérisant la poudre (c'est, à proprement parler, du poussier de poudre, comme on en emploie souvent pour les artifices).

233. Il existe plusieurs sortes de poudre en grains, la *grosse*

---

(1) Les moulins à pilons en France renferment deux batteries de 10 ou 12 mortiers, avec pilons correspondants. Chaque pilon pèse 40 k., et tombe de 40 millimètres de hauteur. La durée du battage est de 14 heures pour la poudre de chasse, et de 11 heures pour la poudre de guerre. Dans la fabrication de cette dernière, on met dans chaque mortier d'abord 1 k,25 de charbon et 1 k. d'eau, ensuite 7 k,50 de salpêtre, et 1 k,25 de soufre. Après chaque heure de battage on fait passer les matières d'un mortier dans un autre. A l'opération du mélange des matières, succèdent celles de l'*essorage*, de la *granulation*, du *séchage*, de l'*époussetage*, du *lissage*.

Toute la poudre de guerre en France se fait dans des moulins à pilons. Dans certaines poudreries, la poudre de chasse se fait sous des meules de marbre ou de fonte, du poids de 3 à 4,000 k., roulant sur une piste ou auge de même matière, sur laquelle on met 20 k. de composition. Deux heures suffisent pour opérer le mélange.

Les poudres à pilons sont plus faibles dans certaines armes, mais leurs effets ne sont pas brisants ; elles se conservent très bien dans les transports et dans les magasins ; elles peuvent, sans altération, absorber plus de 17 p. 0/0 d'eau,

poudre avec grains plus forts et anguleux, et la *poudre fine* avec grains plus ronds et mieux polis.

Dans quelques pays, on n'emploie pour la poudre de guerre qu'un seul mélange et un seul mode de préparation. On se procure la poudre fine en séparant par le grenage les grains les plus fins. Dans d'autres, on emploie des mélanges variables pour les diverses espèces de poudre. En Bavière, la poudre de guerre, soit pour armes portatives, soit pour canons, contient 75 de salpètre, 12 1\|2 de charbon, et 42 1\|2 de soufre. La poudre de chasse, 76 de salpètre, 14 de charbon et 10 de soufre. On ne confectionne plus de poudre de mine. On emploie à cet usage celle qui a perdu en qualité (1).

Inflammation et combustion.

234. L'inflammation de la poudre est en général déterminée plus sûrement à l'aide d'un charbon brûlant, ou d'un briquet dans lequel on produit l'étincelle sous le choc de l'acier contre un silex, que par la flamme, à moins que celle-ci ne se présente de bas en haut ou par la pointe. Hors certains cas particuliers, l'inflammation est plus rapide lorsque la poudre

---

(1) DOSAGE DES DIVERSES ESPÈCES DE POUDRE EN FRANCE.

	Salpètre.	Charbon.	Soufre.
Poudre de guerre. . . .	75	12,50	12,50
Poudre de chasse. . . .	78 80	12 14	10 (100) 10 (104)
Poudre de mine. . . .	62	18	20

La grosseur des grains, dans la poudre à canon, varie de 2 millimètres 5, à 2 mill. 1. Celui de la poudre à mousquet est de 1 millimètre 4 à 0 mill. 6.

est angulaire et recouverte d'un peu de poussier, que lorsqu'elle a des grains très fermes et très lisses ; elle est produite
très sûrement par un jet de flamme tel que celui qui résulte
de l'inflammation du salpêtre lui-même, ou de l'explosion,
soit du chlorate de potasse, soit du fulminate de mercure (1).

255. L'inflammation de la poudre est due à la présence du
soufre et du charbon. La chaleur développée par le charbon
incandescent, contribue principalement à décomposer le salpêtre, c'est-à-dire à le transformer très rapidement en gaz ou
fluide élastique, lequel réciproquement active la combustion
et la décomposition des parties restantes; de là, d'une part,
développement de la puissance d'action des divers gaz ou
vapeurs, appelés *gaz de la poudre*; de l'autre, production d'un
corps solide restant après la combustion, qu'on appelle *résidu*, et qui contient principalement du soufre. Il durcit promptement par la chaleur et forme une croûte; à l'air humide il
reste visqueux.

Ces considérations très peu étendues sur l'inflammation et
la combustion de la poudre devront suffire, d'autant plus qu'à
une époque même où la chimie a fait tant de progrès, on n'est
pas encore bien fixé sur la nature et la puissance des forces
qui agissent, sur la quantité et l'espèce de gaz.

256. L'inflammation, quel qu'en soit le mode de communication, se propage dans toute la masse de la poudre avec une

---

(1) La poudre peut être enflammée par une étincelle électrique,
par le contact d'un corps en ignition, ou par une chaleur subite de
240 à 250 degrés (Réaumur). Le choc peut produire un développement de chaleur suffisant pour enflammer la poudre de guerre
comme les poudres fulminantes.

rapidité extraordinaire. Il y a une différence essentielle entre l'*inflammation* ou l'embrasement de toute la surface de la poudre, et la *combustion* ou décomposition complète de cette matière en gaz. Quoique celle-ci ait lieu très rapidement, particulièrement avec les charges employées d'ordinaire, et que pour nos organes elle soit en apparence presque instantanée, il n'en est pourtant pas ainsi, et elle ne se produit, dans la réalité, que successivement.

Il faut dire, toutefois, qu'on est loin d'être d'accord sur l'explication des phénomènes qui accompagnent l'inflammation et la combustion de la poudre (1).

Puissance de la poudre.

237. Comme cause de la grande force de la poudre enflammée, on peut assigner la rapidité extraordinaire avec laquelle se répandent dans l'espace les gaz qui se développent et qui sont élevés par la chaleur à un haut degré d'élasticité. Ces gaz faisant effort pour se répandre tout à coup dans un espace beaucoup plus considérable que lorsqu'ils étaient conte-

---

(2) L'inflammation de la poudre se communique de suite à tous les points de la surface du grain, qui brûle ensuite jusqu'au centre par couches concentriques. La vitesse de combustion est mesurée par l'espace de temps plus ou moins long que chaque grain emploie à se comburer entièrement. L'inflammation serait donc instantanée quelle que fût la grosseur du grain, mais la combustion successive. La vitesse de combustion est à peu près en raison inverse de la densité du grain, et le grain à canon du diamètre et de la densité ordinaires est comburé en 1⁄10e de seconde.

nus dans un corps solide, surmontent par leur grande force
d'expansion tous les obstacles (1).

En observant un seul grain de poudre, enflammé à l'air libre,
on remarque qu'il produit autour de lui une masse de gaz
chaud encore en état d'enflammer un autre grain à la distance de 4 à 5 diamètres de grains. L'espace en forme sphérique
qu'embrassent les gaz de la poudre qui se répandent d'abord de
tous côtés, et qui peuvent encore s'enflammer intérieurement,
monte de 500 à 1,000 fois au delà du volume des grains à l'état
solide. Des expériences prouvent que les gaz de la poudre, à
partir du moment de l'inflammation, jusqu'à ce que la poudre
soit complétement brûlée, tendent à se répandre dans un espace
5,000 fois plus grand que celui qu'occupait primitivement la
matière solide. Elle équivaut donc à la force de 5,000 atmosphères. Cependant, cette force avec les armes à feu ordinaires
ne s'exerce pas dans une telle proportion, et on sait qu'elle ne
s'élève pas au delà de 2 à 3,000 atmosphères, quoique dans
d'autres circonstances on l'ait trouvée beaucoup plus considérable.

258. Au nombre des expériences qui ont eu lieu sur la
force de la poudre, il y a lieu de mentionner celles que fit,
en 1793, le comte de Rumfort, général d'artillerie bavaroise.

----

(1) La granulation, la forme, la grosseur, le poli et la densité du
grain influent sur la force de la poudre. Les poudres rondes de
Berne ont été signalées comme brisantes. Des poudres rondes, fabriquées en France, ont mis les bouches à feu hors de service, après
un très petit nombre de coups.

Un peu d'eau contenue dans la poudre (1½ p. 0[0, par exemple),
augmente sa force. Une augmentation considérable d'humidité la
diminue, au contraire.

Il employa une charge de 26 grains 0 k,0049 de poudre, dans
un petit mortier en fer forgé ayant un diamètre de 1[4 de
pouce (0m,0065), une épaisseur de paroi de 1 pouce un quart
(0m,0327); il ferma hermétiquement la bouche et la chargea
d'un canon de 24 du poids de 8081 livres (4,525 k). Le mode
d'inflammation fut disposé de telle manière qu'aucune déperdition de gaz ne put avoir lieu par la lumière. Ce poids fut
d'abord soulevé très vivement, et en outre le mortier creva avec
une violente explosion. Ces effets, d'après d'autres épreuves
de Rumfort, équivalaient à une force de 4,000 quintaux
(224,000 k).

Ce résultat ne peut cependant être regardé comme tout-à-
fait concluant, parce que la résistance du mortier était chan-
gée, et, d'un autre côté, la tension du gaz augmentée, par suite
de la chaleur développée.

Meinecke a trouvé la force de la poudre deux mille deux
cents fois plus grande que la pression de l'air, qui a été reconnue équivalente à 15 liv. (8k,40) sur 1° carré (0mc,000686);
Munke l'évalue à 2241 fois, et Hutton à 2500 fois la même
pression.

239. On peut, d'après ces résultats et d'autres analogues,
se faire une idée générale de la force de la poudre, mais sans
pouvoir évaluer rigoureusement sa *force absolue*.

Quant à la *force relative*, c'est-à-dire la puissance d'une certaine quantité de matière, comparativement à une autre quantité, toutes choses égales d'ailleurs, on peut la regarder
comme connue.

Causes qui influent sur la force de la poudre.

240. La première cause d'un développement de force plus
ou moins considérable est évidemment la plus ou moins grande

quantité de matière enflammée et comburée dans le même espace de temps, mais il est encore d'autres circonstances qui sont à mentionner.

241. Parmi les éléments qui contribuent au développement de la force de la poudre, il y a à considérer la résistance qu'oppose à son expansion le milieu dans lequel elle est contenue.

Si on enflamme de la poudre à l'air libre, de telle manière qu'elle n'ait à vaincre que la résistance de l'air ambiant, il se produit une explosion sans manifestation d'une grande force, sans ce bruit qu'on appelle *détonation*. Si cette même quantité de poudre, contenue dans du papier, est enflammée, on remarque déjà la production d'une plus grande force, qui augmente encore avec la résistance que le corps enveloppant est susceptible d'opposer à la force d'expansion. Ce résultat n'a lieu que jusqu'à une certaine limite qui n'est pas encore déterminée d'une manière absolue.

242. La cause de cette loi, que la force d'inflammation de la poudre croît jusqu'à une certaine limite et dans une proportion plus forte que la résistance qui lui est opposée, tient principalement aux propriétés générales des corps gazeux ou fluides élastiques, particulièrement lorsque leur élasticité est fortement augmentée, comme cela a lieu dans cette circonstance. Une telle masse de gaz a besoin, pour produire de l'effet, d'un point d'appui ; en outre, la résistance croissant, une plus grande quantité de poudre a le temps de s'enflammer et de brûler, et par suite l'effet est produit par un plus fort volume de gaz dont l'action se manifeste tout-à-coup.

243. Une cause qui influe puissamment sur le développement de force produit par la poudre, c'est la plus ou moins grande rapidité d'inflammation et de combustion. Elle dépend non seulement des propriétés intrinsèques de la poudre, mais

de son degré d'humidité, de la grosseur, de la forme du grain, du degré de compression, de la forme du corps enveloppant, de la densité et de l'état de l'air environnant.

244. La poudre sèche s'enflamme et se brûle plus vite que la poudre humide.

Les petits grains brûlent plus rapidement que les gros, et l'inflammation de la surface, considérée comme instantanée, doit produire tout-à-coup un plus grand effet.

Les grains complétement ronds et de forme sphérique, se touchent réciproquement par un seul point. Répartis uniformément et sur un espace considérable, ils permettent à la flamme de se propager promptement dans toute la charge, et d'embrasser en un instant la surface de tous les grains. Ces interstices entre les grains accélèrent l'inflammation, indépendamment de l'influence que l'air atmosphérique réparti entre eux peut, par son oxygène, exercer sur la combustion. Plus les grains s'éloignent de cette forme et sont irréguliers et anguleux, plus leur surface peut adhérer de tous côtés, particulièrement en vertu de l'inégale grosseur de ces grains, et si la poudre est comprimée, la flamme ne trouve plus, comme dans le cas précédent, des vides pour se répandre. Cette considération tendrait à faire regarder comme désavantageuse la compression de la charge. Cependant, d'un autre côté, plus la surface du volume, qui contient la poudre enflammée, sera petite, plus l'inflammation et la combustion devront se suivre promptement, et le cas le plus favorable serait celui où tous les points de cette surface pourraient être à égale distance du centre d'inflammation, comme cela aurait lieu si ce point se trouvait au centre d'une sphère formée par la matière.

L'état de l'air environnant, son degré d'humidité, sa densité variable, influent sur l'inflammation et sur la combustion,

mais on n'a pu apprécier rigoureusement suivant quelle loi
ont lieu ces influences (1).

245. Enfin, lorsque la poudre est contenue dans un réci-
pient, la puissance qu'elle manifeste est encore fonction du
rapport entre le volume qui la contient et l'espace vide dans
lequel l'inflammation et la combustion peuvent se développer.
Des épreuves font voir qu'en augmentant l'espace vide, on
diminue la force absolue de la poudre d'une manière notable,
ce qui peut tenir à ce que le fluide élastique, dans un espace
rempli d'air, a déjà perdu en densité et en chaleur avant d'a-
gir contre les parois du vase qui le renferme.

-----

(1) Un grain, en s'enflammant dans une charge de poudre, développe de suite des gaz dont la température est d'au moins
2,400°. Ces gaz se glissant dans les interstices que les grains laissent entre eux, les enflamment presque tous instantanément. La
communication est d'autant plus rapide, que les grains sont plus
gros, parce qu'ils laissent plus de passage au gaz; mais aussi la
durée de combustion de chaque grain augmente avec son diamètre. Il y a donc une sorte de compensation entre les deux vitesses;
si le grain est rond, il se forme plus d'interstices, et les gaz passent
plus facilement. Lorsque la poudre est réduite en pulvérin, la
vitesse d'inflammation se confond avec celle de combustion.

Il existe pour chaque espèce de poudre et pour chaque charge,
une dimension de grain susceptible, dans un instant donné, de développer la plus grande quantité de gaz. Dans les longues charges,
il est avantageux d'employer une poudre à gros grains, pour que
les parties les plus éloignées du point où on met le feu soient
enflammées le plus tôt possible; mais il est préférable que les grains
aient une faible densité pour que la vitesse de combustion soit très
rapide. Dans les petites charges, comme l'est celle du fusil, la petitesse du grain n'est plus un obstacle à la vitesse d'inflammation
et la vitesse de combustion très grande alors, favorise la production des gaz. La densité, dans ce cas, a peu d'influence.

Si les armes à feu crèvent à la charge ordinaire, lorsque la balle ne repose pas sur sa charge, mais en est séparée par un espace rempli d'air, on peut expliquer ce phénomène de la manière suivante :

Lorsque, le fluide se développant, chasse la balle en avant, il occupe un espace qui augmente au fur et à mesure que la combustion fait du progrès, et la tension du gaz ne peut s'élever à un très haut degré. Si, au contraire, il y a solution de continuité entre la poudre et la balle, et si l'espace vide permet à la charge de déployer toute sa puissance d'action avant que la balle ne soit mise en mouvement, enfin, si ce projectile, dans le premier moment, ne se meut pas avec une rapidité proportionnée à cette violente expansion de fluide, il doit se produire contre les parois une violente réaction des gaz de la poudre et le canon creve. On peut expliquer d'une manière analogue un fait qui a lieu dans les mines. Lorsque la charge est environnée d'un espace libre, ou mêlée soit à de la sciure de bois, soit à d'autres corps secs, elle produit un effet plus considérable que si tout le vide est rempli de poudre. Suivant quelques opinions, dans ces phénomènes, l'origine de l'air atmosphérique jouerait un rôle.

246. On ne s'étendra pas davantage sur cette matière, soit parce que certains faits seront susceptibles d'être mieux expliqués, en traitant des armes à feu, soit parce que d'autres ne sont pas suffisamment éclaircis.

Propriétés, caractères de la poudre.

247. La poudre de guerre doit être dans les conditions suivantes :

(a) Elle doit, autant que possible, présenter toujours un degré de force constant et en rapport avec les armes auxquelles elle est destinée. Les dimensions de ces armes étant calculées pour une certaine force, il y aurait des inconvénients, soit eu égard à l'effet qu'elles doivent produire, soit eu égard à leur durée et à leur résistance, si la puissance de la poudre était diminuée ou augmentée.

(*b*) Il faut donc s'attacher à produire une poudre telle que l'humidité lui fasse perdre le moins possible de sa force, par suite soit de la proportion du mélange, soit de la purification des éléments, soit de la préparation.

(*c*) Il importe qu'elle fasse éprouver le moins d'altération possible aux armes.

248. Les caractères d'une bonne poudre sont les suivants : égalité, rondeur, consistance du grain, couleur d'ardoise, saveur fraîche à la langue. En la pulvérisant, on ne doit sentir aucune aspérité ; enflammée sur du papier bien collé, elle doit brûler bien complétement, sans altérer le papier.

Epreuves de la poudre.

249. Les propriétés de la poudre (*b* et *c*) ne peuvent être constatées que par l'usage prolongé. Le degré de force (*a*) peut être apprécié par des essais.

Le moyen d'épreuve le plus convenable est donné par l'*éprouvette*, fig. 58, dans laquelle un projectile d'un poids déterminé est lancé toujours sous un angle constant avec une charge assez considérable. La portée plus ou moins grande est un indice de la force de la poudre (1).

---

(1) L'éprouvette consiste en un mortier de 7 pouces, 9 points, (191,2 millim.) de diamètre, en bronze ou en fonte, coulé sur semelle, et lançant sous la charge de 3 onces un globe de 7 pouces

L'épreuve de la poudre, si on la fait subir à une trop petite quantité de cette matière, donne des résultats moins certains, car alors la moindre erreur dans le dosage, est de conséquence. Il en est de même si la résistance, opposée à l'action de la

---

1¡2 de diamètre; ce mode d'épreuve est très imparfait et ne donne de garantie sur les effets de la poudre que pour les bouches à feu courtes. L'épreuve la plus exacte de chaque espèce de poudre devrait avoir lieu dans des armes analogues à celles dans lesquelles elle doit être employée.

On emploie encore à l'épreuve des poudres le pendule balistique et le fusil-pendule. Le premier de ces appareils consiste en une boîte conique en bronze suspendue à un axe, de manière à pouvoir osciller comme une pendule. Cette boîte reçoit une masse de plomb dans laquelle s'enfonce le projectile lancé par une arme tirée à petite distance. Le choc de ce projectile détermine des oscillations dont on a le moyen de mesurer le nombre et l'amplitude. On en déduit la vitesse initiale du projectile, et par suite on peut mesurer la force de la poudre. Le fusil-pendule est un canon de fusil d'infanterie, suspendu également à un axe, et dont le recul permet de mesurer la vitesse de la balle.

On mesure encore la vitesse initiale, et par suite la force de la poudre au moyen de la machine de rotation, qui consiste en deux disques de carton, montés parallèlement sur un axe de la distance de 5 à 6 mètres. Ces disques sont rayonnés, et les rayons se correspondent. L'axe étant placé horizontalement, on imprime à cette machine une vitesse de rotation considérable que l'on mesure, et l'on tire parallèlement à l'axe, de manière à traverser les deux disques. La balle ne les touche pas suivant les mêmes rayons, et l'angle que forment entre eux ceux qu'elle a frappés, combiné avec la vitesse imprimée au système, permet de calculer la vitesse de la balle entre les deux disques.

charge, n'est pas le poids invariable d'un projectile, mais la force variable d'un ressort.

En Autriche, on emploie une petite machine dont l'ouverture est fermée par un couvercle pressé par un ressort de fer ou par un poids mobile entre deux montants. A l'aide de cet appareil, on peut mesurer de combien la force explosive de la poudre élève le couvercle, malgré la résistance du ressort et du poids (fig. 55 et 24).

Il y a encore d'autres moyens de mesurer la force de la poudre, parmi lesquels celui du pendule a été employé en Angleterre. Cette épreuve offre, il est vrai, des difficultés d'exécution, mais donne plus de garanties d'exactitude (fig. 59). (Voir la note au parag. 249.)

La pesanteur spécifique de la poudre elle-même peut servir à en apprécier la qualité. Un pied cube (0^{mc}, 03) pèse de 51 à 53 liv. (28k 560 à 29k 680), si la poudre n'est pas comprimée. On en conclut une pesanteur spécifique de 0,924 à 0,958. La poudre à gros grains est plus lourde que celle à grains fins (1).

La poudre de guerre bavaroise doit, dans l'épreuve par l'éprouvette, lancer à 130 brasses (525 pas) (245^m, 375) un projectile de bronze du poids de 52 liv. 14 loths (60 liv. françaises) (29k 565). La charge est de 5 loths 1 quint. (0k, 092). On admet une tolérance de 3 à 5 brasses (5^m, 6 à 9^m, 4) (2).

---

(1) La densité, pour la poudre à canon, doit être au moins de 0,800, et pour la poudre à mousquet, de 0,790, pour la poudre de chasse de 0,9000.

(2) Dans l'éprouvette française, le poids du globe est de 29k,37,— La charge est de 0^m,092; la portée doit être de 225 mètres pour la poudre neuve, et de 210 mètres pour la poudre radoubée.

Conservation de la poudre.

250. La poudre conservée trop longtemps, lorsque l'air libre n'a pas sur elle un suffisant accès, lorsqu'elle est humide ou trop souvent remuée, s'avarie; ce qu'on reconnaît soit à la simple vue, soit à ce qu'elle perd de sa force. Il se produit un changement soit dans le mélange de ses éléments, soit dans leur nature. Si l'altération n'est pas trop considérable, on peut en arrêter les progrès en séchant, passant au crible et détruisant les grumeaux qui se seraient formés. Si l'altération est trop avancée, il faut retravailler la matière dans les moulins à pilons.

Pour conserver la poudre en grains, on la met dans des tonnes de chêne ou dans des caisses de cuivre. Ces récipients sont contenus dans des bâtiments bien secs, accessibles à l'air, à l'abri de l'incendie. Les tonneaux ou caisses ne doivent pas en contenir plus d'un quintal, autrement leur poids étant trop fort, ils ne peuvent plus être remués facilement, et leur inflammation produirait les accidents les plus graves. La conservation, et particulièrement le transport des poudres, exige les plus grandes précautions.

Pour transporter la poudre, on la verse dans des sacs de toile qu'on place dans des tonneaux. Lorsqu'elle est rendue à sa destination, on s'empresse de la retirer de ces sacs, parce qu'ils attirent l'humidité. Sur l'un des fonds des tonneaux de poudre, on indique l'année de la fabrication, l'espèce de poudre et sa portée.

Espèces de poudres fulminantes.

251. Il existe encore diverses autres substances qui, par la

combustion, sont susceptibles de se transformer en gaz et de former un mélange capable de développer non seulement une force absolue, égale à celle de la poudre, mais même une force supérieure.

En 1786, Berthollet découvrit une poudre de ce genre qu'il composait de 82,61 de chlorate de potasse (175), 8,26 de soufre et 11 de charbon. Cette découverte resta longtemps sans résultat.

252. Lorsque l'on considère quelle est la puissance d'action de la poudre ordinaire, et que si le tir des armes à feu n'est pas toujours efficace, cela tient moins à une portée trop faible qu'à un manque de justesse dans les limites de la portée, inconvénient qui augmente encore proportionnellement à l'éloignement, on comprend aisément qu'on n'ait pas cherché à remplacer dans le tir la poudre ordinaire par ces moyens plus énergiques. Si l'on tient compte d'ailleurs des dangers que peuvent présenter l'emploi et le transport d'une matière qui s'enflamme par le choc, on est conduit à la rejeter pour le chargement des armes. D'un autre côté, le résultat de nombreux essais a amené à en tirer parti comme moyen d'inflammation plus sûr. Elle a été employée dans ce but et dans les usages domestiques, et à la chasse et pour les besoins de la guerre ; et cette application des poudres fulminantes a obtenu maintenant la sanction du temps.

253. On se sert pour cet objet de deux espèces de poudre fulminante dont chacune a ses avantages. L'une se compose de 100 parties de chlorate de potasse, 12 de soufre et 10 de salpêtre ; on la nomme *poudre muriatique* ; l'autre se compose de 5 parties de fulminate de mercure (176), de 5 parties de poudre de guerre, ou même, en place de cette poudre, de 5 parties de salpêtre (*poudre fulminante*). Le charbon attirant

l'humidité , on peut le remplacer par du sulfure d'antimoine.

Il convient de ne fabriquer qu'en petit ces espèces de poudre,
la dernière humectée et la première à sec. On les broie et
on mélange avec soin sur un plat de marbre ou dans un vase
de porcelaine. Cette préparation n'offre pas grand danger. On
n'est pas complétement d'accord sur la préférence à accorder
à l'une ou l'autre de ces deux espèces. La poudre muriatique
est fréquemment employée, bien qu'il soit démontré qu'elle
est destructive pour les armes et principalement pour le fer.
Le fulminate de mercure produit des vapeurs nuisibles à la
santé, s'altère à l'humidité et est très exposé à s'enflammer
spontanément.

NOTICE SUR LE COTON FULMINANT.

(Par le traducteur.)

On ne doit pas passer sous silence, dans un traité sur les
armes, une découverte toute récente, dont la portée ne peut
encore être appréciée, mais qui est peut-être destinée dans
l'avenir à changer les armes en usage et à faire une révolution dans l'art de la guerre : c'est celle des effets prodigieux
obtenus à l'aide d'une préparation fort simple que l'on fait
subir à diverses substances très habituellement employées aux
usages domestiques.

En 1838, M. Pelouze, traitant d'un corps appelé *xyloïdine*,
découverte en 1833 par M. Braconnot de Nancy, avança que
toutes les substances végétales, ainsi que l'amidon trempés
dans l'acide azotique monohydraté pendant quelques instants,
se transformaient en xyloïdine insoluble dans l'eau et très inflammable.

On n'avait pas donné suite aux expériences de M. Pelouze, lorsqu'on apprit, vers la fin du mois d'août 1846, que M. Schœnbein, de Bâle, venait de découvrir une préparation qui rendait le coton fulminant, inaltérable dans l'eau et susceptible de remplacer l'emploi de la poudre dans l'usage des armes à feu. M. Schœnbein offrit son invention à la Confédération germanique.

L'attention fut ramenée de suite sur les expériences de M. Pelouze, et M. le professeur Otto, de Brunswick, publia, le 4 octobre 1846, qu'en trempant du coton pendant une demi-minute dans de l'acide nitrique concentré et fumant, lavant fortement à l'eau froide et séchant à une chaleur médiocre, il avait obtenu un coton détonant qui lui paraissait tout-à-fait propre à remplacer la poudre ordinaire. M. Otto ajouta, plus tard, qu'on augmentait l'énergie de l'effet explosif en trempant plusieurs fois le coton dans l'acide nitrique.

De nouveaux essais de MM. Knopp, de Leipsick, et Taylor, de Londres, prouvèrent qu'il était avantageux de mêler l'acide nitrique avec de l'acide sulfurique, et de n'introduire le coton dans ce mélange qu'après l'avoir trempé préalablement dans de l'eau légèrement alcaline.

Le coton obtenu d'après ce procédé fut essayé au Dépôt central d'artillerie, à Paris. Il présenta toutes les propriétés signalées par M. Schœnbein, et l'on s'occupa d'en préparer pour faire des épreuves sur une grande échelle.

Le papier, le chanvre, la sciure de bois, toutes les substances végétales, sans exception, soumises au même mode de préparation donnent naissance à des produits plus ou moins explosifs, suivant l'état de division de ces substances. On a appelé ces produits *pyroxyles*.

Battu dans un tube, le pyroxyle ne brûle pas; le feu ne peut se propager. Moins comprimé, il brûle très lentement et produit une flamme petite et rougeàtre.

Le pyroxyle cardé s'enflamme très vivement à 175° environ.
Sa vitesse de combustion en plein air, mesurée sur des brins
de coton filé, réunis au nombre de cinq à vingt, est d'environ
0m,50 par seconde.

Si on en allume dans la main, il s'enflamme et disparaît
avec une telle rapidité qu'on ne ressent aucune douleur. Si
après en avoir répandu sur de la poudre ordinaire, on y met
le feu, il s'enflamme, sans que le feu se communique à la
poudre sous-jacente.

Pour donner une idée de la puissance d'action de ce corps,
il suffira de rapporter l'expérience suivante, qui eut lieu le
18 octobre 1846, à Brunswick : En introduisant dans un canon de 6 livres 12 demi-onces de coton fulminant, le but fut
atteint à 800 pas et avec 16 demi-onces à mille pas. Il eût
fallu, pour obtenir le même résultat, une charge de 2 livres
de poudre à canon. On ne retrouva, dans le canon, aucune
trace de résidu, et aucun développement de vapeur n'eut lieu
dans la combustion du coton.

Les essais faits au fusil-pendule ont prouvé que les poids
de poudre et de pyroxyle, qui donnent les mêmes vitesses initiales sont, en moyenne comme, 2, 5 : 1.

Au mortier éprouvette, les résultats ont été à peu près les
mêmes.

En résumé, les essais qui ont eu lieu jusqu'à présent tendent à faire reconnaître, dans l'emploi du coton fulminant,
les avantages suivants :

Il produit des effets aussi puissants que deux fois et demie
le même poids de poudre. Il ne donne pas de résidu ni d'humidité et n'a sur les armes aucune action corrosive. Il n'oc-
casionne aucune fumée; ce qui paraît susceptible d'en rendre
l'emploi très utile particulièrement dans les lieux clos, à bord
des vaisseaux, dans les casemates et dans les mines.

D'un autre côté, plusieurs accidents et particulièrement la rupture de deux mortiers-éprouvettes en fonte pourraient faire craindre qu'il ne se rapprochât trop des poudres fulminantes et qu'il ne fût destructif pour les armes. Il est douteux, de plus, qu'il ait la même régularité d'action que la poudre ordinaire, qu'il puisse donner la même sécurité dans son emploi et particulièrement dans les transports.

Chez plusieurs puissances étrangères, en Autriche, en Russie, on ne paraît pas supposer qu'il soit susceptible de remplacer la poudre actuelle.

La question est soumise, en France, à l'examen du corps de l'artillerie, et l'on peut se reposer avec confiance sur les lumières et sur l'esprit consciencieux et persévérant que ce corps apporte dans ses épreuves.

ARMES A FEU.

Principes généraux.

234. La poudre, dont on vient de faire connaître les propriétés, s'emploie, pour l'usage des armes à feu, de la manière suivante : dans un tube de métal, dont le vide intérieur est cylindrique et fermé à une de ses extrémités, on charge une certaine quantité de poudre sur laquelle on place le projectile. Un petit canal (*la lumière*) établit la communication entre l'extérieur et l'intérieur du tube appelé *âme*. Cette lumière donne le moyen d'enflammer la charge de poudre qui chasse violemment le projectile et le lance au loin. Les armes à feu, qui présentent cette disposition, se divisent en deux classes, *les armes à feu portatives* et *les bouches à feu*. Les premières peuvent être maniées par un seul homme, les secondes, dont

la manœuvre nécessite le concours de plusieurs hommes, produisent des effets plus énergiques.

255. Les mécanismes de ces armes diffèrent entre eux en beaucoup de points, par suite des différences de leur destination. Cependant il y a des propriétés fondamentales relatives soit au canon, soit au mode d'action de la poudre, soit au projectile, qui sont communes à toutes et que l'on a cru devoir présenter d'une manière générale, avant de traiter en particulier de chaque espèce d'armes.

Force du canon.

256. La forme du canon doit être une conséquence du mode d'action de la force de la poudre contre ses parois et contre le projectile.

Il y a lieu de croire que dès que la charge s'enflamme, la transmission des pressions exercées par les gaz de la poudre, doit être égale en tout sens, soit sur les parois latérales, soit sur le fond de l'arme, soit sur le projectile. Les parois doivent donc avoir un degré de force et de cohésion qui leur permette de résister à la force expansive de la poudre. La partie du canon, voisine du fond, étant celle où s'enflamme la charge, doit être la plus résistante et l'être plus que celles qui se rapprochent de la bouche et vers lesquelles l'effort contre les parois diminue par suite d'une diminution dans la chaleur et dans la densité du gaz (1).

---

(1) L'épaisseur du canon du fusil français est établie de telle sorte qu'il puisse résister à l'explosion d'une double charge.

L'épaisseur de métal dans les pièces (Gribeauval) est fixée aux proportions suivantes : 19|24 du calibre à la lumière, 2|3 aux tou-

Cette considération a fait donner à la plupart des armes à feu la forme extérieure d'un *tronc de cône*.

257. La force d'expansion de la poudre enflammée, agissant également de tout côté, si les parois sont bien symétriques, elle ne peut produire aucun mouvement latéral dans le canon, parce qu'il y a équilibre entre les efforts exercés dans deux directions opposées.

Cet équilibre est cependant détruit par la lumière percée, la plupart du temps à la partie supérieure ou sur le côté des parois du canon. Une partie du gaz, s'écoulant par cette ouverture, la force qui agit sur la paroi opposée n'est plus équilibrée et il en résulte un choc provenant de diverses circonstances qui ne peuvent encore être mentionnées.

258. Un effet du même genre, mais dans une proportion beaucoup plus grande, a lieu suivant l'axe de l'âme, lorsque le projectile est chassé hors du canon. L'action du gaz contre le fond de l'âme n'ayant pas de contre-poids, dès que le projectile sort du canon, il se produit, en sens opposé, un mouvement appelé *recul*.

L'épaisseur de la matière au fond de l'âme, comme sur les parois latérales, doit être très considérable.

La lumière doit être rapprochée du fond autant que possible, autrement d'abord on ne pourrait tirer à très petite charge ; de plus l'expérience a démontré qu'une position de la lumière plus rapprochée de la bouche contribuait à augmenter le recul (1).

_____

rillons, 1⟋2 à la naissance de la volée et 3⟋8 à la partie la plus faible.

(1) Dans le fusil modèle de 1777, portant une balle de 20 à la livre et une charge de 11 grammes 14 non compris l'amorce, on a

Poids et centre de gravité du canon.

259. Pour que le recul n'exerce pas d'influence fâcheuse, il convient sinon de le détruire complétement, au moins de le limiter de telle sorte que l'usage des armes ne soit ni dangereux ni pénible. Supposons qu'un canon puisse en présentant le degré de résistance nécessaire, n'être pas plus lourd que le projectile, il n'est pas douteux que, lors du tir (toutes choses égales d'ailleurs) le canon serait lancé en arrière à la même distance que le projectile l'est en avant. Le moyen de limiter le recul est donc de donner au canon ou à tout le système de l'arme beaucoup plus de lourdeur qu'au projectile.

Les armes à feu étant confectionnées en métal et assez épaisses pour résister à la force de la poudre, il en résulte déjà une première condition de lourdeur, mais il y a encore un autre problème dont la solution est essentielle , c'est de donner au centre de gravité une position telle que ni le recul, ni le choc provenant sur la paroi opposée, de l'écoulement du gaz par la lumière, n'exercent une influence nuisible sur la direction du projectile, ni sur l'équilibre de l'arme.

---

trouvé en donnant successivement diverses positions, de 1 ligne à 21 lignes à partir du fond de l'âme, à la lumière, que le maximum de vitesse initiale avait lieu lorsque la lumière était percée à 1 ligne du fond et le maximum de recul à 9 lignes.

Dans les pièces (Gribeauval) la lumière aboutit à 2 ou 3 lignes du fond de l'âme , et sa direction fait avec la verticale un angle d'environ 15°, afin que le dégorgeoir atteigne toujours la charge. Dans les obusiers, la lumière est à 20 millim. du fond de l'âme, sa direction n'est inclinée que de 10°.

Longueur du canon.

261. Le poids du projectile oppose à la force expansive de
la poudre une certaine résistance. Il ne peut être mis en mouvement que par le développement d'une puissance capable
de surmonter cette résistance. Si la charge est plus considérable qu'il n'est nécessaire pour faire sortir le projectile de
l'état de repos, la combustion des parties de la charge en excès dans les instants suivants, augmente successivement la
force d'impulsion qui agit sur le projectile, et par suite sa
vitesse ; et si le canon avait assez de longueur pour que toute
la charge fût enflammée, avant que le projectile ne fût en
dehors de la bouche, l'impulsion serait équivalente à toute la
force d'expansion de la poudre.

261. Une conséquence de ce fait est que, toute chose égale
d'ailleurs, à une charge déterminée correspond une longueur
de canon nécessaire pour que la combustion de la charge soit
complétement produite, pendant que le projectile est encore
dans le canon, et que, par suite, cette charge puisse lui im-
primer le maximum de vitesse. Ainsi, une plus grande longueur de canon devient inutile; si la longueur est moindre, le
projectile quitte l'âme avant d'avoir reçu l'action de toute la
charge.

Il y a donc, pour chaque charge, une longueur correspondante au maximum de vitesse, et jusqu'à ce qu'elle soit atteinte, la portée augmente avec sa longueur.

262. Cependant, cette loi doit être modifiée d'après les
considérations suivantes :

L'expérience prouve que la vitesse du projectile augmentant, la résistance de l'air contre ce projectile croît plus rapidement encore, de telle sorte que les portées croissent dans

une proportion beaucoup moindre que les vitesses initiales du projectile au sortir du canon.

L'augmentation de vitesse du projectile, résultant de l'accroissement de longueur du canon, n'est appréciable qu'au commencement et diminue ensuite progressivement jusqu'à ce qu'elle s'anéantisse complétement. Ainsi le projectile mis en mouvement dans le canon se meut de plus en plus rapidement, au fur et à mesure que la charge se développe; mais l'augmentation de vitesse produite dans un temps égal es^t d'autant moindre que la vitesse obtenue déjà est plus grande.

Si, par exemple, dans le premier moment, la vitesse est de 100, elle augmente de 150 dans le 2e, de 200 dans le 3e, de 150 dans le 4e, de 100 dans le 5e, de 50 dans le 6e. On obtient donc, pour les vitesses, les nombres suivants :

1er moment.	100
2e..	250
3e..	450
4e.	600
5e.	700
6e.	750

Ainsi, la vitesse va toujours en augmentant, mais l'augmentation suit bientôt une progression décroissante, et l'action de la charge sur le projectile suit à peu près la même loi.

Il en résulte que, au delà d'une certaine limite, l'augmentation de longueur du canon ne produit plus qu'un accroissement de portée insensible. Ainsi lorsqu'on a obtenu une portée suffisante aux besoins du service, en donnant au canon une certaine longueur, il vaut mieux préférer, à une augmentation de longueur dont les résultats ne sont plus appréciables sous

le rapport de la portée, des avantages tels qu'une diminution
dans la lourdeur de l'arme et moins de difficultés dans la
manœuvre.

Charge de poudre.

263. Il suit de ce qui précède que, pour une longueur dé·
terminée, il doit y avoir une charge correspondante, susceptible
de donner la plus grande portée. Ensuite un accroissement
de charge n'augmente plus la force d'impulsion, parce que
cette partie additionnelle ne brûle que lorsque le projectile
est déjà hors du canon, et qu'elle peut être elle-même projetée
en dehors sans être brûlée, comme le prouve l'expérience.
D'un autre côté, la charge occupant un plus grand espace, le
projectile est plus rapproché de la bouche, et l'étendue de la
portion d'âme dans laquelle il est soumis à l'impulsion de la
charge, se trouve diminuée.

Avec une charge moindre que celle de plus grande portée,
le projectile n'aurait pas toute la vitesse dont il est susceptible,
eu égard à la longueur du canon.

Mais il faut encore, dans l'estimation de la charge, tenir
compte d'autres circonstances, de la force du recul, du poids
du projectile, etc.

On peut, en terminant, se demander s'il est préférable de
peser ou de mesurer la charge, car des poids égaux ne correspondent pas à des volumes égaux et réciproquement. L'expérience a répondu que le mode par le pesage est préférable
dans des épreuves qui exigent une grande précision, mais que
le dosage au cylindre est plus commode dans la pratique (1).

_____

(1) L'expérience prouve que, plus les pièces sont longues, plus

Projectile.

264. La plus ou moins grande facilité pour le projectile à vaincre la résistance de l'air dépend en grande partie de sa masse (tout le monde a remarqué, par exemple, qu'on lance à la main plus loin une boule de plomb qu'une de bois de même diamètre). Les projectiles doivent donc se confectionner avec des matières d'une densité considérable.

Ceux qui contiennent la plus forte masse dans le plus petit volume sont les moins en prise à la résistance de l'air. Or, la sphère est le corps qui contient le solide le plus considérable sous une surface proportionnellement moindre (1), et de plus elle a l'avantage de recevoir plus que toute autre forme, de la part de l'air, une résistance égale. La forme sphérique parait donc la plus convenable à donner aux projectiles.

Il résulte de ce qui précède qu'avec une charge toujours proportionnelle, par exemple du tiers du poids du boulet, les projectiles d'un plus fort calibre sont ceux qui ont la plus forte portée ; mais on doit faire entrer, en compensation des avantages provenant de l'emploi d'un plus fort calibre, les inconvénients qui y sont inhérents, savoir : le besoin d'une plus grande charge pour qu'un boulet plus gros puisse avoir la même vitesse initiale ; la nécessité d'une épaisseur de parois

---

la charge de plus grand effet , est considérable, par rapport au poids du projectile.

Elle prouve aussi que le recul , et par suite la fatigue des affuts augmente rapidement avec les charges.

(1) A volume égal, les surfaces du cube et de la sphère sont entre elles comme 1 est à 0,806.   (*Note de l'auteur.*)

et d'une lourdeur de canon plus considérable, et en outre par suite une plus grande dépense (1).

Vent.

265. Pour que le projectile puisse être facilement introduit dans l'âme et placé sur la charge, son diamètre doit être plus petit que celui de l'âme, et cette différence de diamètre s'appelle *vent*. Le vide qui en résulte permet à une partie du gaz de la poudre de s'échapper, sans produire sur le projectile aucun effet utile, soit avant que ce corps ait commencé à prendre son mouvement, soit pendant qu'il parcourt la longueur de l'âme. Aussi le vent a-t-il pour résultat d'occasionner la perte d'une partie de la force du gaz de la charge, et cette perte augmente avec la grandeur du vent.

266. Il en résulte un autre inconvénient encore plus grand :

------

(1) Le projectile, pour détruire l'objet contre lequel il est lancé, doit être doué d'une résistance suffisante ; s'il est trop mou par rapport au corps qu'il frotte, il se déformera, présentera à l'air une plus grande surface, et par suite aura une moindre force de pénétration. Il doit de plus avoir une grande densité. On l'a confectionné en pierre, en plomb, en fer forgé, en fonte.

Quant à la forme du projectile, la sphère a les avantages suivants : elle présente moins de surface sous volume égal ; elle offre toujours une même surface, et par suite la même résistance au choc de l'air. Elle peut être introduite dans tous les sens dans le canon, elle roule au lieu de glisser, et dégrade moins l'âme. Les moules sphériques dans lesquels on coule le métal sont faciles à confectionner. Enfin, la vérification du projectile, sphérique dans les réceptions, se fait plus simplement et plus commodément qu'avec toute autre forme.

c'est que le boulet, placé en avant de la charge portant sur la partie inférieure des parois, tout le vent se trouve à la partie supérieure. Lorsque les gaz de la poudre produisent leur action soit avant, soit pendant le mouvement du boulet, ils se répandent par dessus et pressent le projectile contre la paroi inférieure. Cette pression détermine dans les canons de métal ce qu'on appelle le *logement du boulet*, dépression qui se forme d'ordinaire en avant de la position du projectile à l'état de repos.

Le projectile n'est pas frappé suivant son centre de gravité, ni dans la direction de l'axe de l'âme. Après avoir pressé contre la paroi inférieure, il rebondit du côté opposé. Cet effet peut se renouveler plusieurs fois, et le résultat est que le projectile ne sort du canon ni dans la direction de l'axe de l'âme, ni dans une direction parallèle ; mais en formant avec cet axe un angle d'autant plus grand que le vent est plus considérable.

Il s'ensuit que l'âme du canon s'évase vers la bouche et prend la forme elliptique, ce qui nuit fortement à la justesse du tir. On peut donc conclure que, soit pour éviter l'altération de la forme de l'âme, soit pour diminuer la déperdition du gaz de la poudre, le vent doit être aussi petit que possible.

267. L'expérience fait voir qu'avec un canon plus long, le tir est plus juste, ce qui peut s'expliquer et parce que les deux points de la surface par lesquels on vise sur le but sont plus distants entre eux, et parce que le point de mire le plus rapproché de l'œil peut cependant en être éloigné davantage.

268. On ne présente ici que les faits les plus généraux sur les armes à feu, d'autres seront réservés pour être mentionnés lorsqu'on traitera des diverses espèces d'armes, enfin d'autres ont été omis soit parce que la science n'a pu encore les expliquer, soit parce que leur appréciation exige des connaissances

physiques et chimiques plus étendues que ne le suppose le plan de l'ouvrage.

269. Pour pouvoir faire remplir aux armes à feu leur destination, qui est d'atteindre au loin certains objets avec des projectiles, il importe d'étudier la nature de la ligne (*trajectoire*) que ces mobiles doivent parcourir en quittant le canon.

L'explication de cette théorie nécessite que l'on tienne compte des forces qui agissent sur les corps et de leur direction.

270. La première force à considérer est celle de la poudre en combustion ; elle imprime au projectile une certaine vitesse initiale avec laquelle il sort du canon. La direction dans laquelle cette vitesse est imprimée est considérée comme l'*axe du canon*, le point de départ de la *ligne de tir*, et si aucune autre force n'agissait sur le projectile, il devrait, dans le vide, se mouvoir indéfiniment dans cette direction, toujours avec la même vitesse.

Dans l'exposé de cette théorie générale , on ne tiendra pas compte des déviations mentionnées ci-dessus (266) , dans la direction du projectile , lorsqu'il sort du canon ; mais il en sera question plus tard.

271. La deuxième force à considérer est la *pesanteur*, force accélératrice qui attire le projectile vers la terre , avec une rapidité toujours croissante. Cette rapidité va toujours en augmentant, parce que la pesanteur agissant à chaque instant sur le corps , la vitesse qu'elle lui imprime s'ajoute à celle qu'il avait déjà, de telle sorte que les espaces parcourus en temps égaux ne sont pas égaux, mais vont en augmentant

considérablement et sont en proportion avec les carrés des temps.

272. C'est une loi de mécanique, que si un corps est soumis à l'action de deux forces qui agissent dans des directions différentes, sans être diamétralement opposées, il prend une troisième direction intermédiaire, représentée par la diagonale d'un parallélogramme dont les côtés ont des longueurs proportionnelles aux forces et ont la même direction. En appliquant cette loi au projectile, il devra suivre la diagonale d'un parallélogramme dont l'un des côtés sera dirigé suivant l'axe de l'âme et aura une longueur proportionnée à la force de la poudre, et dont l'autre côté sera dirigé verticalement et proportionné en longueur à l'intensité de la pesanteur.

Des calculs qui ne peuvent être rapportés ici conduisent à ce résultat, que la trajectoire décrite par les corps est une ligne courbe dont les propriétés sont celles de la *parabole*.

273. On peut, par de très simples considérations géométriques, se rendre compte de la forme de la trajectoire,

Fig. 28. Soit *a b* une horizontale, *a h* l'axe du canon, *a c* l'espace que peut parcourir dans le vide le projectile, dans un certain laps de temps (une seconde environ), en vertu de la vitesse qui lui a été imprimée ; si l'on fait abstraction de la pesanteur, il sera, au bout de la deuxième seconde en *d*, et au bout de la cinquième en *h*.

Mais en vertu des lois de la pesanteur, le projectile tombant verticalement parcourra, dans la première seconde, l'espace *ap = ck*, et à la fin de cette première seconde, sera descendu de *c* en *k*. Maintenant, par suite des lois du mouvement uniformément accéléré de la chute des corps graves parcourant des espaces dans le rapport du carré des temps, dans la deuxième seconde, il descendra de *d* en *l*; dans la troisième, de *e* en *m* ; dans la quatrième de *f* en *n*, dans la cinquième, de *h* en *b*, qui sera le but de la trajectoire d'un corps quelconque lancé dans le vide. Cette trajectoire a la forme d'une ligne courbe, *aklmnb*. Suivant que la direction de l'axe de l'âme forme, toute chose égale d'ailleurs, des angles différents avec l'horizontale, nommés *angles de projection,* ou que, sous un angle de projection constant, les vitesses initiales sont variables, la *hauteur du jet*, son *amplitude* ou sa *portée a b* (espace compris entre le point de départ de la trajectoire pris sur une certaine horizontale, et son point de chute ou de deuxième intersection avec la même horizontale) varie également.

Si, dans l'usage des armes à feu, l'angle de projection est petit, le projectile décrit une courbe plate, c'est le cas des feux *directs, de plein fouet* ou *rasants*, donné par le tir des boulets et des balles. Si l'angle est considérable, la courbe du projectile s'élève beaucoup, c'est le cas des feux *courbes*, donné par le tir des bombes et obus. La ligne de démarcation entre ces deux genres de tir n'est pas bien établie.

274. La théorie du tir parabolique présente les résultats suivants : 1° que, toutes choses égales d'ailleurs, les portées variables avec les angles de projection sont dans le rapport des sinus du double de ces angles, et que, si les angles de projection sont égaux, elles sont entre elles comme les carrés des vitesses initiales ; 2° que la plus grande portée a lieu sous l'angle de 45°, et que si les angles s'élèvent au dessus de cette limite, les portées diminuent autant qu'elles avaient augmenté précédemment ; c'est-à-dire que la portée donnée par un angle de 50° au dessus de l'horizon, correspond à celle provenant d'un angle de 60°, et qu'en général pour un angle de 45 ± *a*)° la portée est la même ; 3° que le point où le projectile atteint la plus grande hauteur, c'est-à-dire le sommet de la

trajectoire est sur la verticale élevée par le point milieu de la portée et que l'angle de chute est égal à l'angle de projection (Fig. 25).

275. Dans l'énonciation de ces résultats, on fait complètement abstraction d'une force qui joue un grand rôle, la *résistance* de l'air.

Le projectile, dans sa course, doit vaincre non seulement la densité de l'air, mais une résistance croissante avec sa vitesse et qui provient de l'élasticité de l'air comprimé en avant. Cette résistance étant en raison du carré de la vitesse (tant qu'elle ne s'élève pas au delà de 1,300 pieds par seconde), et pour certaines vitesses croissant dans une proportion beaucoup plus forte encore, il en résulte naturellement de grandes modifications dans la théorie parabolique.

Il suit particulièrement de l'action de cette résistance que la vitesse initiale qui est en général :

Pour les balles de fusil, de 900 à 1500 pieds par seconde.
Pour les boulets   de 1200 à 1400 —   —
Pour les obus   de 700 à 800 —   —
Pour les bombes   de 500 à 400 —   —

diminue insensiblement et finit par devenir nulle.

Par suite, la trajectoire ne peut être regardée que comme une courbe, qui se rapproche de la parabole. Les portées, sous des vitesses considérables, sont entre elles comme les racines carrées des vitesses. L'angle de 45° n'est plus l'angle de plus grande portée, mais c'est un angle moindre, de 42 à 43° seulement. Suivant les diverses espèces d'armes, les projectiles ont différentes vitesses; e sommet de la trajectoire ne correspond plus au point milieu de la portée; la branche descendante est plus courte que la branche ascendante, et l'angle de chute est plus fort que l'angle de jet, etc. (Fig. 25).

276. On appelle *balistique* la science qui traite du mouve-

ment des projectiles, en tenant compte de l'influence de l'air. Cette science présente différentes formules pour calculer la trajectoire, mais bien des éléments de ce calcul étant inconnus et l'état de l'air étant variable, suivant la chaleur et l'humidité, ces formules ne peuvent être regardées comme conduisant à des résultats exacts dans la pratique. Toutefois, elles peuvent guider dans la théorie du tir. L'expérience seule conduit à la détermination rigoureuse de la trajectoire. Les résultats qu'elle présente s'accordent, jusqu'à un certain point, avec ceux de la théorie (§ 275) et seront mentionnés bientôt en traitant des diverses armes à feu.

Théorie du but en blanc.

277. Pour atteindre avec le projectile un objet placé dans l'éloignement, il faut, avant de faire feu, viser ou pointer cet objet, et ce pointage dépend de deux éléments.

D'abord le centre de la bouche du canon et l'axe de l'âme doivent être dirigés vers un point déterminé de l'objet à battre, et dans le même plan vertical.

Le projectile, en supposant qu'il puisse quitter le canon suivant l'axe de l'âme et poursuivre sa course dans son plan vertical, n'aurait qu'un effet très incertain, si l'on ne pratiquait pas cette opération avec un soin tout particulier, ce qu'on appelle donner la *direction*.

À cet effet, on ne peut faire usage d'une ligne imaginaire, telle que celle de l'axe de l'âme ; mais on peut tirer parti de la surface extérieure du canon, et se servir de points déterminés de cette surface, qui doivent être dans le plan vertical de l'axe de l'âme.

278. Si la direction est bien donnée, le projectile doit ren-

contrer la verticale du but ; mais, pour qu'il atteigne ce but lui-même, considéré comme un point, il y a un autre élément à considérer : c'est avec une charge de poudre déterminée, de donner à l'axe de l'âme l'*inclinaison* ou *angle de mire* néces-saire. Pour cela on se sert également d'une ligne apparente formée sur la surface du canon.

Dans la plupart des armes à feu , on donne au canon la forme d'un tronc de cône; la ligne droite formée par l'arête su-périeure de ce tronc de cône, et dirigée sur le but, ligne qu'on appelle *ligne de mire*, n'est pas parallèle à l'axe de l'âme, mais forme avec cet axe un angle (*ace = abd*, fig. 29), que l'on ap-pelle *angle de mire*. Toute la théorie du but en blanc avec des canons de forme conique est fondée sur certaines relations entre la ligne de mire et l'axe, en s'appuyant sur les prin-cipes donnés plus haut, et sur les résultats de l'expé-rience.

279. Dans la fig. 31, la direction de l'axe de l'âme est repré-sentée par *ab*, la ligne de terrain supposée horizontale par *ef*, la ligne de mire, parallèle à la ligne de terre par *cz*, l'angle de mire par *cda*. La trajectoire dans l'origine diffère peu de l'axe ; elle coupe en *d* la ligne de mire, et s'élève au dessus d'elle; après avoir parcouru un certain espace, commence à descendre, se rapproche de nouveau de la ligne de mire, la coupe pour la deuxième fois en *z*, et atteint enfin en *l* la terre dans laquelle le projectile s'enfonce, ou bien il parcourt en-core un certain espace en sautant et roulant.

On voit ainsi que, dans le prolongement de la ligne de mire, deux points seulement coupent la trajectoire, ou sont atteints par le projectile. Il faut donc que l'objet à battre se trouve à l'un de ces deux points.

280. Le premier point d'intersection *d* tombe en général si près du canon, qu'il n'y a pas lieu d'examiner sa position sous

le rapport du tir. Le deuxième point d'intersection z seul est à
considérer. Le point à battre est-il en deçà de z, en m, le projectile passera au dessus. Ce même point est-il au delà en n,
le projectile passera au dessous. Si maintenant, en supposant
la charge constante, et les relations indiquées ci-dessus entre
la position de la ligne de mire, de l'axe de l'âme et de la trajectoire invariables, on admet aussi que le système de ces lignes puisse ètre déplacé, toujours dans le même plan vertical,
en dirigeant la ligne de mire, non plus sur le point à battre,
s'il est en deçà ou au delà du deuxième point d'intersection,
mais au dessous où au dessus, on pourra encore atteindre ce
point à battre. Pour toucher le point m, par exemple, on dirigera la ligne de mire au dessous en o; pour toucher le point
n, plus éloigné que z, on dirigera, au contraire, la ligne de
mire au dessus en p.

281. Il y a donc, sous les mèmes influences, et avec un angle
de mire invariable, un seul point susceptible d'être atteint,
sur le nombre de ceux situés dans le rayon visuel. Lorsque
ce point est l'objet à battre, on appelle le tir *tir de but en
blanc*, et la distance, jusqu'au deuxième point d'intersection
de la trajectoire, s'appelle *portée de but en blanc*.

Si le but est plus rapproché ou plus éloigné du canon que
le but en blanc, on doit viser plus haut ou plus bas. Il faut
donc, pour la pratique, déterminer d'abord par l'expérience
la portée de but en blanc, et le degré d'inclinaison en dessus
ou en dessous, correspondant à une augmentation ou à une
diminution de portée plus ou moins grande. Il est évident,
par exemple, que si le point à battre est en i au point où la
trajectoire s'élève le plus au dessus de la ligne de mire, on
doit alors tirer le plus bas possible, et plus bas que si le point
à battre était entre d et i.

Pour pouvoir apprécier exactement le degré d'élevation ou

d'abaissement à donner à l'axe, on adapte vers la culasse du canon une plaque ou coulisseau gradué qui permet d'augmenter artificiellement l'angle de mire (fig. 29, *abd*), qu'on peut appeler *angle de mire naturel*, on forme ainsi (*fbd=fge*). Cette augmentation se nomme la *hausse*; on la donne suivant la distance plus ou moins grande de l'objet à battre en substituant à la ligne de mire naturelle formée par l'arête supérieure du tronc de cône, une autre ligne de mire passant par l'un des points de division de la hausse, et le point le plus élevé vers la bouche du canon.

282. Si la ligne de mire naturelle est parallèle à la ligne de tir, il n'y a plus de but en blanc naturel, et si l'on pointe directement sur l'objet à battre, la trajectoire étant complétement au dessous de la ligne de mire, le projectile portera au dessous de cet objet, ou touchera la terre avant de l'atteindre ; on doit donc, dans ce cas, faire usage de la hausse à toute distance (1).

283. L'angle de mire naturel exerçant sur le tir une influence si essentielle, il importe d'en connaître la grandeur ; elle dépend autant de la distance des deux points de la surface du canon par lesquels on vise (fig. 29, *db*), que de la différence d'épaisseur *ad* des parois en ces deux points. Les lignes *bd* et *ad* forment avec la ligne de mire *ab* un triangle rectangle dans lequel on a $bd : ad :: 1 : \text{tang. } abd$, d'où $\text{tang. } abd = \frac{ad}{bd}$. La tangente croit avec l'angle jusqu'à 90°. L'angle de mire augmente donc d'autant plus que *bd* diminue (2).

---

(1) C'est le cas du fusil à silex, modèle 1822, muni de sa baïonnette et des obusiers français courts, modèle Gribeauval.

(2) En général *ab* diffère peu de *db*, et cette considération permet de calculer l'angle de mire sans faire usage de la trigonométrie.

Si l'on emploie une hausse, le calcul donné ci-dessus pour la ligne *ad* s'applique à la ligne *df*, et il est facile de calculer l'angle de mire naturel et la hausse, correspondant à un angle de mire donné.

Probabilité du tir (1).

284. Dans tout ce qui précède relativement au but en blanc, on a supposé que le projectile sortait de l'âme dans la direction de l'axe; mais il n'en est pas ainsi réellement (§. 266); car, par suite du vent, le projectile peut prendre une infinité de directions différentes de celle de l'axe, et il en résulte des déviations plus ou moins fortes, d'où il suit qu'il ne faut pas considérer l'objet à battre comme un point mathématique ; mais, comme une surface plus ou moins étendue, en dedans de laquelle le projectile a sa sphère d'action. Toutefois, le vent n'est pas ici la seule cause de déviation. Le canon, en lui-même, est dans des conditions variables résultant, soit de la fabrication, soit d'un service plus ou moins prolongé; l'effet de la poudre est rarement identique, tant eu égard à ses propriétés intrinsèques qu'à son plus ou moins de dessiccation, à l'inégalité de dosage de la poudre, aux inégalités des projectiles provenant soit de leurs dimensions, soit de la

---

Si l'on considère le secteur *abd* dans le cercle dont le rayon est *ob*, on a : $2ab \times n : ad :: 360^\circ : abd^\circ$, d'où l'on déduit : angle *abd* $= \dfrac{360 \ ad}{2ab. \ n}$ que l'on peut calculer exactement à une minute près.

(Note de l'auteur.)

(1) Indépendamment des causes de déviation des projectiles signalées ci-dessus, il y a lieu de mentionner encore la suivante :

différence de densité du métal, à l'état de l'air, etc.; il résulte de toutes ces causes, que le tir ne peut être considéré comme certain, mais comme plus ou moins approché.

285. Ajoutez à ce qui précède que beaucoup de projectiles passent dans les intervalles des troupes qui sont les points à battre, sans les atteindre; qu'il importe, pour la régularité du tir, que l'on connaisse la distance du but, laquelle, devant l'ennemi, ne peut s'estimer qu'approximativement; que la configuration du terrain ne peut également être reconnue qu'imparfaitement; enfin, remarquez que les soldats, qui font

---

c'est un principe de mécanique que, lorsqu'un corps est mis en mouvement par une force dont la direction ne passe pas par son centre de gravité, il prend un double mouvement, savoir : un mouvement de translation comme si la force motrice avait été appliquée à son centre de gravité, et un mouvement de rotation autour d'un des axes de ce corps, passant par ce point, lequel, en général, change à chaque instant, et qu'on appelle *axe instantané de rotation*. Le projectile n'étant ni parfaitement homogène, ni parfaitement sphérique, surtout après le choc de la baguette, dans les armes portatives, et ayant éprouvé des battements dans l'intérieur de l'arme, est mis en mouvement par des forces dont la résultante ne passe pas par son centre de gravité. Il a donc, en sortant de l'âme, ce mouvement de rotation qui peut déterminer des déviations considérables soit dans le sens horizontal, soit dans le sens vertical.

La forme du projectile peut se trouver ou allongée, ou aplatie. La première forme donne plus de portée que la forme sphérique, et celle-ci plus que la forme aplatie. Au contraire, la forme aplatie paraît donner plus de justesse, ce qu'on explique parce que le mouvement gyratoire est à son maximum de stabilité lorsqu'il a lieu autour du plus petit diamètre du projectile.

ÉTUDE DES ARMES. 2ᵉ liv.

usage des armes sur un champ de bataille et qui doivent apprécier ces divers éléments d'une bonne direction, ne sont pas en général de sang-froid ; on s'expliquera aisément qu'en présence de l'ennemi, la justesse de tir soit encore beaucoup moindre que dans les exercices, et que, sur le nombre total des coups, il y en ait bien peu qui portent. Mais un militaire doit pouvoir apprécier toutes les circonstances qui influent sur la justesse du tir, pour se rendre compte exactement de la valeur des diverses armes à feu, soit entre ses propres mains, soit dans celles de l'ennemi.

Résultats du tir.

286. Nous avons déjà examiné les résultats du tir sous le point de vue du recul. Nous allons les observer maintenant en ce qui concerne : 1° son action sur les armes et sur leurs mécanismes ; 2° la rapidité du tir ; 3° la force de percussion du projectile.

287. Déjà, en traitant du vent, on a parlé de l'origine du logement du boulet. Ce défaut se produit en général dans tous les canons de matières plus molles que le projectile. Il a lieu surtout si plusieurs projectiles, petits et élastiques, sont tirés simultanément ; car alors, au lieu de donner lieu à un seul enfoncement, ils tracent sur la longueur un sillon qui met promptement le canon hors de service.

Indépendamment de cette action mécanique, il y a encore une action chimique qui agit d'une manière destructive sur les armes à feu. Dans le haut degré de chaleur développé par la poudre, le soufre de cette matière s'allie au cuivre dans les canons de bronze, et donne naissance à des couches de sulfure de cuivre qui rendent poreuse la surface intérieure de l'âme. Ces couches étant détachées dans le tir subséquent, le canon s'évase de plus en plus et finit par être hors de service.

Cette action est particulière aux canons de bronze, et n'est pas à craindre avec ceux de fonte ou de fer forgé. Ces derniers, de leur côté, doivent être entretenus avec soin pour être préservés de la rouille.

288. La rapidité du tir dépend en général des éléments suivants : *longueur, lourdeur du canon, volume du projectile, de la charge de poudre, vent, degré d'habileté des hommes dans le maniement ou la manœuvre des armes, enfin disposition plus ou moins favorable des mécanismes.*

289. La force de percussion du projectile, ou autrement sa puissance de pénétration dans un milieu résistant, paraît dépendre *de la grosseur et du poids de ce projectile, de la vitesse initiale, de la résistance de l'air, de la distance de l'objet à battre, et enfin de la résistance de la matière qui forme cet objet.*

La force de percussion est en raison directe du poids du projectile, et en raison inverse de la distance du but. Cette force croît, toutes choses égales d'ailleurs, comme le carré de la vitesse initiale du projectile.

290. Pour l'apprécier, on examine les résultats de la pénétration dans plusieurs milieux différents, particulièrement dans la terre, le bois et la maçonnerie.

La nature variable de la terre peut produire des différences essentielles. Par exemple, un terrain sablonneux, graveleux ou pierreux, résiste mieux qu'un sol riche en terre végétale, humide et argileux. Il faut encore tenir compte de l'espace de temps qui s'est écoulé depuis que la terre a été placée, de la forme du massif de terre, de l'angle du jet à l'horizon.

Le bois donne une résistance assez uniforme, mais il faut

avoir égard à l'espèce dont on se sert. Le chêne, le frêne et le hêtre, ont une résistance à peu près égale ; celle de l'orme est moindre de 1|3, celle du bouleau et du sapin d'environ les 4|5. Le peuplier et le saule ont une résistance moitié moindre. Plus le bois est dense, plus la pénétration est faible.

La maçonnerie présente une très forte résistance. Dans les murs en briques, la pénétration est de 3|4 plus profonde que dans ceux en pierre ; dans les murs de granit ou de quartz, les projectiles de métal se brisent.

On a cherché à trouver le rapport entre la résistance du corps de l'homme et celle du bois. Des épreuves ont constaté qu'un projectile d'un loth (0k,0175) peut traverser quatre ou cinq planches de sapin de 1 pouce (0,0262) d'épaisseur, et être assez puissant pour traverser le corps d'un homme. S'il traverse deux planches, il est susceptible de tuer un homme : s'il n'en traverse qu'une, il peut, la plupart du temps, le mettre hors de combat.

ARMES A FEU PORTATIVES.

Leurs diverses espèces.

291. On entend en général, par *armes à feu portatives*, des armes à feu de petite dimension, susceptibles d'être portées, chargées et tirées par un seul homme. On les divise en *armes à canon lisse* et *armes à canon rayé*.

292. Dans l'espèce à canon lisse, on peut adopter la classification suivante :

1° *Fusil d'infanterie* dont un seul soldat, combattant à pied, exécute le maniement et le tir. Muni de la baïonnette, il forme l'arme principale de l'infanterie, et diffère de celui de l'artillerie, des ouvriers et de la gendarmerie, par la dimension, le poids, la garniture, etc. ;

3° Le *fusil de rempart*, qui lance une plus forte balle, et dans le tir duquel un point d'appui est nécessaire ;

5° Le *mousqueton*, et le *pistolet* dont on se sert principalement à cheval.

Parmi les armes portatives à canon rayé, on compte :

1° Les diverses espèces de *carabines des chasseurs et carabiniers*, qui se tirent à la main ;

3° La *carabine de rempart*, qui se tire sur un point d'appui destiné à arrêter l'action du recul;

3° Les *mousquetons* et *pistolets*.

Enfin, viennent les armes à feu dont la construction diffère essentiellement des précédentes et qui ont été inventées récemment.

FUSIL D'INFANTERIE.

293. Le fusil d'infanterie se compose des pièces dont les noms suivent : Le *canon*, la *platine*, le *bois* ou *monture*, la *garniture* et la *baïonnette*. (Pl. I, fig. 46.)

Canon.

294. Le canon est en fer forgé (1); il a extérieurement la forme d'un tronc de cône, qui souvent se termine vers l'ex-

_____

(1) On a proposé de faire des canons en acier fondu, mais ces canons ayant en général résisté moins que ceux en fer, bien que

trémité opposée à la bouche (*au tonnerre*), par plusieurs *pans.*

Le fond du canon est bouché par une forte pièce qui y est vissée, *la culasse.*

La grandeur du calibre ou du diamètre intérieur du canon dépend et du diamètre de la balle, et de la force du vent, et s'élève, dans les divers fusils d'infanterie, de 0 62 à 0,78 pouces (0m.016 à 0m,020) ; le calibre de la balle est, en Bavière, de 0,654 pouces (0m,0166) ; le diamètre du canon est de 0,68 (0m,0178), et par suite, le vent est de 0,046 (0m,0012).

L'âme du canon, d'après les considérations développées plus haut (§ 254, etc.), doit être complétement cylindrique, unie, polie, sans rides, évents, travers, ni criques.

L'épaisseur des parois en fer s'élève, en Bavière, vers l'emplacement de la charge à 0,28 (0m,0075), à la bouche à 0,075 pouces (0m,00196). Des parois beaucoup plus faibles n'auraient pas assez de solidité et ne donneraient pas au système le poids nécessaire (§ 259) ; des parois plus fortes auraient l'inconvénient de trop augmenter le poids.

296. Pour ce qui concerne la longueur du canon, il y a lieu d'ajouter ce qui suit aux développements présentés ci-dessus. L'expérience a fait voir que, au delà de 40 pouces de Paris (1m,08), un accroissement de longueur ne donne pas, dans la vitesse de la balle, d'augmentation appréciable. D'un autre côté, dans un canon trop long, le chargement est dif-

---

quelques-uns aient semblé doués d'une résistance indéfinie, il paru inutile de pousser plus loin les épreuves.

Calibre du fusil français (modèle de 1842), 18 millimètres ; diamètre de la balle, 17 millim. ; vent., 1 millim. (infanterie, voltigeur, dragon.)

ficile, et le poids de la partie antérieure nuit à la justesse du tir. Toutefois, l'arme à feu doit avoir une certaine longueur, non seulement par les motifs indiqués (§ 267), mais aussi pour que, munie de la baïonnette, elle puisse servir comme arme de main, particulièrement contre la cavalerie. On a en général donné au canon une longueur de 40 à 44 pouces (1m,048 à 1m,155); elle est de 40 pouces (1m,048) dans les nouveaux fusils bavarois (1).

296. La *culasse* en fer (fig. 44) ferme le fond du canon; elle y est fixée solidement par un *bouton* qui porte de 6 à 10 pas de vis (en Bavière il y en a 7). Le *filet* ne doit pas être trop fin; mais à arête vive et profonde. La *queue de culasse* est percée d'un trou (*a*) pour le passage de la *vis de culasse* qui opère la réunion du canon au bois qu'elle traverse, en se vissant dans l'*écusson* placé en dessous et qui passe près des grandes vis de platine en *b*.

Le *bouton de culasse* est traversé jusqu'au troisième filet par le *canal de lumière*. La *queue* est souvent surmontée d'une *visière en fer*, pour faciliter le pointage (*s* fig. 46, ou *c*, fig. 50).

Le canon, dans le fusil d'infanterie bavarois, avec la culasse pèse 5 livres 13 loths (1k,91).

297. Le *canal de lumière*, jusqu'à présent, a été cylindrique ou conique. Dans le premier cas, la poudre doit être amorcée séparément; dans le deuxième, on la verse dans le canon, et

---

(1) Longueur du canon du fusil d'infanterie français (modèle de 1842), 1m,083; longueur du canon du fusil de voltigeur (modèle 1842) 1m,029; longueur du canon du fusil de dragon (mod. 1842) 0m,920; poids du canou du canon du fusil d'infanterie (1842) 2 kil.; poids du canon du fusil de voltigeur (1842) 1k,952.

elle se répand dans le bassinet, en traversant le canal de lumière plus évasé, dès que la charge est bourrée.

Dans le premier système, le canal n'a pas plus de 0,08 pouces (0m,0021). Dans le deuxième, il peut avoir dans l'intérieur environ 0,5 (0m,0079), et se rétrécit extérieurement de 0,1 pouce (0m,0026) (1.

Il n'y a pas de donnée bien positive sur la position la plus avantageuse à donner à la lumière. La *lumière cylindrique* a l'avantage d'opposer plus d'obstacle à l'écoulement des gaz, et, par suite, d'occasionner un choc latéral moins fort ; mais la poudre peut se perdre en amorçant, il en résulte par le fait de l'inégalité dans la charge ; et par un temps pluvieux l'amorce humide peut déterminer des *ratés*.

La *lumière conique* laisse échapper beaucoup de gaz, produit un choc latéral assez fort et une flamme assez vive, mais n'a pas les inconvénients qui viennent d'être signalés.

298. Dans le canon des armes percutantes, il y a, sur le côté, près la culasse, un renforcement de fer qu'on appelle *embase* de la lumière ; il est percé dans sa largeur d'un canal de lumière et porte à la partie supérieure un écrou dans lequel on visse un *grain de lumière conique* d'acier en forme de tronc de cône, dont la plus grande base est tournée vers le canon. On a employé pour les armes de guerre comme pour

---

(1) La lumière, dans les divers modèles qui se sont succédé en France, a toujours été cylindrique ou conique, mais ayant dans ce dernier cas, sa grande base à l'extérieur. Le modèle de canal conique, avec sa grande base à l'intérieur, dont parle l'auteur allemand, est complétement inusité en France. On forme la partie évasée, en introduisant par le tonnerre dans l'âme du canon une tige munie d'une fraise.

les armes de luxe ou de chasse des *culasses brevetées* (culasses à chambre) fig. 50, mais on n'en a pas été satisfait généralement. Le canal de lumière est trop long et il peut en résulter des ratés; le recul à forte charge est trop considérable par suite de la forme parabolique de la chambre.

Dans les armes à silex transformées à percussion, on a vissé d'abord des grains de lumière dans les canons, plus tard on les a soudés (1).

299. A la partie supérieure de la surface par laquelle on vise, se trouve, la plupart du temps près de la bouche, une pièce de fer ou de laiton appelée *grain* ou *guidon* (*c* fig. 46). Cette pièce n'est souvent pas adaptée sur le canon même, mais sur l'*embouchoir*, auquel cas elle n'a pas la fixité de position nécessaire. Près de la bouche, il y a en *t* (fig. 46),

---

(1) Dans les canons des armes percutantes, on a adopté en France successivement deux systèmes. La partie extrême du tonnerre fut formée d'abord, dans le modèle 1840, d'une culasse à chambre cylindrique ayant le même diamètre intérieur que le canon. Cette culasse contenait l'emplacement de la cheminée.

Dans le modèle 1842, la culasse de l'ancien fusil à silex a été conservée, mais on a soudé sur le canon une masselotte en acier dans laquelle on a pratiqué un écrou, pour servir de logement à la cheminée.

Avant l'adoption de ces deux modèles, dans lesquels on place la capsule à la main, on avait d'abord été sur le point d'adopter le fusil *Brunel*, muni d'une culasse à chambre, comme dans le modèle 1840, et dans lequel autour de l'emplacement de la cheminée, se relevait un conducteur destiné à guider la cartouche dans laquelle la capsule était implantée au centre d'un sabot en bois. La complication de cette cartouche a fait abandonner ce système.

le *tenon*, qui est en fer dur ou en acier et qui sert à fixer la baïonnette au canon.

300. Le canon se fait avec des lames rectangulaires de très bon fer du poids de 7 à 8 livres (3ᵏ,92 à 4ᵏ,48), ayant 36 pouces (0ᵐ,94) de longueur, 4 pouces (0ᵐ,1048) de largeur, et 0,04 po. (0ᵐ,010) d'épaisseur. On leur donne d'abord deux chaudes au rouge , on les roule sur une broche cylindrique de fer , on les soude de 2 en 2 pouces à une chaleur convenable sur une enclume portant des cannelures ; on frappe fortement le canon, on tourne souvent la broche et on termine les extrémités avec un soin particulier. Pour adoucir le fer aigri par le travail , on recuit le canon , on le dresse aussi bien que possible, on le porte sur le banc de forerie, et on passe intérieurement plusieurs forets d'acier. Dans quelques manufactures , leur nombre se borne à quatre ou cinq; dans d'autres, il s'élève jusqu'à vingt. Le forêt tourne autour d'un axe , pendant que le canon a un mouvement rectiligne et avance de plus en plus. Le moteur est une roue hydraulique ; le forêt est enduit de graisse et raffraîchi extérieurement par un courant d'eau. A la fin de l'opération, les canons sont munis d'une fausse culasse que l'on adapte en arrière pour les éprouver à la charge du poids de la balle. On nettoie ces canons, on les examine avec soin , et ceux qu'on trouve sans défaut sont portés à la *salle humide*. Ils restent quelques semaines et la rouille met à découvert les plus légers défauts. Avant cette épreuve, on tourne le canon, on enlève à la lime les traces de poudre , et on le passe à la meule. Les canons qui sortent sans défaut de la salle humide sont munis d'une culasse régulière; on perce le canal de lumière et on le met aux dimensions convenables ; on brase le tenon et le guidon;

enfin on termine le tout avec une lime très douce et on
polit. (1)

---

(1) La fabrication des canons de fusil se compose des opérations
suivantes : Chauffer au rouge cerise la moitié de la lame du côté
destiné à former le tonnerre, la rouler autour d'une broche, sur
une enclume cannelée, et ensuite rapprocher les lèvres, faire
la même opération pour le reste de la lame, en ayant bien
soin de croiser les lèvres ; souder le canon de deux en deux
pouces en allant de la bouche au tonnerre ; repasser le canon à
chaud sur les cannelures, sans y introduire de broche ; former les
pans vers le tonnerre. Ce canon, dit *canon de forge*, est alors examiné, on s'assure de ses dimensions, on examine avec soin s'il ne
contient pas de défauts, *grillures, travers, évents. Forer* le canon en
y introduisant vingt-six forets ; le *dresser*, opération dans laquelle
on l'examine extérieurement et intérieurement, en le dirigeant au
bord supérieur d'une fenêtre. Dans un canon bien dressé, les lignes
qui séparent l'ombre de la lumière, ne doivent présenter à la vue
aucune inflexion ni interruption. Rectifier les défauts de dressage
au marteau sur l'enclume. *Tourner* la surface extérieure du canon
placé sur l'axe d'une roue à l'aide de ciseaux mus le long du canon par une crémaillère. *Compasser* le canon, c'est-à-dire indiquer
à l'émouleur par des traits sur la surface, la quantité de fer à
extraire. Le *passer sur la meule* et le *limer. Terminer les pans* à la
lime. *Fraiser* et *tarauder* la partie de la boîte qui doit recevoir le
bouton de culasse. *Couper* le canon de longueur. *Percer* avec deux
poinçons le canal de lumière. *Braser* le tenon et le guidon ; placer
plusieurs canons sur le banc d'épreuve, tirer deux coups, le premier à la charge de 27 gr. 50 c., le second à la charge de 22 gr.
avec un balle au diamètre de 17 mil. Visiter les canons, les achever,
mettre la culasse à fond ; les porter, la culasse dévissée, à la salle
humide, où ils restent un mois ; les visiter de nouveau, pour reconnaître les défauts que la rouille met à découvert ; visser la culasse
et polir le canon.

La platine.

301. Le mécanisme, destiné à enflammer la charge au moyen de l'amorce, s'appelle *platine*. La *platine à silex* (§ 60, fig. 13) était encore en usage, en 1844, dans quelques armées. La *platine à percussion* (fig. 37) a été adoptée dans la plupart des états, après de nombreux essais.

Platine à pierre.

302. Le mécanisme en général consiste en un *chien* qui porte, à la partie supérieure, une *pierre* et qui est fixée solidement par le bas. Cette pièce étant lâchée tout-à-coup, la pierre vient porter sur un plan d'acier, et tire des étincelles qui tombent dans le *bassinet* disposé en dessous, enflammant la poudre d'amorce et transmettant, par le canal de lumière, l'inflammation à la charge.

303. 11 pièces sont assemblées sur le *corps de platine* en fer par l'intermédiaire de neuf vis. Le *bassinet a*, en fer, plus généralement en laiton ou en cuivre, portant une *fraisure* destinée à recevoir la poudre d'amorce, et sur laquelle tombe l'étincelle. Il communique au canal de lumière, est recouvert par la *batterie c*, pièce qui présente deux plans coudés, le premier (*table*) qui couvre le bassinet, le deuxième oblique au premier (*face*) en acier sur lequel tombe la pierre placée dans une feuille de plomb (1).

---

(1) Le bassinet en fer a été depuis longtemps, en France, abandonné comme trop oxidable. On le faisait, dans les dernières pla-

A la batterie tient un pied *d*, et en dessous le *ressort de bat-terie*, qui contraint la table à rester sur le bassinet jusqu'à ce qu'une force supérieure la chasse violemment.

En arrière de la batterie, se trouve le *chien f* de fer qui tient une pierre à feu entre deux *mâchoires g* de fer, lesquelles sont rapprochées par la *vis de chien h*. A la partie inférieure, le chien est percé d'un trou carré dans lequel entre l'*arbre de la noix*. Cet arbre porte un écrou pour la *vis de noix i* qui fixe le chien au corps de platine.

La pièce, communiquant au mécanisme intérieur à laquelle le chien est adapté par l'intermédiaire de l'arbre de la noix, est une pièce d'acier en forme de croissant qu'on appelle *noix* (fig. 37 *k*, et fig. 42). Elle porte, à la partie inférieure, deux entailles *a* et *b*, *cran du repos*, *cran du bandé*. Elle est fixée intérieurement contre le corps de platine, par une pièce en fer (*la bride de noix l*) qui la force à se mouvoir parallèlement au plan intérieur du corps.

En dedans de ce corps se trouve le *grand ressort m* dont la longue branche s'appuie par la *griffe* sur celle de la noix, et qui tend toujours à faire tourner cette pièce, et par suite à abattre le chien sur la batterie. De l'autre côté de la noix se trouve la *gâchette n*, pièce d'acier à trois bras coudés dont le bec entre dans l'un des crans ci-dessus mentionnés, et est forcé d'y rester par le *ressort de gâchette o* placé au dessus. Des deux autres bras, l'un porte jusqu'à l'extrémité contre le corps de platine, le troisième, *queue de gâchette*, s'élève per-pendiculairement et sert à abattre le chien.

Au dessous de cette pièce est placée la *détente* qui se trouve

tines à silex en usage avec un alliage de 80 de cuivre, 17 de zinc et 3 d'étain que l'on fondait et coulait dans des moules.

fixée de diverses manières dans la monture fig. 35. En Bavière, la *pièce de détente, écusson a,* est encastrée dans la monture au-dessous de la platine ; elle est taraudée pour recevoir le bout de la vis de culasse. A l'écusson, tiennent des *ailettes b.* séparées par une fente dans laquelle la *plaque de détente c* se meut autour d'un axe *e,* lorsqu'on presse sur la queue *d.* Cette pièce porte en outre le *taquet f* sur lequel appuie la baguette.

Il y a encore neuf vis de fer ou d'acier qui lient entre elles les diverses pièces de la platine, et fixent tout le système au corps. Elles sont, en commençant par les plus petites, la *vis de noix i* (fig. 13), *celle de bassinet* (fig. 38), les *vis de grand ressort, de ressort de gâchette, de bride de noix, de ressort de batterie, de gâchette, de batterie, de chien.*

Dans les platines des nouvelles armes de l'infanterie hanovrienne, presque toutes ces vis sont remplacées par des goupilles fixées au corps de platine, et toutes les pièces sont assemblées d'une manière simple et ingénieuse. Leur position respective est plus régulièrement assurée que par l'emploi des vis , et par suite les réparations sont notablement diminuées.

304. A l'état de repos, le bec de gâchette entre dans le cran de repos, et le chien est maintenu à une certaine distance de la batterie. Avant de faire feu, on *arme* ; le chien est encore plus éloigné de la batterie; le bec de gâchette sort du cran de repos, glisse sur la partie ronde de la noix, et entre dans le cran du bandé. Alors le chien est dit *au bandé,* le grand ressort, pressé de bas en haut tend à chasser la noix avec force.

Pour faire feu, on exerce, sur la queue de détente, une pression qui fait sortir la queue de gâchette du cran du bandé ; la noix n'opposant plus de résistance, cède à l'action de détente du grand ressort, tourne et entraîne dans son mouvement le chien qui s'abat. La pierre frappe la face d'acier de la batterie et donne des étincelles; elle chasse cette batterie, découvre le bassinet, et les étincelles, tombant sur l'amorce, produisent l'inflammation.

305. Toutes les pièces de platine, à l'exception du bassinet coulé en cuivre, se forgent à la main, ou dans des étampes d'acier ou de fonte. On coupe les bords au ciseau, on lime, on ajuste, on trempe et on polit les pièces. On les recuit pour diminuer l'action de la trempe et donner plus de résistance au fer Le pied de batterie a besoin d'être trempé plus fortement, et, pour la bride de noix, un degré de trempe moindre est suffisant. Les ressorts sont forgés à la main avec de l'acier raffiné, ajustés, chauffés au rouge cerise, et trempés dans l'eau froide, ensuite on les enduit d'huile, on les chauffe sur des charbons, et on donne à la trempe le degré d'élasticité convenable. L'arbre et le pivot de la noix doivent être tournés de manière à avoir le même axe (1).

306. Pour que la platine remplisse bien son objet, il importe que les trois ressorts soient bien en harmonie. Par exemple, si le ressort de batterie est trop faible relativement au grand

---

(1) Les vis se font avec des barreaux d'acier dont on engage la tige dans une cloutière, on fait et on pare la tête au marteau et on forme le filet dans des tarauds.

Les pièces en fer se trempent en paquets, c'est-à-dire on cémente la surface en les disposant par couches alternatives, avec de la suie dans des boîtes de tôle. On les chauffe au rouge cerise et on les trempe dans l'eau.

La trempe à la volée, pour les pièces d'acier, consiste à les chauffer au rouge sur une plaque de tôle et à les tremper dans l'eau.

ressort, le chien ne trouve pas de résistance contre la batterie, et il peut ne point produire de feu ou pas assez. Si le ressort de batterie est trop fort, le chien ne découvre pas complètement le bassinet, et les étincelles n'y tombent pas.

Ces relations des ressorts entre eux, en admettant que dans l'origine elles soient régulièrement établies, se modifient plus ou moins par l'usage qui cause encore d'autres altérations. Par exemple, la noix joue plus ou moins librement, il se produit des changements dans la longueur, l'état et le degré de serrement de la pierre ; la face d'acier de la batterie se détériore. On doit donc considérer la platine à silex comme un mécanisme dont l'effet est influencé par plusieurs causes qui, dans les circonstances habituelles, peuvent produire souvent de fâcheux résultats, tels que les ratés, longs feux, etc. Ajoutons que la pluie, fût-elle de courte durée, peut empêcher l'inflammation de l'amorce. On évite ou on diminue ces inconvénients par l'emploi de la platine percutante.

Platines percutantes.

307. Il a été question (§ 251 à 253) des poudres fulminantes qui s'enflamment par le choc. On peut employer ces poudres soit sans enveloppe , soit comme cela a lieu d'ordinaire dans une capsule de cuivre, ou de ferblanc, enfoncée sur la *cheminée* ou le *piston* (fig. 50 b). Ces capsules d'amorce peuvent se mettre dans un amorçoir et se placer d'elles-mêmes, sans le secours des doigts , à l'aide d'un mécanisme adapté à l'arme ; la plupart du temps, on les place avec les doigts. Le premier mode de réservoir est, sous plusieurs rapports, très avantageux ; mais le mécanisme en paraît peu applicable aux armes de guerre. D'un autre côté, le placement avec les doigts

de la simple capsule, à cause de sa petitesse, n'est pas sans
difficulté, surtout par un grand froid (1). Il en est de même du
transport d'un corps aussi explosible.

308. (2) La platine (fig. 57), lorsqu'un amorçoir ou un mécanisme de sûreté n'y sont pas adaptés, est à l'intérieur, semblable à celle à silex, mais extérieurement bien plus simple.
Le bassinet, la batterie et son ressort sont supprimés et remplacés par une cheminée vissée sur le canon. Le chien ordinaire, avec ses mâchoires, sa vis et sa pierre, est remplacé
par un chien (a) à *marteau* qui frappant les capsules placées
sur la cheminée détermine l'inflammation. Dans ce chien,
fait en fer dur, on remarque l'*évidement* (d), dans lequel a lieu
le choc, ce qui diminue le danger de la projection des morceaux de capsule, la *crête du chien* (c) *quadrillée*, qui donne un
point d'appui pour mettre cette pièce au bandé. Ce chien,

---

(1) Des épreuves ont constaté que la grosse capsule libre était
d'un bon usage et d'un emploi sûr et facile, même par un froid
de 12°.

(2) Plusieurs systèmes de fusils à amorçoir ont été mis en essai
en France. L'un de ceux qui parurent le plus satisfaisant, fut présenté par M. Charoy, arquebusier à Paris. Il portait un amorçoir
fixé sur le devant du corps de platine et pouvant tourner autour
d'un axe, de manière qu'en exerçant une pression sur son extrémité, le soldat amenait une capsule sur la cheminée dont le renfort était brasé au pan de lumière du canon. Dans ce système,
chaque paquet de cartouches contenait un petit tube en ferblanc,
dans lequel étaient placées les capsules d'amorce. Le soldat les
faisait passer du tube dans un instrument particulier et séparé de
l'arme, nommé le *magasin*, destiné à faciliter le chargement de
l'amorçoir.

comme celui de la platine, à silex, tient au mécanisme intérieur au moyen du carré de l'arbre de la noix et de la vis de
noix.

Pour empêcher un départ accidentel, quand la capsule est
placée, on a imaginé divers systèmes. Le plus simple consiste
en un recouvrement de la capsule tel que le marteau du chien
en tombant frappe sur ce recouvrement sans atteindre cette
capsule.

Les pièces de la platine percutante se font comme celles de
la platine à silex (305). On doit s'attacher à donner une trempe
assez dure au plan de choc placé au fond de l'évidement du
chien; autrement il s'enfoncerait aisément, ce qui serait très
nuisible (1).

309. Les avantages de la platine percutante sont les suivants : inflammation vive et certaine de la capsule et de la
charge, diminution considérable dans le nombre des ratés,
combustion plus rapide de la charge, ce qui permet de la diminuer : une partie de cette charge n'étant pas destinée pour
l'amorce, elle est plus uniforme ; le feu de l'amorce ne gêne

---

(1) La platine percutante, telle que la décrit l'auteur, est semblable à celle qu'on trouve dans les armes françaises transformées
au système percutant. Dans les modèles les plus nouveaux, elle a
été bien simplifié encore et établie à l'imitation de la platine renversée des armes de luxe. Elle est à *chainette* et ne contient qu'un
seul ressort dont la longue branche agit par la chaînette, sur la
noix et dont la petite branche produit l'effet de celle du ressort de
gâchette. La noix porte un *cran de sûreté*, disposé de telle manière
que, lorsque le bec de gâchette y entre, l'intervalle entre la tête
du chien et la capsule soit trop faible pour qu'il fasse détonner la
capsule en tombant.

pas les tireurs, et l'humidité ou la pluie n'ont plus que peu d'influence sur l'efficacité du tir.

La baguette.

310. La baguette est une tige conique ou cylindrique d'acier à deux marques, assez longue pour permettre d'enfoncer la charge sous le tonnerre. Dans le premier cas, cette baguette porte à un bout un renfort de fer qu'on appelle *tête* de la baguette ; dans le second, elle en a deux aux deux bouts, et la partie plus mince en acier s'appelle *tige*.

Cette forte tête avec laquelle on bourre, doit avoir en diamètre plus de la moitié du calibre, afin qu'elle porte sur l'axe de la charge. Pour éviter qu'elle n'aplatisse la balle, on donne souvent une forme arrondie à la surface du choc. L'autre bout, si la baguette est conique, est plus mince, ou si elle est cylindrique porte une tête plus courte, munie d'un écrou pour la vis du tireballe.

Une baguette cylindrique pèse de 18 à 21 loths (0,315 à 0,368) et doit, ainsi que la baguette conique, être un peu plus longue que l'âme du canon pour que son extrémité puisse être saisie avec les doigts, même lorsqu'il n'y a pas de charge.

Les baguettes coniques doivent, après avoir été retirées de leur canal, être retournées pour porter sur la charge par la base la plus large ; il n'est pas nécessaire de retourner les baguettes cylindriques, et elles permettent d'exécuter la charge plus rapidement ; mais elles sont plus lourdes, exigent un canal plus profond, ce qui affaiblit la monture ; elles doivent d'ailleurs être fixées par un ressort.

Les baguettes sont forgées dans une étampe, limées, trem-

pées, terminées à la meule et à la lime. On les éprouve en
leur donnant une courbure dont la flèche est de 5 pouces
(0ᵐ,1310) (1).

La monture (bois).

311. La *monture*, le *bois*, dans lequel sont adaptés le canon,
la baguette et la platine doit être fait d'un bois fort, tenace,
sans nœuds et bien sec ; on préfère le noyer pour cet usage;
cependant on y emploie aussi le hêtre, le bouleau et même le
sapin.

Il se compose de l'*avant-bois*, *avant-fût* (*vorder schafte*)
dans lequel est creusé le *logement du canon*, qui y est enfoncé
de près de moitié ; ce qui garantit le canon et permet de tenir
la partie pentée de l'arme, lorsque le canon commence à
s'échauffer; l'avant-fût s'étend de *h* en *k* (fig. 46).

Le *milieu du bois arrière-fût* (*mittel schaft*) (de *k* en *d*)
comprend le tonnerre du canon et la platine, adaptée dans
l'*encastrement de la platine* ; au-dessous le bois est percé pour

---

(1) La baguette, en France, est cylindrique avec une tête en forme
de poire qui se trouve dans le haut du canal de baguette, l'autre
extrémité de cette pièce placée au fond du canal, y est maintenue par un ressort.

Pour faire les baguettes, on emploie des barreaux carrés d'a-
cier de 33 à 35 pouces de longueur, 2 lignes 1/2 d'épaisseur au
milieu, 9 lignes au gros bout. On les forge en dix chaudes, on
forme la tête en se servant d'une clouière, tronc conique, placée sur
l'enclume, on fait la tige et le bout sur des étampes. On aiguise à la
meule, on tourne la tête, on recuit, et on taraude le bout, y prati-
quant de douze à treize filets.

la détente. L'avant et l'arrière-fût sont munis, à la partie inférieure, d'un canal destiné à recevoir la baguette et appelé *canal* de baguette.

Le *bas du bois* (*hinter schaft*) consiste en une *crosse* (*e*) (fig. 46) une poignée (*d*). La crosse sert soit pour porter l'arme et lui donner une base assez forte, soit et principalement pour l'appuyer à l'épaule dans les feux en approchant la joue de la crosse, afin de viser dans la direction de la ligne de mire.

Pour décomposer la force du recul, la crosse n'est pas en ligne droite avec le fût qui lui est incliné. Cette inclinaison, peu considérable dans les armes portatives, s'appelle la *pente*, la crosse a souvent un *cintre*, évidemment contre lequel appuie la joue dans le lit.

La crosse doit être au moins assez longue pour que, de son extrémité au bassinet, il y ait 16 pouces ($0_m,419$) de distance, afin que d'abord l'œil soit suffisamment éloigné de la visière, et que de plus il soit hors d'atteinte des étincelles de l'amorce. Le poids du bois doit être réglé sur celui des autres pièces, de telle sorte que l'arme ne soit ni trop lourde ni trop légère.

Le travail du bois exige un soin particulier, pour que chaque pièce soit bien en position. Le monteur tient le bois dans une pièce en bois placée dans un étau, et employant différents tarauds, forets et rabots, se réglant sur un gabarit, lui donne la forme convenable. On le termine à la lime, on l'enduit d'huile et on le polit (1).

───────────────

(1) Les montures des armes portatives se font avec des bois de noyer de 25 à 30 ans, grossièrement équarris sur place et sciés en

La garniture.

512. La garniture d'une arme à feu se compose de plusieurs pièces destinées soit à renforcer, soit à assembler entre elles les pièces principales.

madriers de 15 pouces de largeur, 50 de longueur et 30 lignes d'épaisseur, donnant chacun moyennement quatre bois de fusil.

Le bois destiné à la monture doit être exempt des défauts suivants :

Vermoulure qui se manifeste par de petits trous ronds formés par les vers, qui réduisent le bois en poussière très fine. *Gale*, petits nœuds d'écorce qui se montrent dans le bois. *Roulure* ou gélivure, fente longitudinale produite par la gelée. *Echauffée*, marque de décomposition indiquée par des taches jaunes mêlées de noir. *Trou de moelle*, conduit de 3 à 4 lignes de diamètre au cœur de l'arbre, *contrefils* ou *travers fils* ; les bois qui ne sont pas de fils sont cassants. *Taches jaunes* qui se manifestent dans le bois coupé en sève. *Bois blanc, aubier, tissus, trop laches, etc.*

Les bois ne devant être employés que très secs, on les laisse d'abord pendant dix-huit mois ou deux ans exposés à l'air et ensuite un an en magasin. Une autre méthode de dessication plus expéditive , consiste: 1° à les lessiver à la vapeur (opération qui dure 24 heures) ; 2° à les exposer pendant six mois dans un local bien aéré, ou bien après les avoir lessivés à laisser écouler un mois, à mettre les bois pendant un mois à l'étuve et à les y faire sécher pendant six semaines. Ensuite on les confectionne.

Les bois terminés sont examinés avec un soin tout particulier. On s'assure que toutes les pièces sont bien en bois, les trous de vis droits, la plaque de couche dirigée suivant l'axe, la détente bien placée, le canal de baguette bien percé, que le bois n'est pas fendu, particulièrement aux encastrements de la culasse, de la platine, au

La *plaque de couche q*, de fer, qui couvre le dessous et le devant de la crosse à laquelle elle est fixée par deux vis à bois. Cette pièce a pour objet de garantir la crosse lorsqu'on la pose à terre et de la consolider.

La *sousgarde p*, avec son *pontet* et sa plaque qui tiennent l'écusson et couvrent la détente, fixée par la vis de culasse et par une vis à bois.

La *contre-platine* ou *porte-vis* destinée à recevoir l'extrémité des deux grandes vis de platine sur le côté du bois opposé à cette platine.

Les *boucles*, ou dans beaucoup d'armes des *coulisses*, *verrous* et *goupilles* destinés à fixer le canon sur le milieu et le devant du bois. Ces dernières pièces passent à travers l'épaisseur du bois et à travers une agrafe soudée au canon.

Les boucles en fer ont, dans les armes de guerre, pour objet essentiel de fixer le canon sur le bois.

Dans l'*embouchoir h*, il y a un entonnoir pour le canal de baguette et une entaille pour le passage du grain de mire, s'il est fixé au canon.

La deuxième boucle s'appelle *grenadière (i)*, la troisième *capucine (k)*. Au milieu des boucles en *m sur la grenadière*, à la crosse ou sur la *sous-garde* en *n*, on remarque deux *battants* qui servent à fixer des bretelles à l'arme.

Chaque boucle est maintenue par un *ressort* d'acier.

A la partie inférieure du canal de baguette est le *ressort* de *baguette*, destiné à la maintenir, et fixé dans le bois par une *goupille*.

---

logement du canon; que les ressorts jouent librement. On mesure l'épaisseur à la poignée, la pente, on examine si les boucles sont bien placées et si on peut les enlever aisément.

Pour soutenir la baguette et empêcher qu'elle ne détériore le bois, on en appuie le bout sur le *taquet* *f* (fig. 55), forte pièce de fer dont il a déjà été question en parlant de l'écusson (§ 305), qu'on peut aussi considérer comme faisant partie de la garniture.

Dans les armes sans boucles, de petits anneaux sont ménagés dans le canal de baguette; ils servent à la maintenir, sans en empêcher le mouvement.

La baïonnette.

315. On a déjà traité ce qui concerne la baïonnette, à l'occasion des armes de main (§ 198, etc.).

Ensemble de l'arme.

314. L'assemblage de toutes les pièces mentionnées ci-dessus constitue le fusil d'infanterie, dont la longueur, sans baïonnette, est de 54 à 60 pouces (1^m,415 à 1^m,572), et avec de 72 à 80 (1^m,886 à 2^m,096). Le fusil d'infanterie bavarois a, sans baïonnette, 54,6 (1^m,43), et avec baïonnette, 74,6 (1^m,954). La distance du centre de gravité au bout de la crosse est de 26 à 27 pouces (0_m.68 à 0^m,709). Plus la distance est petite, plus le recul est faible; plus l'arme est pentée et plus le maniement en est facile (1).

---

(1)

			Fusil d'inf.	Fusil de volt.	Fusil de drag.
Long. du fusil franç. (mod. 1842)		sans baïon.	1^m,475.	1^m,421.	1^m,313.
Poids	id.	id.	4^k,245	4^k,128	3^k,615
Id.	id.	avec baïon.	4^k,572	4^k,455	

Pour ce qui concerne le poids de toute l'arme, on a reconnu
qu'il devait être environ deux cents fois plus fort que celui de la
balle, pour qu'à la charge ordinaire, le recul fût supportable;
mais ce rapport n'est pas observé généralement, de là des
plaintes sur la violence du recul qui, dans beaucoup d'armes,
équivaut à 70 liv. (39^{k}20).

Le fusil d'infanterie bavarois (fig. 46), pèse 8 liv., 8 loths
(4k,62); l'angle de mire est de 10 à 15', suivant le degré d'é-
lévation du grain de mire.

513. Indépendamment du fusil d'infanterie ordinaire, on a
dans quelques armées (comme on l'a déjà exposé, § 292), encore une autre espèce de fusil, moins long, plus léger, du reste
peu différent dans ses pièces principales, pour les chasseurs,
l'artillerie et les ouvriers (1).

Dans l'armée hanovrienne, les sapeurs et les ouvriers ont
un fusil court dont la bouche s'évase en forme elliptique et
qui est destiné à lancer un certain nombre de balles à 15 ou
20 pas (11^m,30 à 15^m,10). On les nomme *tromblons*, *espingoles*,
et même improprement *carabines*. Ces courtes armes s'emploient aussi sur mer; mais la cavalerie autrichienne les a
abandonnées à cause de leur peu d'efficacité et de leur fort
recul.

Dans la plupart des armées, le canon et toutes les pièces
de fer ou d'acier, ont été jusqu'à présent polis au blanc et
fourbis; maintenant, on préfère généralement leur donner
une couleur foncée de bronze, bleue, ou de gris anglais.

---

(1) Ce fusil correspond à l'ancien fusil d'artillerie français dont
on a fait le fusil de dragon.

LE MOUSQUETON.

316. On appelle *mousquetons* des armes à feu courtes, dont la forme a, dans son ensemble, beaucoup de rapport avec le *fusil*, et dont la cavalerie est généralement armée.

Les pièces du mousqueton sont les mêmes que celles du fusil d'infanterie, sauf la baïonnette et quelques autres parties de la garniture.

La longueur du canon est variable ; dans certains mousquetons de hussards, elle est de 19° 1|2 (0m,511); dans d'autres, elle s'élève jusqu'à 52 et 38.pouces (0m,838 à 0m,995). Le canon du mousqueton bavarois a 21,42 pouces de longueur (0m,561).

Le calibre est ordinairement le même que celui du fusil d'infanterie (1). L'épaisseur du métal est réglée d'après le calibre , et l'emploi d'une charge plus faible que dans le fusil.

317. La baguette (fig. 47 *b*) n'est pas fixée au bois dans tous les mousquetons. Dans les plus petits, elle est portée séparément suspendue à une courroie (lanière) (2).

---

(1) Il peut avoir aussi un ou deux points de moins ; alors la balle ne sort pas avec une grande vitesse, mais conserve bien sa direction.   (*Note de l'auteur.*)

(2) Il y a en France cinq espèces de mousquetons : 1° mousquetons de gendarmerie percutants (modèle 1842), ayant un canon dont la longueur est de 0,758, une baïonnette dont la lame est longue de 0,460, un calibre de 0m,o176. Il pèse, sans baïonnette, 3k,353, avec baïonnette 3k,680 ;

Les grands mousquetons sont souvent munis d'un méca-
canisme à charnière, autour duquel on fait tourner la baguette, pour l'enfoncer dans le canon ; la platine est la plupart du temps semblable à celle du fusil d'infanterie ; mais
dans des dimensions moindres ; quelquefois on y trouve extérieurement un *crochet d'arrêt, sperrhaken*, destiné à maintenir le chien et à l'empêcher de s'abattre.

La monture est ou semblable à celle du fusil, ou plus petite,
ayant seulement une crosse et un arrière-fût (*mittel schast*),
sans *avant-fût* (*vorder schast*). La garniture est différente. Sur
le côté de la contreplatine, il y a une *tringle à anneau* (fig. 47 a)

2° Le mousqueton de marine, qui ne diffère du précédent que
par la suppression des battants;

3° Le mousqueton d'artillerie (modèle 1829, à silex : longueur du
canon, 0^m,600; sans baïonnette; calibre de 0^m,0171; poids, 2^k,600.
On s'occupe de changer ce modèle et d'y substituer une arme percutante avec baïonnette;

4° Le mousqueton de cavalerie (modèle 1822) à silex. Longueur
du canon, 0^m,500, sans baïonnette. Il est muni d'une tringle, le
long de laquelle glissent deux anneaux, par lesquels il se fixe à un
crochet. Calibre, de 0^m,0171, poids 2^k,140. Baguette séparée et suspendue à une courroie;

5° Le mousqueton de lanciers (modèle 1836) à silex. Longueur et
calibre, les mêmes que dans le mousqueton de cavalerie, sans
tringle. Poids, 2^k,434. Ce mousqueton se place dans une fonte.

On cherche depuis longtemps à établir un nouveau modèle percutant. On se propose en même temps de réunir la baguette au mousqueton, d'assurer au cavalier le moyen d'ajuster d'une seule main,
pour laisser libre la main de la bride, de donner à la ligne de mire
toute la longueur du canon, enfin d'adopter le nouveau calibre des
armes de guerre.

par lequel le cavalier suspend le mousqueton à un crochet qu'il porte sur la buffleterie.

Le poids total du mousqueton s'élève la plupart du temps de 4 liv, 1|2 à 5 liv. 1|2 (2 k, 52 à 5 k, 10). Quelques mousquetons de grosse cavalerie dépassent encore ce poids. En Bavière, le mousqueton percutant pèse 4 liv. 25 loths (2 k, 68), et a un angle de mire de 12 minutes.

PISTOLET.

518. On appelle *pistolets* de petites armes à feu que l'on tire d'une seule main. Les cavaliers en ont ordinairement un ou deux (fig. 48).

Leur calibre est celui du fusil d'infanterie ou du mousqueton. Le canon a ordinairement de 8 à 10 pouces (0 m, 21 à 0 m, 26) de longueur. Il en résulte que ces armes n'ont ni une grande portée, ni une grande justesse de tir.

La longueur du canon, dans le pistolet bavarois, est de 8, 59 pouces (0 m, 225), et l'angle de mire de 8' 1|4. La platine est plus petite que celles du fusil d'infanterie et du mousqueton. Elle est munie quelquefois d'un crochet d'arrêt pour le chien (1).

---

(1) Il y a en France trois modèles de pistolets :

1° Pistolet de cavalerie (modèle 1822), calibre 0,0174, longueur du canon 0 m,200, poids 1 k,301.

2° Pistolet de marine qui ne diffère du précédent qu'en ce qu'il est muni d'un crochet de ceinture ;

3° Pistolet de gendarmerie (modèle 1840) percutant, calibre 0 m,0152, longueur du canon 0 m,129, poids 0 k,673.

La baguette tient à un système à charnière, comme dans les pistolets des pionniers autrichiens. La plupart du temps, elle est suspendue à une courroie en bandoulière. La monture, au lieu d'une crosse comme le fusil et le mousqueton, est terminée par une poignée assez mince (a), susceptible d'être bien en main.

Le poids du pistolet s'élève la plupart du temps de 2 liv. 1¡2 à 2 liv. 3¡4 (1 k, 4 à 1 k, 54). En Bavière, il est de 2 liv. 6 loths (1 k, 225). Le pistolet de pionnier pèse 2 liv. 15 loths 1¡2 (1 k, 391). L'angle de mire est de 8'.

PISTOLÈT A CROSSE.

319. Dans quelques armées, la cavalerie fait usage de pistolets à crosse, pistolets de longueur moyenne auxquels on peut adapter une crosse que l'on porte en bandoulière pour faire feu au besoin, comme avec un mousqueton en appuyant la crosse à l'épaule.

Pour pouvoir adapter promptement cette crosse au pistolet, elle est munie, la plupart du temps, d'un tourillon (a) (fig. 57) avec deux ailettes que l'on pousse dans une cavité (d) pratiquée dans la poignée du pistolet garnie de tôle de fer. On l'enfonce jusqu'à ce que les deux ailettes ne puissent plus sortir. Un ressort (c) met en mouvement une goupille (d) qui pénètre dans un vide e formé dans la poignée, et cette pièce est alors fortement fixée à la crosse ff.

En Suède, le cavalier porte deux pistolets, l'un à canon lisse, l'autre à canon rayé (§. 320). A ce dernier s'adapte de préférence la crosse pour pouvoir tirer plus juste à une plus grande distance.

ARMES A CANON RAYÉ.

320. On a dit ci-dessus (§ 266) que le vent exerçait une influence fâcheuse, particulièrement sur la direction de la balle.

Cet inconvénient peut être diminué, il est vrai, par l'emploi de la balle forcée ; mais ce genre de tir ne convient qu'à des tirailleurs et non à des troupes en ligne, parce que le chargement est difficile (1).

321. Gaspard Zoller de Vienne, vers la fin du xve siècle, eut l'idée de former dans les parois du canon, des cavités (fig. 41) appelées *rayures*, pratiquées soit en ligne droite, soit la plupart du temps en spirale, de telle sorte, que du fond à la bouche, elles faisaient 3/4, 7/8 de tour, quelquefois même un tour 1/2, ce qu'on appelle la *révolution* (*dratt*) de la rayure (2).

La largeur, la profondeur, le nombre des rayures est très variable. Dans les armes de guerre, ce nombre est de 6 à 8, communément de 7, espacées également entre elles; plus le nombre des rayures est considérable, et moins elles doivent avoir de profondeur; les *rayures à cheveux* (*haarzuge*) moins profondes, mais très nombreuses, ne s'emploient pas

---

(1) On a depuis peu employé un moyen simple de forcer la balle au moyen d'un fort coup de baguette.

(2) Vers la fin de la guerre de trente ans, l'électeur Maximilien, introduisit quelques armes rayées dans l'armée bavaroise.

(*Note de l'auteur.*)

dans les armes de guerre. La balle tirée, avec les canons rayés, décrit une circonférence, et ne peut donner de battements (266).

Pour bien remplir les rayures et annuler complétement le vent, on place les balles sur un morceau rond de futaine ou de cuir, plus fort que le calibre, et nommé *calepin;* on les enfonce dans le canon en frappant avec un maillet ou en exerçant une pression. Pour faciliter le chargement, on enduit de suif ou de graisse la partie extérieure du calepin.

322. Il résulte de la forme en spirale de la rayure, que la balle prend dans le canon un mouvement de rotation autour de l'axe de l'âme. Ce mouvement se continue hors du canon et est favorable à la justesse du tir. Car autrement, par suite de l'irrégularité du projectile, du manque d'homogénéité dans la densité, des soufflures intérieures, le centre de gravité ne correspond pas au centre de figure.

323. On appelle en général *buchsen* les armes à feu à canons rayés de forte dimension. Celles plus généralement répandues et courtes, dont sont armés les chasseurs et les carabiniers, s'appellent *carabines, stussen.*

Il y a aussi des mousquetons et des pistolets à canon rayé.

CARABINE.

324. Le calibre de la carabine est ordinairement plus petit que celui du fusil d'infanterie.

La longueur du canon rayé de cette arme est très variable, et de 24 à 30 pouces (0m,65 à 0m,79).

L'épaisseur des parois doit, à cause des rayures, être

plus considérable dans les canons rayés que dans les canons lisses.

On y emploie une poudre fine, et la lumière est étroite.

Pour obtenir un tir plus juste, on donne dans la fabrication une attention toute particulière à la visière et au grain qui doit être adapté sur le canon même.

La visière consiste la plupart du temps en une hausse fixe et une plaque mobile avec une entaille, pour pouvoir, en ouvrant cette plaque, augmenter l'angle de mire.

La platine de la carabine est, la plupart du temps, plus petite que celle du fusil. Elle est souvent munie d'un mécanisme particulier destiné à éviter les secousses lorsqu'on tire, et qu'on appelle *double détente*, *shneller, stecher, tupfer*). Fig. 39 et 40.

Cette pièce consiste, la plupart du temps, en deux détentes disposées près l'une de l'autre, qui s'élèvent entre deux plaques (logement de la détente) (*hh*) placées perpendiculairement sur la pièce de détente (*aa*), et qui se croisent vers la queue de gâchette, pendant que leur mouvement est régularisé par deux ressorts de force inégale (*b* et *g*). Abandonnée à elle-même, la queue de détente (*f*) prend la position (*i*), et soulève, à la partie supérieure, un petit levier terminé par une entaille qui, lorsque cette queue rétrograde en (*f*), s'enfonce dans une coche de la deuxième détente(*d*.)Un faible ressort(*g*)presse du haut en bas, et fixe la première détente dans la position (*f*)jusqu'à ce que la deuxième détente ait été poussée en arrière. Alors l'entaille de la première détente sort du cran où elle était engrenée, et cette pièce, poussée fortement par le ressort(*b*)contre la queue de gâchette, abat le chien.

Pour faciliter le jeu de ces mécanismes, on y adapte une vis de rappel qui rend le mouvement d'autant plus doux qu'elle est plus enfoncée. Si cependant on ne veut pas se servir de la double détente, on peut l'employer comme une détente ordinaire, en pressant sur la deuxième détente (*d*), après avoir amené la première de *f* en *i* pour dégager l'entaille.

Les platines de ces armes ont aussi différents mécanismes intérieurs pour régulariser leur mouvement. Par exemple, une chaînette, qui met la griffe du grand ressort en communication avec la noix, ou une languette (fig. 43) adaptée à la noix et qui empêche la queue de gâchette d'entrer dans le cran de repos, et la fait glisser plus sûrement pour donner le feu.

325. Le bois (fig. 49) est semblable à celui du fusil, mais la crosse est plus large et susceptible de s'appliquer mieux à l'épaule et à la joue. On y trouve une boîte pour quelques balles, fermée par un couvercle à ressort ; un tire-balle (*i*) en acier , une brosse (*k*) et une mesure de la charge (*l*) en fer. Le canon est fixé au bois non par des boucles, mais par deux agrafes et verrous. Il n'y a à la carabine qu'un battant (*c*) ; l'autre est remplacé par une vis à bois, avec une forte tête (*d*).

La baguette est, la plupart du temps, cylindrique et en fer (*f*). Elle doit être assez forte pour la charge à balle forcée, et est munie, à la partie supérieure, d'un maillet (*g*) de bois de charme bouilli dans l'huile, et en bas, en (*h*), d'un renfort en laiton pour ménager les rayures, lequel porte un écrou pour la brosse et le tire-balle. Elle ne se place pas dans le bois, mais dans un cylindre de fort cuir adapté au fourreau de la baïonnette.

La carabine a ordinairement une longue baïonnette ou baïonnette-sabre (§. 201), mais qui ne peut être conservée dans le tir.

326. Le canon de la carabine bavaroise a 25, 58 pouces (0ᵐ, 665). Le calibre est de 0, 56 pouces (0ᵐ, 0147). Il a sept rayures, il est muni d'une culasse à chambre, il est peint en

bleu foncé extérieurement, sa forme extérieure est à huit pans, il devient cylindrique vers la bouche pour permettre d'adapter la baïonnette. La platine est à double détente et à languette. La carabine pèse, sans baïonnette, 5 liv. 25 loths (3 k, 238).

Dans l'armée autrichienne, depuis peu, les carabiniers des régiments de la frontière ont des carabines à deux coups. L'un des canons est lisse, l'autre rayé, et un mécanisme particulier fait passer au dessous de l'autre le canon déchargé. Le poids est de 9 liv. 24 loths (5 k, 460).

FUSIL DE REMPART.

327. Les plus grandes armes à feu portatives sont les fusils de rempart (§. 292) avec lesquels on peut lancer des balles de plomb de 2 à 4 loths (0^m, 035 à 0^m, 070) à la distance de quatre à huit cents pas (502 à 604 mèt.), avec assez de justesse. Les canons lisses ne pouvant remplir ce but, ils sont munis de six à douze rayures. Ces armes s'emploient en général derrière des murs et des parapets. On leur donne un poids de 12 à 24 liv. (6 k, 72 à 13 k, 44.)

Le fusil de rempart bavarois (fig. 51) a, pour les formes, beaucoup de rapports avec la carabine ci-dessus décrite, mais sur une échelle plus grande. Il pèse 20 liv. 12 loths (11 k, 41). Le canon est à 8 pans extérieurement, bruni, long de 34,75 pouces (0^m, 90), muni intérieurement de sept rayures qui font une demi-révolution.

La culasse a dix filets et a, comme la platine et toutes les pièces de garniture, une couleur de gris anglais. Sur les quatre coins de la visière (a) sont marquées les portées correspondantes. Le grain (b) est à l'extrémité opposée. Ces armes à feu, en Bavière, destinées au service militaire, sont munies d'une

platine à percussion et d'une double détente (klm). La crosse
de la monture est abaissée de manière à pouvoir bien s'appliquer, lorsqu'on vise par le point le plus élevé de la visière. Il
n'y a pas d'avant-fût (vorder schaft), et l'arrière-fût (mittel
schaft) est terminé par une forte plaque (i), d'où il résulte
d'une part une diminution de recul, et ensuite une garantie
de conservation pour le bois vers le passage du verrou double
(n) qui maintient dans le bois le canon muni d'une agrafe. La
baguette de fer est dans un rouleau (f) présentant dans le haut
une poignée en bois (g), et en bas un sabot en laiton (h) dans
lequel le tire-balle ou la brosse (wischer) peuvent être vissés.
Il y a en outre : 1° un moule à balles; 2° une mesure de charge;
3° un maillet; 4° un découpoir en fer pour calepin ; 5° un réservoir en laiton pour les capsules; 6° un tournevis en acier
et une clef pour une cheminée (fig. 36).

ARMES DE FORME IRRÉGULIÈRE.

328. Pour charger vite et facilement, on a fait de nombreux
essais tendant à introduire dans les armes à feu portatives, le chargement par la culasse. En 1831, on a adopté en France des
fusils de rempart dans ce système, lesquels, malgré leur poids
de 18 à 19 liv. (10k, 08 à 10 k, 648) (1), furent employés avec
succès devant Anvers (2) et en Algérie (fig. 52.) Le canon avait

(1) Poids réel , 8 k,620.
(2) Ils ont été moins heureusement employés au siége de la citadelle
d'Anvers qu'en Algérie.

près de 50 pouces (1 m, 310) de longueur (1) ; il était muni de douze rayures, avait une balle de 3 loths 1|2 0k,0613) (2) et se chargeait par la culasse. Pour cela, on soulevait le tonnerre (a) à l'aide d'une poignée. Ce tonnerre contenait une chambre conique et tournait sur deux tourillons. On plaçait la cartouche, on rabattait le tonnerre et on le forçait à joindre hermétiquement au canon, en le pressant à l'aide d'un coussinet à charnière qu'on abaissait dessus. A la hauteur du centre de gravité était adaptée une fourchette (b) mobile à charnière pour arrêter le recul, et, en (d), il y avait une garniture destinée à renforcer la gorge de la crosse. Cette arme n'a pas paru satisfaisante, parce que le mécanisme s'encrassait promptement, et qu'après trente coups, il fallait soumettre l'arme à un grand nettoyage (3).

329. En 1831, Robert inventa un fusil dans lequel on ouvre par derrière une sorte de levier (a fig. 54) servant de prolongement à la culasse. En même temps le ressort (h), agissant comme un marteau, est pressé en bas, jusqu'à ce que, par une partie en saillie il porte contre un ressort à deux branches (b), servant à la fois de gâchette et de détente. La cartouche est munie d'une amorce fulminante qui, dans le transport, exige quelques précautions. On place la cartouche dans une chambre, de manière à ce que l'amorce soit en dehors en d. On rabat le levier , et de cette manière , nonseulement le chargement a lieu, mais on détermine l'inflam-

---

(1) La longueur du canon n'était que de 1,190.

(2) La balle avait un diamètre de 0,0226 et un poids de 0k,0625.

(3) Voir, dans la note ci-dessous, les causes qui ont fait abandonner cette arme, comme toutes celles qui se chargent par la culasse.

mation par le choc du marteau (*c*) sur l'amorce. Cette arme a l'inconvénient de permettre difficilement le passage du bandé au repos (1).

---

(1) NOTE SUR LES ARMES A CANON RAYÉ.

On a fait remarquer ci-dessus que la balle n'étant ni parfaitement homogène, ni parfaitement sphérique, surtout après le choc de la baguette, le centre de gravité ne coïncide pas avec le centre de figure, et que, par suite, les résultantes des forces auxquelles cette balle est soumise, ne passent point par son centre de gravité. On a dit de plus que le projectile était animé d'un double mouvement, l'un de translation, l'autre de rotation, qui résulte soit de l'impulsion du gaz, soit des battements de la balle contre les parois du canon, soit de l'action de la résistance de l'air.

Pour diminuer ou empêcher les déviations provenant du jeu des balles dans le canon, on a été conduit à employer des balles d'un calibre se rapprochant davantage de celui du canon.

Mais alors le chargement par la bouche présentant de grandes difficultés, on a cherché à l'effectuer par la culasse ; or, ce moyen n'a pu être adopté pour les armes de guerre, parce qu'il exige qu'on ait à l'endroit du canon où les gaz ont le plus de tension des assemblages mobiles d'une grande précision, et qu'ils s'encrassent trop rapidement pour pouvoir continuer longtemps à s'ajuster de manière à clore hermétiquement le canon.

On est donc revenu au chargement à balle forcée par la bouche, et le plomb étant sensiblement compressible, on a pu enfoncer des balles du calibre exact du canon, ou même d'un calibre un peu plus fort, et pour les faire glisser plus facilement, et nettoyer en même temps le canon, on a eu soin d'envelopper la balle d'un calepin graissé. Malgré cette précaution, l'encrassement s'opposant à la descente de la balle, au bout d'un très petit nombre de coups,

330. Le fusil *Lefaucheux* a la platine percutante ordinaire (fig. 53), il n'a ni *avant-fût* ni *arrière-fût*.

Le canon (*c*)a, en (*b*), une forte charnière autour de laquelle il

---

on a creusé d'abord des rayures longitudinales qui avaient pour objet et de servir de logement à la crasse, et d'empêcher le mouvement de rotation de la balle dans l'intérieur du canon; mais cette balle étant déformée par suite de son mouvement dans les rayures, n'en était que plus exposée au mouvement de rotation extérieur dû à la résistance de l'air dont la résultante n'agissait pas en sens inverse du mouvement de centre de gravité.

On est parvenu à diminuer ou à annuler cette cause de déviation, en forçant la balle à prendre, à l'origine de sa course, un mouvement de rotation autour d'un diamètre qui se confondit avec l'axe du canon. Il suffit pour obtenir ce résultat, d'incliner plus ou moins les rayures.

L'expérience a prouvé que ce système était très favorable à la justesse du tir et telle a été l'origine des canons rayés.

Pendant les guerres de la révolution et une partie de celles de l'empire, on fit usage en France de la carabine de Versailles dont le canon avait une longueur de 24 po. (0^m,65), un calibre de 6 lig. lignes (13^{mm},54) et qui était rayée de 7 hélices. Une balle du diamètre de 6 lignes 4 points (14^{mm},4 enveloppée d'un calepin enduit de matière grasse, s'enfonçait avec effort sur la charge de poudre, au moyen de la baguette et d'un maillet. La difficulté du chargement, l'inconvénient (très sensible dans les guerres avec des masses qui eurent lieu à cette époque) du manque d'unité dans l'armement et dans les munitions, la nécessité de pouvoir utiliser successivement les mêmes troupes à pied soit en ligne, soit en tirailleur, firent abandonner promptement cette carabine et toute l'infanterie fut armée exclusivement du fusil d'infanterie et de voltigeur.

L'usage des armes rayées était donc complètement abandonné

tourne pour s'appuyer contre la pièce en fer (*a*). Il y a en (*f*) deux agrafes dans lesquelles s'enfonce une pièce d'attache. Les car-

---

en France, lorsque la justesse du tir (à grande distance) des Arabes en Algérie, appela l'attention sur l'emploi des armes de précision à la guerre. Dès 1833 et 1834, on s'occupa de l'établissement d'un modèle de carabine et de la modification du fusil de rempart modèle 1831.

Le mode généralement en usage était le chargement au maillet, en entourant la balle d'un calepin gras. Ce mode, qui donnait de bons résultats sous le rapport de la justesse du tir, était long et embarrassant.

M. Delvigne, lieutenant d'infanterie de l'ex-garde royale, imagina de forcer une balle dont le diamètre était de 3/10 de millimètre au-dessous du calibre du canon, en la faisant reposer sur une culasse à chambre fraisée, contenant la charge de poudre. La balle aplatie par le choc de la baguette engraine dans les rayures et se trouve forcée, mais ce moyen ingénieux qui évitait les inconvénients du chargement au maillet, était loin de donner dans le tir des résultats aussi avantageux.

Des essais furent tentés pour améliorer le tir, et après divers tâtonnements, il fut reconnu que pour arriver à ce résultat, il fallait supprimer la fraisure de la chambre, interposer entre la balle et la chambre un sabot en bois, et ajouter sous ce sabot un calepin graissé.

On adopta donc une carabine à percussion, dans laquelle ces conditions étaient remplies, la longueur du canon était de 0^m,920, le calibre de 0^m,017, le nombre des rayures de six, le canon était muni d'une chambre cylindrosphérique, sur laquelle la balle était forcée d'après le mode inventé par M. Delvigne. Cette carabine qui se chargeait presque aussi facilement que le fusil d'infanterie, présenta une grande justesse de tir et une portée efficace jusqu'à 300 mètres. On appliqua la même modification au fusil de rempart

touches doivent être munies en arrière d'une mince armature
de cuivre pour empêcher l'écoulement des gaz. Ces deux armes

(modèle 1831). Supprimant le chargement par la culasse, on l'allégea de 1 kilogramme, et on arma de ce fusil et de la carabine, le
bataillon de chasseurs qui alla combattre en Afrique en 1840. La
portée de la carabine parut encore trop faible en Algérie et on lui
préféra le fusil de rempart allégé, qui cependant était encore trop
lourd pour la généralité des soldats.

La carabine fut modifiée à la manufacture d'armes de Châtellerault,
d'après des essais dirigés par M. le colonel d'artillerie Thierry. Le
nombre, la largeur, la profondeur des rayures furent changés, on
parvint d'abord à employer la balle sans calepin ni sabot. Mais ensuite on jugea avantageux d'y revenir : deux hausses, l'une fixe,
l'autre à charnière, furent adaptées au canon. On substitua à la
baïonnette un sabre-baïonnette. Cette nouvelle carabine devint
l'arme des bataillons de chasseurs d'Orléans et prit le nom de modèle 1842. Le canon a une longueur de $0^{mm}810$, un calibre de $0^{m}0175$;
il est muni de quatre rayures formant une révolution sur $6^{m}226$ de
longueur; il porte une hausse fixe et une hausse mobile. Un sabre-
baïonnette peut s'y adapter, la lame de cette baïonnette a $0^{m},573$
de longueur. Le poids du canon est de $2^{k},190$. Le poids de l'arme
sans baïonnette, de $4^{k},605$ et avec baïonnette de $5^{k},355$.

La carabine, dite fusil de rempart (modèle 1842), a un canon
dont la longueur est de $0^{m},810$, le calibre de $0,0205$.

Des rayures sont au nombre de six et font un tour sur $8^{m},120$.
: Le poids de l'arme sans baïonnette, est de $4^{k},927$, et avec baïonnette de $5^{k},695$.

Une idée nouvelle de M. le colonel d'artillerie, Thouvenin, paraît
devoir amener, dans la confection des armes de précision, d'importants perfectionnements.

Dans ce système, e forcement de la balle s'opère au moyen d'un

peuvent tirer de 6 à 10 coups à la minute, et pèsent près de 2 livres (1k,120) de moins que les armes à feu portatives ordinaires ; mais elles font un service de trop courte durée pour pouvoir être adoptées. (1)

331. On a cherché aussi à faciliter le chargement par la bouche des armes rayées. A cet effet, on emploie à Brunswik une carabine dont le canon porte seulement deux rayures à révolution complète, et qui tire des balles de deux loths (0k,035), non-seulement elle se charge facilement, mais se tire avec grande sécurité.

En Suisse, *Wild* a proposé une carabine dans laquelle les

---

bouton de culasse plein, portant à son centre une tige cylindrique en acier, sur laquelle le projectile vient s'appuyer et reçoit la dépression nécessaire au forcement de la balle, par trois coups de baguette. Les rayures, au nombre de quatre, sont inclinées de un tour sur 1 ,237.

La balle de forme ogivale dans la partie antérieure, est tronc conique dans le reste, la pointe de cette balle plonge dans la poudre.

Les cartouches n'ont ni sabot ni calepin.

Cette carabine, appelée carabine à tige, a donné, sous le rapport de la portée et de la justesse de tir, des résultats bien supérieurs à ceux de la carabine à chambre (modèle 1842), et paraît destinée à la remplacer.

(1) Dans le fusil Lefaucheux, la crosse et la culasse tournent autour d'un axe horizontal b perpendiculaire au canon. On les ferme par un mouvement de bascule de bas en haut. Un mécanisme intérieur *ih*, par une demi-révolution fixe la crosse au canon. L'amorce fulminante est une capsule adaptée à la cartouche et dont on coiffe la cheminée. La platine est une platine à percussion ordinaire.

rayures vont en tournant de plus en plus du tonnerre à la bouche, afin de mieux retenir la balle dans les rayures. On a cherché aussi à prévenir l'engorgement de ces rayures, et à se soustraire à la nécessité d'enduire le calepin de graisse, en se bornant à l'humecter avec de l'eau (1).

---

(1) C'est ici le lieu de dire un mot de deux fusils percutants, qui ont eu en Europe une certaine célébrité et qui ont été proposés à diverses puissances pour l'armement des troupes.

Le fusil *Heurteloup,* a pour caractère distinctif le mode d'amorce, qui s'effectue par le moyen d'un tube de forme aplatie, rempli de poudre fulminante placée dans un logement pratiqué dans l'épaisseur du bois entre la sous-garde et la capucine. Par une ouverture de ce dernier côté, on introduit les amorces. Un mécanisme lié au mouvement du chien ou qui en est indépendant, fait avancer le tube vers le chien. Cette pièce, en le frappant, en sépare une partie enflammée qui communique le feu à la charge. Le tube est formé d'un alliage de 75 de plomb et de 25 d'étain. La poudre fulminante de 60 de chlorate de potasse, 8 de soufre, 12 de charbon et 20 de nitre.

Cette arme n'a pas été adoptée, vu la complication du système d'amorçoir, et les inconvénients résultant de ce que la marche du tube est sujette à des dérangements, de ce que le canal de la cheminée n'est pas garanti de l'humidité (cause puissante de ratés), de ce que enfin le soldat peut se trouver devant l'ennemi dans l'impossibilité de faire feu pendant qu'il replace sur l'arme un nouveau tube d'amorce, lorsque le précédent est consommé.

Dans le fusil *Consolé,* l'ancien chien de la platine à silex est conservé. Il porte entre ses mâchoires une pièce rectangulaire d'acier, présentant une panne de une ligne et demie de largeur environ. Le bassinet de forme rhomboïdale aà sa face supérieure une rainure qui se prolonge jusqu'à la lumière et dans laquelle on insère l'a-

MUNITIONS.

Balles.

332. Les balles qu'on tire avec les armes à feu portatives se font en plomb, métal d'une densité considérable (§ 164 et 264) (1). Dans la plupart des armées, les balles employées pèsent de 18 à 20 à la livre. La balle du fusil bavarois est de 18 à la livre de Nuremberg ou de 21 à 22 à la livre bavaroise (poids de 0k,26 à 0k,27).

Plusieurs essais prouvent qu'une balle de petit calibre, d'un loth 1\2 environ (0k,026), est encore suffisante, et qu'elle

---

morce. La batterie est remplacée par une espèce d'étrier courbe, nommé *contre-marteau*, qui couvre en partie le bassinet et auquel est brasé en dessous une dent pointue. Cette dent, lorsqu'on abat le contre-marteau sur le bassinet, correspond au point de l'amorce ou se trouve la composition fulminante, en sorte que quand le marteau du chien s'abat sur le contre-marteau, la dent frappe la composition et l'enflamme.

Ce système, adopté en Autriche, et dont le principal avantage est la facilité qu'il présente pour la transformation des armes à silex, a été rejeté en France, comme susceptible de donner de nombreux ratés, attendu que, d'une part, la lumière n'est jamais bien fermée, et que, de l'autre, le chien ne frappe pas sur l'amorce directement, mais par l'intermédiaire du contre-marteau.

(1) Les motifs qui ont déterminé à l'adoption du plomb pour les balles des armes portatives, c'est d'abord qu'ici la considération de dépense à moins d'importance que dans les bouches-à-feu, et que de plus, ce métal étant moins dur que le fer et assez compressible, dégrade moins les armes.

présente l'avantage de donner un moindre recul sans que le poids de l'arme soit augmenté, qu'elle nécessite moins de charge, et qu'il en résulte une diminution de dépense, soit pour l'achat des matières, soit pour le transport; mais cette diminution de calibre a l'inconvénient de ne pas permettre d'utiliser les balles ennemies en guerre (1).

335. Dans quelques armées on emploie la même balle pour fusil, carabine et pistolet, afin de pouvoir toujours tirer parti de celles qu'on a sous la main.

Dans d'autres, les deux dernières armes ont un moindre calibre.

Dans les carabines bavaroises, les balles sont environ de 32 à la livre, poids (0k,017).

Les balles de plomb se coulent en grand nombre dans des moules. On coupe le jet, ensuite on les burine et on les arrondit (2).

Pour reconnaître si les balles sont de calibre, on les pré-

---

(1) Il y a avantage pour la justesse du tir, sous la même vitesse initiale à employer les projectiles les plus gros. La perte de vitesse est d'ailleurs moins grande pour les grosses balles que pour les petites.

Le vent de la balle est presque partout de 1 mil. 1/2. En France, il est réduit à 1 mil.

Les diamètres et poids des balles en France sont ainsi établis:

	Diamètre.	Poids.
Fusils d'inf. et de voltigeur percutants.	17^{mm}	33 au k. 0k303.
Carabine (modèle 1842.)	17^{mm}	33 au k. 0k303.
Fusil de rempart (modèle 1842.)	20^{mm}	22 au k. 0k0455.

(2) En France, les balles sont ébarbées dans un baril auquel on imprime un mouvement de rotation. On les calibre sur un crible.

sente successivement à deux lunettes; elles doivent passer dans la plus grande et non dans la plus petite.

Non-seulement les balles ordinaires ne sont pas parfaitement rondes, mais elles contiennent dans leur intérieur plus ou moins de cavités ou de soufflures; ce qu'on explique en partie parce que dans la coulée, tout le métal ne se solidifie pas en même temps. On a récemment proposé diverses espèces de moules pour obvier à ces inconvénients, et pour diminuer aussi le temps employé à buriner le jet.

En Angleterre et en Hanovre, les balles s'obtiennent déjà depuis nombre d'années, en se servant de barreaux de plomb, et par compression dans des étampes. Elles ont, dans toutes leurs parties, la même densité, et leur centre de gravité coïncide avec leur centre de figure; d'autres états ont suivi cet exemple (1).

Charges de poudre.

334. On a déjà fait connaître en général (§ 263), les relations entre la charge de poudre, le projectile et la longueur du canon.

La charge de poudre varie avec le calibre, le vent, la longueur du canon, le poids de l'arme, suivant qu'elle est rayée ou lisse, que la poudre est forte ou faible, et même d'après le mode d'inflammation employé (309).

Un plus fort calibre, ainsi qu'une balle plus lourde exigent

---

(1) La compression paraît de plus susceptible de donner des balles plus denses que le coulage. Mais l'expérience a démontré que les effets des balles par compression n'étaient pas plus avantageux que ceux des balles coulées.

plus de poudre. Si l'on augmente le vent, on perd une partie des gaz de la poudre , qui ne produit aucun effet sur la vitesse de la balle; il faut donc alors augmenter la charge ; mais une trop forte charge produit un recul plus fort, sans donner à la balle une plus grande vitesse. Une trop faible charge ne remplit pas, au contraire, le but, car la balle, en admettant qu'elle porte assez loin, n'est plus susceptible de produire un effet suffisant à une distance convenable (289).

Pour évaluer la charge nécessaire, on doit aussi avoir égard dans les armes à pierre, qu'en versant la poudre dans le bassinet , on peut en répandre et en perdre.

335. D'après des épreuves sur la portée et la force de la balle, on estime en général la charge du fusil d'infanterie de 1/2 à 1/3 du poids de la balle.

Le fusil d'infanterie nouveau en Bavière contient une charge de poudre de 9/16 de loth (9 grammes 9/10); la carabine 5/16 (5 grammes 5/10), et le fusil de rempart 14/16 (15 grammes 4/10) (1).

Cartouche.

336. La balle et la charge sont réunies ensemble dans une enveloppe de papier appelée *cartouche*. On les emploie presque partout depuis le commencement du dix-septième siècle. Les cartouches se font avec un papier mince, mais fort; douze pièces, en forme de trapèze, sont coupées dans une feuille

---

(1) Charges de poudre adoptées en France :

Fusil d'infanterie et voltigeur (modèle 1842.)	8 00 gr.
Carabine (modèle 1842)	6 22.
Fusil de rempart (modèle 1842.)	6 25.

pour être roulées chacune autour d'un cylindre de bois, sous
lequel est adaptée la balle à la partie inférieure ; on les plie ou
on les colle ; on retire le cylindre, on verse la poudre mesurée sur la balle au fond de la cartouche, et l'excédant du papier est rabattu.

Dans les exercices ou les signaux, on se sert de cartouches
sans balle, que l'on nomme cartouches *en blanc* (*blinde*) ; les
autres à balle *(scharfe)*. Les charges des cartouches en blanc
et celle des cartouches a balle sont les mêmes en Bavière,
excepté dans le fusil d'infanterie, où la première contient
s eulementen poudre 7|16 de loths (7 grammes 7|10).

On forme des paquets de douze cartouches, et on place cent
soixante-huit de ces paquets dans une caisse de bois pour en
faciliter le compte et la délivraison. Neuf de ces caisses sont
placées dans des caissons à munitions qui, la plupart, contiennent encore une caisse de sept à huit cents cartouches à carabines, et une autre pour des amorces.

Les cartouches sont portées par les soldats dans des gibernes
qui consistent en coffres de bois recouverts de cuir ayant, pour
l'infanterie, environ 10 pouces (0 m,262) de longueur, 4 à 6 pouces
(0 m, 11 à 0 m, 16) de profondeur et 2 à 3 (0 m, 052 à 0 m, 078) de
de largeur.

Sur le devant et le côté se trouvent encore, la plupart du
temps, de petites cases pour conserver les pierres à feu, les
capsules dans une boîte de fer blanc, une clef pour cheminées,
une réserve de cheminées, un bouchon pour l'arme, une boîte
de fer blanc à compartiments pour l'huile et la paille de fer.
La giberne est tenue par un large baudrier de cuir porté sur
l'épaule gauche, de gauche à droite, de manière que le soldat
puisse aisément tirer ses cartouches, et qui ne tombe ni trop
haut, ni trop bas, pour que le port n'en soit pas gênant.

Les gibernes de ceinture, qui se bouclent autour du corps et se portent en avant, ne sont commodes ni dans la marche, ni au repos, et sont dangereuses au feu.

En campagne, on donne au soldat d'infanterie soixante à quatre-vingts cartouches à balles, nombre qui doit toujours être tenu au complet, ce qui fait, à raison de vingt balles à la livre, un poids de 4 à 4 liv. 1[2 (2 k, 240 à 2 k, 520). (1).

Pierres à feu.

337. Les pierres à feu ont été le moyen employé jusqu'à présent pour enflammer la charge par leur chute sur la batterie.

---

(1) Il y a deux espèces de cartouches, celles pour armes à canon lisse, celles pour armes à canon rayé.

Pour faire les premières, on se sert d'un trapèze de papier et l'on place le cylindre ou mandrin de bois parallèlement au côté perpendiculaire aux bases, la balle à la partie inférieure dépassée de $13^{mm}5$ par la grande base du trapèze de papier. On roule le papier autour du mandrin, on fait quatre plis sur la balle, en commençant par l'angle aigu du trapèze, on serre les plis en coiffant la cartouche avec un dé. On la place roulée, debout dans une caisse, on retire le mandrin, on verse la poudre et on rabat le papier à la partie supérieure par deux plis rectangulaires.

Les cartouches pour arme rayée contenant, outre la poudre et la balle, un sabot en bois et un calepin en serge; la fabrication en est plus compliquée.

Elle se compose des opérations suivantes:

Découper les calepins, couper les rectangles de papier. Placer le mandrin contre le long côté, la balle dans le creux du mandrin et le sabot par-dessus, rouler la cartouche et la coller, faire sécher l'enveloppe, remplir de poudre et plier la cartouche, suiver le ca-

La grosseur d'une pierre doit dépendre de la largeur de la batterie, de la force du ressort et de sa plus ou moins grande consistance.

On compte ordinairement une pierre à feu pour vingt ou trente cartouches, quoiqu'une bonne pierre, par un emploi convenable, doive suffire à quatre-vingts ou cent coups.

Capsules d'amorce.

338. Les capsules ordinaires ont été inventées, en 1817, en Amérique. Elles sont faites dans des ateliers destinés à cet usage. D'abord on forme l'alvéole d'une feuille de cuivre mince, et on y pratique un rebord et quatre fentes avec deux matrices qu'on fait agir successivement. Ces pièces ayant été visitées et reçues, on en place environ cinquante dans une forte plaque de tôle percée d'un nombre égal de trous. On les remplit de poudre fulminante. Une capsule en contient environ de 1⟋4 à 1⟋2 grain. La poudre fulminante est, dans chaque capsule, recouverte d'une plaque de métal très mince, et enfin, au moyen d'une autre matrice, la capsule est préparée de manière à conserver sûrement et fortement cette matière inflammable. Les bonnes sont soigneusement séparées des mauvaises mises, en boîtes ou en paquets, et chaque homme en a de soixante à cent qu'il garde, partie dans sa giberne, partie pour les cas les plus urgents, dans une poche de cuir adaptée à un baudrier. Chaque chariot à munitions contient de vingt

---

lepiu en le trempant en entier dans un bain de suif et le fixer au sabot au moyen d'un petit clou.

Les paquets de cartouches pour fusil à percussion contiennent en outre un sachet de douze capsules.

à trente mille capsules dans une caisse ayant cette destination, et proportionnellement au nombre de cartouches
qu'elle renferme (1).

Accessoires.

339. Il faut comprendre encore, dans les accessoires des
armes à feu portatives : 1° les moules à balles, principalement
pour les canons rayés. Ils consistent en deux pièces en fer
adaptées l'une sur l'autre, et à charnière dont chacune contient la moitié du moule de la balle, et dans lesquelles on verse
le plomb par le trou de coulée; 2° la cuiller ; 3° des tenailles
de fer; 4° le calibre en acier pour les balles; 5° la brosse (*wischer*)
de fer mentionnée plus haut; 6° le monte-ressort (fig 45) pour
mettre ou ôter les vis des ressorts de platine si on veut monter
ou démonter cette pièce; 7° une épinglette d'acier pour débou-

---

(1) On confectionne les capsules avec des bandes de cuivre de
quatre millimètres d'épaisseur. On les soumet successivement à
l'action de trois balanciers, mus à bras d'hommes; le premier dé-
coupe les bandes en étoiles à six branches, nommées *flancs*; le
deuxième emboutit les flancs en troncs de cône; le troisième rabat
et rogne le rebord.

La matière fulminante consiste en fulminate de mercure, mêlé
à moitié de son poids de salpêtre.

On place les capsules vides dans les trous d'une plaque de fer, on
charge à raison de $0^m,04$ de grammes par capsule. On introduit
dans toutes des poinçons que l'on presse à l'aide d'une espèce de
laminoir, de manière à donner la pression convenable à la matière fulminante. On verse du vernis à la laque par goutte sur
chaque capsule. On fait sécher. Le vernis prend une vitrification
très dure. On les conserve par dix mille dans des sacs.

cher la cheminée lorsqu'elle est engorgée; 8° la clef d'acier
à trois branches; 9° le tire-balles d'acier avec deux branches;
l'une qui pénètre dans le plomb de la balle, l'autre munie d'un
pas de vis qui s'adapte au petit bout de la baguette.

MANIEMENT ET USAGE.

Port de l'arme.

340. Le fusil d'infanterie se porte généralement du côté
gauche, vraisemblablement dans le but de conserver pour les
besoins éventuels le libre usage du bras droit qui est d'ordinaire le plus exercé à agir. La platine est aussi, par cette
raison, du côté droit et le bois disposé en conséquence.

Le dessous de la crosse s'appuie dans l'intérieur de la main
gauche, le pouce et l'index en avant, les trois doigts, restants
sur le côté, la tiennent fixée contre la paume de la main.

L'arrière-fût s'applique contre l'épaule droite, la bouche en
haut. Dans la marche, on porte l'arme de la manière la plus
commode. Par exemple, la crosse dans la main et le chien
appuyé derrière l'épaule.

341. Les fusils sont munis de courroies (bretelles) qui ont
pour but de permettre aux soldats de les porter derrière leurs
épaules. Un homme peut bien porter ainsi son arme lorsqu'il
est isolé, mais sa longueur ne permet plus de la placer ainsi
dans le rang. La carabine des chasseurs, moins longue, se
tient, au contraire, de cette manière; mais dans le maniement
d'armes, on la porte sur le bras droit, le canon appuyé à
l'épaule, la queue de détente entre le pouce et l'index, les autres doigts joints sous le chien, le bras droit un peu plié. Ce
port de l'arme, récemment adopté en Prusse, paraît satisfaisant; mais pour traverser les petits fossés, les bois épais, ou

pour prendre le pas de course, on saisit l'arme de la main droite, un peu au dessus du centre de gravité et on l'appuie à l'épaule droite, la baïonnette un peu en avant de la ligne des épaules et la crosse en bas.

Les mousquetons sont suspendus à un crochet que les cavaliers portent à un baudrier tombant de gauche à droite, la bouche tournée vers la terre.

Les pistolets sont dans des fontes, pièces de cuir blanc sur le devant de la selle.

Charges et feux.

342. Le service de l'arme se compose de trois opérations : 1° introduire la charge et le projectile, ce qu'on appelle *charger*; 2° *viser le but* ; 3° *faire feu*.

La charge du fusil d'infanterie, avec platine à pierre, s'exécute le plus simplement possible comme il suit :

Le soldat saisit avec la main droite, à la poignée, l'arme placée du côté gauche et la passe du côté droit. Il la reçoit dans le creux de la main gauche, près du centre de gravité, la bouche un peu élevée obliquement, et la tient en équilibre pendant que la droite ouvre le bassinet, soulève le couvre-giberne, prend la cartouche et la porte vers la bouche. Il en déchire le haut avec les dents et verse l'amorce dans le bassinet, lorsque l'arme n'est pas munie d'un canal de lumière conique. Il ferme le bassinet avec deux doigts, tenant la cartouche dans les autres, abat l'arme de la main gauche vers la pointe du pied gauche, la droite porte la cartouche vers la bouche du canon où elle introduit la poudre au fond, la balle en dessus, tire la baguette et bourre, de manière qu'il n'y ait pas de vide entre la balle et la charge, ce qui pourrait faire éclater le canon.

La baguette remise à sa place, la main gauche remonte
l'arme; la droite tenant le chien avec le pouce vers la tête
la bande et amène la crosse contre l'épaule droite, la main
gauche soutenant vers le centre de gravité. La crosse est
pressée fortement contre l'épaule et appliquée à la joue, de
manière que l'œil puisse viser le but à atteindre par la visière
et le grain. L'index presse la queue de détente jusqu'à ce que
l'arme ait fait feu.

Il importe que le tir ait lieu insensiblement, sans secousse,
de peur de changer la direction de l'arme; ce qui demande de
l'exercice et de l'attention.

343. Pour les fusils percutants, ils sont placés, d'abord
la crosse vers le pied gauche et tenus avec force de la main
gauche; la droite prend une cartouche dans la giberne, le soldat
la déchire avec les dents, verse la charge, la balle et la bourre
de papier dans le canon, bourre avec deux coups de baguette,
retire la baguette; la main gauche élève l'arme vers l'œil
gauche, la main droite bande le chien, tire une capsule de la
poche qui tient au baudrier et la place sur la cheminée.

344. Pour la charge de la carabine, on n'emploie pas de
cartouches, mais le tireur porte la poudre dans une poire. Il
dose la charge avec une mesure cylindrique, la verse dans le
canon et place alors la balle avec le calepin, etc. Si l'on veut
faire feu rapidement, on met dans une boîte de laiton un nombre de charges déjà mesurées ou de cartouches déjà faites (1).

345. Quant à ce qui concerne le mousqueton des cavaliers,

---

(1) On a fait connaître ci-dessus la cartouche à sabot et calepin,
de la carabine adoptée en France et le mode de forcement de la
balle par deux coups de baguette.

lorsqu'on l'a dégagé des crochets ou des courroies qui le tiennent, on le passe de la main droite dans le creux de la gauche
qui tient les rênes fermes entre les doigts ; on verse l'amorce,
on introduit la cartouche dans la bouche du canon, on la
bourre avec la baguette et on fait feu, en l'appuyant sur la
main gauche ou sur le bras gauche pliés. Les pistolets sont
extraits des fontes, chargés à peu près de même et tirés d'une
main, le bras plié.

346. Le fusil doit-il être employé comme arme de choc, il
est saisi à la poignée de la main droite, la main gauche au
milieu du bois, et on l'appuie à la hanche droite, de manière que la baïonnette se dirige à droite, en bas, ou plus ou
moins haut, suivant qu'on doit combattre contre la cavalerie
ou l'infanterie. Cette position (204, 205) est favorable soit
à l'attaque, soit à la parade.

Tir et portée.

347. Les considérations présentées ci-dessus sur les armes
à feu en général sont applicables en particulier aux armes à
feu portatives.

Celles qui ont rapport à la théorie du but en blanc sont
basées principalement sur l'existence d'un angle de mire variable sur le canon ; elles s'appliquent avec exactitude au
fusil de rempart et à la carabine, munis de systèmes disposés
à cet effet.

Dans le fusil d'infanterie, on s'est jusqu'à présent contenté,
pour faire varier les portées, de viser plus ou moins haut,
mais ce genre de tir exige un œil exercé ; il offre plus de difficultés dans son exécution que celui dans lequel on se sert
d'une hausse pour faire varier l'angle de mire.

348. En général, le premier point d'intersection de la trajectoire et de la ligne de mire est éloigné de 15 à 24 pas (11 à 18 mètres) de la bouche. On a reconnu par des essais que la portée de but en blanc, au deuxième point d'intersection , est de 100 à 200 pas (75,5 à 151 mètres).

La portée de but en blanc du nouveau fusil d'infanterie bavarois est de 100 pas (75,5 mètres). Au-delà on doit viser au-dessus du point à battre.

A une distance moindre que 50 ou 60 pas (37^m,75 à 45^m,30) on vise un pied (0^m,314) au dessous du but, et de 200 à 300 pas (151 m. à 226^m,50) environ un pied au-dessus. A 700 pas (528^m,50) la hausse doit être sur l'arme de 1 pouce 4|10 (0^m,037) et à 900 pas (679^m,5), de 2 pouces 4|10 (0^m,063), ce qu'il est très difficile d'apprécier à la simple vue.

La portée du but en blanc du mousqueton percutant bavarois est de 70 pas (52^m,85) , celle des pistolets de 25 à 30 (18^m,88 à 22,65).

Dans la carabine, on peut se servir de la hausse fixe jusqu'à 200 ou 250 pas (151 m. ou 189 m.); au-delà, de la hausse mobile, jusqu'à 400 pas (302 m.) et la différence de portée tient à ce qu'on découvre plus ou moins de guidon par l'encoche de la visière (1).

---

(1) En France, l'ancien fusil (modèle 1822 à silex) sans baïonnette, avait un but en blanc, situé à 120 mètres de la bouche. Armé de sa baïonnette, il n'avait plus de but en blanc et pour frapper un homme au milieu du corps, il était prescrit de viser.

Depuis la plus petite distance jusqu'à 100 mètres à hauteur de poitrine.

De 100 à 140^m	à hauteur des épaules.
De 140 à 180^m	à hauteur de la tête.
De 180 à 200^m	à la partie supérieure de la coiffure

Probabilité du tir.

349. Tout ce qui a été exposé (284) sur la probabilité du tir et sur les causes qui peuvent la diminuer s'applique aux armes à feu portatives.

Le fusil transformé à percussion a été pourvu d'une visière assez élevée pour lui donner un but en blanc à 150 mètres, la ligne de mire étant déterminée par le cran de mire de cette visière placée sur la culasse et la partie supérieure d'un guidon de fer brasé sur la bouche du canon.

Avec le fusil (modèle 1842), au calibre de 18^{mm}, contenant une balle de 17^{mm} et une charge de 8 grammes, le but en blanc est toujours à 150 mètres, avec ou sans baïonnette. Les règles pour toucher un homme à la ceinture, sont les suivantes:

A 100 mètres viser au milieu des cuisses.

125	—	au milieu du ventre.
150	—	à la ceinture.
175	—	à la poitrine
200	—	au front.
225	—	au sommet de la coiffure.
250	—	à 0^{m},90 au-dessus de la coiffure etc.

A 400^m on prescrit de viser 8 mètres au-dessus du sommet de la coiffure.

Les armes rayées ont une hausse fixe et une hausse mobile dont les trous et crans de mire correspondent à diverses distances.

Pour la carabine (modèle 1842), on donne le moyen de tirer jusqu'à 500 mètres.

Pour le fusil de rempart (modèle 1842), jusqu'à 600 mètres.

La portée de la carabine à tige, s'est étendue jusqu'à 1,200 mètres us l'angle de 7°,28'.

Au dire de Scharnhorst, on a obtenu les résultats suivants, dans le tir sur une cible de 6 pieds (1$_m$,89) de haut et 100 de longueur (31$_m$,40) :

à 100 pas (75$_m$,5) portant les 2|3 jusqu'aux 3|4 des balles.

200	(151^m)	—	1|2
300	(226,5)	—	1|4
400	(302)	—	1|9
500	(377,5)	—	1|20
600	(453,1)	—	1|100

Il résulte d'essais avec le fusil d'infanterie bavarois que, sur une cible de 10 pieds (3^m,14) de longueur et de 6 pieds (1^m,884) de hauteur, dans le milieu de laquelle était un parallélogramme de 2 pieds (0,628) de large et de 6 pieds (1^m,884) de hauteur, dimension d'un homme,

			dans la cible.	dans le parallélogr.
à 90 pas (67^m,95) sur 100 coups		92 balles ont porté		43
150	(113^m,25)	—	85	29
240	(181^m,2)	—	53	12
300	(226^m,50)	—	10	»
400	(302^m)	—	7	1

Avec la carabine :

			dans la cible.	dans le parall.
à 90 pas (67^m,95) sur 100 coups		99 balles ont porté		50
150	(113^m,25)	—	84	25
240	(181^m,2)	—	50	11
300	(226^m,50)	—	48	11
400	(302^m)	—	41	5

Avec le mousqueton , sur une cible de 20 pieds (6m,28) de largeur et 7 (2m,198) de hauteur, ont atteint le but :

à	25 pas (18m,88) sur 100		100 coups.
	50 (37m,75)	—	91
	100 (75m,50)	—	63
	200 (151m,00)	—	31

Avec les pistolets, sur la même cible :

à	30 pas (22m,65) sur 50		45 balles.
	50 (37m,75)	—	20
	75 (56m,64)	—	18

Les fusils de rempart, à 400 pas (302 mètres), donnent quatre fois plus de coups portant dans le parallélogramme que les carabines. En se basant sur ces résultats, il ne faut pas perdre de vue, comme on l'a déjà fait remarquer (285), la différence qui existe entre le tir sur une cible et dans un combat (1).

---

(1) Il y a une très grande différence entre les résultats d'un tir d'expérience sur une cible et ceux du tir à l'armée. Suivant Gassendi sur trois mille coups tirés, suivant M. Piobert, sur dix mille, un seul atteint l'ennemi.

Les deux causes principales du peu d'effet des feux de l'infanterie, sont : 1° la trop grande distance à laquelle on tire trop souvent. On peut considérer la limite d'un bon tir comme étant à cent soixante mètres;

2° La difficulté et même l'impossibilité d'obtenir que les hommes visent bien , ceux-ci étant rarement de sang-froid , chargeant leur fusil le plus vite possible, et tirant droit devant eux, trop sou-

Le fusil d'infanterie, à 300 pas (226^m, 50), porte bien, mais pour atteindre un homme à cette distance, on doit tirer au point le plus élevé de la coiffure et encore plus haut, si la distance est plus grande. Alors, la plupart du temps, les points de repaire manquent. On doit cependant admettre que 300 pas (226^m, 50) est la limite d'un bon tir avec le fusil d'infanterie, quoique la balle porte à 5 ou 600 pas (377, 5 — 453 mètres) et même au delà.

Dans le mousqueton, la limite d'un bon tir est en général de 120 à 150 pas (90^m, 60 à 113^m, 25); celle du pistolet de 50 pas (37^m, 75). Dans la carabine, la limite du bon tir est reculée et peut être assignée au delà de 400 pas (302 mètres)(1).

350. Dans la carabine, il est à remarquer que l'on charge

---

vent sous des angles qui ne permettent pas d'obtenir des effets utiles, la plupart du temps entourrés de nuages de fumée;

3° La lourdeur du fusil; la difficulté par suite de le maintenir horizontalement, tout en appuyant peu à peu le doigt sur la gachette jusqu'à ce que le coup parte.

(1) Résultats d'un tir d'expérience fait avec l'ancien fusil sur un but en planches de 32 mètres de longueur sur 1^m,90 de hauteur présentant à peu près le front d'une divison d'infanterie.

Sur cent balles :

	Terrain uni en avant du but.	Terrain très inégal.
A 78 mètres	75 touchent le but.	67.
157 —	50 —	38.
235 —	27 —	17.
400 —	14 —	5.

moins vite qu'avec le fusil d'infanterie, et qu'elle doit être nettoyée après trente coups.

S'il est prouvé par des essais que la carabine, à une certaine
distance, porte mieux que le mousqueton, et produit autant
d'effet que plusieurs de ces dernières armes, on ne doit pas
perdre de vue que, dans le même temps, avec les dernières, on
peut tirer environ quatre fois plus de coups qu'avec les premières (1).

Résultats obtenus en employant le nouveau fusil percutant avec
hausse :

A 100 mètres 98 balles sur 100 touchent le but.
A 150 — 78 —
A 200 — 56 —
A 300 — 22 —
A 400 — 9 —

Résultats comparatifs du tir entre le fusil et la carabine et le fusil
de rempart (modèle 1842), en tirant sur une cible de deux mètres
sur deux mètres.

Nombres de balle sur cent qui ont touché.

Distances	200m	300m	400m	500m	600m
Fusil d'infanterie.	28,5	6,1	3	2	1,18.
Fusil de rempart, 1842.	54	26,7	11	9,4	2,77.
Car., 1842, sans sabot ni calep.	49,3	22	9,1	1,5	1.
Carab. avec sabot et calepin.		35	16	11	
Carabine à tige.				45	

La carabine à tige à 800 mètres, paraît avoir une justesse plus
grande que la carabine, modèle 1842, à 500 mètres.

(1) Une des questions les plus agitées dans ces derniers temps, a
été la comparaison entre la carabine et le fusil.

Pour la portée, le fusil d'infanterie a, sur la carabine, un avantage
marqué.

Résultats et effets de l'arme portative.

351. Quoique partout on se soit plaint du fort recul dans le fusil d'infanterie, il n'y a cependant sur sa force que des don-

---

Pour la justesse du tir, la carabine avec cartouche à sabot et calepin, l'emporte sur le fusil à toutes les distances.

Pour la vitesse du tir, on peut admettre que celle du fusil est à celle de la carabine dans le rapport de 10 à 8.

Il semble que dans le combat en ligne, particulièrement contre des charges de cavalerie, le fusil percutant serait préférable, en raison de la portée, de la force de pénétration et de la facilité de chargement, mais qu'au contraire, dans des feux de tirailleurs en tirant à volonté sur les hommes isolés, la carabine doit l'emporter par suite de la justesse de son tir.

On ne peut se dissimuler toutefois que l'emploi de cette carabine présente plusieurs inconvénients. La chambre est difficile à fabriquer et sujette à des enrochements. L'exécution habituelle des feux ne peut avoir lieu, en conservant la baïonnette au bout du canon. Il y a nécessité d'employer une cartouche spéciale, plus difficile à fabriquer et qui se comporte moins bien dans le transport.

Les partisans exclusifs de la carabine disposés à généraliser l'emploi de cette arme dans l'infanterie légère, se sont peut-être trop préoccupés de la nature toute particulière de la guerre en Algérie. En admettant au contraire la guerre contre de grandes puissances continentales, et la nécessité d'opérer sur des masses d'hommes considérables, il est permis de croire qu'on pourrait reconnaître comme autrefois, de l'avantage à avoir unité d'armement, unité d'approvisionnement, unité de fantassins, également propres à combattre, soit en ligne dans les pays de plaine, soit en tirailleurs dans les pays couverts et montueux.

nées peu positives. En Autriche, on prétend l'avoir trouvée de 70 liv. (39 k,2) avec le fusil d'infanterie, et de 40 liv. (22 k, 40) avec la carabine (258 et 286).

352. La durée d'un fusil dépend plus de la platine que du canon. En France, des canons, après avoir tiré vingt-cinq mille coups, se sont trouvés encore de service. La lumière seulement était un peu évasée. Les fusils à percussion, particulièrement ceux dans lesquels on emploie le chlorate de potasse, auront-ils la même durée? c'est ce que l'avenir démontrera. Si un fusil à pierre est mis hors de service, cela tient bien moins à l'usage prolongé qu'à un maniement mal entendu (1).

353. Pour ce qui concerne la promptitude des feux (288), des troupes exercées peuvent, avec un fusil d'infanterie, tirer de deux à trois coups par minute. On a avancé, dans les temps modernes, que ce nombre de coups pouvait s'élever jusqu'à six ou sept par minute; mais on doit penser qu'il n'y avait alors aucune régularité dans le tir; même le degré de rapidité, indiqué ci-dessus, ne peut se maintenir que peu de temps, soit parce que les hommes se fatiguent, soit parce qu'après soixante coups, les armes s'encrassent et ont besoin d'être nettoyées. Le grand échauffement du canon est moins à craindre. Si l'on tire quarante-quatre coups en 15 minutes, la température d'un canon s'élève de 14 à 64° R. Or, l'inflammation de la charge n'est possible qu'à 200° et plus.

354. L'enfoncement de la balle, à la charge ordinaire et à proximité, est, d'après des essais dans des blocs de chêne, de 3 p. 1|2 à 3 p. 2|3 (0^m, 092 à 0^m, 096), et, dans le sapin,

---

(1) La durée de 50 ans a été fixée par les réglements pour les armes à feu portatives.

de 5p. (0ᵐ, 131). Si le bois est plus dense, elle s'enfonce moins. Elle traverse encore,

à 200 pas (151 mètres)   5 à 7 planches de 1 p. (0ᵐ,0262).
  400   (302 mètres)   3 — 5
  600   (453 mètres)   2 — 3
  800   (604 mètres)   1 — »

Elle enfonce de 2 pieds (0ᵐ, 628) dans la terre damée, et de 3 pieds (0ᵐ, 942) dans celle non damée. Une muraille de 4 po. d'épaisseur (0ᵐ, 1048) n'est pas traversée par les balles d'un fusil. Les carabines donnant moins de vitesse initiale, développent une moindre force de percussion (289) (1).

Soins de propreté et conservation des armes à feu.

355. Il est évident que les meilleures armes portatives n'auraient pas de durée, si des soins consciencieux et bien entendus ne présidaient à leur emploi. On doit s'attacher à rendre populaires des notions exactes sur l'entretien des armes, et principalement de celles qui sont dans les mains des soldats. Il importe que ceux-ci mettent de l'émulation à conserver leurs armes en service autant que possible. Ce résultat doit

---

(1) L'enfoncement de la balle dans une planche de sapin, à la distance de 400 mètres est :   millim.

  Pour le fusil d'infanterie de   17,29.
  Pour le fusil de rempart (1842)   15,57.
  Pour la carabine (1842)   7,15.

A 300 mètres, la balle du fusil d'infanterie traverse trois panneaux de 22 millimètres d'épaisseur, espacés de 0ᵐ,30. Celle de la carabine n'en traverse que deux.

être atteint, si l'arme, après avoir servi, est bien nettoyée; si elle est munie d'un bouchon destiné à la préserver de la poussière; si on ne laisse pas séjourner la rouille, et si on abat le chien aussi lentement que possible, pour que le grand ressort ne s'affaiblisse pas. Il y a lieu de recommander d'éviter de nettoyer complétement et de démonter le fusil pour ne pas faire perdre aux boucles leur position fixe, et ne pas user les vis. La chute de l'arme, le jeu donné à la baïonnette, aux boucles, à la baguette pour faire résonner, ne doivent pas être tolérés. Si des réparations sont devenues indispensables, elles doivent être faites aussitôt que possible par un habile armurier attaché à chaque division de l'armée. Sont-elles devenues nécessaires par l'usure, elles sont au compte de l'Etat. Proviennent-elles de mauvaise volonté ou de maladresse, elles sont au compte du coupable.

356. Les armes ont-elles besoin d'un nettoyage partiel ou complet, on doit les démonter, et, pour ménager l'arme, l'expérience a fait adopter l'ordre suivant : 1° la baïonnette; 2° la baguette; 3° la cheminée; 4° les deux grandes vis de platine, avec le porte-vis et la platine; 5° les courroies, bretelles; 6° l'embouchoir, la grenadière et la capucine; 7° la vis de culasse, 8° le canon; 9° la sous-garde, et 10° la pièce de détente, avec la détente. Toutefois les deux dernières pièces doivent être démontées aussi rarement que possible. La plaque de couche, le ressort de baguette et les ressorts de boucles doivent toujours rester au bois, et la culasse n'être démontée que par un armurier.

357. La platine se démonte dans l'ordre suivant : 1° le chien abattu, le ressort de gachette avec sa vis; 2° la vis de gachette et la gachette; 3° le grand ressort serré par la vis du monte-ressort, la vis de bride et la bride; 4° la vis de noix, le chien et la noix; 5° on ôte le monte-ressort et on enlève le grand

ressort. L'emploi régulier du monte-ressort et du tournevis ne peut s'apprendre que par la pratique. Chaque vis doit rester avec la pièce correspondante pour éviter la confusion.

358. Pour nettoyer les pièces, on ne doit se servir d'aucun corps susceptible d'attaquer le fer, éviter de leur donner un poli brillant, seulement enlever la rouille et ensuite huiler ou graisser ces pièces pour en faciliter le jeu.

Après les feux, le canon est nettoyé à l'aide d'une longue baguette enveloppée d'un morceau de linge ou d'étoupe, mieux avec de l'eau chaude qu'avec de la froide. On le sèche complétement, on le graisse intérieurement avec une graisse purifiée qu'on enlève pour se servir de l'arme. Ler canons blenis se nettoient extérieurement avec de l'huile d'olive, les autres avec de la fine brique pilée, et seulement dans quelques cas exceptionnels, ils peuvent être frottés à l'extérieur avec des limes très douces. Pour cela, on place le canon sur une planche bien unie.

Les pièces de platine doivent être purgées avec un soin particulier de la crasse de la poudre, de la poussière et de l'huile devenue visqueuse. Avant de les remonter, on doit imbiber toutes les pièces frottées et les écrous d'une goutte d'huile pure. La baguette et la baïonnette sont nettoyées à la main, ainsi que les boucles qui peuvent être passées sur une pièce de bois, en ayant soin de ne pas les fausser. L'intérieur de la douille et les boucles doivent être enduites de graisse pour empêcher la rouille. Les vis à bois et les goupilles ne sont pas huilées, mais enduites de graisse.

Le bois est la pièce la plus faible de l'arme. Le moyen de le conserver est de le manier avec ménagement. On le frotte, s'il est complétement sec, avec un peu d'huile que l'on enlève ensuite pour ménager les habits.

359. On remonte les pièces d'une arme, en suivant l'ordre
inverse à celui indiqué ci-dessus (356-357) pour le démontage.
Il ne faut faire aucun effort dans cette opération, et avoir soin
de huiler ou graisser toutes les pièces.

360. Telles sont les règles à observer (355) pour les armes
en service entre les mains des soldats. Celles qui ne doivent
pas être employées de longtemps se conservent dans un magasin clair, disposé de telle sorte que ni l'humidité, ni la poussière,
ni la chaleur du soleil, ni celle de poëles, ne puissent devenir
préjudiciables. Avant de déposer les armes au magasin, on a
soin, dans quelques pays, d'enduire extérieurement les pièces
de fer ou d'acier, après les avoir dérouillées, d'une couche
épaisse de graisse composée de parties égales de cire et d'huile.
On les place sur des râteliers qui ne soient pas attaquables par
les vers, s'ils sont en bois, et qui occupent le moins possible
d'espace pour permettre de reconnaître aisément le nombre
et l'espèce des armes (1).

---

(1) Les soldats ne doivent jamais démonter les pièces de platine,
ni ôter la sous-garde, sans l'autorisation d'un sous-officier. On n'enlève les ressort de garniture, de baguette et la plaque de courbe
que lorsqu'on ne peut les nettoyer en place. La culasse ne doit pas
être démontée dans les nettoyage ordinaires. Elle ne doit l'être que
par le maître armurier.

Le démontage de la cheminée n'a lieu que lorsqu'il est nécessaire
de la remplacer ou de la réparer, jamais pour laver le canon; on emploie pour cette opération la clef destinée à cet usage. Avant de la replacer, on l'essuie avec soin ainsi que son logement, on met un peu
d'huile sur le taraudage, on l'engrène à la main, et on la met à fond
avec la clef.

Pour nettoyer les pièces en fer fortement rouillées, on emploie de l'émeri bien pulvérisée, ou du grès pulvérisé et tamisé avec de l'huile d'holive. Pour les pièces légèrement rouillées, on se sert de brique brûlée, pulvérisée, tamisée et humectée d'huile. Pour les pièces en cuivre, on se sert de tripoli ou de brique bien pilée avec du vinaigre ou de l'eau.

Paris. — Imp. de Lacour et Cie , rue St.-Hyacinthe-St -Michel, 33.

ÉTUDE

DES ARMES.

——— ⟫⟩⦿⟨⟨ ———

BOUCHES-A-FEU.

Division et généralités.

361. Les *bouches-à-feu* ont pour destination de lancer au loin de gros projectiles sur les ennemis ; de tuer ou blesser les hommes et les chevaux, de détruire les pièces, les voitures, les moyens d'attaque et de défense. On comprend sous cette dénomination : 1° les *canons*, qui atteignent le but en ligne directe ; 2° les *mortiers*, qui donnent des feux courbes 3° les *obusiers*, dont la trajectoire tient le milieu entre la ligne de tir rasante des canons, et celle très courbe des mortiers.

362. Les bouches-à-feu sont affectées ou au service de campagne (on se sert à cet effet de canons et d'obusiers), ou à l'attaque et défense des places (on y emploie des canons, obusiers, mortiers). Les premières forment l'*artillerie de campagne*; les secondes, l'*artillerie de siége*, *place et côte* (*pièces de batterie, batterie geschuss*). L'artillerie de campagne se subdivise en *artillerie légère*, destinée à suivre, autant que possible, les mouvements des troupes et qui se compose de pièces

légères parmi lesquelles les pièces de montagne sont les plus
mobiles ; 2° en *artillerie lourde* ou *de position*, qui accompagne
les troupes de réserve, dans certaine proportion.

L'*artillerie de siége* est en général plus lourde que l'*artillerie
de place*.

363. Le tir de plus gros projectiles nécessitant l'emploi
d'une plus forte charge de poudre, exigerait des bouches-à-
feu susceptibles par une grande puissance de cohésion, de résister à la force d'expansion des gaz. Cette condition eût été
mieux remplie, si l'on eût pu confectionner ces bouches-à-feu
en fer forgé, comme les armes portatives ; mais ce mode de
fabrication ayant présenté jusqu'à présent des difficultés in-
surmontables, on les a fait en métal coulé (1).

Autrefois, on a confectionné des canons en fer (46) ; main-

---

(1) On a fait, à diverses époques, des tentatives réitérées pour fabriquer les bouches-à-feu en fer forgé. La plus grande difficulté
qu'a présenté cette fabrication a été celle de souder solidement de
fortes masses de fer. Dans le tir, les soudures imparfaites s'ouvrent
imperceptiblement ; l'humidité approfondit les fissures, l'oxidation
continuelle et inévitable de l'âme altère les portées.

Les obstacles que présentait la forge des grosses pièces de fer
paraissent être levés par suite d'une découverte dont s'est récemment enrichie l'industrie, celle du marteau-pilon, masse de 2,000 k.
et plus, en fonte, qui glisse entre deux rainures verticales, pratiquées
dans deux montants. Ces montants supportent un chapiteau surmonté d'un cylindre creux, dans lequel se meut un piston fixé
au marteau. Un système à tiroir analogue à celui de la machine de
Watt et mobile dans le sens vertical, permet à un jet de vapeur
d'entrer dans le cylindre, au-dessous du plateau du piston, ou en
arrête l'émission. On peut ainsi, à volonté, ou donner au marteau

tenant les pièces les moins sujettes aux déplacements, celles de place, de côte et de vaisseau se font en fonte de fer. On peut alors compenser par la force des dimensions ce qui manque à la fonte en cohésion et en ténacité.

Lorsqu'on s'attacha à rendre les bouches-à-feu de plus

un mouvement ascensionnel, ou faire échapper la vapeur assez rapidement, pour que le marteau puisse, sans arrêt, tomber de sa plus grande hauteur. Le mouvement s'opère par un levier articulé au tiroir du cylindre. Un ouvrier manœuvrant au levier, peut arrêter le marteau à chaque instant de sa course ascendante ou descendante.

La puissance de ce marteau a permis d'entreprendre la forge de bouches-à-feu en fer. A cet effet, on fait un paquet de forme à peu près cubique, avec des fers en barres. On lui donne un poids double de celui de la pièce brute (7,400 kilos environ pour le calibre de 24). On le met dans un four à réverbère, et après l'avoir amené au blanc soudant, on le comprime sous le marteau-pilon. On donne ainsi plusieurs chaudes soudantes, on l'étire et on le met à huit pans. On ébauche les tourillons. On place la pièce au blanc soudant entre deux grandes étampes formant la matrice du tronçon qui porte les tourillons. Comprimée par le marteau, elle reçoit une première forme dans laquelle les tourillons ont le diamètre des embases. On substitue deux étampes plus petites aux précédentes et on amène sous la compression du marteau la masse aux formes et aux dimensions de la pièce brute.

Cette bouche-à-feu est ensuite forée, tournée, etc., par les procédés indiqués plus loin pour les pièces coulées.

Jusqu'à présent l'expérience n'a pas encore prononcé sur l'avenir réservé à ces nouvelles bouches-à-feu; elle seule pourra faire reconnaître si elles sont susceptibles de remplir les conditions d'un bon service et si elles ne seraient pas d'un prix trop élevé.

en plus mobiles , on fut conduit à employer un alliage métallique qui , réunissant la ténacité du cuivre à la dureté de
l'étain , fût susceptible de ne pas éclater sous l'effort de la
poudre, et de ne pas se déformer sous le choc des projectiles
en fonte de fer (matière très dure.) La plupart des bouches-
à-feu sont faites avec cet alliage, appelé *métal des canons* ou
bronze (161). Mais les siéges, en Espagne, ayant donné lieu de
remarquer une grande supériorité, sous le rapport de la durée,
dans les pièces de fonte sur celles de bronze, et la fabrication
du fer ayant fait de grands progrès , on a été amené récemment à entreprendre de nouvelles épreuves dans le but de substituer la fonte au bronze dans la confection des canons. On
a eu en outre pour but un motif d'économie , attendu que,
pour le prix d'une pièce de bronze on peut en faire de six à
neuf de fonte. On sait d'ailleurs que les Suédois, depuis plusieurs générations, font usage de pièces de fer coulé de divers
calibres.

Les épreuves relatives à la substitution du fer coulé , ont
donné souvent lieu à des résultats favorables. Cependant,
bien des voix s'élèvent contre l'emploi de ce métal aigre et
oxydable , au moins pour les pièces de campagne, et quand
mème les bouches-à-feu en fonte auraient résisté aux épreuves , on pourrait craindre encore qu'elles ne présentassent
pas assez de garanties contre l'éclatement. La question ne
peut donc être considérée comme résolue (1).

_____

(1) La fonte de fer a toujours été rejetée du service de l'artillerie
de terre, comme exigeant des épaisseurs très fortes de métal, ce qui
rend les pièces lourdes et peu mobiles. De plus, elles n'ont paru
présenter aucune sécurité dans l'exécution du tir.

Cependant. il resulte de la plus grande dureté du métal qu'elles

364. Le métal employé assez généralement à la confection des canons de divers calibres se compose de 100 parties de cuivre et 10 à 15 d'étain (161).

---

sont moins sujettes aux refoulements et logements du boulet. D'un autre côté, leur prix est de beaucoup au-dessous de celui des bouches-à-feu en bronze. Par exemple, le canon de 24, en bronze, peut coûter environ 9,000 fr. Le même canon de 24, en fonte, ne coûterait que 1,370 fr. Le canon de 12 de place, en bronze, coûte 5,000 fr. Le même, en fonte, coûterait seulement 775 fr. On a donc été conduit principalement par des motifs d'économie, à revenir récemment sur les épreuves déjà faites antérieurement, et à chercher si on ne pourrait pas utiliser la fonte pour le service des côtes, casemates et places.

De premières épreuves eurent lieu en 1830 et 1831 sur des obusiers de 8 pouces, en fonte, destinés au service de la côte. Les résultats furent satisfaisants.

En 1836, on éprouva à La Fère 56 bouches-à-feu françaises, suédoises, anglaises et belges. Elles ne présentèrent, après le tir, aucune augmentation de diamètre extérieur; leurs tourillons ne montrèrent aucune inflexion, l'âme parut légèrement augmentée en diamètre à l'emplacement du boulet; enfin, il y eut absence totale de battements, mais on remarqua les dégradations suivantes: dans quelques pièces, évasement énorme et prompt de la lumière, affouillements étendus autour du débouché du canal au fond de l'âme; d'autres éclatèrent après un tir de 335 à 731 coups: on remarqua sur la surface de l'âme, à l'emplacement du boulet, une foule de petites gerçures dirigées dans le sens de la longueur et des traces d'oxidation dans le métal jusqu'à une profondeur de 0m,010. On découvrit extérieurement des fissures transversales: on reconnut que lorsqu'une pièce était brisée, la culasse se détachait tou-

Le coulage des canons a lieu, soit dans des moules de sable, soit dans des moules d'argile. Les mortiers sont coulés à

---

jours du reste de la bouche-à-feu; enfin, dans des pièces garnies d'un grain de lumière en cuivre, la fonte ne fut pas endommagée à l'extérieur, mais elle le fut fortement à l'intérieur, par des fissures partant du grain et affectant la forme triangulaire.

On fut amené à conclure de ce qui précède, que les bouches-à-feu en fonte finissent toujours par se briser sous l'effet des dégradations ci-dessus mentionnées, surtout lorsque le tir est rapide et soutenu, ce qui écarte la possibilité de les employer comme pièces de siége et de campagne. Il sembla cependant qu'elles pourraient être utilisées dans le service des côtes où le tir est moins fréquent et moins prolongé, peut-être même dans le service des places.

Il fut décidé en 1841, que le canon de 30 long et l'obusier de 22 centimètres de la marine, seraient affectés à la défense des côtes.

La question économique du remplacement du bronze par la fonte, dans le service des places, devenant de plus en plus importante, par suite de l'armement de Paris à effectuer et de celui des autres places à compléter, on a cherché à modifier la construction des bouches-à-feu en fonte, en renforçant leurs dimensions vers les points signalés d'une manière constante comme points de rupture, et diminuant au contraire l'épaisseur vers la volée, en changeant la forme du fond de l'âme et faisant encore quelques modifications au tracé.

Les épreuves nouvelles faites sur des pièces soumises à ce mode de construction, paraissent avoir donné de bons résultats; et la question peut être considérée comme résolue.

Néanmoins, il y aura toujours lieu d'objecter contre l'emploi de la fonte de fer, que ce métal est extrèmement variable, qu'il diffère d'un lieu à un autre, suivant l'espèce de minerai, de combustible

noyau, les canons et obusiers pleins; ils sont ensuite forés avec des forets ou verticaux, ou la plupart du temps horizontaux, et sont tournés ou limés extérieurement (1).

---

employés, etc.; que dans le même haut-fourneau, sous un grand nombre d'influences qu'on ne peut pas toujours apprécier, il change d'un jour à l'autre complétement de nature; que par suite la fabrication de la fonte destinée aux canons de places, côtes, etc., exigera la surveillance la plus rigoureuse; et que la moindre relâche dans cette surveillance, pourrait entraîner les accidents les plus graves.

(1) Le titre du bronze des bouches-à-feu est fixé depuis longtemps en France à 11 parties d'étain en poids pour 100 de cuivre. Ce dernier métal est malléable et tenace. L'alliage d'une faible proportion d'étain diminue ces propriétés, mais rend le composé beaucoup plus dur : condition indispensable pour diminuer les dégradations provenant du frottement du projectile de fonte.

A diverses époques, on a pratiqué trois espèces de moulages : *moulage en terre, moulage en coquille* et *moulage en sable.*

L'opération du moulage en terre, se divise en deux parties bien distinctes: 1° la confection du modèle ; 2° celle du moule auquel on donne le nom de *chape* et qui s'exécute sur le modèle même.

Le modèle, ainsi que le moule, sont formés de trois parties : 1° corps de canon ; 2° culasse ; 3° masselotte.

Le corps se forme sur un arbre tronc conique en bois de pin ou sapin, que l'on appelle *trousseau*, et qui repose horizontalement par ses deux extrémités dans les encastrements de chantiers; il est terminé par une tête carrée, destinée à recevoir une manivelle ou des leviers.

Un *gabarit* ou *échantillon*, composé d'un madrier garni, sur un de ses bords, d'une plaque en tôle découpée suivant la forme du mo-

365. Le diamètre ou calibre du boulet est dans un certain rapport avec les dimensions du canon. On a, depuis une épo-

---

dèle, est fixée à hauteur de l'axe du trousseau et à la distance convenable.

On couvre le trousseau de nattes de paille, jusqu'à ce que la couche de paille nattée laisse entre elle et le gabarit un intervalle de 3 à 4 millimètres qu'on remplit de plâtre gâché ou d'argile délayée, et faisant tourner le modèle devant le gabarit, on lui en donne exactement la forme voulue.

Les modèles des tourillons se moulent en plâtre dans une coquille creuse de la même matière, formée de deux parties, qui s'assemblent par des tenons.

Les modèles des anses se font en cire, en plâtre ou en bois; ces pièces sont appliquées au modèle par des clous.

Le modèle de la culasse se moule par des procédés analogues sur un arbre en fer, placé horizontalement ou verticalement. Le bouton a un prolongement qu'on appelle faux bouton et qui sert pour le forage et le tournage.

La masselotte se fait, comme le corps, sur un trousseau en bois.

Le modèle garni de ses tourillons et de ses anses, est recouvert avec un pinceau d'un léger enduit appelé *ponsif*, composé de cendres et de mottes, délayées dans l'eau de pluie, pour empêcher l'adhérence des terres de la chape.

Le ponsif étant bien sec, on forme au-dessus le moule ou chape, de couches successives de potée et de terre, et on le consolide par un certain nombre de barres de fer, mises suivant sa longueur et assurées par des cercles qui les entourent.

Le moule étant achevé, on enlève les clous qui servaient à fixer les tourillons et qui traversent le moule. On chasse à coups de mouton le trousseau hors de la chape, puis on retire la natte de

que ancienne, calculé et mesuré ces dimensions en calibres
et portions de calibres. A cet effet, on a partagé le calibre en

---

paille. On casse le plâtre des tourillons, et on l'enlève par morceaux ainsi que celui des anses, si le modèle de ces dernières pièces a été fait avec cette matière. Si ce modèle est en bois, il se
compose de deux parties assemblées par leur milieu et qu'il est
facile de retirer.

On procède alors à la cuite des parties du moule. On pose le
corps debout dans une fosse sur un petit fourneau en briques Le
feu est conduit d'abord lentement, puis activé jusqu'à ce que l'intérieur du moule soit parvenu au rouge blanc, ce qui exige cinq
à six heures.

Le moule de la masselotte et celui de la culasse se recuisent,
sans qu'il soit nécessaire de les descendre dans la fosse.

Alors on descend successivement l'une sur l'autre les trois parties du moule et on les assemble entre elles.

On construit un canal destiné à conduire le métal du trou de
coulage des fourneaux au moule de la masselotte.

Les mortiers se moulent à noyau ; ce noyau se confectionne
sur un arbre en fer, avec une natte de paille tressée autour et
que l'on recouvre de terre. Il est soutenu par un plateau qui doit
supporter le moule (chape), et s'emboîter exactement avec lui.
Le noyau est consolidé par des ferrures. Lorsqu'il est terminé,
on chasse l'arbre en fer. On déroule la natte formée autour, et on
bouche le vide avec du sable bien sec.

Les canons et obusiers se coulaient aussi à noyau autrefois;
mais ce mode avait de grands inconvénients pour les bouches-
à-feu allongées et donnait des âmes presque toujours excentriques
à la surface extérieure du canon.

On n'a donc conservé le coulage à noyau que pour les mortiers
et pierriers, bouches-à-feu courtes avec lesquelles on n'est pas
exposé aux mêmes inconvénients.

un certain nombre de parties, par exemple, 24 ou 32 parties. On suit maintenant, presque partout, une autre méthode et

---

Les mortiers et pierriers se coulent à syphon.

Le moulage en terre est le seul qui soit en usage aujourd'hui en France.

On a exécuté en 1793, à l'Arsenal, de Paris, le moulage à coquille, dans lequel le modèle est en bois, ou mieux en laiton, divisé en deux sections dans le sens de la longueur.

On place une des moitiés du modèle sur un plancher horizontal et on le couvre de couches de terre à mouler et de plâtre que l'on consolide par une cage de fer, qui elle-même est recouverte de plâtre.

On retourne cette partie du moule et on enlève le modèle, après avoir dévissé les tire-fonds qui maintiennent les modèles d'anses et de tourillons. On place au-dessus l'autre demi-moule, obtenu de la même manière, et on serre fortement par des boulons les deux parties entre elles.

L'inconvénient capital qui a fait abandonner ce mode, c'est l'infiltration du métal chargé d'étain, par les deux longues lignes de jonction.

Dans le moulage en sable, le modèle se compose de plusieurs tronçons de cuivre, séparés par des plans perpendiculaires à l'axe, s'assemblant par emboîtement.

La chape se compose d'une enveloppe en fonte de fer, divisée en tronçons, appelés ch ssis, correspondants aux précédents, et qui sont tous, excepté ceux de la culasse, divisés en deux parties égales par des lignes parallèles à l'axe. Ces demi-châssis s'assemblent par des boulons passant dans des trous dont sont percés des rebords qui tiennent aux lignes de séparation des tronçons.

On moule séparément les diverses parties correspondantes à chaque tronçon avec du sable quartzeux très argilleux ; on place d'abord le modèle de la culasse et le chassis concentriquement; on remplit l'intervalle entre ces deux pièces avec du sable qu'on

l'on emploie pour cet objet les mesures de longueur ordinaires. Mais en construisant d'après les calibres, il en résulte

---

bat avec un outil en bois appelé batte. On place successivement au dessus les modèles et châssis des diverses parties, et l'on opère de même. Les modèles des tourillons et des anses se fixent sur celui du corps du canon au moyen de vis.

On enlève les diverses parties du modèle, et on fait sécher celles du moule dans une étuve : ce qui exige quinze heures.

Ce procédé , venu d'Angleterre, a été employé en 1793 , en France. On n'est pas d'accord sur la qualité de ses produits, surtout pour les bouches-à-feu de gros calibre.

Il est plus expéditif, moins coûteux , mais à la jonction des châssis, il peut y avoir des parties humides qui forment des soufflures. L'alliage se décompose, les couches les plus voisines de la pièce contiennent un cuivre crystallisé; celles plus éloignées ne contiennent presque que de l'étain.

Malgré ces reproches faits au moulage en sable et sur la valeur desquels on n'est pas bien fixé, les avantages qu'il présente d'un autre côté sont suffisants pour qu'il ne soit pas abandonné sans nouvelles épreuves.

On coule ordinairement à la fois plusieurs bouches à-feu. A cet effet, on verse successivement dans des fours à réverbère du cuivre neuf, du vieux bronze , et lorsque ces métaux sont complétement en fusion, une heure avant la coulée, par exemple, on verse l'étain en proportion suffisante pour obtenir le bronze au titre voulu.

La bouche-à-feu coulée , on coupe la masselotte ; si c'est un canon ou un obusier, on l'adapte à l'arbre de la machine à forer. Cet arbre tourne et communique son mouvement à la bouche-à-feu, dont la bouche se présente à un foret en acier trempé. A mesure que ce foret coupe le bronze, sa tige horizontale est poussée en avant par un système à crémaillère.

cet avantage que les bouches-à-feu de même calibre sont des corps parfaitement semblables.

CANONS.

Leurs propriétés.

366. Les canons sont de longues bouches-à-feu avec lesquelles on lance un boulet de fonte ou plusieurs balles. On les distingue en canons de 1, 2', 3, 4, 6, 8, 9, 12, 16, 18, 24 et 36 livres, suivant le poids du boulet.

Dans chaque système d'artillerie, on établit entre les différents calibres un certain rapport. Ainsi, en Bavière, on a les calibres de 3, 6, 12, 18, 24 livres; en France, on a ceux de 4, 8, 16, 24. Les pièces de 1, 2, 3 livres sont considérée comme pièces de montagne; celles de 4, 6, 8, 9 livres et celle de 12 légère, comme pièces de campagne; parmi ces dernières, les canons de 4, 6, 8 forment l'artillerie légère de campagne La pièce de 12 lourde, celles de 16, de 18, de 24 font partie du service de place, côte et siége. La pièce de 36 ne s'emploie qu'à bord des bâtiments. Il y a eu encore d'autres calibres plus

---

Enfin on tourne extérieurement toutes les bouches-à-feu sur le banc de forerie, sans les déranger de la position qu'on leur a donnée pour le forage.

On cisèle les anses et les tourillons.

On taraude l'emplacement du corps du grain de lumière en cuivre, et on le visse avec un tourne-à-gauche.

lourds, mais ils appartiennent à des époques anciennes et sont inusités aujourd'hui (1).

Le canon A (planche 2, fig. 15), repose, soit pour le tir , soit pour le transport, sur un appareil de deux roues , l'affût (B). Dans les marches , l'affût est lui-même monté sur un avant-train C.

BOUCHE-A-FEU PROPREMENT DITE.

367. Il y a , dans une bouche-à-feu (planche 2, fig. 1 et 2) trois parties à distinguer : 1° de *a* en *b* le *premier renfort*, dont la longueur doit être environ le tiers de la bouche-à-feu; 2° le *deuxième renfort* de *b* en *c* ; 3° la *volée* de *c* en *e*. La partie postérieure du canon se nomme *culasse* et est terminée par un bouton (*g*) qui sert pour les manœuvres de force sur les bouches-à-feu lourdes. Ce bouton, moins utile pour les pièces plus légères, est complétement supprimé dans quelques bouches-à-feu où l'on a cherché à obtenir principalement de la légèreté.

---

(1) Les pièces de campagne en usage aujourd'hui pour le service de terre en France, sont les canons de 12, de 8, et les obusiers de 16 et 15 centimètres. Les pièces de 6 et de 4 ont été abandonnées.

Pour la guerre de montagne, on emploie l'obusier de 12 centimètres.

Les pièces de siége et places sont les canons de 24, 16, 12, long, 8 long. (Le 12 et 8 longs, sont principalement affectés à la défense des places), l'obusier de 22 centimètres, les mortiers de 32, 27, 32, 15 centimètres, et le pierrier de 41 centimètres.

L'*âme* se termine sous le premier renfort. Sa forme à la jonction du fond et des parois latérales est hémisphérique ou simplement arrondie, pour faciliter le nettoyage.

Le *canal de lumière* est percé de haut en bas, se dirigeant verticalement, ou obliquement sous l'angle de 75° à 85° sur l'emplacement de la charge. On n'est pas complétement d'accord sur la position la plus avantageuse à lui donner. Son diamètre varie de 0,2 à 0,25 pouces (0^m,0052 à 0^m,0066) (1). Il convient de la faire étroite autant que possible, pour ne pas perdre une quantité trop considérable de 'gaz (2). Du reste, cette partie est exposée, par l'usage , à de fortes altérations causées par la force d'expansion des fluides élastiques, et le canal de lumière s'évase promptement. Pour prévenir cet inconvénient , on visse, dans le canal de lumière un *grain* de cuivre corroyé, de fer ou d'acier. Cette opération se pratique soit dans l'origine de la fabrication, soit lorsque le canal de lumière, percé dans le métal de la bouche-à-feu , est trop évasé. En Bavière, on met, dès l'origine , un grain de lumière en cuivre.

568. Le deuxième renfort de *b* en *c* a, la plupart du temps, un peu plus en longueur que le sixième de la bouche-à-feu. Il comprend les deux *tourillons t*, par lesquels le canon repose sur l'affût, et autour desquels son axe se meut dans un plan vertical.

---

(1) Le diamètre du canal de lumière est, en France, de 2 lig. 1¡2, ou de 0,0056.

(2) On peut ajouter que, plus la quantité de gaz qu'elle laisse échapper est grande, plus elle s'échauffe et plus facilement elle se dégrade.

Les tourillons ont ordinairement un calibre de longueur et un de diamètre. Ils portent sur les *embases* V, qui ont pour objet de donner plus de consistance à leur jonction avec le canon et d'assurer l'invariabilité de leur position sur les flasques (1).

L'emplacement des tourillons se détermine soit eu égard au centre de gravité de la bouche à-feu, soit eu égard à l'axe de l'âme. Dans l'exécution des feux, pour qu'elle n'oscille pas trop fort en avant, il est nécessaire que le poids soit reporté en arrière des tourillons, lesquels doivent donc être en avant du centre de gravité. Il y a cependant une limite à l'excès de poids de la partie postérieure ; elle est basée sur ce que, si cet excès était trop considérable, il en résulterait plus de difficultés dans la manœuvre, et la *vis de pointage* en souffrirait.

Dans les divers systèmes d'artillerie, le poids en arrière des tourillons l'emporte de 1/10 à 1/36 du poids total de la bouche-à-feu sur celui de la partie antérieure (2).

L'*axe* des tourillons s'abaisse de 1/12 à 1/2 calibre au-dessous de l'axe de l'âme, ce qui permet d'élever davantage la bouche-à-feu au-dessus des flasques (3).

---

(1) Dans les pièces de fonte, on donne aux tourillons un diamètre de 4 lignes au-dessus de celui de leur boulet ; cependant ils sont plus faibles comparativement que ceux des pièces en bronze et se rompent fréquemment.

(2) Dans les pièces très lourdes, la prépondérance à la culasse doit être de huit à neuf fois le poids du projectile ; dans les pièces légères, de douze à treize fois le même poids.

(3) On pense que, pour les pièces de campagne, l'axe des tourillons pourrait, sans inconvénient, être placé dans l'axe même de l'âme.

Dans la partie supérieure, au-dessus du centre de gravité, il y a deux *anses nn*, qui servent pour la manœuvre du canon, et particulièrement pour le monter et le placer sur les flasques, au moyen de la chèvre (planche 1, fig. 56). On les a supprimées récemment dans les bouches-à-feu légères.

La dénomination de volée s'applique principalement à cette partie longue et très faible, eu égard à l'épaisseur du métal, qui s'étend du point *c* au renflement *ee*, vers la bouche, appelé *bourrelet*. La moulure *dd* se nomme *astragale*.

Les diverses parties sont séparées entre elles par des moulures. On en trouve aussi vers la bouche et vers la culasse. Dans les constructions modernes, elles deviennent de plus en plus rares.

370. La ligne de mire naturelle passe par le plus haut point de la culasse et du bourrelet. Elle est tracée par des coches ou par des grains. L'angle de mire naturel est en général de 1/2 degré à 1 degré 1/2.

Pour augmenter l'angle de mire, on élève le point de la ligne de mire, situé sur la culasse, à l'aide d'une bausse, pièce de métal divisée en pouces et en lignes, qui dans les pièces de campagne, tient ordinairemeut à la bouche-à-feu. Elle a un mouvement de haut en bas entre deux coulisses dans la culasse, et est fixée par une vis. Tel est le système adopté daus les canons de campagne bavarois (pl. 2, fig. 3). Dans les canons anglais, la hausse est enfoncée dans le premier renfort et y est plus solidement fixée. Dans les canons de batterie, (siége, place et côte) la hausse (fig. 14) est munie d'un fil à plomb (*a*) et d'un arc de cercle (*bc*). On la place à la main sur le cul-de-lampe pour pointer.

On voit, dans la figure 7, nne disposition adoptée dans les pièces russes ; c'est une hausse suspendue à une pointe et susceptible aussi de servir comme fil-à-plomb.

Pour tirer à des distances moindres que la portée de but en
blanc, ce qui est peu important en général avec des pièces de
campagne, il faut affaiblir l'angle de mire ou l'annuler complétement. On a proposé, à cet effet, de visser dans le deuxième
renfort, entre les deux anses, ou dans l'intervalle du bourrelet
et de l'astragale une petite hausse.

371. Aux considérations exposées plus haut (§ 260), sur la
longueur du canon, il y a lieu d'en ajouter d'autres relatives
au mode de destination des diverses bouches-à-feu.

Dans celles de campagne il vaut mieux diminuer la longueur pour obtenir plus de légèreté et par suite plus de facilité et de promptitude dans le service, sans diminution notable de portée. Dans la grosse artillerie, cette condition de
légèreté n'est plus nécessaire, et il importe que la bouche-à-
feu entre, autant que possible, dans l'embrasure.

La longueur du canon de campagne (de la plate-bande à la
bouche) a été fixée assez généralement, après essais, pour
une charge de 1|4 à 3|8 du poids du boulet, au terme de 16
à 18 calibres. On a essayé de réduire cette longueur à
14 calibres, mais il en est résulté une diminution considérable de portée. Les canons, en Bavière, ont 18 calibres, et
en Autriche, 16.

Les canons de batterie (siége, place et côte), ont en général
une longueur de 20 à 26 calibres. En Bavière, le 6 lourd en a 26;
le 12 lourd, 24; le 18, 23; le 24 long, 22. La pièce de 24, de
12 à 14 calibres, est spécialement destinée au tir des boulets
creux, du même diamètre que le boulet plein de 24. C'est le
cas de l'obus de 7 liv. (1).

---

(1) Les longueurs d'âme favorables au plus grand effet sont gé-
néralement de 17 calibres pour la charge de 1|4, 18 à 19 pour la

372. L'épaisseur du métal est en général dans les canons de campagne en bronze, vers la culasse, d'environ 3|4 de calibre, et vers la bouche ou à l'astragale d'à peu près moitié. Dans les canons de siége, l'épaisseur à la culasse s'élève, la plupart du temps, à un calibre. Les canons de fonte ont de 1|6 à 1|4 de plus en épaisseur, suivant la qualité du métal (1).

373. Quant au poids à donner à la bouche à feu, il a été reconnu que, pour chaque livre de projectile, ce poids devrait être de 200 liv. avec la charge de moitié du poids du boulet, de 150 liv. avec la charge du tiers, de 120 liv. avec la charge du 1|4, de 100 liv. avec celle du 1|5. Dans l'artillerie de siége, on compte en général 250 à 500 liv. pour une livre de boulet. Le canon léger autrichien de 6 ne pèse pas tout-à-fait 7 quintaux (392 k). Celui de 12 pèse 14 quintaux (784 k). D'un autre côté, le canon lourd de 12 (pour siége) pèse 26 quintaux 1|2 (1484 k), et celui de 24, 49 quintaux 1|2 (2772 k).

En Bavière, les poids des canons de campagne sont fixés comme suit : pour celui de 3 liv. 4 quintaux 1|2 (252 k); de 6 liv., 7 quintaux 1|2 (420 k) ; de 12 léger, 14 quintaux 1|3 (802 k). Les canons de siége en bronze pèsent, en Bavière : celui de 6 liv., 14 quintaux 1|2 (812 k); celui de 12, 26 1|3

---

charge de 1|5, 19 à 21 pour la charge de 1|2. On a pris, en France, pour la pièce de campagne, la longueur de 17 calibres, et pour les pièces de siége, de 24 et 16, 21 et 23 calibres. (Piob.)

(1) Dans les canons de campagne, l'épaisseur à la lumière (à l'endroit le plus épais) est de 4|5 du diamètre du boulet ; vers la bouche (à l'endroit le moins épais), elle est de 4|11. Dans les pièces de siége, l'épaisseur est, à la lumière, égale au diamètre du boulet, et de 6|11 vers la bouche. (Piob.)

(1474 k) ; celui de 18, 39 (2184 k). Le canon long de 24, 49 $^{1}|2$ (2772 k), et le court de 24, 26 1|5 (1467 k) (1).

Les canons de place et côte en fonte, quoique ayant une plus grande épaisseur de métal que ceux de bronze, ont cependant à peu près le même poids, parce que la fonte à moins de densité que le bronze. Par exemple, le canon de fonte de 6 pèse 14 quintaux 1|5 (802 k), celui de 12, 28 3|4 1616 k), celui de 18, 40 2|3 (2276 k). En général, il y a dans le poids des bouches-à-feu une variation de 1|30 à 1|25 (2).

374. Le vent du canon est très variable ; il est de 1|22 à 1|40 de calibre. En Bavière, dans les canons de campagne, le vent

---

(1) TABLEAU DES POIDS DES CANONS DE BRONZE DE DIVERS
CALIBRES EN FRANCE.

Siége et place.				Campagne.	
24	16	12	8	12	8
2740 k.	2000	1550	1065	880	580

(2) Tableau des poids des bouches-à-feu en fonte de la marine.

36	30 long.	30 court	24 long.	24 court	18 long.	18 court	12 long.	12 court	8 long.	8 court	6 long.	6 court
k. 3320	3035	2487	2304	2115	2062	1716	1466	1174	1166	1006	848	749

est de 0,12 pouces (0 m,0031); dans les canons de siége, de
0,16 pouces (0 m,0042) (1).

L'AFFUT.

575. L'affût doit satisfaire aux conditions suivantes : donner
à la bouche-à-feu un appui ferme et sûr; pouvoir être ma-
nœuvré facilement; avoir la résistance et le poids nécessaire;
présenter les propriétés d'une voiture susceptible d'être transportée sans danger et avec toute la mobilité possible, même
sur les routes non frayées, particulièrement pour l'artillerie de
campagne.

576. D'abord la construction de l'affût doit être telle que
la bouche-à-feu ne s'élève pas au dessus du terrain de plus
de 40 à 48 pouces (1 m, 048 à 1 m, 258), afin qu'on puisse
charger facilement, donner rapidement et exactement la direction et la hausse, et faire feu sans difficulté. Si l'affût est
trop bas, non seulement il a l'inconvénient d'être d'un service
difficile, mais les moindres inégalités de terrain opposent des
obstacles à la trajectoire du projectile. L'affût doit être disposé de manière à exiger le plus petit nombre possible de servants. Enfin, le degré de résistance, le poids et toutes les
propriétés de l'affût, doivent être en rapport avec le poids du
canon et de la charge ; il faut qu'il soit assez mobile pour ne
pas souffrir trop du choc de la bouche à feu, qu'il n'oppose pas
de résistance à cette force et recule sans difficulté. Ce recul,

_____

(1) Le vent est, en France, de 0 m,0023 pour pièces de place et
campagne ; de 0,0034 pour pièces de 16 et 24 de siége.

cependant, ne doit point excéder 4 pas (3ᵐ,020) (1) pour les
pièces de batteries. Cet intervalle suffit, si le canon est derrière
un parapet, pour permettre de charger de nouveau. S'il était
plus fort, la remise du canon en batterie serait trop pénible.

577. L'affût à deux roues doit être susceptible de pouvoir
être réuni simplement et vite à son avant-train, de manière
à former une voiture à quatre roues, et d'en être séparé aussi
facilement. Dans cette réunion, les deux trains ne doivent pas
donner un système inflexible, ils doivent avoir des mouvements
libres et indépendants, et prendre des inclinaisons différentes,
sans qu'aucune partie du système soit exposée à se rompre ou
à se fausser. La marche doit être, comme dans toute autre
machine, douce, sans acoup et sans bruit.

Quel que soit le poids d'une voiture, sa mobilité est proportionnelle au rapport existant entre le diamètre de la roue et
celui de l'essieu. Plus la roue est élevée et l'essieu mince, plus
la voiture est mobile.

Le fer forgé permet plus que toute autre matière de diminuer l'épaisseur de l'essieu, sans lui faire perdre sa résistance
A dimension égale, les essieux en fer sont six fois plus forts
que ceux en bois (2). La hauteur de la roue, pour la facilité du

---

(1) Le recul très variable des pièces de campagne françaises
est compris dans les limites de 1ₘ,50 à 10 m.; pour les canons
de siége et place, il n'excède pas 2 m.; il est de 3ₘ,10 dans le tir
de l'obusier de 22 centimètres, etc.

(2) Les essieux se font de plusieurs mises de bon fer, que l'on
soude au marteau ou au laminoir. Les fusées se font sous un martinet et sur une enclume, l'un et l'autre étampés ; elles sont ensuite tournées.

tirage des chevaux de trait, est évaluée en général de 56 à
58 pouces (1m,47 à 1m,52). Les traits doivent être inclinés de
6 à 12°. sur le terrain, pour que le tirage exerce tout son
effet. Les roues élevées facilitent beaucoup dans les montées,
mais elles sont très lourdes, fragiles, et dans les descentes,
forcent à enrayer sous de moindres pentes. Les roues basses
enfoncent trop profondément dans un terrain mou, et opposent, dans les inégalités du terrain, plus de résistance au mouvement.

Enfin, il faut que les affûts de campagne attelés puissent
tourner aisément dans un espace étroit, et qu'ils soient disposés de manière à transporter les hommes de service et une
partie des munitions nécessaires.

378. On voit déjà que les mêmes affûts ne peuvent suffire à
tous les usages, et que leur construction doit être basée sur la
destination des bouches-à-feu qu'ils doivent supporter. On distingue des *affûts* : 1° *de campagne*; 2° *de siége*; 3° *de place*;
4° *de casemate*; 5° *de vaisseau* ou *marins*. Eu égard à une différence essentielle qui peut exister dans leur construction, on

---

Dans la réception des essieux , on mesure leurs dimensions, et
on éprouve leur résistance : 1° en les soumettant au choc d'un
mouton métallique de 300 kil., qu'on laisse tomber de 1m,60
de hauteur sur le milieu, pour les essieux de siége, place, côte et
de 1 m. pour ceux de campagne ; 2° en les laissant tomber de la
hauteur de 2m,11, de manière que les fusées portent en même
temps sur deux rouleaux de fonte.

La première opération (épreuve du mouton) éprouve le
corps.

La deuxième (épreuve de l'escarpolette) éprouve les fusées.

les divise en *affûts à flasques* (fig. 15), *affûts à flèches* (fig. 18), *affûts à châssis* (fig. 29 et 30).

Les affûts lourds se font en chêne, les légers en orme et en pin sauvage. Ils sont consolidés par des ferrures dont le poids s'élève souvent aux 4[5 ou aux 5,6 de l'affût, ce qui a conduit, en Angleterre, en France et dans le Wurtemberg, à mettre en essai des systèmes d'affût partie en fonte, partie en fer forgé (1).

LES FLASQUES.

379. L'ancien affût se compose : 1° de deux flasques (fig. 38 et 39) sur lesquelles le canon repose par ses tourillons dans les *encastrements (aa)*; 2° d'un essieu (*e*) sur lequel portent ces flasques, qui sont réunis par trois *entretoises* : 1° l'*entretoise de*

----

(1) Depuis treize ou quatorze ans, la question de l'emploi des affûts en fer a été très agitée en France. On a fait valoir en leur faveur les progrès faits dans l'art des fontes, les avantages nombreux résultant d'un matériel presque indestructible, la rareté toujours croissante du bois propre aux constructions. Divers projets d'affûts en fer et en fonte, quelques-uns très ingénieux, ont été proposés et soumis à des épreuves.

Ces affûts n'ont pas paru susceptibles d'être adoptés dans le service de campagne, de siége et de place, parce qu'ils sont très promptement détruits par le feu de l'ennemi, produisent des éclats très dangereux, et qu'ils ne peuvent se réparer comme les affûts en bois. Toutefois on pense qu'ils pourront être employés avec avantage à l'armement des côtes et des casemates. On n'est pas encore arrivé à la solution complète de cette importante question.

tête (f) ; 2o *l'entretoise du milieu* (*g*) ; 3o *l'entretoise d'avant-train*
(*h*) (1). Aux deux extrémités de l'essieu (*fusées*) sont adaptées
les roues (fig. 15).

Les flasques se divisent en trois parties, *tête*, *milieu* ou *ta-
lus*, et *crosses*. Leur longueur est réglée d'après la longueur
du canon; la hauteur des roues, d'après leur *cintre*, et le cintre
suivant la machine de pointage employée.

La longueur des flasques varie suivant les pays. Elle est,
pour les calibres de 4 à 24, de 7 pieds 1/2 à 12 pieds ($2_m,36$ à
$3_m,77$.)

L'écartement des flasques est réglé de telle manière, que le
canon reposant par ses tourillons dans les encastrements, la
culasse soit comprise dans l'intervalle des flasques, et que la
pièce avec ses embases, ne ballotte pas à droite ni à gauche.
Dans les anciens affûts, les flasques destinés à recevoir des
bouches-à-feu très lourdes sont plus écartés derrière que
vers la tête.

380. La hauteur et l'épaisseur des flasques dépend du calibre de la pièce et de son mode d'emploi, suivant qu'il exige
plus ou moins de hausse. Plus l'inclinaison de la bouche-à-feu
est grande, plus elle fatigue l'affût, plus il doit présenter de
résistance.

La plus grande hauteur des flasques a lieu vers la tête et on
leur donne dans les divers calibres de 4 à 24, une hauteur à
la tête de 11 pouces à 1 pied 1/2 ($0^m,288$ à $0^m,471$) et au
cintre de crosse de 8 pouces à un pied ($0^m,21$ à $0^m,314$.)

---

(2) Ces trois entretoises, dans la nomenclature française, s'appellent *entretoises de volée*, de *mire* et de *lunette*.

L'épaisseur des flasques varie de 3 à 5 pouces ($0_m,0786$ à $0^m,1310$.)

La crosse de l'affût a la forme d'un traîneau à la partie inférieure, de sorte qu'elle puisse glisser sans arrêt sur le terrain, et que le recul n'éprouve pas d'obstacle.

581. Les entretoises ont pour but principal de réunir invariablement les flasques ; ils ont encore d'autres destinations, mais secondaires; ils sont en partie encastrés dans les flasques.

L'entretoise d'avant-train sert à réunir l'affût à l'avant-train, lorsqu'on veut faire parcourir à la bouche-à-feu une distance considérable. A cet effet, l'avant-train porte, comme on le verra plus tard, la *cheville ouvrière* qui s'adapte dans un trou, *lunette*, pratiqué dans l'entretoise d'avant-train, appelé par suite, *Entretoise de lunette*. Les dimensions de ce trou doivent être augmentées dans le haut et dans le bas, afin que la cheville ouvrière puisse y être introduite facilement, et qu'elle ne soit pas exposée à être brisée ou faussée dans la marche sur un terrain inégal.

382. Les *encastrements des tourillons* (*aa* fig. 39.) doivent être disposés, par rapport à l'essieu, de telle sorte que la partie postérieure de l'affût puisse être levée et remuée facilement et qu'en mettant la pièce sur l'avant-train, elle pose d'aplomb sur l'essieu, sans incliner en avant. Dans les affûts de siége, il y a en arrière de cet essieu d'autres encastrements qu'on appelle *encastrements de route*, dans lesquels on place les tourillons de la bouche-à-feu pendant la route, pour ménager l'essieu de l'affût, et répartir également le poids sur cet essieu et sur celui de l'avant-train.

L'essieu se compose du *corps*, partie comprise entre les deux flasques, de deux *fusées* coniques, autour desquelles tournent les deux roues, et qui sont inclinées d'environ un demi-pouce (0m,0131) vers la terre pour mieux retenir les roues. Ce qu'on nomme *flèche* cintre de l'essieu. Les essieux en fer ont souvent leur corps encastré dans un corps de bois, soit pour les garantir, soit pour mieux assurer leur position. Les fusées sont percées à l'extrémité de trous carrés pour les *esses* qui maintiennent les roues.

Les roues se composent du *moyeu* (fig. 15), dans lequel entrent les fusées de l'essieu, d'une *couronne* formée de plusieurs parties, *jantes*, la plupart du temps au nombre de 6, et des *rais* de frêne qui lient la couronne au moyeu, ordinairement au nombre de 12. Les roues ont la plupart du temps la hauteur de la voie qui les sépare, c'est-à-dire 4 pieds 3 pouces à 5 pieds (1m,355 à 1m,570) (1). Les rais sont fixés fortement au moyeu et forment avec l'essieu un angle de 75 à 80°. Par suite, le plan extérieur des jantes a une inclinaison de 2 po. 1/2 à 3 po. (0 m. 066 à 0,079) sur les rais, cette inclinaison s'appelle *écuanteur* de la roue. Elle permet au rai le plus bas de se tenir verticalement sur la terre (2).

---

(1) Diamètre des roues en France : 1 m,49.

(2) S'il n'y avait pas d'écuanteur, tous les rais seraient dans le même plan, plusieurs d'entre eux pourraient être forcés sans que les autres s'y opposassent, et la roue pourrait être brisée suivant un diamètre. Formant au contraire une surface conique, les rais, reliés par la couronne, se soutiennent mutuellement ; ils augmentent la résistance de la roue aux pressions latérales que les obstacles du chemin exercent contre les jantes.

Dans les mauvais chemins, si l'une des roues baisse, le rai devient à peu près vertical, et est ainsi plus susceptible de résister soit à la pression de la charge, soit aux chocs provenant des inégalités du terrain.

Enfin la disposition des rais inclinés s'oppose à la dislocation,

383. Les ferrures de l'affût consistent en 4 *boulons d d* (fig. 59) horizontaux, destinés à assurer la liaison des flasques entre eux; 6 boulons verticaux, *w w*, ou chevilles. Ces pièces sont fixées à leur extrémité par des vis à écrou.

Des *bandes* qui recouvrent le dessus et le dessous des flasques et les jantes de la roue. Ces dernières bandes sont, ou séparées ou réunies en un seul *cercle*.

Dans les roues, on remarque des *frettes* et *cordons*, destinés à consolider le moyeu, et lorsque l'essieu est en fer, des *boîtes* métalliques qui garnissent intérieurement le moyeu.

Les encastrements des tourillons sont munis de fortes *sous-bandes, a a,* et recouverts par des *sus-bandes, b b* (fig. 15), qui fixent bien ces tourillons.

Des *crochets* et *anneaux de manœuvre et d'armement* (*rr, ss*), sont adaptés du côté extérieur des flasques et servent à placer *l'écouvillon, le refouloir* et *les leviers.* Les armements y sont maintenus par des courroies.

Les crochets simples de *retraite a,* qui se trouvent vers la tête de l'affût, les doubles crochets de *retraite b*, vers l'entretoise d'avant-train, servent à adapter des *bricoles* pour faire parcourir à bras d'hommes une petite distance à la pièce. L'essieu, s'il n'est pas entièrement de fer, a, en dessus ou en dessous, des bandes de fer. De forts *étriers* de fer, disposés sous les flasques, servent à le fixer à l'aide de chevilles qui traversent le flasque.

---

parce que le rai est toujours pressé dans le moyeu, par la même surface. Sur un rai vertical, la pression s'exercerait tantôt dans un sens, tantôt dans un autre, ce qui occasionnerait promptement la dislocation des assemblages. Enfin, par cette disposition, **la roue serait susceptible de faire chapelet.**

L'entretoise d'avant-train ou de lunette porte 2 ou 4 *anneaux de pointage* (*pros docken n*, *o*), dans lesquels on enfonce les leviers de pointage, et un *anneau d'embrelage* (f. 58 et 39) *m* pour attacher la *chaine d'embrelage* qui tient à l'avant-train; ce qui assure la liaison des deux trains. La lunette est garnie, intérieurement, de fortes bandes de fer, destinées à empêcher qu'elle ne s'évase trop promptement par l'usage. Les bandes de recouvrement sont fixées par des *frettes*, *x*, et des clous. En dehors des crosses, il y a, des deux côtés, des poignées qui servent pour lever l'affût, soit qu'on veuille réunir, soit qu'on veuille séparer les deux trains.

Indépendamment de ces ferrures, on remarque encore sur l'affût *la chaine à enrayer* ou le *sabot d'enrayage*, fig. 15, pour retenir la roue dans les descentes, et le *sceau q q*, dans lequel on porte l'eau pour nettoyer le canon et qui, ordinairement, pend sous l'entretoise de tête (ou de volée.)

384. Une partie importante de l'affût est la *machine de pointage*, qui sert à élever ou à abaisser la culasse du canon et à donner l'inclinaison depuis 15 ou 20° au-dessus de l'horizon jusqu'à 10° en dessous. La machine de pointage, particulièrement pour les pièces de campagne, doit être disposée de telle manière, qu'un homme puisse facilement et rapidement pointer le canon et que le tir ne la dégrade pas. Pour obtenir ce résultat, on a inventé divers mécanismes, et particulièrement trois espèces, *le coin, le coin à vis* et *la vis de pointage*.

385. La première consiste en deux coins placés l'un sur l'autre, que l'on pousse ou retire en soulevant la bouche-à-feu avec un levier. Ce mode de pointage est lent et incertain et l'on s'en sert rarement.

386. Le *coin à vis* consiste dans le mécanisme suivant: A un boulon de fer qui réunit les deux flasques de l'affût, est

adaptée par deux anneaux *b*, une semelle (fig. 37 A) qui
porte à son autre extrémité, pour l'exécution du feu, sur un
2e boulon que l'on peut fixer dans les flasques à une hauteur
plus ou moins grande. Sur cette semelle glisse entre deux li-
teaux *c*, le coin B, dont l'arête supérieure, sur laquelle se meut
la culasse du canon, est garnie de fer ; par dessous, il tient à
une vis *d*, que l'on peut faire avancer ou reculer dans un écrou
placé dans la *semelle*, au moyen de la manivelle *e*, et qui entraî-
nant le coin dans son mouvement, abaisse ou élève la culasse.
Pour que le recul ne change pas la position de la vis, le coin
porte un verrou *f*, qui peut engréner sur une roue dentée, laquelle tient à vis. Cette pièce est maintenue par ce système d'arêtoir.

387. La troisième espèce de machine de pointage consiste
en une forte vis *v* (fig. 38 et 39), à la tête de laquelle se trouvent
quatre branches de manivelle et qui se meut dans un écrou *u*,
fixé entre les deux flasques et mobile autour d'un axe. La culasse se meut sur une semelle *t*, suspendue à charnière à l'entretoise de tête, et couchée sur la tête de la vis, qui, par son
mouvement dans l'écrou, élève ou abaisse la semelle et par
suite la culasse.

Cette espèce de machine de pointage est aujourd'hui généralement adoptée, quelquefois avec des modifications ; par
exemple, dans les pièces prussiennes, la vis a sa tête fixée
dans la semelle, et on la met en mouvement en faisant tourner
l'écrou muni d'une manivelle à branches. (Fig. 36.)

388. Dans quelques systèmes d'artillerie, on prolonge les
flasques, de manière à pouvoir placer, dans l'espace vide,
entre l'entretoise du milieu et celui de lunette, un *coffret couvert*, qui contient des munitions et d'autres approvisionnements, et qui peut servir aussi au transport de quelques canonniers, en disposant en dessus une *banquette* et au bas un

marche-pied. Cette disposition est adoptée dans l'artillerie légère autrichienne. (Fig. 40).

389. Le poids de l'affût doit être proportionné à celui du
canon, demanière à présenter un contrepoids suffisant au recul.
Dans les pièces de campagne, l'affût et la bouche-à-feu pèsent
à peu près également. Dans les pièces de batterie (siége, place et
côte) au contraire, l'affût n'a souvent que la moitié du poids
de la bouche-à-feu. L'affût de 6, en Bavière, pèse 889 livres
(498 kil.). Celui de 12, 1259 livres (694 kil.). L'affût de 24
autrichien, pèse 2577 livres (1331 kil.). Le poids des roues est
compris dans ces évaluations. (1)

L'AVANT-TRAIN.

390. On a dit ci-dessus que l'avant-train (fig. 15 et 34),
était destiné à former, par sa réunion à l'affût, une voiture à
quatre roues.

Dans les affûts à flasques, l'avant-train se compose de *l'essieu* porté sur deux roues ; ces roues sont plus petites que celles
de l'affût. Il en résulte un tournant plus fort et plus de facilité
pour réunir les 2 trains. La voie est la même que celle de l'affût.

(1) Tableau du poids des affuts français.

	campagne.		mont.	siége.		place et côte.		
			obusier					
	12	8	12	24	16	24	16	12
	k	k	k	k	k	k	k	k
Poids sans roue.	367	327	63	641	549	459	432	395
Poids de la roue.	102	102	23,50	155	155	176	176	176

De l'essieu partent, dans les pièces de campagne, 2 armons sur lesquels posent la *sellette g*, avec la *cheville ouvrière a* qui s'adapte à la lunette dans l'entretoise de lunette, et qui y est maintenue par *la chaîne d'embrelage c b*. Au-dessus de l'essieu, dans la plupart des pièces de campagne, il y a un châssis sur lequel est adaptée une caisse (*coffret*) *h*, destinée au transport d'une certaine quantité de munitions et d'autres objets nécessaires au service. Elle est disposée, en outre, pour recevoir 2 ou 3 canonniers qui posent leurs pieds sur une planche placée à cet effet.

Entre les deux *armons* qui se réunissent en avant, en forme de fourche, est fixé un *timon* de 10 à 11 pieds (3 m. 14 à 3 m. 48) de longueur. On y établit une *volée fixe* et des palonniers auxquels on attèle avec des traits les deux chevaux de derrière. Quant aux chevaux de devant, ils sont attelés au bout du timon par l'intermédiaire d'une volée mobile avec palonniers.

L'avant-train porte différentes ferrures, plaques, boutons et bandes, l'anneau et les crochets de prolonge, la bande de sellette et de sassoire, et des chaînes de retenue au bout du timon.

On adapte généralement entre les deux flasques d'un affût de campagne un coffret à munitions. Dans les affûts de siège et place, l'avant-train ne porte pas de coffret, et la cheville ouvrière, fixe ou mobile, est placée sur l'essieu. Les avant-trains de campagne sont appelés *avant-trains à coffrets* (*kasten protze*); les avant-trains de siège et place *avant-trains sans coffret* (*sattel protze*).

L'essieu est, la plupart du temps, en fer, comme celui de l'affût, et dans un corps en bois; le *timon*, les *armons*, le brancard du milieu (*mittel steise*) qui joint le corps d'essieu à la sellette ou à la sassoire, la *volée*, sont en frêne ou en bouleau. Le châssis support, la sellette, en orme ou en chêne; le coffret en pin; le cadre du couvercle, en chêne.

391. Le tournant d'un affût dépend principalement de la
disposition de l'avant-train ; il est d'autant plus grand que les
roues de l'avant-train sont plus petites, que la cheville ouvrière est plus rapprochée de l'essieu, que la voie est plus
large, que les deux flasques sont moins éloignés l'un de l'autre.
On ne doit pas cependant l'augmenter outre mesure, aux dépens des autres propriétés de l'affût, parce que, au besoin,
on peut séparer les deux trains, et ils ont alors, comme les voitures à deux roues, le plus fort tournant possible. Il importe aussi
que le timon soit bien maintenu, et qu'il puisse s'élever ou
s'abaisser, selon les circonstances. Le tournant, dans les pièces
autrichiennes, est de 34° à 64°; dans les pièces bavaroises, il
s'élève jusqu'à 91°.

Le poids de l'avant-train, suivant qu'il est sans coffret ou à
coffret sans munitions, varie pour les calibres de 6 à 12, de
310 à 771 livres (174 à 432 k.). Les coffrets vides pèsent de
48 à 135 livres (27 à 76 k.).

AFFUT A FLÈCHE.

392. Il consiste en une seule pièce principale flèche as-
semblée, à l'une de ses extrémités, avec deux demi-flasques
sur lesquels porte la bouche à feu. Cette pièce est, à l'autre
bout, arrondie en forme de crosse (fig. 18 et 25).

La flèche est montée sur un essieu avec roues de derrière,
hautes de 58 pouces 1⁄4 (1 m. 52).

A la queue de l'affût est adapté un fort anneau de fer, *lunette a*,
dans lequel on introduit un *crochet cheville ouvrière b* fixé à
l'avant-train, pour opérer la réunion des deux trains. L'avant-
train *c* porte des roues aussi hautes que l'affût. On y ménage

un emplacement pour le transport d'une quantité considérable de munitions (fig. 19 et 20). Dans les pièces anglaises,
des deux côtés de la flèche, deux coffrets *dd* sont accolés au-
dessus de l'essieu.

393. Cette disposition permet une répartition égale du poids
sur les deux essieux, et l'égalité en hauteur des roues donne une
plus grande mobilité sans faire perdre sensiblement en tournant, parce que le peu de largeur de la queue d'affût augmente le
champ de la roue pour tourner. L'opération de mettre ou d'ôter
l'avant-train est très simplifiée, attendu que l'étroite queue
d'affût se saisit facilement, qu'elle descend plus bas, et que
les canonniers, dans la manœuvre, peuvent bien voir, ce qui
n'a pas lieu dans l'ancien système, le crochet cheville ouvrière et l'anneau lunette.

Ce mode donne les moyens de transporter une quantité
plus considérable de munitions; il introduit plus d'uniformité
dans le matériel. Un de ses avantages est de ne nécessiter
qu'une seule espèce de roues.

Avec ce genre d'affût, l'avant-train sans sassoire n'est pas
maintenu, et l'on est conduit naturellement à remplacer le timon par la limonière; cependant on n'a pas fait partout cette
substitution, attendu que la limonière présente les inconvénients suivants: l'attelage et le dettelage sont un peu plus
longs; lorsque le limonier est tué ou blessé, on ne peut le
dégager assez vite pour le remplacer par un autre. Cette limonière paraît user les chevaux, et les limoniers se trouvent
difficilement. On peut répondre que ces chevaux ne portent
pas plus de 50 livres (28 kil.) environ, c'est-à-dire le tiers
de la charge du cheval de selle; que cette espèce de limonière
donne de faibles secousses, parce que la cheville-ouvrière est
fixée très près de l'essieu; qu'enfin ce système a été adopté
par les Anglais qui cependant conservent leurs chevaux avec

beaucoup de soin, et qui les font galoper très légèrement dans la limonière.

Pour pouvoir dételer plus facilement le limonier blessé, un mécanisme particulier permet de détacher de l'essieu le bras extérieur de la limonière ; la fig. 19 montre la disposition de cette limonière, lorsque deux chevaux sont attelés de front.

Dans le cas où la largeur de la route ne permettrait pas d'atteler deux chevaux de front, les deux bras peuvent se placer de part et d'autre de l'axe de la voiture, et les chevaux de trait sont attelés un à un. Ce cas se présente dans les chemins très encaissés.

AFFUTS DE PLACE ET DE CASEMATE.

394. Dans la défense des places, les pièces ont, en général, une position déterminée, et doivent conserver longtemps, la nuit comme le jour, la même direction. Elles doivent, d'une part, pouvoir s'élever au-dessus du parapet, de l'autre occuper le moins possible d'espace dans les casemates. Cette double destination nécessite une espèce particulière d'affût (*affût de place et de casemate*).

Les anciens affûts de place se distinguent de ceux de campagne par des flasques plus courts, des roues plus petites, un fort essieu en bois, une faible armature. Parmi les affûts de place employés, les *affûts Gribeauval* sont à mentionner. Ils consistent en deux flasques liés entre eux par trois entretoises et par des boulons, montés sur deux roues, et ayant de plus, en arrière, une roulette mobile dans l'auget d'un châssis en bois. La pièce s'élève sur l'affût de 5 pieds (1 m. 570) (fig. 30).

395. La longueur des flasques (*a*) monte de 6 à 6 pieds 1/2, (1 m. 884 à 2 m. 04). Leur hauteur, composée de trois madriers de chêne réunis par des boulons, est de 2 pieds 10 pouces à 3 pieds (0 m. 890 à 0 m. 942). L'épaisseur des flasques est de 4 à 5 pouces (0 m. 10 à 0 m. 13). La voie de 3 pieds 10 pouces à 4 pieds (1 m. 204 à 1 m. 250). Sur trois *gîtes* qui servent de base à tout le système, et qui, dans ce but, sont enfoncés en terre, porte le *châssis* composé de 2 *semelles* (*c*) et d'un auget (*e*), au milieu, dans lequel se meut la *roulette* (*b*). Le châssis, fait en bois de pin (1), est mobile en *d* autour d'une *cheville-ouvrière*, ce qui permet de donner facilement la direction. A cet effet, on appuie des leviers dans les entailles d'une *poutrelle* (*f*) (2), et on dirige de côté tout le châssis avec l'auget (*e*) et l'affût. La *machine de pointage* est une *vis* ou un *coin*.

Dans le milieu et au bas du flasque se trouve une entaille qui sert à appuyer des leviers pour mettre en mouvement des roues. Les semelles du châssis sont liées entre elles par des *entretoises* (*g* et *h*).

Les gîtes ont une pente de 5 pouces (1^m,310) de derrière en avant. Lorsqu'on a tiré la pièce, elle recule jusqu'au milieu des semelles. On la fixe dans cette position au moyen de *cales*, on la charge, et on la remet plus facilement en batterie, par suite de la pente.

Pour conduire cet affût à une faible distance, on emploie un avant-train (*sattel protze*) avec un chassis particulier de transport qu'on introduit entre les deux flasques et qu'on fixe avec

---

(1) Le châssis de transport Gribeauval se faisait en pin.

(2) Cette poutrelle n'existait pas dans l'affût français; on donnait la direction en embarrant avec des leviers sous l'augel.

un boulon, et la roulette (b), dans la marche, ne touche plus la terre.

On tire facilement ces affûts placés sur une barbette par dessus de très petites embrasures. Il faut moins d'hommes pour les servir, et on les pointe aisément.

Le poids de l'affût, avec les roues et le châssis, monte, du calibre de 6 à celui de 24, de 1,400 à 2,400 liv. (784 à 1344 kil.) (1).

596. Un système plus simple et qui remplit les mêmes conditions, est celui de l'*affût de place et côte* construit depuis peu en France (fig. 33). Il consiste en deux flasques présentant l'aspect de deux triangles. Ils se composent de deux pièces. La plus large (*montant*), disposée verticalement, fait, avec une pièce plus longue (*arc-boutant*), un angle de 60° Les deux flasques sont réunis par trois entretoises et par un essieu de fer contenu dans un corps en bois. Les roues ont de forts moyeux en fer coulé garnis de boîtes en bronze, dix rais de bois et, au lieu de jantes, un cercle de fer forgé de 4 p. (0m,1048) de large et 1 p. d'épaisseur. A l'intérieur, ce moyeu a la forme d'un rouleau par lequel il glisse sur les pourelles (*côtés*) du châssis, tandis que les roues proprement dites sont suspendues latéralement sans toucher la terre. A cet effet, le châssis est porté en avant par une pièce de bois de chêne (petit châssis) élevé de 1 pied (0m,514), et en arrière par deux *roulettes* de fonte encore plus hautes. Les *côtés* et la *directrice* du châssis sont réunis par des *entretoises* en bois et tout le système peut tourner facilement autour d'une cheville fixée en avant dans le petit châssis, pendant que les roulettes

---

Le poids de l'affût Gribeauval, de 24 avec roues et châssis, est, d'après Gassendi, de 2593 liv. (1269 k.).

se meuvent sur un plateau circulaire. Dans une échantignolle posée sur un tirant se trouve une vis de pointage, et en dessous, à l'entretoise de crosse par lequel l'affût glisse sur la poutrelle directrice du châssis, est adaptée une *lunette* dans laquelle on fait entrer la cheville-ouvrière d'un avant-train ordinaire, pour transporter l'affût. A cet effet, on dégage l'affût du châssis, ce qui se pratique aisément, vu la pente de ce châssis, en ôtant les deux roulettes, l'abattant sur la plateforme, et faisant rouler en arrière l'affût sur le moyeu, jusqu'à ce que les roues atteignent la terre. Alors on l'accroche à l'avant-train, et tout le système forme une voiture à quatre roues.

Le châssis, les roues et l'avant-train de transport, sont les mêmes pour tous les calibres. Un tel châssis avec ses roulettes, le boulon de directrice et le tiroir de chêne, pèse 1,200 liv. (672 k). Un affût de 12 pèse 706 liv. (395 k), et un de 24, 821 liv. (460 k).

397. L'*affût de casemate* et l'*affût marin* (fig. 43) doivent occuper le moins possible d'espace, et se composent en général de deux *flasques courts*, d'une *entretoise*, d'un ou de deux essieux en bois. Ils portent sur trois ou quatre roulettes ou roues massives. On peut supprimer les roues de derrière en arrondissant, dans cette partie, le dessous de l'affût.

Les flasques ont, suivant le calibre du canon, une longueur de 5 à 6 pieds 1|2 (1m,570 à 2m,04), une hauteur de 1 p. 4 pouces à 2 p. 2 pouces (0m,419 à 0m,680), une épaisseur de 3 à 6 pouces (0m,079 à 0m,157). Les roues de devant ont de 14 à 15 pouces de diamètre (0m,367 à 0m,393), celles de derrière, de 1 à 1 1|2 pied (0m,314 à 0m,471). Les roues massives ont, dans leur contour, quatre ou six trous pour enfoncer les leviers, et mettre facilement la pièce en batterie ou hors de batterie. Souvent les affûts de casemate reposent sur un châssis mobile, autour d'un boulon, on les nomme alors *bas affûts à châssis,* et leur recul peut être arrêté, comme dans les affûts de vaisseau , par des cordes. Ces derniers sont montés sur un châssis on sur une sorte de traîneau construit à cet effet. Leur machine de pointage consiste la plupart du temps en un *coin.*

398. Pour pouvoir faire feu à barbette, et être en à couvert pendant le chargement, on a imaginé aussi des affûts à *roues excentriques* ou *elliptiques.* Dans le tir, la pièce est disposée de manière que le plus grand diamètre soit vertical. Le recul force l'affût à descendre sur le plus petit. Il est chargé, dans cette position, avec facilité et sûreté ; il est ensuite aisément replacé dans l'autre position.

399. Pour tirer sur un objet beaucoup plus bas que la station du canon, Keller introduisit en 1782, à Gibraltar, les *affûts à dépression,* qui ensuite ont été employés à Kœnigstein et, de 1851 à 1854, à Ehrenbreistein. On les a affectés seulement aux pièces légères de 6 à 12, quoique même, pour cette destination, ils eussent un poids déjà de près de 2,500 liv. (1400 k). Ils consistaient en deux parties, la première et la plus basse reposait sur deux essieux dont les roues massives roulaient sur un châssis. L'autre partie, la plus haute, était munie d'encastrements dans lesquels le canon portait par ses tourillons. Fixée en avant, à la partie inférieure, elle pouvait s'élever en arrière. On la maintenait dans sa position par des cales, et on donnait ainsi à la pièce un angle de dépression qui pouvait s'élever jusqu'à 40° et au delà.

Modifications particulières des diverses espèces d'affûts.

400. Déjà, dans l'aperçu historique, on a dit (66) que les

affûts à flèche anglais avaient attiré l'attention de toutes les puissances, et que plusieurs Etats, par exemple la Hollande, la Sardaigne, Naples et quelques Etats allemands, le Hanovre et Nassau, les avaient adoptés. La France ne voulut pas changer son immense matériel sans des épreuves approfondies. Elles conduisirent à ce résultat qu'il y avait lieu d'adopter les affûts à flèche non seulement pour le service de campagne, mais encore pour celui de siége.

401. La flèche de cet affût, en France, est, dans sa longueur, composée de deux parties. On peut ainsi détacher le cœur du bois. Les deux flasques, qui contiennent les encastrements des tourillons, ne sont pas immédiatement fixés aux côtés de la flèche, mais en sont séparés par de fortes plaques de fonte (*rondelles d'assemblage*). L'avant-train, au lieu de deux petits coffres à munitions, contient un seul *coffret* de grande dimension, fixé non pas avec de la corde, mais par des bandes et des liens de fer. La limonière est remplacée par un timon long de 10 pieds ($5_m,14$), au bout duquel sont adaptées deux barres courbes de fer (*branches de support*) munies de deux anneaux coulants qui s'adaptent au collier, et à l'aide desquels les chevaux de trait peuvent supporter le poids du timon. Pour tous les affûts, avant-trains et voitures de l'artillerie de campagne, on se sert de la même espèce de roues dont les jantes sont entourées de cercles complets en fer.

Le grand-duc de Hesse a formé son artillerie de campagne d'après ce modèle.

402. Les affûts de siége français ont la même forme que ceux de campagne, mais, au lieu d'une lunette adaptée à l'extrémité des crosses, on trouve dans la flèche, à 50 pouces ($0_m,786$) environ en avant, une lunette cylindrique, au moyen de laquelle la flèche porte sur la cheville-ouvrière disposée un peu en arrière de l'essieu de l'avant-train, et s'appuie en partie

sur cet essieu. De cette manière, il devient possible de répartir
la charge du canon sur les deux essieux, assez également pour
que cette bouche à feu, dans les plus grands transports, puisse
rester sur son affût. A cet effet, on enlève la vis de pointage
de son écrou, et on l'enfonce dans une cavité (*logement*) pratiquée en arrière dans la flèche. On fait glisser le canon en
arrière, jusqu'à ce que les tourillons viennent toucher deux
forts *pitons* de fer (*chevilles arètoirs*) remplaçant les encastrements de route et adaptés vers l'extrémité des flasques.
Encore plus loin, du côté de l'avant-train, se trouve sur
la flèche une forte pièce d'appui (*coussinet*) qui maintient
la culasse, pendant que les pitons maintiennent les tourillons. L'avant-train à sellette a des roues égales à celles de
l'affût.

403. En Bavière, ainsi que dans plusieurs autres états, on
a fait des épreuves qui n'ont pas donné lieu de reconnaître
assez de supériorité dans les systèmes anglais et français, pour
porter à abandonner les affûts à flasques existants, ce qui eût
entraîné la perte de ces affûts, de leur armature et des approvisionnements en bois sec. Le lieutenant-général Freiher de
Zoller a indiqué le moyen d'approprier au service de campagne
les affûts existants, de manière à leur donner tous les avantages des affûts anglais, et à éviter leurs défauts (fig. 15, 38
et 39). On a pu ainsi maintenir en service un approvisionnement considérable de matériel.

L'affût à flasques parallèles a été conservé, mais on a cherché
à donner à la voiture une voie de 58, 5 pouces (1m,53). A cet
effet, on a soudé, au milieu de l'essieu, une pièce de 14 pouces
(0m,367) de longueur, et on a enveloppé cet essieu d'un corps
de bois d'orme.

Des deux côtés de la lunette, on a adapté des poignées mobiles, et cette lunette a été établie de telle manière que le

timon de l'avant-train à coffret fût toujours, sur un terrain plat maintenu dans la position favorable au tirage, quoique d'ailleurs on ait supprimé la sassoire et éloigné la cheville-ouvrière de 34 pouces (0ᵐ,89) environ, en arrière de l'essieu de l'avant-train.

Cette lunette présente, à la partie inférieure, la forme d'un D dont l'arrondissement est tourné du côté opposé au timon. Elle est garnie intérieurement de fortes boites métalliques qui la garantissent contre l'usure. A la partie supérieure, elle s'élargit en ovale, et est munie d'une pièce métallique en forme de cœur dont la partie saillante est en acier dur. Dans cette lunette, la cheville-ouvrière a assez de jeu pour permettre à l'affût de franchir tous les obstacles de terrain. L'avant-train a des roues de 45 pouces (1ᵐ,18) de hauteur susceptibles de s'adapter à toutes les voitures de l'artillerie de campagne. Il porte un grand coffret dont le milieu repose sur l'essieu, et dont les dimensions sont telles que trois hommes peuvent s'y asseoir. Ce coffret s'ouvre en arrière ; on peut aussi l'établir à 4 pouces (0ᵐ,1048) au delà, et, au besoin, il est susceptible d'être retourné et de s'ouvrir aussi en avant. L'essieu a toujours la même dimension, et les roues de l'affût de 6, qui ont une hauteur de 55 pouces (1ᵐ,44), peuvent s'adapter à tous les arrière-trains. Les roues, pour le calibre de 12, sont plus fortes.

Dans le cas où l'affût doit être transporté sans être surmonté de sa bouche à feu, les crosses pressent sur la sellette, et le timon peut atteindre une hauteur susceptible de fatiguer les chevaux de trait. Pour éviter cet inconvénient, on a établi en (h) fig. 38, un anneau et une chaîne de tension qui assurent la position régulière du timon, en fixant la chaîne à l'anneau de prolonge qui se trouve à la sellette.

404. Pour le service des places et des casemates, on a adopté, en Bavière, les affûts français modifiés par le capitaine de Liel. On peut, avec ces affûts, donner à la bouche à feu cinq hauteurs différentes au-dessus du terrain, ce qui permet de faire feu au-dessus du parapet ou des remparts, comme, avec l'affût de place Gribeauval, de tirer dans les embrasures, et même de s'en servir au besoin comme affût de siége.

La fig. 29 présente la disposition de cet affût. Il a 42 pouces (1ᵐ,10) de hauteur, est monté sur roues à rais entourés d'un cercle. Elles portent sur les poutrelles d'un châssis qui reposent en avant et, au milieu, sur des chantiers, lesquels n'empêchent pas le mouvement autour d'une cheville placée en avant de tout le système, monté en arrière sur des roulettes en fonte. L'axe des tourillons a une élévation de 65 pouces (1ᵐ,70). Lorsqu'on ôte les chantiers, sa hauteur se réduit à 57,5 (1ᵐ,50). Enfin, en enlevant tout le châssis, elle n'est plus que de 51,5 (1ᵐ,35), et les roues portent sur une plateforme horizontale, pendant que la crosse repose sur la poutrelle directrice.

Dans les casemates, on remplace les roues à rais par des roues massives de 26 pouces (0ᵐ,68) dont la surface contient six trous dans lesquels on place les leviers munis de pinces de fer pour faire mouvoir l'affût. Ces roues massives élèvent l'affût de 49 pouces (1ᵐ,28) au-dessus du terrain. Enfin, en ôtant les roues et le châssis, l'axe des tourillons se trouve encore à 43 pouces (1ᵐ,13) au-dessus de l'horizon.

Pour le transport, le canon est roulé dans un encastrement de route formé par des pitons de fer. On monte l'affût sur l'avant-train, et le châssis est suspendu en arrière, à l'entretoise de tête. Les roulettes massives sont enfoncées dans des demi-essieux disposés sur les côtés. Dans le service des casemates, on le transporte sur des roues massives. Toutefois, si l'éloignement est considérable, on y adapte des roues à rais. On le monte sur avant-train et on ôte le timon. L'avant-train n'a pas de cheville-ouvrière, mais un crochet et une petite sassoire en fer. La voie a 40 pouces (1ᵐ,048), et l'angle de tournant s'élève à 53°. Il y a trois espèces de ces affûts : 1° un pour le 18 et le 24 court; 2° un pour le 12 lourd; 3° et un troisième pour le 6 lourd. Ils diffèrent entre eux par l'épaisseur de leurs flasques, leur longueur et le diamètre de l'encastrement des tourillons. Au contraire, les trois calibres ont mêmes essieu, roues, châssis, plateforme et avant-train. Les essieux et les roues de ces avant-trains sont aussi les mêmes que ceux des affûts. Un tel affût de 18 pèse 1,850 liv. (1,024 k 80).

405. En Suède, on a adopté, en 1851, un affût de campagne construit de manière à tenir jusqu'à un certain point le milieu, entre les *affûts à flasques* et ceux *à flèche* décrits précédemment. La flèche est remplacée par deux flasques parallèles espacés de 4 à 6 pouces (0ᵐ,1048 à 0,1572), et qui, vers l'entretoise d'avant–train, éprouvent une diminution de 1⟨3 sur leur hauteur et sur leur épaisseur. Ces deux longs flasques sont liés entre eux par trois entretoises et trois boulons qui les réunissent aussi avec 2 courts demi-flasques extérieurs dont les encastrements reçoivent la bouche à feu, comme dans les affûts à flèche. Les encastrements des tourillons en fonte de fer sont séparés des flasques par une semelle de cuir pour amortir le choc dans le tir. L'essieu, enveloppé d'un corps en bois, correspond à la partie supérieure des flasques et au milieu des demi-flasques. Il est disposé de telle manière que l'axe des tourillons d'un canon de 6 s'élève de 40 pouces (1ᵐ,048), seulement au-dessus du terrain, bien que la roue ait 56 pouces (1ᵐ.47) de diamètre.

La réunion des deux trains s'opère dans une pièce de fer percée d'un trou oval qui se trouve entre les flasques, adaptée à l'entretoise d'avant-train. On introduit dans ce trou une cheville-ouvrière longue de 7 pouces (0^m,1854) fixée à 28 pouces (0^m,73), en arrière de l'essieu, sur une espèce de brancard en bois. Au-dessus se trouve une bande de sassoire en forme courbe qui maintient les crosses dans toutes les positions du timon. Dans le cas seulement où celui-ci incline vers la terre ce poids descend sur la cheville-ouvrière. Cet avant-train à coffret sert à toutes les voitures d'artillerie de campagne et à des roues égales a celles de l'affût.

406. On a remarqué que les dispositions, même les plus ingénieuses de la lunette d'un affût, ne lui procuraient jamais la flexibilité indéfinie que lui donne le crochet cheville-ouvrière. On a, à Bade, sur la proposition du capitaine Ludwig, fixé, à l'entretoise d'avant-train d'un affût à flasques ordinaires, une lunette. L'avant-train est monté sur des roues plus basses, avec large voie, et porte à 35 pouces (0^m,91) de l'essieu un crochet-cheville-ouvrière mobile qu'on introduit dans la lunette pour mettre l'affût sur avant-train. Avec cet affût, on a obtenu un angle de tournant de 96°. Cet avant-train à coffret sert aussi à toutes les voitures d'artillerie de campagne, et est dirigé par un simple timon. Au reste, cet affût paraît, lorsqu'il est sur avant-train, un peu plus long que celui des canons de 6 d'artillerie légère autrichienne, et les crosses sont, dans ce premier affût, suspendues un peu plus haut que la partie inférieure de la cheville-ouvrière, dans l'avant-train de campagne suédois.

En Prusse, on s'est aussi appliqué à alléger et à perfectionner autant que possible les affûts à flasques; mais on n'a pas encore, sur cet objet, de renseignements positifs.

Armement des canons.

407. Le service des bouches-à-feu nécessite l'emploi de divers accessoires portés partie sur l'affût, partie dans le coffret de l'avant-train.

Le *refouloir*, dont l'objet est d'enfoncer et de placer la charge, présente un cylindre qui a, en diamètre, un calibre du boulet, en longueur, de 1 1|2 à 2 calibres. Ce cylindre, qu'on appelle *tête du refouloir*, est adapté à l'extrémité d'une hampe ayant la longueur nécessaire pour que cette tête parvienne au fond de l'âme. Dans les pièces de campagne, il y a, à l'autre extrémité de la hampe, l'*écouvillon*, cylindre semblable au refouloir, garni de soies de porcs, et destiné à nettoyer l'âme.

On a confectionné quelquefois des refouloirs à hampe courbe, composés de deux bras, l'un long, à l'extrémité duquel se trouve le refouloir, et qui sert à enfoncer la charge; l'autre, en arrière, plus court, que l'on tient dans la manœuvre. Cette disposition préserve, jusqu'à un certain point, le servant des dangers qui pourraient résulter pour lui d'une inflammation accidentelle pendant le chargement.

408. Indépendamment de l'écouvillon et du refouloir, le service des bouches à feu exige, pour pièces de campagne, des *leviers de pointage*; pour pièces de batterie, des *leviers de manœuvre*, des *sacs à charge* pour porter les munitions, *sacs à étoupilles*, *sangles*, *bricoles* avec *cordes* et *anneaux*, *prolonges* de 20 à 50 pieds (6ᵐ,28 à 9ᵐ,42) de longueur; *chaînes de fer*, *dégorgeoir*, *boutefeu*, *lances à feu*, enfin divers ustensiles pour décharger les canons, tels que *tire-bourres*, *tire-sabots*, *tire-bourres-à-vis*, *chasse-clous*, *allézoirs*, *marteaux*, *tenailles*, *vrilles*.

Pour préserver l'âme des pièces d'humidité, on couvre la bouche d'un tampon, et la lumière d'un chapiteau de bois ou de tôle. On se munit de clous d'acier préparés, destinés à être enfoncés dans la lumière, et à mettre les pièces hors d'état de servir immédiatement, si on était réduit à la nécessité de les laisser entre les mains de l'ennemi.

MUNITIONS.

Munitions de métal.

409. On peut, avec les canons, lancer ou un gros projectile (*boulet*) à grande distance, ou plusieurs petits nommés *balles à mitraille*, sur des objets moins éloignés.

Les pièces de gros calibres, notamment le 24 court, peuvent aussi tirer, mais par exception, des *boulets creux* ou *obus*.

Les projectiles se font en général en fonte grise, métal qui remplit les conditions d'un bon service, sous le rapport de la densité, de la dureté, de l'élasticité, qui se burine et se lime facilement (1).

---

(1) Les boulets se font en fonte de première fusion. La fonte truitée ou mêlée convient particulièrement à leur fabrication. Elle doit être très liquide et pas trop chaude. Il y a deux modes de fabrication pour les projectiles : *fabrication en coquilles, et moulage en sable.*

Dans le premier mode, on se sert de deux demi-moules en fonte assemblés, à charnière, présentant intérieurement chacun un vide hémisphérique, et sur leur ligne de jonction un trou de coulée, par lequel on verse la fonte. Lorsqu'elle est solidifiée,

Les boulets sont généralement coulés en sable, et la couture est abattue au marteau. Les balles à mitraille se font en fer forgé, métal plus tenace que la fonte.

---

on désassemble les moules, on casse le jet d'un coup de marteau et on retire le boulet.

Dans le moulage en sable, on se sert : 1° de modèles en cuivre ou en fonte, formés de deux pièces hémisphériques, évidés à l'intérieur et s'assemblant par emboitement ; 2° de châssis en fonte composés de deux pièces, chacune de la forme d'une pyramide quadrangulaire tronquée, et qui s'assemblent par leur grande base.

On place sur la planche de fond, le demi-châssis inférieur appelée *demi-châssis femelle*, et le demi-modèle correspondant ; on remplit le demi-châssis de sable en trois fois et on le bat avec un morceau de bois appelé *batte*, de manière à ce qu'il soit uniformément serré. On retourne le demi-châssis, la concavité du modèle en dessus ; on assemble les deux demi-modèles et les deux demi-châssis ; on place une pièce de bois appelée *jet*, destinée à conduire la fonte dans le moule ; on remplit et on serre le sable dans le demi-châssis supérieur, ou *demi-châssis mâle*, comme dans l'inférieur.

Le mouleur sépare les deux demi-châssis, retire les deux demi-modèles et le jet, et assemble de nouveau les deux demi-châssis, le jet en dessus.

Dans chaque demi-châssis on moule ordinairement à la fois 2 boulets de 24, 16, 12, ou 4 boulets de 8.

La coulée peut s'effectuer de diverses manières. Dans beaucoup de hauts-fourneaux de petite dimension, où le creuset a peu de profondeur, deux mouleurs puisent la fonte avec des *poches en fer*, qui en contiennent environ 18 k. Ce mode d'opération présente plusieurs inconvénients : d'abord, il nécessite qu'on arrête le vent pendant la coulée qui dure très longtemps ; le métal est souvent

410. Tableau des diamètres de quelques boulets.

Calibres.	Diamètres.	
3 livres	2,74 pouces 0^m,072	
6 —	3,46	0^m,091
12 —	4,36	0^m,114
18 —	4,99	0$_m$,130
24 —	5,49	0^m,144

mêlé de laitier; on ne peut puiser la fonte au fond du creuset, et cette dernière couche, qui séjourne constamment, tend à refroidir et à blanchir le reste du bain. Enfin, deux mouleurs devant se succéder dans le coulage d'un châssis, il peut y avoir solution de continuité.

Quelquefois on coule en gueuses et on reçoit la fonte dans des civières à bras, d'où elle est versée dans les châssis. Ce mode nécessite beaucoup de main-d'œuvre, et il est difficile de mettre de l'ordre dans l'opération; car il faut nécessairement que toute la fonte soit versée à la fois dans tous les châssis, sans quoi elle ne serait pas partout au même degré de chaleur.

Le troisième mode, qui est employé seulement dans quelques hauts-fourneaux, mais qui est loin d'être répandu généralement, est cependant le plus avantageux. Il consiste à pratiquer près de la dame, un peu en avant du trou de coulée, une cavité dans laquelle on place une civière. Avant de déboucher le trou de coulée, on y établit un écheneau communiquant à la civière. Le trou de coulée étant débouché, la fonte se rend par l'écheneau dans la civière. Dès que celle-ci est pleine, on bouche avec un tampon d'argile le trou de coulée, et on verse la fonte dans les moules; ensuite on débouche de nouveau le trou de coulée pour remplir une autre civière, et on le rebouche après l'avoir remplie. Cette opération se continue successivement, comme cela a lieu dans un

On a, dans l'origine, désigné les divers projectiles d'après les poids de l'artillerie à Nuremberg. Leur poids réel diffère de celui indiqué par leur dénomination, suivant le rapport des poids des divers pays à ceux de Nuremberg (77) ; par

---

four à la Wilkenson. On ne saurait trop,recommander l'usage de ce procédé dans les usines où l'on moule des projectiles, de la poterie ou de menus objets.

Après la coulée, on désassemble les châssis; on fait tomber le sable avec une pelle ; les râpeurs cassent les jets et râpent les boulets, surtout sur la couture; les ébarbeurs avec des limes, burins, marteaux, font disparaître complétement la couture, et enlèvent toutes les aspérités.

Les boulets sont alors mis dans un tonneau de fonte qui tourne avec la vitesse de trente tours par minute. Cette opération les dépouille parfaitement de sable, polit la surface, met à nu les soufflures et autres défauts.

Ensuite les boulets sont chauffés au rouge cerise dans un four à réverbère, et rebattus sous un martinet et sur une enclume qui contiennent, l'un et l'autre, une cavité hémisphérique. Le rebattage a l'avantage de rendre le boulet plus sphérique, sa surface plus unie. Il fait disparaître les traces du jet et de la couture. Malgré ces avantages, il apporte de la complication et une augmentation de dépense dans la fabrication.

On s'est demandé et l'on se demande encore si on ne pourrait pas le supprimer. Les obus ne sont pas rebattus. Quant aux boulets, il serait peut-être suffisant de les lisser et de les recuire. Pour recevoir les boulets, on les présente successivement à la grande lunette, dans laquelle ils doivent passer librement, et à la petite, dans laquelle ils ne doivent pas entrer. Ou les faire passer dans un cylindre de métal incliné; on examine leur surface, les trous et autres défauts qu'ils pourraient contenir; enfin, on pèse le vingtième de la fourniture.

exemple, en les réduisant en livres de Bavière, on trouve que
Le boulet de 3 livres pèse 2 livres 1½ (1 k,400) environ.

—	6	—	5	—	(2 k,8)
—	12	—	10	—	(5 k,6)
—	18	—	13	—	1½4 (8 k,54)
—	24	—	20	—	(11 k,20)

411. On ne peut faire les projectiles assez justes pour qu'ils
ne présentent pas toujours quelques variations de diamètres.
On se sert, dans les réceptions, de deux *lunettes, anneaux*, ou
cylindres. Le projectile ne doit pas pouvoir entrer dans celui
du plus petit diamètre, mais il passe librement dans le plus
grand.

Les variations, dans le calibre des projectiles, s'élèvent de
0,05 à 0,03 pouces (0^m,0013 à 0^m,0008), depuis que la fabrication a fait des progrès. Le vent des bouches-à-feu est, comme
on l'a déjà dit, variable. Il est, en Bavière, pour les
pièces de campagne de   0 p,12   (0^m,003)
— batterie   0 p,16   (0^m,004)

412. Les *balles à mitraille*, auxquelles on donne aussi le nom
de *schrote*, *dragées* étaient autrefois confectionnées en plomb.
On les a remplacées par des balles de fer qui conviennent
mieux à cette destination.

Dans l'ancien temps, on disposait les balles à mitraille sur
un plateau autour d'un axe en fer. On les appelait *grains de
raisin*, et leur ensemble *grappes de raisin*. Maintenant, on en

---

Diamètre(moyenne entre celui des deux lunettes)et poids des boulets.

	24	16	12	8
Diamètre :	0,148,5	0,129	0,118,3	0,103,1
Poids :	12 k.	8 k.	6	4 k.

remplit des boîtes cylindriques de ferblanc, ayant un culot de fer. On place une balle au milieu, et les autres autour. On forme ainsi plusieurs couches superposées. Quelquefois ces couches sont séparées par des plateaux reliés entre eux par un boulon.

La réunion des balles doit donner le poids du boulet. La plupart du temps, en y comprenant la boîte et le culot de fer, ce poids est de 1ｌ3 et même de moitié plus fort. La lourdeur des boîtes est en rapport avec le calibre (1).

---

(1) Les balles à mitraille, en France, se font en fer coulé pour pièces de siége, place et côte, en fer battu pour pièces de campagne.

Le plomb est un métal trop malléable pour des projectiles qui doivent se choquer dans le tir et se déformer dans le choc. Le fer, de qualité inférieure, et la fonte ne présentent plus le même inconvénient et sont moins coûteux.

Les balles en fonte se coulent dans des moules, comme les boulets, celles en fer se font avec du fer cylindrique dans des étampes.

On les reçoit en examinant leur surface, leurs défauts, leur calibre avec deux lunettes.

Il n'y a plus en France qu'une seule boîte à balle en fer blanc avec culot plat en fer battu, et six numéros de balles correspondant à tous les calibres, depuis le canon de 36 jusqu'à l'obusier de 12 de montagne.

La balle de 24 a le n° 2. Son diamètre est de 0,0475 m., son poids de 0,400 k. La boite à balles en contient 34, et pèse pleine 15 k. 57.

La balle de 16 a le n° 3, un diamètre de 0,0415, un poids de 0 k. 27. La boite à balles en contient 34 et pèse pleine 11 k. 03.

La balle de 12 de campagne a le n° 4 *bis*, un diamètre de 0,038,

413. Le nombre des balles est très variable, suivant les armées. Il dépend du poids de la balle et de la règle indiquée dans le paragraphe précédent. Les balles qu'on emploie pèsent 2, 3, 6, 12, jusqu'à 24 loths, et même jusqu'à 1 livre (0 k, 035, 0 k,00525, 0, 1050, 0,21, 0,42, 0,56).

Contenance des boîtes à balles.

AUTRICHE. (*Calibre de* 6). 28 balles de 6 loths (0 k. 105) ou
    60 de 3 loths (0 k. 0525).
    (*Calibre de* 12). 12 balles de 32 loths (0 k. 56), ou
    66 de 6 loths (0 k. 105), et 6 de 3 loths (0 k. 0525),
    ou encore 114 de 3 loths (0 k. 523).
DANEMARK.(*Calibre de* 3). 100 balles de 1 loth (0 k. 0175).
    (*Calibre de* 6). 100 balles de 2 loths (0 k. 0,0350).
    (*Calibre de* 12). 100 balles de 4 loths (0 k. 070).
PRUSSE. . . (*Calibre de* 6). 123 balles de 2 loths (0 k. 035), ou
    ou 41 de 6 loths (0 k. 105.)
    (*Calibre de* 12). 170 balles de 3 loths (0 k. 0,525),
    41 de 12 loths (0 k. 21).
BAVIÈRE. . (*Calibre de* 6). 41 balles de 6 loths (0 k. 105). l a
    boîte à balles pèse, pleine, 8 liv. 25 loths (4 k. 71).
    (*Calibre de* 12). 41 balles de 12 loths (0 k. 21).
    La boîte à balles pèse, pleine, 17 liv. (9 k. 52).

---

un poids de 0 k. 22. La boîte à balles en contient 41 et pèse 10 k. 10.

La balle de 8 de campagne a le n° 5 *bis* , le diamètre de 0,033, le poids de 0 k 14. La boîte en contient 41 et pèse 6 k. 65.

Les balles sont d'un diamètre du tiers de celui du boulet du

Charge de poudre.

414. On a développé en général (265) les principes sur les
quels est basée l'estimation de la charge. Des essais ont conduit
à donner aux pièces de campagne une charge de poudre dont
le poids fût du 1|4 ou du 1|3 du poids du boulet, d'où résul-
tait, pour un canon d'une longueur de 16 à 18 calibres, une
portée et un effet suffisants. Dans les pièces de campagne bava-
roises, longues de 18 calibres, la charge du 6 est de 1 1|2 liv.
(0 k,840); celles du 12, de 3 liv. (1 k,680).

Avec les pièces de siége et place, la charge varie suivant
leur destination. Elle peut être, par exemple, de 5 livres ou de
5 liv. 1|2 (2 k,80 ou 3 k,08) pour une pièce de 18; de 6 ou 7 li-
vres (3 k,36 ou 3 k,92) pour une pièce de 24. Dans le tir à ricochet elle est bien moindre. Dans le tir à mitraille elle est,
soit égale à celle correspondante au calibre, soit un peu plus
forte. Si on l'augmentait beaucoup, elle aurait l'inconvénient
d'éparpiller fortement les balles. En Bavière, les charges à
mitrailles sont, pour le calibre de 6, d'une livre 3|4 (0 k,980);
pour le calibre de 12, 3 liv. 1|4 (1 k,82)

Cartouches. (1)

415. Autrefois on introduisait, avec une *lanterne*, la poudre

---

calibre correspondant; leur poids en est le 1|28 environ. Les
41 balles, sans boîte ni culot, pèsent donc environ 1 fois et 1|2
autant que le boulet.

(1 Les charges pour pièces de campagne, en France, sont conte-

de la charge dans le canon. Aujourd'hui, lorsque le tir ne doit pas être rapide, on peut la mettre dans une gargousse de papier, et placer par dessus le boulet ou la boîte à balles. Mais, dans le tir de campagne où il faut faire feu rapidement, ce mode n'est plus pratiquable, et la charge est préparée d'avance dans des *sachets* destinés à cet effet. Ces sachets doivent présenter une certaine consistance pour résister à la pression de la charge fortement tassée, ne pas se déchirer, ni se déformer. Il importe en outre que , dans le tir , ils ne conservent pas de parties en ignition. On les confectionne généralement en laine fine (*étamine, ras, frise*).

416. La plupart du temps, le boulet ou la boîte à balles sont réunis à la charge, et tout le système, qu'on appelle *cartouche à boulets* ou *à balles*, est introduit à la fois. Cette réunion du projectile à la charge s'opère au moyen d'un *sabot en bois* auquel, d'un côté, le sachet à poudre est attaché ; de l'autre, le boulet est fixé par des bandelettes de ferblanc en croix (fig. 8).

---

nues dans des sachets de serge. Le boulet en saboté est réuni à la charge pour former cartouche.

Les boîtes à balles sont séparées de la charge.

Poids des charges de poudre.

	12	8
Pour boulets :	1 k. 958	1 k. 225
Pour boîtes à balles :	1 k. 958	1 k. 225

Les charges pour bouches-à-feu de siége et place sont disposées dans des sacs cylindriques de papier, appelées *gargousses*. Cette charge est très variable, suivant la destination de la bouche-à-feu. Très faible dans le tir à ricochet , elle est du tiers ou du quart dans le tir de plein fouet, et s'élève jusqu'à moitié dans le tir en brèche.

Dans l'artillerie autrichienne et suédoise, on place, sur la charge de poudre, le boulet séparé par une faible couche de poil ; on enveloppe le tout d'un sachet fixé par deux ligatures.

Les Anglais et Hanovriens ne fixent pas le boulet au sachet, cette séparation leur paraissant plus favorable au transport des munitions.

Moyens d'inflammation.

417. Pour communiquer le feu à la charge, on eût pu verser de la poudre dans le canal de lumière, mais ce moyen d'inflammation étant long, et n'étant pas sûr, on préfère se servir, à cet effet, d'une espèce de fusées d'amorce appelées *étoupilles* de 2 à 3 pouces (0^m,0524 à 0^m,0786) de longueur. Ce sont de petits cylindres en *papier fort, tuyaux de plume, roseau, fer-blanc, tôle de laiton* ou *de cuivre*, remplis d'une composition d'artifice très inflammable, et munis extérieurement d'une mèche vive de communication (1). Les étoupilles de tôle ont, dit-on, l'inconvénient de dégrader fortement le canal de lumière. Celles de papier ou de roseau s'envolent souvent en brûlant, et deviennent dangereuses pour les munitions (2).

---

(1) Les mèches de communication se divisent en *vives* ou *lentes.* Les dernières sont formées de fils de chanvre bouillis dans du vinaigre ou de l'eau, et saupoudrées de pulverin. Les premières se font en fils de coton trempés dans l'eau-de-vie gommée, saupoudrés de pulverin, qu'on étend dans une pâte d'eau-de-vie gommée et de pulvérin et qu'on fait sécher. (Note de l'auteur.)

(2) Les étoupilles en France, sont des roseaux dans lesquels on verse une pâte de pulverin et d'eau-de-vie gommée et qu'on amorce avec des bouts de mèche.

La mèche de communication ou à étoupilles se fait avec des fils de coton imbibés d'eau-de-vie gommée, qu'on impreigne d'une

418. Si l'on n'a pas besoin d'une grande rapidité d'inflammation, on peut employer, à cet effet, des *mèches à canon* en cordages de chanvre purgé de chenevottes, et trempés dans une dissolution d'extrait de saturne. Elles brûlent lentement et sûrement (à raison de 1 pied, 0m,314, en deux heures), ne jettent pas d'éclat au loin, sont peu coûteuses; mais, par la pluie et le vent, ne donnent plus un moyen sûr d'inflammation.

419. Si l'on a besoin d'un mode d'inflammation rapide et sûr, on se sert de *lances à feu*, qui se composent d'un mélange de pulverin humecté avec de l'huile de lin, de salpêtre, soufre et antimoine contenus dans une cartouche de papier de 14 pouces (0m,357) de longueur, et 1|4 de pouce (0m,0065) de diamètre. Suivant la nature de la composition, elles brûlent les unes en 5 ou 6; les autres en 10 ou 15 minutes (1).

420. Dans les pièces de vaisseau, on s'est servi, depuis une époque ancienne, pour l'inflammation, de platines de fusil adaptées près du canal de lumière, et que l'on tirait au moyen d'une corde. On a adopté récemment pour ces pièces l'emploi des amorces percutantes, et même, dans quelques Etats, elles ont été mises en essai pour les pièces de campagne, et ont

---

pâte de pulverin et d'eau-de-vie gommée, et qu'on saupoudre de pulverin.

(1) Les lances à feu sont des tubes en papier fort collé, au fond desquels on bat de l'argile. On y introduit ensuite une composition de 6 salpêtre, 3 soufre et 1 pulverin, qu'on refoule et qu'on bat avec une baguette: on amorce avec un bout de mèche à étoupille.

Les lances ont 0 m. 374 de longueur et 0,012 à 0,013 de diamètre intérieur. Elles doivent brûler en 8 minutes. La pluie n'empêche pas la combustion.

paru offrir l'avantage d'une inflammation plus sûre et plus
rapide.

On se sert, à cet effet, de capsules plus grosses, ou d'étoupilles préparées exprès dans lesquelles le fulminate de mercure remplace la mèche. On en emploie deux espèces. La première, adoptée par l'artillerie de Nassau, sur la proposition du
major de Hadeln, et qui ressemble à celle hollandaise, consiste en un tube (*d*, fig. 35) de bois de frène, dont la partie
renforcée *c* porte sur la pièce, lorsque le tube est enfoncé dans
le canal de lumière. En haut, se trouve une forte capsule *a*
qui couvre une cheminée *b* coulée en alliage d'étain et de zinc.
Afin que cette dernière ne se perde pas dans le transport, on
en recouvre la tête d'une pièce de serge (fig. 31).

Le second système consiste en étoupilles de roseau ou de
tôle surmontées d'un petit tube de tôle, de cuivre mince,
et contenant la poudre fulminante. On enfonce l'étoupille
dans le canal de lumière, et l'on frappe sur le petit tube.
L'inflammation est produite soit par le choc d'un marteau à main, soit par l'intermédiaire d'une espèce de platine adaptée latéralement à la lumière (fig. 32). Dans l'artillerie hollandaise, saxonne et de Nassau, un marteau de fer
ou d'acier (*c*), ou un manche de marteau mobile autour d'un
axe (*d*), est fixé au moyen d'une plaque (*a*) vissée et du support (*b*). La table de ce marteau tombe verticalement sur le
canal de lumière, lorsqu'il est mis en mouvement soit directement avec la main, soit par l'intermédiaire d'une courroie (*e*)
terminé par un manche en bois (*f*). On a essayé, pour le même
objet, l'emploi de la force d'un ressort; mais ce système a
semblé peu satisfaisant.

421. En Suède (1), on se sert d'un tube mince de verre con-

(1) L'étoupille suédoise, qui a pour inventeur Kallerstiom, se

tenant une goutte d'acide sulfurique, adapté dans le haut d'une étoupille chargée avec du chlorate de potasse. En pliant la partie supérieure, le tube de verre se rompt, et l'acide sulfurique enflamme la composition de poudre fulminante qui communique le feu à la charge. Cette espèce d'étoupille a l'inconvénient d'être difficile à confectionner et dangereuse à transporter.

Le commandant d'artillerie, Burnier(1), a eu le premier l'idée

----

compose d'un tube de laiton de 0 m. 080 de longueur, 0 m. 0035 de diamètre, qui contient du chlorate de potasse en poudre jusqu'aux 2|3 de sa capacité; dans le haut il renferme un petit tube de verre dans-lequel est de l'acide nitrique ou sulfurique.

La partie inférieure du tube étant enfoncée dans la lumière, on tire avec un crochet la portion excédante; on brise le haut du tube de laiton et le tube de verre : ce qui détermine la combinaison de l'acide nitrique ou sulfurique et du chlorate de potasse et par suite l'inflammation.

Ce système présente le danger d'une combustion inattendue. Sa fabrication exige des soins très minutieux. Il est très important que le tube soit fermé bien hermétiquement aux deux bouts; sans quoi de graves accidents peuvent se produire.

(1) Le corps de l'étoupille *Burnier* est un tube formé extérieurement de papier et à l'intérieur de rubans de coton, et renfermant la composition fulminante et un brin de mèche à étoupilles ordinaires. Une des extrémités du tube est fendue sur une longueur de 35 millimètres. La composition fulminante, qui contient parties égales de chlorate de potasse et de sulfure d'antimoine humectées d'eau-de-vie gommée, s'applique sur la face intérieure de la partie fendue, sous forme de pâte.

Un brin de fil de laiton, tordu de manière à présenter une

de confectionner des étoupilles qui s'enflamment par le frottement, et on a cherché, dans plusieurs Etats, à tirer parti de cette heureuse idée. Dans ce système, la poudre fulminante est placée dans le haut de l'étoupille dont le bas contient une mèche vive de communication. La poudre fulminante est tra-

---

boucle à une de ses extrémités , passe au milieu de la composition fulminante, et les parties qui en sont garnies sont serrées contre ce fil à l'aide d'une ligature faite avec une ficelle fine et cirée à chaud ; cette ligature retient le bout d'une ganse qui s'accroche à un bouton de fer vissé sur la culasse pour empêcher l'etoupille de sortir de la lumière, lorsqu'on met le feu. A cet effet, on tire sur le fil de laiton au moyen d'un cordon de menu cordage , fixé d'un côté à une poignée en bois et présentant, au bout opposé , un crochet en fil de fer qu'on engage dans la boucle de tirage,

Ce mode ingénieux n'a pu être adopté, parce que , dans les épreuves auxquelles il a été soumis, il a donné lieu a beaucoup de ratés.

L'étoupille *Burnier*, si elle n'a pu être admise en France , a donné naissance à un autre système , l'étoupille *Dambry*, qui paraît susceptible d'être d'un très bon usage. Elle se compose d'un grand tube en cuivre embouté , recouvert de vernis , dans lequel est contenue de la poudre ordinaire destinée à enflammer la charge. Au-dessus de cette poudre , dans le grand tube , s'en trouve un autre plus petit en laiton qui contient la composition fulminante, formée de chlorate de potasse et de sulfure d'antimoine. Cette poudre fulminante est traversée par un fil de laiton terminé à l'extrémité inférieure par une partie plate et dentelée appelée *rugueux ;* ce fil de laiton , qui est recourbé à angle droit dans le haut, à sa sortie du tube, présente à son extrémité une boucle dans laquelle le servant passe un crochet fixé à l'extrémité d'une corde qu'il tire par un manche en bois.

versée par un fil de métal tordu que l'on tire vivement et qui
produit le feu par le frottement.

Transport des munitions.

422. On a dit ci-dessus qu'une partie des munitions était
transportée soit dans le coffret de l'affût, soit dans ceux de
l'avant-train. Il faut, en outre, un mode particulier de transport pour la plus grande partie de ces munitions. Dans les
pays très accidentés, on se sert, à cet effet, de chevaux ou
mulets de bât. C'est le mode employé dans l'artillerie légère
autrichienne. Plus généralement on fait usage de charriots à
deux ou quatre roues. Un cheval de bât ne porte que 200 livres (112 k). tandis qu'un cheval de trait en transporte de 5 à
600 (280 à 336 k). Les chevaux de bât sont ruinés et hors de
service bien avant les chevaux de trait. Il en résulte que ce
premier mode de transport est très dispendieux. Les chars à
deux roues, avec un attelage approprié, donnent, dans les
pays accidentés et dans les mauvais chemins, un très bon
mode de transport. Dans l'artillerie russe, par exemple, à
chaque pièce, correspondent deux voitures à deux roues, at-
telées chacune de trois chevaux. Cependant on a, dans la plus
grande partie du reste de l'Europe, adopté les caissons à munitions à quatre roues, parce qu'ils sont plus en rapport avec
les affûts des pièces, et parce qu'il importe que ces caissons
aient la même mobilité que les affûts.

423. Les caissons se composent d'un châssis formé de *brancards* qui s'appuient sur l'essieu, réunis par des *épars* sur lequel porte le corps du caisson ayant un couvercle recouvert
ou en toile peinte, comme dans l'artillerie autrichienne, ou
garni en tôle. En avant du corps du caisson, on place d'or-

dinaire un coffre pour divers ustensiles, ou un avant-train ordinaire, et, en arrière, un *essieu porte-roues* (fig. 17).

Le corps du caisson est, dans quelques systèmes d'artillerie, divisé en compartiments où les munitions sont emballées sans intermédiaire. Dans d'autres, elles sont d'abord mises dans des caisses que l'on dispose ensuite dans le caisson. Ce mode facilite l'emballage et la livraison des munitions.

Le caisson à munitions de réserve de 6, en Bavière, transporte de cette manière, dans onze coffres cent dix cartouches à boulets, et 20 à balles. Il contient, en outre, un coffre de lances à feu et d'étoupilles, et une certaine quantité de mèches. Le caisson à munitions de réserve de 12 porte neuf coffres contenant soixante-douze cartouches à boulets, et neuf boîtes à balles. Dans le coffre d'avant-train de 6 livres, il y a quarante cartouches à boulets et dix à balles. Dans celui de 12, il y a vingt-quatre cartouches à boulets et 6 à balles.

424. On utilise, dans certains systèmes d'artillerie, par exemple en Bavière, quelques-uns de ces caissons, pour le transport des hommes de service. A cet effet, on établit une caisse plus basse, suspendue sur des courroies, recouverte par un siége ou par une selle, et, des deux côtés, on applique des planches qui servent aux artilleurs comme d'étrier, lorsqu'on se met à cheval sur la selle. On les nomme *wursts* (fig. 16). Dans ceux-ci, comme dans les caissons de réserve, on emploie les avant-trains ordinaires des canons (§ 403), et on peut, dans ces *wursts*, transporter quatre-vingt-dix cartouches à boulets et dix cartouches à balles, tandis que trois hommes trouvent place sur l'avant-train de la pièce, et quatre ou cinq sur la caisse de l'arrière train. Les coffres des affûts de 6 livres d'artillerie légère autrichienne comprennent seulement

dix cartouches à balles, quatre à boulets, outre les armements, et permettent de transporter cinq canonniers.

425. Ces dispositions diffèrent beaucoup de celles du caisson à munitions des Anglais. Dans celui-ci, le train de devant consiste en un avant-train ordinaire avec deux caisses à munitions. Le train de derrière forme un char à deux roues sur lequel deux caisses à munitions sont attachées comme sur l'avant-train. Le train de derrière est lié, à la cheville-ouvrière de l'avant-train, par un long brancard portant, à l'extrémité, un anneau qui s'adapte au crochet cheville-ouvrière de l'avant-train, et opère la réunion des deux trains. Dans ce système, on peut, pour le calibre de 6, placer cinquante cartouches dans l'avant-train et cent trente dans le caisson, et transformer à chaque instant les pièces en charriots de transport pour munitions. Toutes les caisses ont des sièges. Lorsque les munitions de l'avant-train de la pièce sont consommées. Il peut être aussitôt remplacé par celui d'un caisson à munitions. Cette dernière voiture peut par suite être tenue plus loin du feu de l'ennemi, sans que l'on manque d'approvisionnements à la pièce.

La figure 24 représente un caisson français formé d'après le modèle anglais (1).

---

(1) Le corps du caisson français est formé de trois brancards assemblés avec un corps d'essieu et réunis en avant par un épars. Une flèche, placée au-dessous du brancard du milieu, est terminée par un anneau-lunette, dans lequel entre le crochet, cheville ouvrière d'un avant-train.

Deux coffres s'ouvrant à charnière, en sens inverses, sont placés sur les brancards, et sont maintenus pas des bandes de fer. Ces coffres sont disposés de manière à recevoir des cano-

MANOEUVRE ET USAGE.

Marche.

426. La pièce doit être servie par un nombre d'hommes suffisant pour exécuter les feux rapidement au besoin, et pour opérer de petits déplacements. S'il y a lieu de faire parcourir à la pièce une distance plus considérable, on la met sur un avant-train attelé d'un nombre de chevaux proportionné à son poids. Un conducteur dirige deux chevaux.

Lorsqu'on veut lui faire parcourir en arrière une grande distance, en restant prêt à faire feu, on se sert de la prolonge simple ou double que l'on passe d'une part dans l'anneau de l'avant-train, de l'autre dans l'anneau d'embrelage de l'affût. Alors la queue de cet affût n'est plus maintenue dans les secousses provenant des inégalités du terrain.

427. Le nombre de chevaux s'évalue d'après le poids de la pièce et l'allure qu'on veut lui donner. Les canons lourds de siége, qu'on transporte en général sur les routes battues par les armées, doivent être attelés, comme toutes les voitures de

---

niers; ils sont surmontés de poignées, et des marchepieds sont placés sur les brancards

Sur le derrière du caisson est un essieu porte-roues; au-dessous est un crochet de brancard du milieu, auquel on peut au besoin fixer l'anneau-lunette d'une voiture privée d'avant-train.

Le caisson de 12 contient par coffre 21 cartouches à boulets et 2 cartouches à balles.

Le caisson de 8 contient par coffre 28 cartouches à boulets et 4 cartouches à balles.

roulage, d'un nombre de chevaux suffisant pour traîner leur poids. Si les affûts n'ont pas été construits pour ce transport, on place la bouche-à-feu sur un *charriot à canon* ou *porte-corps*, forte voiture à quatre roues disposées pour recevoir un canon de 18 ou de 24. L'affût est transporté à part, et on replace dessus la bouche-à-feu, lorsqu'on est arrivé au point où on doit s'en servir. Quant aux pièces de campagne, qui doivent pouvoir parcourir souvent de très mauvais chemins, et suivre les mouvements des autres armes sur un champ de bataille, l'attelage doit être plus fort que ne l'exigerait le poids du canon pour une marche ordinaire. Les pièces destinées à manœuvrer avec la cavalerie ont besoin d'un attelage plus fort que celles qui suivent l'infanterie. Enfin, dans l'appréciation de la force d'un attelage, il faut faire entrer en ligne de compte la mobilité de la voiture, la puissance de tirage des chevaux, le mode d'attelage. Il s'ensuit que l'évaluation du poids à faire traîner par un cheval ne peut être que très générale et très vague.

D'après Scharnhorst, pour les pièces qui doivent se mouvoir rapidement, la charge d'un cheval est de 420 à 460 livres (235 k,20 à 257 k,60); pour celles qui doivent suivre l'infanterie, elle est de 550 à 590 liv. (308 k. à 329 k,40); pour les voitures qui ne vont que sur des routes frayées de 630 à 750 liv. (352 k,80 à 420) et plus. Migout et Bergery ont, il est vrai, adopté 590 liv. (350 k,40) comme la limite du poids que peut conduire un cheval de trait dans une batterie légère de campagne. Toutefois cette donnée (dans l'aperçu de la plupart des artilleries européennes), doit être regardée comme trop élevée. Dans le matériel de campagne autrichien, la pièce d'artillerie légère, c'est-à-dire de 6, avec son affût à Wurst, l'avant-train et cinq canonniers, pesant 26 quintaux (14 36), est attelée de six chevaux. Pour les autres pièces de campagne, on calcule à raison de environ 5 quintaux (280 k.) par cheval.

En Bavière, les pièces de campagne, aussi bien que les caissons qui les suivent immédiatement, sont attelés de six chevaux, les caissons de réserve seulement de quatre. Un cheval attelé à un canon de 6, tire 542 liv. (303 k,52), à un caisson à wurst, 620 l. (347k,20), si les servants y sont placés. Pour un canon de 12, le cheval tire 663 liv. (375 k,20), pour le caisson, 567 liv. (317 k,52), et pour le caisson de réserve, environ 800 liv. (448 k.).

Charge , pointage, feux.

428. La pièce étant dégagée de son avant-train, son service contre l'ennemi se compose du *chargement*, du *pointage* et du *feu*, ce qui donne lieu à six opérations .

1° Le nettoyage du canon ;

2° L'introduction de la cartouche par la bouche ;

3° Le refoulement de la cartouche, et son placement au fond de l'âme ;

4° Le pointage ;

5° Le percement de la cartouche, et le placement de l'étoupille ;

6° Le feu, après lequel, si l'on doit continuer à tirer dans la même direction, il faut replacer dans la première position la pièce déplacée par le recul.

Un très petit nombre d'hommes suffirait à ces opérations, mais la manœuvre aurait lieu lentement, ce qui n'a pas d'inconvénient dans les batteries retranchées ou de place. Mais il n'en est plus de même en rase campagne, et, dans ce dernier cas, le nombre des servants doit être réglé de telle manière, que le service soit assuré sans interruption, et qu'il soit possible de pourvoir au remplacement des hommes tués ou blessés.

On compte, pour l'exécution d'une pièce de 6 bavaroise, dix servants, et 12 pour celui d'une pièce de 12, mais ils ne sont pas tous de service à la pièce, et une partie suit comme réserve. Par exemple, sur les dix servants indiqués ci-dessus, deux sont employés à la réserve, deux autres à l'avant-train et au caisson, et six seulement autour de la pièce exécutent les opérations ci-dessus indiquées. Chaque pièce est sous le commandement d'un sous-officier, deux sous les ordres d'un officier.

429. On donne aux servants les numéros 1, 2, 3, 4, etc., ou, comme cela a lieu dans l'artillerie bavaroise, les canonniers, qui sont des deux côtés de la bouche du canon, prennent le numéro 1, les suivants, le numéro 2, etc., et on y ajoute la distinction de *droite* ou de *gauche*.

Le canonnier placé à droite, le plus près de la bouche de la pièce, a pour fonction de la nettoyer avec l'écouvillon, et d'enfoncer la charge avec le refouloir, dès qu'elle est présentée à la bouche. Dans cette opération, il importe que la lumière soit bien bouchée, que l'écouvillon soit propre, et que la cartouche soit mise à fond. Dès que le canon, après le recul, a été remis dans sa position, on écouvillonne de suite de nouveau.

Le canonnier placé à gauche, vers la bouche, présente la cartouche à la bouche, et doit faire attention, dans les feux, de ne pas présenter les cartouches à boulets en sens inverse, c'est-à-dire le boulet au fond. Les servants suivants bouchent la lumière, sont chargés du pointage. Un servant ou deux pour les pièces lourdes donnent la direction de côté. A cet effet, ils meuvent la pièce à droite ou à gauche, soit en se servant des leviers passés dans les anneaux de pointage, soit en appuyant des leviers contre les crosses. On perce la cartouche avec le dégorgeoir par le canal de lumière, on place l'étoupille, la mèche tournée en avant, et on la couvre jusqu'au moment du feu. Le boutefeu ne doit pas, à cet effet, être dirigé verticalement au-dessus du canal de lumière, mais de côté, avec la main renversée, de manière qu'il ne puisse échapper de la main.

Les autres servants sont employés au port des munitions. Aucun ne doit s'éloigner de son poste. Dans les feux rapides, ils doivent avoir l'œil les uns sur les autres, pour ne pas faire prendre feu aux pièces voisines, et ne pas occasionner d'erreur ou d'accident (1).

Espèces de tir.

430. Le tir prend diverses dénominations, suivant qu'on fait varier la charge ou le projectile. On peut d'abord, comme dans les armes portatives, établir une première distinction entre le tir avec projectile, et le tir à poudre ou en blanc. Le tir peut s'effectuer à *charge ordinaire*, à *grande* ou à *petite charge*. Enfin, le tir avec projectile a lieu à *boulets, obus, boîtes à balles, boulet rouge.*

---

(1) Dans le tir des pièces françaises, on ne couvre que les étoupilles des mortiers d'un sac à terre qu'on retire au moment du feu.

On se sert du boutefeu pour les pièces de siége et place, et de la lance à feu pour celles de campagne.

451. En égard à la direction et au mode d'emploi du tir, on peut faire encore les distinctions suivantes :

On nomme *kernschuss* (*tir de noyau*) (1) celui dans lequel on atteint le but avant que la trajectoire se soit éloignée sensiblement de la direction de l'axe de l'âme. Si cet axe est dirigé horizontalement, le tir prend le nom de *kernschuss* horizontal. On l'appelle *tir élevé* ou *plongeant*, si l'axe est dirigé vers le haut ou vers le bas (pl. I, fig. 30).

On nomme *tir de but en blanc* celui dans lequel le but se trouve au second point d'intersection de la ligne de mire avec l'axe. Ce tir est *horizontal*, *élevé*, ou *plongeant*, suivant que la ligne de mire est horizontale ou inclinée soit en haut, soit en bas (pl. I, fig. 31).

On appelle *tir de hausse* celui dans lequel le but étant au-delà de l'intersection de la ligne de mire et de l'axe, on abaisse la culasse du canon de manière à augmenter l'angle de cet axe avec l'horizon. On dirige, à cet effet, la ligne de mire par un des points de division de la hausse. Le boulet alors s'élève davantage, et coupe, pour la deuxième fois, la ligne de mire artificielle à une plus grande distance.

On évalue l'inclinaison d'après le nombre de divisions ou de pouces de la hausse (pl. I, fig. 32).

452. Lorsque les projectiles ne s'enfoncent pas dans la terre ferme, mais font, en vertu de leur élasticité, plusieurs bonds, jusqu'à ce que, perdant toute leur force, ils roulent et finissent par s'arrêter, ce genre de tir (pl. I, fig. 33) se nomme *roll oder gellschus*, *tir roulant* (fig. 33). Si on en fait usage,

_____

(1) *Kernschuss* (*tir de noyau*). Ce mot n'a pas d'équivalent en français. C'est un genre de tir qui n'a lieu qu'à petite distance et qui doit comprendre implicitement le tir en brèche.

particulièrement contre les fortifications et les objets qu'elles couvrent, on tire les pièces sous d'assez fortes inclinaisons et avec de faibles charges, et le tir s'appelle *tir à ricochet*. Ce nom, en France, s'applique, dans tous les cas, au tir désigné sous le nom de *roll* ou *gelschus* (1).

433. Eu égard à la nature de la courbe décrite par le projectile, on distingue le *tir direct* et le *tir courbe*. Dans le premier, la trajectoire atteint le but, en parcourant une ligne qui se rapproche de la droite. Dans le second, cette trajectoire s'élève en forme curviligne.

On appelle *tir rasant* celui donné par une trajectoire qui ne s'élève pas à plus de 6 pieds (1ᵐ,884) au-dessus du terrain. *Tir de plein fouet*, celui dans lequel le projectile frappe le but du premier choc. Le tir prend aussi sa dénomination, eu égard à sa direction par rapport aux objets qu'on vise. *Tir perpendiculaire, oblique, d'enfilade, de flanc ou d'écharpe, à revers, de bricole*. Dans ce dernier genre de tir, les coups sont dirigés indirectement contre les murailles, de manière que les projectiles les atteignent par leurs bonds.

Relativement à l'effet qu'on veut produire, il y a encore à mentionner le *tir de démontage* et le *tir en brèche*. Le premier a pour but de détruire les pièces, les embrasures de l'ennemi (2). Le dernier a pour objet de détruire les revêtements des fortifi-

---

(1) *Roll-gell-schus*, tir roulant, tir à ricochet, sans hausse et à charge pleine, qui s'emploie en campagne.

(2) Le tir de démontage correspond au tir des premières batteries, et peut être soit un tir à ricochet, soit un tir d'embrasure.

cations, et doit être, la plupart du temps, un *kernschuss* , tir
direct à forte charge et à petite distance.

L'effet du tir et du projectile ne peut être constaté que par
des épreuves soit sous le point de vue de la portée, soit sous
celui de leur action destructive (1).

---

(1) On peut établir, comme il suit, la classification des diverses
espèces de tir à boulets usitées dans l'artillerie française :

1° Eu égard aux variations de la charge ou des projectiles:
Tir en blanc ou à poudre ;
— *à grande et à petite portée ;*
— *à boulet ;*
— *à balles ;*
— *à boulet rouge.*

2° Eu égard à l'inclinaison donnée :
Tir de but en blanc naturel ;
— *de plein fouet.* — *Tir direct ;*
— *avec hausse.* — *Tir parabolique ;*
— *rasant ;*
— *plongeant ;*
— *à toute volée.*

3° Eu égard à sa direction par rapport au bu
Tir perpendiculaire ;
— *d'écharpe ;*
— *à revers ;*
— *d'enfilade.*

4° Eu égard à l'effet à produire :
Tir de démontage ou *des premières batteries,* comprenant le *tir-à-*
ricochet et le *tir-à-embrasure.*
— *en brèche,* pour ruiner les revêtements de l'ennemi.
Le *tir roulant* usité en Allemagne, mais qui n'est pas adopté en

TIR A BOULET.

Portées.

434. La portée du *kernschuss* (*tir de noyau*) est, suivant le calibre, de 150 à 200 pas (115 m. à 151 m.). Des essais ont constaté que, dans cette limite, les boulets dévient autant en haut qu'en bas. Il n'en est plus de même à une plus grande distance, et les déviations ne peuvent plus être évaluées d'une manière positive.

Si l'axe de l'âme est dirigé parallèlement au terrain, le boulet porte à une distance de 300 ou 400 pas (226 ,50 à 302 m.). On doit ici, comme dans toute espèce de tir, distinguer la portée jusqu'au but de celle jusqu'au premier point de chute.

435. Portées de but en blanc naturel.

	3	6		12	
Autriche		500 pas (377ᵐ, 5)	600 pas (455 m.)		
Prusse (600 pas (453ᵐ)	750	(566ᵐ,)	800	(604 m.)	
Bavière (Pièces de 18					
calibres de longueur)	700	(528ᵐ,50)	800	(604 m.)	

France, est un tir à ricochet sans hausse, à charge pleine, employé en rase campagne.

Il ne faut pas le confondre avec le tir à boulet *roulant* ou non *ensaboté*.

Les portées de but en blanc sont, toutes choses égales d'ailleurs, d'autant plus considérables que l'angle de mire est plus grand et la charge de poudre plus forte.(1)

436. Pour tirer de plein fouet, au-delà du but en blanc, on se sert de la hausse, sur laquelle les nombres de division, correspondant à chaque distance et déterminés par l'expérience, sont indiqués.

RÈGLES PRATIQUES SUIVIES EN BAVIÈRE.

Canon de 6.

DISTANCES. 800 pas (604 m.).	HAUSSES. 0,2 p. (0 m. 00524).
— Pour chaque 100 pas au-delà (75 m. 5) jusqu'à 1,200 pas (906 m.).	— 0,25 p. (0 m. 0066).
— 1,200 pas (906 m.).	— 1,2 p. (0 m. 031).
— Pour chaque 100 pas au delà jusqu'à 1,600 pas (1,208 m)	— 0,4 p. (0 m. 0105).
— Pour chaque 100 pas au-delà jusqu'à 1800 pas (1,359 m.).	— 0,5 p. (0 m. 013).
1800 pas (1,359 m.).	— 3,8 (0 m. 09956).

(1) Les portées de but en blanc dans les pièces françaises à la charge du tiers du poids du boulet, sont :

Canon de 24 . . . . 700 m.
— de 16. 670
— de 12 de campagne. 554
— de 8 de campagne. 512

Canon de 12.

DISTANCES. Pour chaque 100 pas au delà de la portée du but en blanc, jusqu'à 1,400 pas (1,057 m.).	HAUSSES. 0,3 (0 m. 0079).
— Pour chaque 100 pas, de 1,400 à 1,700 pas (1,283m,5).	— 0,4 (0 m. 0105).
— Pour chaque 100 pas plus loin.	— 0,5 (0 m. 013).
— 1,800 pas (1,359 m.).	— 3,5 (0 m. 082).

Quand la hausse est de 2 pouces (0m,0524), on suit une règle pratique qui consiste à élever la vis de pointage de 1|4 de tour, pour obtenir une augmentation de hausse de 0,25 pouces (0m,0066).

Au-delà d'une distance de 1600 pas (1,208 m.), on ne cherche plus en général à toucher de plein fouet. L'inclinaison

---

On a donné pour tirer au-delà du but en blanc la règle pratique suivante (pièces de bataille) :

Pour chaque 25 toises au-delà du but en blanc, donner 2 lignes de hausse. (Pour chaque 50 mètres, 4 mill. 1|2).

Pour chaque 20 toises en deçà, pointer un pied au-dessous du point à battre jusqu'à la moitié de la distance du but en blanc, et à partir de cette moitié diminuer l'abaissement de un pied, à mesure que le but se rapproche de vingt toises de la bouche de la pièce. (Pour chaque 40 mètres en deçà, 0 m. 325 au-dessous, jusqu'à demi-distance; diminuer ensuite l'abaissement de 0 m. 325 par chaque 40 mètres de rapprochement).

est alors telle, qu'elle ne peut être augmentée qu'aux dépens des affûts. Leur construction d'ailleurs ne permet pas d'obtenir un angle de plus de 15°.

437. Pour les distances moindres que celle du but en blanc naturel, on donne souvent la règle pratique de viser plus bas que l'objet à battre, ou à terre, en avant de cet objet.

En Bavière, on vise d'abord de but en blanc, ensuite on élève la vis de pointage par la révolution d'un certain nombre de branches de la manivelle (1).

Pour le calibre de 6, à la distance de 600 pas (453 m.), on donne seulement un demi-tour de branches. A 500 pas, et à des distances encore moindres, on suit cette règle que le nombre de branches, auxquelles on a fait décrire une révolution, et celui des centaines de pas dont se compose la portée, doit faire une somme égale à 6. Après un tour de 4 branches et 1|3, la bouche-à-feu a son axe parallèle au terrain.

Pour le calibre de 12, le nombre de branches qu'on a fait tourner, et celui des centaines de pas dont se compose la portée, doit donner la somme 8. Après un tour de 5 branches, la bouche-à-feu a son axe horizontal.

438. Dans le tir roulant (*rollschuss*), la portée jusqu'au premier point de chute est celle de but en blanc correspondante à la charge et à l'inclinaison. Lorsque la bouche-à-feu a son axe horizontal, le premier jet, avec le canon de 6, porte à 300 pas (226$_m$,50), et, avec le canon de 12, à 400 pas (302 m.). Lorsque l'axe du canon fait, avec l'horizontale, un

_____

(1) La vis de pointage porte à sa tête quatre branches formant manivelle, également éloignées entre elles. La révolution d'une branche correspond à 1|4 de tour de la vis entière. (N. de l'aut.)

angle moitié de l'angle de mire, le premier point de chute, pour les 2 calibres, est à 500 pas (377ᵐ,50).

Pour ce qui concerne l'amplitude et la hauteur des bonds, on peut admettre les données suivantes, en faisant toutefois abstraction de l'influence décisive exercée par la nature du terrain.

L'amplitude des bonds diminue en général sans suivre une progression régulière, et autant qu'on peut établir une règle générale, on admet que la grandeur du premier ricochet est un peu supérieure à la moitié de la distance du premier point de chute, et que chacun des ricochets suivants est environ la moitié du précédent.

La plus grande portée à boulets roulants qu'on puisse atteindre avec le 6 ou le 12, en 5 ou 7 bonds, s'élève de 2,000 à 2500 pas (1510 à 1887ᵐ,50). Cette espèce de tir ne doit pas être employée à une distance moindre que 1200 pas (906 m.).

Les hauteurs des bonds dépendent principalement de l'angle sous lequel le choc a lieu, et de la nature et des accidents du terrain. E les peuvent donc encore moins être en général appréciées exactement.

L'observation montre que la réflexion du boulet a lieu sous un angle supérieur à l'angle de chute, et que l'angle du ricochet est en général à peu près le double de l'angle d'incidence. La hauteur du premier jet serait donc moindre, mais les hauteurs des jets suivants diminuent avec la vitesse du boulet.

439. Dans le tir à ricochet, on se propose d'atteindre successivement plusieurs objets couverts et placés dans la même direction. Il importe donc, avant tout, d'étudier avec soin la position et la nature des objets à battre.

Ce tir ne doit pas en général être employé en dehors des limites de 400 à 1000 pas (302 à 755 m.) Pour éviter que le boulet ne pénètre dans les milieux qu'il frappe, on tire à faible charge, et on l'affaiblit d'autant plus que l'angle de tir est plus grand (1).

Lorsque l'inclinaison est trop forte pour que la hausse puisse suffire, on emploie le quart de cercle (fig. 14).

Les tables de tir appropriées pour les divers systèmes d'artillerie, sont destinées à indiquer les charges et les hausses à employer dans le tir des diverses pièces, en tenant compte de la longueur et de la hauteur des ouvrages ennemis. L'établissement de ces tables est basé sur l'expérience.

---

(1) Le tir à ricochet fut essayé d'abord par Vauban, en 1638, aux siéges de Philisbourg et Manheim; il fut ensuite régularisé au siége d'Ath en 1697.

Ce tir a pour objet de tirer de la campagne par-dessus le parapet d'un ouvrage, de telle manière que le boulet animé d'une faible vitesse frappe sur le terreplein et se prolonge dans la direction d'une des faces de cet ouvrage, en formant une suite de bonds, et détruisant toutes les défenses de l'ennemi.

Le tir à ricochet s'exécute ordinairement dans les limites de 600 à 200 mètres. Dans ce tir on fait varier à la fois l'angle et la charge. Celle-ci doit en général être faible; car avec de faibles vitesses le projectile, porté à peu de distance de la masse couvrante, vient chercher les défenseurs jusque derrière les traverses qui les cachent.

On distingue le *ricochet mou*, tiré sous des angles plus forts, et qui s'emploie principalement pour tirer sur un objet beaucoup plus élevé que la bouche-à-feu, ou lorsque la distance du but est peu considérable, et le *ricochet tendu* qui a lieu lorsque la distance est très grande par rapport à la hauteur, et dans lequel les angles sont moins forts. La distance du point de la crête intérieur, par lequel passe la trajectoire au point de chute, varie de 13 m.

440. Le tir pour démontage ne doit pas avoir lieu à plus de 600 pas (453 m.) des ouvrages ennemis. On y emploie les plus forts calibres de siége, et l'on tire non-seulement à projectiles pleins, mais aussi à projectiles creux, lesquels détruisent promptement les ouvrages en terre. Le 24 court convient beaucoup au tir des obus.

441. Le *tir en brèche* a lieu d'ordinaire à la distance de 50 à 100 pas (37^m,7 à 75^m,5). On y emploie les plus forts calibres et de fortes charges des 5|8 à la moitié du poids du boulet. On cherche à atteindre les murs autant que possible près de leur pied. La plupart des coups de cette espèce doivent être des coups plongeants (1).

(correspondant au ricochet le plus mou) à 100 m. , (qui correspond au ricochet le plus tendu).

Dans le premier cas, le projectile ricoche en faisant avec le terreplein un angle de 10°, limite des angles de chute sous laquelle se produit le ricochet le plus efficace. Dans le deuxième cas, le boulet parcourt en la rasant toute la face d'un ouvrage non traversé. L'angle de tir, dans le ricochet, est au plus de 15° au-dessus de l'horizon, et de 8 ou 9° au-dessous.

(1) D'après des expériences faites à Metz en 1834, deux brèches de 21 à 22 m. ont été rendues praticables en moins de 10 heures avec environ 230 boulets de 24 et 40 obus pour l'une ;

      300   —   de 16 et 10 obus pour l'autre.

La marche à suivre dans le tir en brèche, d'après ces expériences, consiste :

A former dans l'escarpe, sur toute la largeur de la brèche à ouvrir, une section horizontale qui ne doit jamais être au-dessous du tiers de l'escarpe, et, à partir de cette section, plusieurs sections verticales jusqu'au sommet de l'escarpe.

A tirer, autant que possible, perpendiculairement à la face de

442. Pour enflammer les objets combustibles, on se sert souvent, dans les siéges et pour la défense des côtes, de *boulets rouges*. Les boulets, à la chaleur, se dilatent environ de 0,05 p.

0ᵐ,0015). On choisit les plus petits du calibre, on les met sur un gril, ou plus ordinairement dans un four destiné à cet usage, ou même, au besoin, dans une forge de campagne de petit calibre ; on les chauffe au rouge cerise, on les retire du gril avec des tenailles, et on les introduit dans le canon avec une cuiller de fer. La bouche-à-feu doit être tirée le plus tôt possible, après leur introduction, parce que les boulets rouges dégradent le métal. Suivant l'état de l'objet à enflammer, on emploie la charge ordinaire, ou on l'affaiblit considérablement. Dans le dernier cas on donne une hausse convenable ; on sé-pare la charge du boulet rouge par deux bouchons de foin l'un sec, l'autre mouillé, on pointe avant d'introduire le boulet rouge (1).

---

l'ouvrage à battre, employant la charge moitié du poids du boulet.

Après la chute de la maçonnerie, à tirer sur les terres avec des obusiers de 22 centimètres à la charge de 1 k. 50 à 2 k.; les obus contenant 2 k. de poudre.

(1) Le tir à boulet rouge, qui est exécuté plutôt par les pièces de côte que par toute autre, a pour objet de lancer sur un but susceptible de s'enflammer des boulets chauffés jusqu'au rouge cerise.

On dispose la pièce de telle sorte que la bouche soit un peu plus élevée que la culasse. Après avoir écouvillonné avec l'écouvillon humecté, on enfonce la gargousse, on place au-dessus un bou-chon de foin, et on refoule un coup ; on introduit ensuite un bouchon de terre glaise, et on refoule deux coups. On dégorge et on place l'étoupille.

Deux hommes retirent le boulet rouge du four avec des tenailles

TIR A BALLES.

443. On se sert des balles à mitraille, lorsqu'on n'attend pas assez d'effet du tir du boulet, par exemple, lorsqu'il y a lieu d'agir sur des surfaces considérables ou sur des lignes de troupes qui avancent rapidement. Ces projectiles, en sortant du canon, se répandent sous la forme d'un cône ayant son sommet à la bouche, et qu'on appelle *strenung kegel* (*cône d'éparpillement*), et prennent diverses directions. L'objet qu'on se propose est de produire un effet considérable en faisant porter un grand nombre de balles, ce qui ne peut avoir lieu ni trop près ni trop loin. Dans le premier cas, un grand nombre de balles passent au dessus du but; dans le deuxième, beaucoup ont déjà touché la terre, ou ont perdu de leur rapidité et se sont dispersées.

En général, pour chaque 100 pas (75, 50) de distance, on peut admettre une dispersion de 10 à 12 pas 7 m. 50 à 9 m. 06. Par exemple, sur une portée de 600 pas (455 m.), les balles se dispersent dans une étendue de 60 pas (45 m. 30) de diamètre. La dispersion est plus grande pour les petites balles que pour les grosses; mais elles ne sont pas réparties uniformément. Un tiers des balles peut s'éparpiller; le reste se trouve réuni dans un petit plan (Pl. I, fig. 26).

414. La portée des balles à mitraille est toutefois plus grande

---

et le placent dans une cuiller à deux manches; on l'introduit dans l'âme: on place au-dessus un bouchon de terre grasse.

On refoule, on met en batterie, on pointe, et on met le feu.

que celle du fusil d'infanterie ; mais la nature du terrain influe beaucoup et favorise ou entrave le ricochet des balles : le
pointage du canon doit être réglé en conséquence. Dans le
premier cas, en Bavière, on dirige parallèlement au terrain
l'axe, tant du canon de 6 que du canon de 12. pour tirer de
200 à 400 pas (151 à 302 m.). Pour tirer à 500 pas (377, 50)
on dirige l'axe de manière à former la moitié de l'angle de
mire avec l'horizon (ce qu'on obtient en pointant de but en
blanc et faisant faire un demi-tour à la vis de pointage). On
pointe de but en blanc pour tirer à 600 pas (453 m.). Cette
distance peut être considérée comme la limite des portées du
tir à mitraille pour la pièce de 6 ; mais celle de 12, en donnant un pouce (0 m. 0262) de hausse, peut tirer jusqu'à 900
pas (679 m. 50), si l'on admet que le terrain soit favorable au
ricochet des balles de 12 loths (0 k. 21). Dans le cas contraire,
la limite du tir est à 600 pas (453 m.), et à cette distance il
faut donner, 1,8 pouces (0 m. 047) de hausse. Pour le calibre
de 6, dans le même cas, la limite est de 500 pas (377 m. 5)
avec 1,2 pouces de hausse (0 m. 031).

Probabilité du tir.

445. Les principes généraux présentés au § 284 sont applicables au tir du canon.

Des épreuves démontrent que les boulets, à la portée de
1,000 à 1,500 pas (755 m. à 1,130), peuvent s'éloigner du but,
en deçà ou au-delà, de 200 à 250 pas (151 m. à 178, 75), et
dévier, à droite ou à gauche, de 20 à 50 pas (15 m. 10 à
37 m. 75).

D'après des résultats d'expérience, on peut admettre, en

général, qu'avec le calibre de 6 et à la distance de 800 à 1,000 pas (604 à 755 m.) environ, le tiers et même la moitié du nombre des boulets portent, et qu'il en est de même avec le calibre de 12, de 1,200 à 1,400 pas (906 m. à 1,057) Si la distance est moindre, le nombre des coups portant devient plus considérable ; mais il diminue beaucoup à une plus grande distance, et celles de 1,600 pas (1,208 m.) avec le calibre de 6, ou 1,800 pas (1.359 m.) avec le 12, peuvent être considérées comme les limites de l'exactitude du tir de plein fouet.

Dans les essais, la cible avait 50 pieds (15 m. 70) de longueur et 6 pieds (1 m. 89) de hauteur ; en prenant un but plus élevé, de 9 pieds environ (2 m. 82) de hauteur, c'est-à-dire celle du cavalier monté, le nombre des coups atteignant le but s'accrut d'environ 1/3. Il est encore augmenté, si le but a une profondeur considérable, parce que dans ce cas les boulets longs et les boulets courts peuvent atteindre, de plein fouet ou a ricochet.

En tirant de haut en bas à des différences de niveau considérables, et surtout de bas en haut, le nombre des coups qui portent diminue.

La probabilité du tir à coups roulants ou à ricochet est encore moindre, ce qui s'explique en tenant compte de l'influence qu'exercent, d'une part, la nature du terrain, de l'autre l'angle sous lequel a lieu le choc du projectile.

Dans le tir à mitraille, le terrain influe aussi essentiellement sur la justesse du tir, et on peut admettre que, dans les circonstances les plus favorables, un quart à un tiers des balles portent (1).

---

(1) Avec un canon de 12, et à la distance de 300 mètres, on met douze balles environ (sur 41)dans un but de 1m. 90 de hauteur sur 16 de longueur.

ÉTUDE

446. La force de recul se manifeste dans les canons par son étendue. Il augmente d'autant plus que le canon est plus léger et l'affût plus mobile; que le projectile est plus lourd et la charge plus forte, et enfin que l'inclinaison est plus approchée de l'horizontale. L'expérience a fait voir que le recul ne nuit pas à la régularité de la trajectoire du projectile. Dans les pièces de batterie disposées sur des plates-formes inclinées de l'arrière à l'avant, le recul est diminué par suite de cette inclinaison qui a l'avantage non-seulement de permettre l'emploi de plates-formes moins longues, mais qui en outre facilite la mise en batterie des pièces. Leur recul doit être assez fort pour que la bouche du canon sorte de l'embrasure, et que par suite on puisse charger facilement.

Le recul des pièces de campagne françaises est de 2 à 12 pas (1 m. 51 à 9 m. 06).

447. On a déjà exposé, § 287, les causes générales qui influent sur la durée des canons. Il y a lieu maintenant de faire connaître le résultat des expériences qui ont été faites sur cet objet. En Autriche, le 6 léger a résisté à un tir de 4 à 6,000 coups, avant d'être mis hors de service. Le 24, avec une charge

----

A cette distance, le tir à balles paraît deux fois plus efficace que le tir à boulet.

A 450 mètres, il semble produire le même effet.

A des distances plus grandes, le tir à boulet est supérieur.

Toutefois on peut employer le tir à balles jusqu'à 800 mètres pour le canon de 12, et 700 pour celui de 8.

de 7 liv.(3 k. 92), s'est trouvé déjà hors de service après 2,425 coups. En France, ce calibre supporte rarement 600 coups, quoique l'on se serve pour les charges du sabot en bois (1).

---

(1) C'est par erreur que l'auteur allemand dit que les pièces de 24 en France sont tirées avec des sabots en bois.

Il est rare qu'elles atteignent le terme de 600 coups sans altérations graves ; cependant avec des gargousses allongées on parvient à en obtenir une durée convenable.

Différents moyens ont été mis en essai pour prolonger la durée des bouches-à-feu de gros calibre, ce sont :

1° L'emploi d'un bouchon qui, par des allongements successifs, déplace le boulet, lorsque la profondeur de son logement atteint une limite nuisible ;

2° Celui du sabot-éclisse en carton, proposé par M. le colonel Aubertin ;

3° Celui des gargousses, allongées proposées par M. le colonel Piobert.

Il résulte d'épreuves qui ont eu lieu à Douai, sur quatre canons neufs de 24 tirés comparativement, les deux premiers avec des sabots-éclisses, les deux derniers avec des gargousses allongées, que :

L'une des deux pièces du premier système a tiré 1486 coups avant d'être mise hors de service ;

La deuxième pièce du même système a fourni un tir de 3161 coups ; mais dans les 1225 derniers coups le tir de cette pièce est devenu de plus en plus irrégulier.

Enfin, les deux pièces du deuxième système ont fourni un tir de 3761 coups et ont paru susceptibles de parcourir encore une assez longue carrière de tir.

Le procédé du sabot-éclisse donne donc une véritable amélioration, sous le double rapport de la justesse du tir et de la conservation des bouches-à-feu.

Le mode de chargement avec gargousse allongée, ayant 131

En général, dans les canons de bronze, les calibres légers ont beaucoup plus de durée que les lourds. Toutefois, la qualité du bronze, la longueur du canon, le vent et les charges de poudre usitées influent beaucoup sur cette durée.

Les canons de fer coulé durent plus longtemps; mais leur canal de lumière, non-seulement en Autriche mais encore en Suède, est muni d'un grain d'acier (1).

On n'a pas de donnée sur la durée des affûts, et il est difficile de présenter quelques généralités sur cet objet, car, d'une part, la matière avec laquelle on les confectionne, le mode de construction; de l'autre, la manière de s'en servir et de les conserver diffère dans chaque État.

448. Pour pouvoir apprécier exactement la vivacité du feu du canon, on a observé que les servants étant au complet et bien exercés, on emploie 54 secondes avec une pièce de 6, depuis le commencement de la manœuvre jusqu'au premier coup; et 42 secondes avec le 12. Dans cet espace de temps, on ôte l'affût de dessus son avant-train, on charge, on pointe et on fait feu. On peut avec le 6, en une minute, effectuer un tir de quatre coups à balles, ou de trois coups roulants, ou de

___

au lieu de 140 millimètres de diamètre, donne des résultats bien plus avantageux encore, prolonge bien au-delà de la limite actuelle la durée des bouches-à-feu de gros calibre et a été adopté pour les canons de siège de 24 et de 16.

La durée des pièces de campagne qu'on tire avec des boulets munis de sabots en bois satisfait en général aux conditions du service.

(1) Voir ci-dessus dans la note, page 234, ce qui a été dit sur les inconvénients de poser un grain d'acier au canal de lumière.

deux avec hausse. Le 12 léger exige pour cette opération un peu plus de temps.

Avec les canons de siége, place et côte, on peut, dans l'espace d'un jour, tirer de 100 à 120 coups, si la pièce n'est pas trop échauffée ; autrement on peut, avec le 12 lourd, en trois minutes, et avec le 24, en quatre, effectuer un coup de démontage.

449. La puissance des boulets de canon contre les hommes et les voitures dépend trop de la position des troupes et de l'angle sous lequel frappent les boulets, pour qu'on puisse donner quelque résultat général sur cet objet. Cependant on sait par expérience qu'à 1,000 pas (735 m.) un boulet de 6 peut tuer 6 hommes l'un derrière l'autre.

L'enfoncement du boulet dans la terre varie, suivant qu'elle a été jetée récemment, ou qu'elle l'a été depuis longtemps et a pris de la consistance. Dans le premier cas, les enfoncements, d'après les épreuves de Scharnhost, sont les suivants :

Calibre.	Charge.		Portée.		Enfoncement.	
3 liv.	1 liv.1¡4 (0k,700)	400 à 800 pas	(302 à 604m.)	2 pi 1¡2	(0m,785)
6	2	1¡4 (1k,260)	400 à 800 pas	(302 à 604m.)	6 pi 1¡2	(2m,041)
12	5	(2k,80)	400 pas	(302 m.)	7 —	(2m,198)
12	5	(2k,80)	800	(604 m.)	5 pi 3¡4	1m,804
24	9	(5k,04)	400	(302 m.)	7 pi 1¡2	(2m,335)
24	9	(5k,04)	800	(604 m.)	7	(2m,198)

D'après d'autres essais, le boulet de 24 enfonce beaucoup plus profondément dans un terrain de cette nature, et l'enfoncement du boulet de 12, dans un sol de moyenne résistance, serait de 7 à 9 pieds (2m,198 à 2m,826).

Dans une paroi de bois de pin, formée de trois poutres ayant ensemble une épaisseur de 2 pieds 10 pouces (0m,890), des boulets de 6, à la distance de 425 pas (319m,88), et à la charge de 2 liv. 1¡4 (1 k,260), enfoncent de 1 pied 9 pouces (0 k,550).

Tous ceux de 12, à la charge de 4 liv. (2ᵏ,24), la traversent.

On a constaté qu'un boulet de 24, à la distance de 500 pas (377ᵐ,50), s'enfonçait de 1 pied 1|2 dans une muraille, et, à la distance de 350 à 400 pas (264ᵐ,2 à 302 m.), de 3 pieds (0ᵐ,942). Cependant un bon mur de 3 pieds (0ᵐ,942) d'épaisseur, peut-être même seulement de 2 pieds (0ᵐ,628), couvre déjà contre l'action des pièces de campagne. Donc l'effet des pièces pris isolément n'est pas très considérable, et ne le devient d'abord que par les ébranlements réitérés d'un feu prolongé. Les murs de briques sont, toutes choses égales d'ailleurs, plus difficiles à détruire que les murs de pierres naturelles.

Par des essais avec des boîtes à balles, on a constaté que des balles de 6 loths (0 k,105) tirées à 300 pas (226ᵐ,50) traversent une planche de sapin de 1 pouce 1/4 d'épaisseur (0ᵐ.033), et qu'à 600 pas (453 m.) la moitié seulement de ces mêmes balles traversent une deuxième paroi, et la neuvième partie, une troisième. A 900 pas (679ᵐ,5), il n'y a que le quart du nombre de balles tirées qui traversent la première paroi.

A une faible distance elles peuvent donner la mort. A une grande distance, la plupart des balles frappent souvent la terre, et perdent beaucoup de leur force.

LES MORTIERS.

450. On appelle *mortiers* des bouches-à-feu courtes dont les projectiles s'élèvent en décrivant des courbes, et sont destinés à atteindre le but la plupart du temps de haut en bas.

On les désigne soit d'après le diamètre de l'âme, sous les

noms de *mortiers de* 8, 10 *et* 12 *pouces*, soit d'après le poids du projectile plein ou creux qu'ils lancent, soit, comme cela a lieu en Allemagne, d'après les poids des projectiles de pierres qu'ils projetaient primitivement.

On distingue, à l'extérieur du mortier, *le pourtour de la chambre*, *le renfort* et *la bouche*, et à l'intérieur, *l'âme a* (fig. 12 et 13 où le projectile est introduit au-dessus d'une chambre *b* destinée à recevoir la charge.

451. Si l'âme était partout cylindrique, la bouche-à-feu se tirant sous une plus grande inclinaison, la charge de poudre serait pressée par le lourd projectile, ce qui tendrait à en ralentir l'inflammation, la combustion, et à en diminuer l'effet. C'est pourquoi on avait déjà, dès le quinzième siècle, été conduit à rétrécir l'espace dans lequel est placée la charge. On a inventé, à cet effet, diverses espèces de *chambres*.

Le plus ordinairement elles sont cylindriques (fig. 12), et la partie de l'âme, où s'appuie le projectile *(lager* ou *kessel) logement*, se rattache à la chambre par un raccordement de forme hémisphérique. La chambre peut aussi être conique (fig. 13), et former un cône tronqué dont le diamètre supérieur est égal à celui de l'âme. Tel est le *mortier à la Gomer* dans lequel la jonction de la surface du cône avec celle de l'âme est arrondie. Enfin on a proposé des chambres ayant la forme de *sphère*, de *poire*, ou de *paraboloïde*, mais elles n'ont pas été adoptées généralement, parce qu'elles n'augmentaient pas sensiblement la portée se foraient, se chargeaient et se nettoyaient difficilement, exerçaient sur l'affût un choc très violent, et brisaient souvent les projectiles creux déjà dans l'âme du canon.

452. La chambre conique présente l'avantage de permettre à la bombe d'enfoncer, par sa partie inférieure, dans cette chambre. Par suite, ce projectile porte contre les parois la-

térales, et a son centre de gravité et son centre de figure dans l'axe de l'âme.

Les mortiers cylindriques n'offrent pas le même avantage ; ils lancent avec moins de justesse des bombes un peu plus petites, mais le chargement avec des cartouches y est plus commode.

Pour la portée et la régularité du tir, des épreuves ont fait voir en général qu'à petite charge, les chambres cylindriques donnent une plus grande portée ; qu'à plus grande charge, les portées deviennent égales avec les deux sortes de chambres, et que la chambre conique, particulièrement dans le tir à chambre pleine, porte plus loin, plus uniformément et aussi plus exactement (1).

453. La chambre doit pouvoir recevoir la plus forte charge destinée au mortier, sur quoi sa profondeur et sa largeur sont calculées. On n'est nullement d'accord sur le rapport que doivent avoir entre elles ces deux dimensions. Dans les chambres cylindriques de petit calibre, la profondeur peut être en général à la largeur : : 2 : 1. Dans les calibres plus lourds

----

(1) Dans les mortiers à chambre cylindrique, les gaz n'agissaient, au premier moment, que sur une faible partie de la surface du projectile, ce qui forçait à renforcer considérablement la bombe au culot, et par suite à éloigner le centre de gravité du centre de figure. Il fallait, pour placer la bombe dans l'axe du mortier, disposer autour des éclisses en bois, ce qui compliquait et allongeait le chargement. Enfin, l'action des gaz égrenait l'arête saillante de l'orifice de la chambre, ce qui occasionnait diminution dans les portées.

Aussi les mortiers à chambres cylindriques sont-ils abandonnés en France et remplacés par les mortiers à la Gomer

: : 5 : 2 ; d'un autre côté, la profondeur de la chambre doit avoir la plupart du temps un diamètre de bombes.

Si la charge ne remplit pas la chambre, il en résulte une diminution d'effet, et, en comblant l'espace vide (avec de l'argile sèche et de la sciure de bois etc.), on peut obtenir une plus grande portée. On n'a fait aucune observation sur les résultats comparatifs provenant d'une petite différence dans la charge.

454. La longueur de l'âme se détermine par cette considération, que l'on puisse charger le mortier sans peine, c'est-à-dire que l'on puisse placer la charge dans la chambre, et au dessus un lourd projectile creux. Elle est en général de 1 1|4, à 2 calibres de bombes. La longueur de tout le mortier monte de 2 à 3 1|2 calibres.

La force du métal, dans le mortier, paraît dans un rapport moindre avec le calibre que dans le canon, ce qui tient à ce qu'on tire d'ordinaire à plus faible charge. Elle s'élève en général au fond et autour de la chambre à 1|2 ou 5|8 de calibre, le long de l'âme à environ 1|4 de calibre.

Le poids du mortier est très variable ; on a peu de données générales sur cet objet. Pour une livre de bombe, on donne au mortier 14, 16, 24 livres de métal (pour 0 k, 560 de bombe ; 7 k,84, 8 k,96, 13 k,44 de métal). Le poids se règle principalement d'après la charge, et celle-ci varie de 1|25 à 1|9, suivant le calibre, le mode de construction, la matière employée, le vent, etc.

En Autriche, pour une charge de 1|20 du poids de la bombe, on a les relations suivantes :

Bombe de	Poids du mortier.		
60 livres	17 quintaux,	55 livres	(982 k,80)
30	9	24	(517 k,44)
10	3	41	(190 k,96)

Pour le mortier de 30 livres à longue portée, le poids est
de 1048 livres (586k88). Les nouveaux mortiers bavarois ont
une chambre conique et à peu près les mêmes poids. Le mortier de 60 livres pèse 1740 livres (974k,40). Celui de 25 livres,
718 livres (402 kil.). Celui de 10 livres, 296 livres (165k,76).

Les points d'appui du mortier sur l'affût se nomment,
comme dans les canons, *tourillons*, et ils sont souvent consolidés par des embases et des renforts prismatiques, pour les
empêcher de se fausser. L'axe des tourillons se trouve au-dessous du centre de gravité du mortier. Dans les *mortiers pen-
dants*, cet axe correspond au milieu de la chambre. Dans les
mortiers debout, il est vers la culasse. Aussi, dans les premiers,
le poids en arrière est plus fort, et le poids en avant est
moindre. Certains mortiers n'ont pas de tourillons, mais sont
coulés à *semelle*, de manière à ce que la plaque de support
forme avec l'axe de l'âme un angle invariable de 45°. On les
appelle *mortiers à plaque* ou *à semelle* (pl. I, fig. 58). En avant
du centre de gravité, au milieu de la partie supérieure du
mortier, se trouve une *anse* oblique (*f*), et au-dessous le *canal
de lumière g* muni souvent d'un bassinet pour verser la poudre
(fig. 27)(1).

MORTIERS EN USAGE EN FRANCE.

	à chambre tronc conique				à chambre cylindrique.				
	32 c.	27 c.	22 c.	15 c.	32 c. 12 p.	27c10p grande portée.	27c10p petite portée.	22 c. 8 p.	Pierrier modèle 1839
Poids du mortier.	k 1300	k 930	k 290	k 70	k 1341	k 982	k 783	k 269	k 720
Poids de la bombe.	k 72	k 49	k 22	k »	k 72	k 49	k 49	k 22	k »
Charge à chambre pleine.	gram 5385	g 3671	g 979	g 215	g 1683	g 3549	g 1958	g 635	g 1224

AFFUT DE MORTIER.

455. Les mortiers ne peuvent être facilement employés au-
dessous de l'inclinaison de 30°, et le recul est alors très
considérable. Ces bouches à feu sont peu mobiles; elles sont
montées sur des affûts nommés *stuhle, blocke, schleisen, klosse*,
qui n'ont pas de roues, confectionnés en bois, ou composés de
flasques de fonte réunis avec des entretoises en bois ou en fer.

Les affûts (*schleisen*) consistent en deux blocs de bois réunis
par des boulons de fer, et portant au milieu les encastrements
des tourillons. Ils comprennent entre eux la machine de pointage (fig. 27).

456. La hauteur, la longueur et la largeur des flasques
doivent être calculées d'après cette considération, qu'ils puissent supporter la force de recul du mortier qui s'exerce sur
eux très fortement, et croît avec la charge et l'augmentation
d'inclinaison.

Plus l'affût est élevé pour une longueur et une largeur dé-
terminées, plus il est fort; mais la hauteur doit être limitée
pour ne pas trop augmenter le poids. Plus il est long et large,
plus il a de stabilité sur la plate-forme ou sur l'appui en bois
sur lequel il est placé pour la manœuvre.

Pour celui de 60 liv., la longueur s'élève à 7 pieds 1/2 (2 m.
955); la largeur à 2 pieds 1/2) (0 m. 785; la hauteur à 1 pied 1/5
0 m. 577), et la bouche du mortier élevé verticalement monte
à 3 pieds 1/2 (1 m. 099) au-dessus du plan inférieur du
flasque.

457. Au lieu d'un affût en bois, on en emploie, dans quelques armées, en métal (fig. 41 et 42). Ils consistent en deux

flasques réunis par deux entretoises en bois (*p, q*) et six boulons (*h*) : ils ont en dehors quatre *tenons* (*k*) qui servent pour manœuvrer et donner la direction avec des leviers. Ils ont, toutefois, l'inconvénient d'une grande lourdeur. Le poids s'élève, la plupart du temps, une fois autant que dans ceux en bois (dont le poids est à peu près égal à celui du mortier) et fatiguent plus la plate-forme; mais ils sont beaucoup plus durables et ont moins de recul, n'ont pas besoin de sousbandes en fer forgé (*n*), mais simplement de susbandes (*m*) (1).

___

(1) Les flasques en France sont en fonte grise très malléables et très tenace.

On se sert pour le moulage d'un modèle en bois divisé en trois parties et de deux demi-châssis, caisses rectangulaires en fonte, sans fond, mais dont les plans extérieurs sont munis de traverses en fonte ou qui sont partagés en compartiments.

On place sur une planche de fond le demi-châsssis-femelle, les traverses en dessus, et on le remplit de sable que l'on bat, ayant soin de placer à hauteur de la demi-épaisseur du flasque deux modèles de rigole de coulée horizontaux, correspondant à deux cylindres de bois verticaux placés sur la planche de fond. Le demi-châssis étant plein de sable, on le retourne avec une grue sens dessus dessous; on place au-dessus le demi-châssis mâle, appelé aussi *fausse pièce*. Ce demi-châssis, moins élevé que le précédent, est partagé par des tranches parallèles à sa longueur et à sa largeur, formant huit compartiments. On y fixe quatre modèles verticaux de masselotte et un de jet; ensuite on le remplit de sable que l'on bat, comme dans le demi-châssis femelle; on l'enlève lorsqu'il est plein, et on le renverse à l'aide de la grue; on retire le modèle et on répare le moule; on fait communiquer par un canal le bas du jet aux cylindres qui aboutissent aux rigoles de coulée.

458. Les machines de pointage sont adaptées en avant, à cause de la prédominance du poids du mortier dans cette partie, et consistent ou en *coins* qu'on pousse sous le mortier et qui permettent, par suite, de l'élever sous l'angle de 30°, 45°, 75°, ou en *vis de pointage,* ou en *coins* mus au moyen d'une vis horizontale.

AUTRES ESPÈCES DE MORTIERS.

459. Indépendamment des mortiers ordinaires, on distingue encore les *pierriers*, avec lesquels on lance, des remparts d'une place de guerre, sur les travailleurs ennemis, à peu de distance, une grande quantité de pierres ou des obus et des boîtes à balles. On ne les tire pas à une grande distance, parce que ces projectiles s'éparpillent trop au loin ; la charge n'est

---

Les mouleurs assemblent de nouveau les demi-châssis. La coulée s'effectue avec de fortes civières à bras suspendues aux grues.

On retire les flasques, on les burine, on vérifie avec soin leurs dimensions et leur poids, on examine s'ils n'ont pas de défauts.

On les éprouvait autrefois par le tir ; à cet effet, après avoir assemblé les deux flasques en affût, de mortier on tirait trois coups à chambre pleine sous l'angle de 60°.

On les éprouve aujourd'hui par le choc d'un mouton sphérique en fonte du poids de 677 kil. qu'on fait tomber sur un faux tourillon placé dans l'encastrement sous l'angle de 60° et de la hauteur de   3 m. 50 pour les flasques de 32 c.

2 m. 40   —   —   de 27 c.

1 m. 40   —   —   de 22 c.

pas considérable; la chambre contient seulement deux à trois livres (1 k. 12 à 1 k. 68) de poudre; l'âme a un diamètre égal ou supérieur à celui des plus fortes dans le mortier ordinaire, mais la force du métal en général est diminuée. Un pierrier autrichien en fer de 60 liv. pèse 17 quintaux 1/2 (980 k.); son affût, environ 13 quintaux 1/2 (756 k.). Le pierrier bavarois de 60 livres pèse seulement 12 quintaux 1/2 (700 k.).

460. Les mortiers à main nommés aussi à la *Cohorn*, d'après le nom de leur inventeur, sont de petits mortiers à plaque en fer qui peuvent être transportés par un ou deux hommes et lancent un boulet creux ou un obus de 6 livres. Ils pèsent, avec leur affût en bois, environ 90 livres (49 k. 40).

CHARRIOTS A MORTIERS.

461. Pour transporter les mortiers et leurs affûts à distance considérable, on se sert de *charriots à mortier* dont les dispositions les plus essentielles sont celles des *porte-corps*, et qui consistent particulièrement en brancarts et traverses formant un système propre à supporter le mortier et son affût placé en arrière; ou bien, comme cela a lieu en France, la voiture est disposée de manière à transporter le mortier monté sur son affût. Pour une petite distance et dans l'étroite enceinte d'une forteresse, on peut placer les mortiers avec leurs affûts sur des voitures basses portées par des roues pleines (massives) et qu'on appelle *camions*.

PROPRIÉTÉS DES MUNITIONS.

BOMBES.

462 Les projectiles employés dans les mortiers sont des boulets creux de fer coulés appelés *bombes*. Si leur épaisseur (fig. 28 *a*) est uniforme, on les appelle *bombes concentriques*; si elles n'ont pas partout la même épaisseur, on les appelle *excentriques e*); enfin elles peuvent être, à la partie inférieure, renforcées avec un segment *b* qu'on nomme *culot*. On les remplit avec de la poudre et des matières inflammables; elles sont lancées en ligne courbe pour détruire, par leur fort poids, les murailles, ou pour répandre leurs éclats dans un grand espace qui ne pourrait pas être atteint par d'autres projectiles, ou pour mettre le feu en projectant des matières incendiaires.

La poudre et les substances inflammables qui se trouvent dans la bombe, et qui composent la charge destinée à la faire éclater, s'enflamment par l'intermédiaire d'une fusée *f* contenant une composition d'artifice. Lorsque la bombe est arrivée à l'endroit où elle doit éclater et produire son effet, il importe que la bombe ne tombe pas sur le côté où se trouve cette fusée, auquel cas l'inflammation pourrait ne pas se communiquer à la charge. Pour empêcher ce résultat, on a eu l'idée, soit de faire des bombes excentriques, soit de former du côté opposé à l'œil du projectile un *culot*, afin, d'abord, de le faire porter à terre de ce côté, par suite de l'augmentation du poids; ce culot ou ce surcroît d'épaisseur donne d'ailleurs plus de résistance à la bombe contre le choc de la charge et l'empêche de se briser, ce qui serait dangereux pour les servants.

Il y a peu de différence entre les bombes concentriques et excentriques. Celles avec *segments* ou *culots* ont l'avantage de se briser en plus de morceaux que les bombes excentriques; cependant les bombes concentriques sont préférables aux deux autres et donnent un tir plus exact (1).

463. En ce qui concerne la dénomination des bombes, ainsi qu'on l'a déjà dit plus haut, on les désigne, soit comme on le fait en Allemagne, d'après le poids de boulets de grès d'égale grosseur, tels qu'on les employait autrefois, au lieu de bombes de fer coulé; soit d'après leurs poids effectifs soit d'après leurs calibres (bombes de 8, 10 et 12 pouces). Le diamètre de la bombe bavaroise de 10 liv. monte à 6, 24 pouces (0 m. 163 ; celui de la bombe de 25 liv. à 8, 46 (0 m. 22) ; celui de la bombe de 30 liv. à 8, 99 (0 m. 24) ; et celui de la bombe de 60 liv. à 11, 33 pouces (0 m. 30). Elles sont concentriques avec un culot ; l'épaisseur des parois est comprise depuis 1/9 jusqu'à 5/16 de calibre de bombe. Cette épaisseur doit être réglée d'après la force de la charge susceptible de faire éclater le projectile.

---

(1) Les culots ayant été supprimés pour les obus en France, on a cherché aussi à les supprimer pour les bombes. Des épreuves faites à cet effet ont prouvé que le culot ne déterminait pas la chute du projectile, de manière à assurer la conservation de la fusée, mais qu'il n'augmentait pas sensiblement la déviation. On n'a donc pas vu d'avantage à faire aucun changement au modèle de bombes en usage.

Poids des bombes vides.

Calibre de 10 liv.	18 liv. —	10 k.	08
Id. 25 liv.	4 ; liv. —	24	08
Id. 30 liv.	51 liv. —	28	56
Id. 60 liv.	103 liv. —	57	58 (1)

464. La fonte des bombes doit être un peu plus cassante que celle des projectiles pleins, afin qu'elle puisse éclater en un plus grand nombre de morceaux par la charge d'éclats. Mais elle doit être assez ferme et assez tenace pour supporter de forts coups de marteau; ou si on la place sur une enclume fixée en terre, et si l'on fait tomber sur elle un poids de 6 quintaux (336 k.), d'une hauteur proportionnée à son calibre, elle doit résister.

On peut encore la remplir d'eau et voir si elle n'a pas de fissures. Il faut de plus qu'elle soit aux dimensions, bien ronde sans couture de fonte, parce que celle-ci non-seulement prend la ouille, mais aussi parce qu'elle rend le tir irrégulier.

Près de l'œil, il y a encore dans les bombes de quelques systèmes d'artillerie un *full loch*, *œil de charge* (il n'est plus en usage). En haut, vers l'œil, se trouvent deux anses (c) avec ou sans anneaux, par lesquels, à cause de la lourdeur de ces pro-

----

(1) La bombe de 25 liv. bavaroise, dont le poids est de 24 k. 08 et le diamètre de 0 m. 22, se rapproche de la bombe française de 22 cent. (poids, 22 k).

La bombe de 60 liv., dont le poids est de 57 k. 68 et le diamètre de 0 m. 30, est intermédiaire entre les bombes de 32 c (poids, 72 k.), et celle de 27 c. (poids, 49 k.).

jectiles, on peut les suspendre à un crochet que l'on porte au
milieu d'un levier (1).

---

(1) La fonte destinée à couler les bombes et obus doit-elle être
plus blanche que celle avec laquelle on confectionne les boulets?
Cela paraît au moins douteux ; car les bombes et obus doivent
être tenaces, pour ne pas se briser dans l'âme de la bouche-à-feu.

Le moulage de ces projectiles diffère peu de celui des projectiles pleins, seulement il faut placer dans le moule un noyau de
sable que l'on fait sur un arbre, cylindre en fer creux qui passe
à travers un vide laissé dans le sable du châssis inférieur, et qui
vient s'arrêter, fixé par une clavette au-dessous de la *barette*, traverse en fonte qui lui donne passage.

Ce vide est ménagé dans le moulage par un *faux arbre en fer*,
fixé au demi-modèle correspondant

Le noyau se fait autour de l'arbre dans une boîte en cuivre,

Dans les bombes, les modèles de mentonnets sont mobiles
et se séparent par le milieu ; on place dedans les anneaux confectionnés d'avance en fil de fer, et on les fixe sur le demi-modèle
inférieur. On les retire en même temps que le modèle ; mais on
laisse les anneaux engagés dans le moule.

Après la coulée, on retire les bombes et obus ; on burine, on
râpe les coutures ; on alèse la lumière.

Dans la réception, on les passe aux lunettes pour mesurer le
diamètre inférieur ; on mesure leur épaisseur avec un compas
courbe, pourvu d'un limbe gradué ; on mesure au *nonnius* l'é-
paisseur du culot ; on s'assure avec des rondelles du diamètre de
l'œil ; on a des calibres pour reconnaître l'épaisseur du métal en
cet endroit.

On examine la surface du projectile creux ; on le passe au cylindre, et on en pèse un certain nombre.

Calibres et poids des bombes en France.

	32 c.	27 c.	22 c.
Calibres.	320,6	271,1	220,2
Poids.	72 k.	49 k.	22 k.

465. Pour faire éclater les bombes, enflammer les objets qu'elles atteignent et propager l'incendie, on les remplit non-seulement avec de la poudre, mais aussi avec une matière appelée *roche à feu* (1). Pour faire éclater une bombe de 30 liv., 1 liv. 1/2 (0 k. 840) de poudre suffisent, et pour une bombe de 60 liv., 2 liv. 1/2 (1 k. 400) ; mais on met d'ordinaire dans la bombe une charge plus forte, afin que les éclats soient lancés plus loin et avec plus de force.

En Autriche, la bombe de 60 liv. reçoit ordinairement 7 liv. (3 k. 92) de poudre et 15 loths (0 k. 262) de roche à feu ; celle de 30 liv., 3 liv. 8 loths (1 k. 82) de poudre et 9 loths (0 k. 1575) de roche à feu; celle de 10 liv., 22 loths (0 k. 39) de poudre et 6 loths (0 k. 105) de roche à feu.

466. Les fusées qui servent à transmettre le feu consistent en des tubes de bois très sec, de *frêne*, de *bouleau*, ou mieux de *charme* ou de *tilleul*, ayant une tête pour l'amorce et, par le bas, coupés en sifflet.

Elles se remplissent d'une composition (de 3 parties de pulvérin, 2 parties de salpètre, 1 de soufre) triturée, et on estime par expérience la durée de la combustion, pour calculer la longueur à leur donner. Elles doivent être consumées rigoureusement au moment où la bombe achève sa trajectoire et atteint le but, et ne pas l'être plus tôt ni plus tard.

Afin que la composition prenne feu plus sûrement, il y a dans le haut deux mèches de communication de 8 pouces, battues avec la composition et qui sortent de la fusée sur une

---

(1) La préparation de la roche à feu varie suivant les pays. Cependant, elle se compose, en général de 7 liv. de soufre fondu, 6 liv. de salpètre purifié, 2 d'antimoine, une 1/2 livre de pulvérin et 9 loths de mèche à étoupille vive. (Note de l'auteur.)

longueur d'environ 2 pouces. Ces mèches sont placées dans le canal, saupoudrées de pulvérin, recouvertes d'une rondelle de papier parcheminé, et enfin coiffées avec un parchemin plus grand, ou un morceau de serge que l'on colle.

BALLES A FEU, BOMBES INCENDIAIRES ET GRENADES A MAIN.

467. Indépendamment de ces bombes de fer coulé, on lance encore avec les mortiers des projectiles destinés à éclairer, dont les plus grands sont appelés aussi *balles à feu*, des *bombes incendiaires* et plusieurs petits *boulets creux* ou *grenades*.

Les premiers projectiles ont pour but d'éclairer une partie du terrain dans lequel on les lance, et consistent en une carcasse ovale de fer forgé qui est recouverte d'un sac de coutil ou de treillis, dont le plus petit diamètre est égal à celui d'une bombe qu'elle contient et dans laquelle on a placé une composition d'artifice qui entretient un feu lent et brûlant avec un grand éclat; au-dessous se trouve un culot de fer ayant au plus 4 à 5 lignes d'épaisseur. Le tout est entouré d'un filet de corde ou de fil de fer enduit de poix noire qu'on a fait fondre; une fusée communique à l'intérieur. On peut aussi y placer un obus et un *mordschlagen*, c'est-à-dire un canon de fer de 3 po. de longueur, fermé par dessous, contenant une charge à balle à laquelle, pendant la combustion de l'artifice, le feu se communique par la lumière, et la balle projetée menace l'ennemi, s'il s'approchait. Un projectile à éclairer de 10 liv. pèse 8 liv. (4 k. 48); un de 30 liv. pèse 32 liv. (17 k. 92); un de 60 liv. pèse 52 liv. (29 k. 12).

468. Les *bombes incendiaires* consistent de même en une carcasse de fer forgé ovale, qui est entourée d'un sac de treillis, dans laquelle se trouve une composition d'artifice vivement inflammable ou de roche à feu, le tout entouré de corde, dans le haut muni d'une fusée et ayant la même armature que les projectiles à éclairer.

Une bombe incendiaire du calibre de 30 pèse 48 liv (26 k. 88); une du calibre de 60 pèse 82 liv. (45 k. 92); dans les temps modernes on les emploie rarement, parce qu'elles ont une trajectoire très irrégulière. Les meilleurs projectiles incendiaires sont des bombes concentriques qui ont quatre à cinq ouvertures de côté et qui sont remplies avec une matière inflammable.

469. On lance aussi avec les gros mortiers 25 à 40 petits boulets creux ou *spiegel granaten*, ou bien 15 à 20 *grenades à main*. On les place sur un plateau en bois adapté à l'âme du mortier pour que la charge leur donne un choc uniforme. On les nomme également *spiegel, hebe spiegel granaten* ou aussi *wackteln* (perdreaux).

Les grenades à main pèsent de 2 à 3 liv. (1 k. 12 à 1 k. 68) et peuvent être lancées, par un homme exercé, à 30 ou 40 pas (22, 65 à 30, 20). Si l'on se sert d'une fronde pour les lancer, elles peuvent porter jusqu'à 100 pas (75 m. 5).

Dans le pierrier, on lance des cailloux forts et aussi ronds que possible, du poids de 1 à 3 liv. (0 k. 560 à 1 k. 68). Ils sont placés dans un panier muni par dessous d'un fort plateau en bois. La portée est de 150 à 300 pas (113 m. à 151 m.); on peut aussi, au lieu de cailloux, se servir de balles de fer, de morceaux de bombes, ainsi que de grenades de 3, 6 et 7 liv. (1 k. 68, 3 k. 36, 3 k. 92) et des *wackteln*, perdreaux, mentionnés plus haut : on lance en outre des sacs de poudre avec le pierrier.

Charge.

470. La charge du mortier, destinée à lancer les bombes, est très variable, suivant le mode de confection du mortier, et particulièrement de sa chambre, ou suivant qu'on veut obtenir avec la même inclinaison différentes portées. La plus grande résistance du poids considérable de la bombe dans le mortier, comparativement à celle du boulet dans le canon, produit une différence très sensible avec la charge du canon la charge à chambre pleine, dans les mortiers de 60 liv. autrichiens, est de 4 liv. 1/2 (2 k. 52); dans ceux de 30 liv., de 2 liv. 1/4 (1k,26); dans ceux de 10 liv., de 26 loths (0 k. 455); dans celui de 30 liv. à longue portée, de 4 liv. 1/2 (2 k. 56); dans les pierriers de nouveau modèle de 3 liv., et dans les mortiers à la Cohorn, de 3 loths (0 k. 525).

On en conclurait pour les plus fortes charges (sauf le cas du tir à longue portée) 1/20 du poids des bombes. Les projectiles à éclairer doivent être lancés avec des charges plus faibles, pour éviter qu'ils ne se brisent, et la charge la plus forte parait être, pour le calibre de 30, de 1 liv. 1/2 (0k,840), et pour celui de 60, de 2 l. 1/4 (1k,27). Elles peuvent encore être diminuées si on lance de petits boulets creux, des grenades ou des pierres, parce que autrement ils s'éparpillent trop. Ces charges consistent la plupart du temps en poudre libre, car rarement on peut les mettre dans des cartouches, parce qu'elles doivent trop varier en diamètre pour répondre aux divers besoins du service.

MANOEUVRE ET USAGE.

Chargement, pointage et feux.

471 Dans le chargement des mortiers, principalement de ceux

du plus gros calibre, il faut quatre ou cinq hommes pour que le feu ne s'exécute pas trop lentement.

Pour le chargement, on dispose le mortier verticalement, la chambre et l'âme sont bien nettoyées, on introduit la poudre mesurée dans la chambre, on aplanit la surface, on la recouvre d'une feuille de papier; ensuite on nettoie la bombe contenant la charge d'éclat et coiffée de la fusée, et on la place avec précaution; on décoiffe la fusée, on en sépare les deux mèches de communication, et on abaisse lentement le mortier au moyen d'un levier placé sous le métal; vers la bouche, on place l'étoupille dans le canal de lumière, et on la couvre avec un sac-à-terre ou un torchon; quant à la bouche du mortier, on la couvre d'un tampon jusqu'au feu.

Dans quelques systèmes d'artillerie, où le mortier a une chambre cylindrique, on place, entre la bombe et les parois de l'âme, de petits morceaux de bois pour que le centre de la bombe soit dans l'axe du mortier. On appelle ces pièces de bois, *éclisses* (1).

472. Ensuite, on donne avec un *fil-à-plomb* la direction, et avec un *quart de cercle* l'inclinaison, ou l'angle que doit former l'axe avec l'horizon.

Pour donner la direction, on la marque d'abord sur le parapet de la batterie, au moyen de deux *fiches* verticales. Le pointeur se tient avec un fil-à-plomb, environ à un pied, derrière le mortier, et le place dans la direction. A cet effet, il observe si le point le plus élevé sur la moulure de la bouche et si le canal de lumière sont dans le plan des fiches. La di--

---

(1) En France, avec les mortiers portés sur des flasques en fonte et penchés, on n'est pas obligé de dresser le mortier verticalement pour charger.

rection bien obtenue, si elle ne doit pas varier, et si l'on doit tirer longtemps sur le même but, on marque, par un trait, sa projection sur la plateforme, et l'on place toujours le mortier de la même manière dans cette direction.

L'inclinaison doit se donner en appliquant le quart de cercle en avant sur le plan de la bouche, et on élève ou on abaisse le mortier au moyen de la machine de pointage, jusqu'à ce que le fil-à-plomb tombe sur la division du quart de cercle correspondant au nombre de degrés à donner. Ordinairement on pointe le mortier sous l'angle de 30°, 45°, 60°, ou 75°. On donne 30° d'inclinaison, si les bombes doivent agir moins par leur choc que par leurs éclats; on pointe, dans le cas contraire, sous l'angle, de 60 à 75°, et à 45° (430°), si avec la plus petite charge on veut avoir la plus grande portée.

473. La longueur des fusées est évaluée, d'après des essais, pour différentes portées, ce qu'on appelle *durée de combustion de la fusée*. Elles se chargent de différentes manières. Dans quelques-unes, la composition d'artifice est mise dans un cartouche de papier que l'on coupe d'une longueur proportionnée au besoin, et qu'on enfonce dans le canal de la fusée en bois. Ce canal est fermé à la partie inférieure, et a de côté une ouverture par laquelle il communique à la charge d'éclat.

Dans les autres, la composition en excès est enlevée, ou simplement la fusée est coupée. Si l'on observe que les bombes éclatent avant d'atteindre le but, ou trop tard, ou qu'elle n'éclatent pas, on en conclut que la fusée est trop courte ou trop longue. Pour rectifier l'erreur, il suffit d'observer le temps qu'une portion de fusée met à brûler, et ensuite de reconnaître la durée de la trajectoire, depuis la sortie de la bombe du mortier jusqu'au point de chute. Alors on allonge ou on raccourcit la fusée les coups suivants, on rectifie aussi l'inclinaison ou la charge, si le but n'est pas atteint, ou s'il est dépassé. Les trois premiers coups sont à cet effet des *coups d'épreuve*, et sont ainsi nommés (1).

Portées.

474. Les considérations générales sur la trajectoire du projectile, développées dans le chap. 269, et particulièrement dans le chap. 275, sont applicables au jet des bombes. Les diverses portées peuvent s'obtenir soit sous des charges égales avec des inclinaisons différentes, soit sous des inclinaisons égales avec des charges différentes. En principe, on obtient de petits changements dans la portée en élevant ou abaissant le mortier de quelques degrés, et il ne faut pas oublier que la portée maximum a lieu à 45°. Les changements sont plus appréciables en changeant la charge de poudre. L'effet dépend alors de la nature de la poudre plus que dans les autres armes à feu. Aussi la force de portée de cette poudre doit-elle toujours être bien constatée (249).

Chaque système d'artillerie a ses tables de tir particulières dans lesquelles on indique, pour chaque portée, la charge, l'inclinaison et la longueur de la fusée. On y indique de plus si l'on doit tirer sur un but de niveau, elevé ou bas. Enfin, il est à remarquer qu'une inclinaison de 45° $\pm$ a donne des por-

---

(1) La durée de combustion des fusées des bombes françaises a été reconnue :

Bombes de.	32 c.	27 c.	22 c.
	fusée n° 1.	fusée n° 1.	fusée n° 2.
Longueur.	0,253	0,253	0,225
Durée de combustion.	22" 3|4	22" 3|4	21" 3|4

tées presque égales ; que d'après la théorie parabolique des
bombes, elles atteignent, à 45°, le quart de la portée en hauteur ; à 75°, la portée entière, et que la portée horizontale,
sous ce dernier angle, est seulement moitié de celle obtenue
sous le premier.

En général, les mortiers sont disposés de manière à ce que
les bombes aient une portée de 2000 à 2500 pas (1510 m.
à 1787^m,50). Les mortiers français de 10 p. ou de 50 liv., à la
la charge de 7 liv. de poudre, portent à 3500 pas (2642 m.).
Les mortiers autrichiens de 30 liv., à longue portée, avec une
charge de 4 liv. 1|4 de poudre, portent à 3600 pas (2718 m.),
et les mortiers anglais de 100 liv., avec 25 liv. de poudre, à
5320 pas (4016^m,60).

Avec une inclinaison fixe de 45°, on obtient, dans les anciens mortiers bavarois, en employant les fortes charges, les
portées suivantes :

30 liv.			60 liv.		Portées (1).	
Avec 20 loths	0k,350	1 liv.	8 loths 0k,700	environ	500 pas	377^m,50
1 liv. 8	0k,700	2 8	1k,260		1000	755 m.
1 24	0k,980	3	1k,68		1500	1130 m.
2 8	1k,1340	4 8	2k,38		2000	1510 m.
3		5 16	3k,08		2400	1812 m.

475. Les projectiles à éclairer sont, avec le calibre de 30 liv.,
à la charge de 2 liv. (1k,120), et avec le calibre de 60 liv., à la
charge de 2 liv. 1|2 (1k,400), lancés à 600 (451 m.). Une portée

---

(1) Portées des mortiers français (chambre tronc-conique) à chambre
pleine.

Inclinaison de	32 c.	27 c.	22 c.
45°	2,800 m.	2,800 m.	2,000 m.
30°	2,754	2,650	1,900
60°	2,650	2,400	1,700

plus grande s'obtient difficilement. Les boulets incendiaires
atteignent, avec la même charge, 650 pas (490m,75). Avec le
60 liv. et le pierrier, on lance les grenades à une distance
de 200 à 400 pas (151 à 302 m.). La mitraille et les pierres,
seulement de 100 à 300 pas (75m,5 à 226m,5). Le mortier à la
Cohorn de 6 liv. lance, avec une charge de 3 loths (0k,0525)
son projectile à 675 pas (509m,625).

Probabilité du tir.

476. Il y a aussi, dans les mortiers, des variations considérables de portée et de direction, et elles augmentent considérablement avec la distance. D'après des essais, on peut admettre que, pour une distance de 1000 pas (755 m.), la moitié
des bombes lancées atteignent dans un rectangle de 50 pas
(37m,50 de longueur, sur 25 (17m,875) de largeur. L'autre
moitié dévie plus ou moins de tout côté et souvent très considérablement.

A une distance de 5 à 600 pas (377m,50 à 455 m.), il y a
environ quatre fois autant de bombes qui doivent atteindre
qu'à 1500 pas (1132m,50).

Dans le rectangle des deux dimensions indiquées plus
haut, et à 600 pas de distance, les 2|3 des projectiles a éclairer,
portent.

Si l'on lance des pierres, *spiegel granaten*, grenades, ou des
boîtes à balles avec les mortiers, elles se dispersent d'autant
plus que la charge est plus forte, et le nombre des coups portants dépend non-seulement du degré d'éparpillement de ces
projectiles, mais aussi de la forme du but à atteindre. En général, elles se dispersent, à partir de 200 pas (151m,10), d'en-

viron 150 pas (113 m.) en longueur, et 100 pas (75m,5) de
côté. Avec le mortier à la Cohorn, à 300 ou 400 pas (226 m.
à 302 m), on obtient, dans un cercle de 25 pas (17m,875) de
diamètre, de 1/4 à 1/3,des coups portants.

Résultats et effets du tir des mortiers.

477. Quoique les mortiers doivent être la plupart du temps
employés sur une plate-forme horizontale, leur recul est, comparativement à celui des autres bouches-à-feu, très petit; ce
qui s'explique non-seulement par suite du mode de construction
de l'affût, mais aussi par suite de l'élévation de l'angle du
tir; le recul avec des flasques de fonte et à la charge ordinaire,
sous l'angle de 45°, s'élève rarement à plus de 20 pouces
(0 m. 524). Si la plate-forme est humide, il devient un peu
plus grand.

Les mortiers montrent en général, avec les charges ordinaires, une durée suffisante ; on a, par ex., en Autriche. avec
un mortier métallique de 30, tiré plus de 2,000 coups ; et jour-
nellement 50, 120 et même 200, sans le mettre hors de service. Seulement, avec de très fortes charges et une grande
inclinaison, les plus faibles calibres commencent à souffrir
après quelques centaines de coups, la chambre et l'âme s'élar-
gissent et les tourillons se faussent un peu.

La vivacité du tir des mortiers est plus grande si l'on emploie de petits calibres et des cartouches ; cependant chaque
coup demande de 1 minute à 1 1/2; si l'on emploie de la
poudre libre, on peut admettre qu'il faut par coup le double
du temps. Ordinairement, en une heure, on tire de 10 à 12
coups et en un jour seulement de 50 à 60, en chargeant et pointant avec autant de soin que possible.

478. Si on emploie les bombes contre des troupes, il importe que la fusée soit assez longue pour que la charge d'éclat s'enflamme soit au moment où la bombe tombe sur la terre, soit un peu avant. Si l'éclatement est plus accéléré ou plus tardif, la bombe est ou trop élevée en l'air, ou elle est déjà enfoncée en terre, et son effet ne peut être aussi considérable; mais si elle éclate au point de chute, elle peut produire beaucoup d'effet; les bombes se brisent en 10, 20 et un plus grand nombre d'éclats qui sont projetés dans toutes les directions de 300 à 450 pas (226, 30 à 240 m.) et encore plus loin, en tirant à la charge ordinaire, et il est impossible que l'ennemi puisse s'en servir, comme cela a lieu souvent avec les projectiles pleins.

Les bombes de 50 à 60 livres s'enfoncent dans la terre suivant la position de la batterie et son élévation de 2, 4, 6 pieds (0, 628 — 1 k. 236, 1 m. 984) et forment un entonnoir dont le diamètre est environ le double de la profondeur de l'enfoncement. Dans les constructions non voûtées elles traversent deux ou trois étages. Les voûtes qui ont à la clef trois pieds d'épaisseur (0 k 942), et celles même encore plus faibles, si elles ont moins de portée, résistent au tir des bombes; on s'en garantit également en disposant trois rangs de poutres superposées ayant un pied d'épaisseur, et se contrebuttant sous un angle de 30 à 40 °.

479. On se sert des balles à feu ordinairement dans les siéges, pour reconnaître où l'ennemi a entrepris ses travaux. Une balle à feu lancée par un mortier de 50 livres éclaire à une distance de 600 pas (453 m.) un espace de 120 pas de diamètre (90 m. 60), à 400 pas (302 m.), donne un cercle éclairé de 160 pas (120, 8) de diamètre et découvre les travailleurs sur un espace de 120 pas (90, 60) vers le point à observer. Aussi les balles à feu doivent-elles toujours être lan-

cées derrière les travailleurs ennemis. Des balles à feu de 30
livres brûlent pendant 12 minutes, celles de 60 livres, pendant
16 minutes, mais elles conservent pendant la moitié du temps
une clarté brillante et uniforme.

Dans les temps modernes, on a essayé d'employer les fusées
pour éclairer, en leur faisant lancer des balles à feu ; à cet
effet, on les munit d'un parachute, qui, se détachant au moment de la chute, porte lentement à terre le corps enflammé,
et éclaire longtemps les points environnants.

480. Les pierriers sont tirés sous l'angle de 54 à 60 °, pour
augmenter la force de chute des pierres. Les balles à mitraille
sont dans ce but tirées sous l'angle de 70 et 75°. Ces deux espèces de projectiles sont susceptibles de mettre un homme
hors de combat. Les grenades (*spiegel granaten*) produisent
plus d'effet par leurs éclats en 6 à 8 morceaux projetés souvent à 200 pas (150 m.), que par leur choc direct. Les mortiers à la Cohorn ont une action plus considérable ; le tir des
grenades à main est moins nuisible, et il n'est pas sans exemple qu'un ennemi actif les ait relevées rapidement, lorsqu'elles
n'avaient pas éclaté en temps utile, la fusée n'ayant pas été
bien réglée et les ait rejetées sur ceux qui les avaient lancées.

LES OBUSIERS.

Propriétés des obusiers.

481. On nomme *obusiers*, des bouches-à-feu qui servent à
lancer des projectiles creux nommés *obus* et des boîtes à balles.
On les désigne comme les mortiers ou d'après leur calibre,
5 pouces 1|2, 8 pouces, ou d'après le poids du boulet de grès

correspondant au calibre. Les obusiers nommés *obusiers de sept livres*, d'après le dernier mode ci-dessus indiqué, sont affectés au service de campagne ; ceux de 10 livres et les calibres plus forts, sont destinés au service de siége, place et côté ; ils sont en général montés sur des affûts à roues semblables à ceux des canons, et sont transportés de même sur avant-train.

BOUCHE-A-FEU D'OBUSIER. (1)

482. La bouche-à-feu de l'obusier est comme celle du ca-

----

(1) Les boulets creux, obus, paraissent avoir été lancés originairement avec des bouches-à-feu longues, la fusée tournée vers la charge; mais il arrivait souvent que l'obus éclatait sur-le-champ, et se brisait dans l'âme. Pour éviter ces inconvénients, on raccourcit beaucoup ces bouches-à-feu, de manière à pouvoir faire ce chargement à la main.

Jusqu'en 1827 on se servait en France d'obusiers courts ; à cette époque, on adopta les obusiers longs de 16 et 15 cent., pour le service de campagne, ayant respectivement le poids des canons de 12 et 8, avec lesquels ils sont employés concurremment ; les obus sont ensabotés. Les chambres sont des calibres de 12 et de 8.

On conserva pour le siége un obusier court de 22 centimètres, poids, 1,200 k.

L'obusier de montagne de 12 cent. pèse 100 k. L'obusier de 22 cent. en fonte, adopté assez récemment pour le service de côte, pèse 2,760 k.

non, divisée en trois parties (fig. 10, planche 2) la *culasse*, le *renfort* et la *volée*.

Désignation de la bouche-à-feu	Diamétre de l'obus	Vent	Diamètre de l'âme
Obusier de 7 livres	5 p. 54 (0 m., 145)	0, 12 0m.0057)	5 p. 66 (0 m. 16)
— de 10 livres	6 p. 24 (0 m., 163)		6 p. 36 (0 m. 17)
— de 25 livres		0, 17 (0 m. 0045) comme celui du mortier.	8 p. 62 (0, 225 7)

L'obusier est muni d'une chambre (*b*) comme le mortier, mais par suite de la construction de l'affût, les obus ne peuvent être lancés sous un aussi grand angle que les bombes avec les mortiers. La chambre, dans les obusiers, devient plus nécessaire par suite de la petite charge qu'on emploie souvent, on obtient la plus grande portée sous une inclinaison qui peut s'élever jusqu'à 20° environ.

483 La longueur de la bouche-à-feu de l'obusier avait été jusqu'à présent réglée, d'après cette considération que la charge pût être placée avec la main dans la chambre (fig. 10 et 11); cependant déjà depuis longtemps dans quelques systèmes d'artillerie, il existe des bouches-à-feu à chambre plus longue que ne le comporte la condition stipulée plus haut. En lui donnant une plus grande longueur, l'effet de la pièce est aug-

menté par suite des causes développées précédemment. Dans
les temps modernes, on a construit dans plusieurs états des
obusiers plus longs (fig. 4 et 5). On leur fait, il est vrai, le re-
proche d'être plus difficiles à charger, de ne pouvoir pas prendre des inclinaisons aussi élevées, de lancer des projectiles qui
ne peuvent s'arrêter facilement au premier point de chute ;
mais leur plus grande portée, jointe à une plus grande justesse de tir, et l'avantage qu'ils présentent de se placer sur les
affûts de canon ordinaire, en ont peu à peu rendu l'emploi
général. Les obusiers courts ont, en général, la longueur de
5 à 6 calibres, les longs en ont 10 et 12. En Bavière, on a
trois espèces d'obusiers de 7 livres, savoir : un de 6 calibres
et un peu plus, un de 10, et un troisième qu'on nomme *lourd*,
de 12 calibres. Pour ceux de 10 et 25 liv., on en a construit
de longs et de courts de chaque espèce.

484. Quant à la force du métal, on peut en général au fond
et vers la chambre, lui donner plus de 1|2 calibre, ou la lar-
geur de la chambre, au deuxième renfort environ 3|8 et à la
volée 1|4 de calibre.

Le poids de l'obusier se règle principalement d'après sa longueur et d'après la charge, et l'on a trouvé qu'avec une
charge du dixième du poids de l'obus, pour chaque livre de
celui-ci, il faut 55 à 60 liv. de métal dans l'obusier court, et
dans l'obusier long, avec une charge de 1|8, 70 à 100 liv. et
plus. L'obusier court de 7 liv. pèse 520 liv. (291 k.), l'obusier
long léger 850 liv. (476 k.), le lourd, 1390 liv. (778 k.), le
court de 10 liv. 700 liv. (392 k.), et le long de 25 liv., 5433 liv.
(3,042 k. 48.) (1)

485. Pour ce qui concerne les anses et le canal de lumière,

_____

(1) Dans ces exemples les obusiers courts ont de 39 à 42 fois, les
obusiers longs de 70 à 126 fois le poids de l'obus.

ce qui a été dit pour les canons est applicable aux obusiers.

Le métal a ordinairement, dans les obusiers courts, une épaisseur uniforme, de sorte que la ligne de mire est parallèle à l'axe de la bouche-à-feu, ce qui fait que l'angle naturel de mire est nul. Dans les obusiers longs, ces deux lignes sont faiblement inclinées l'une par rapport à l'autre, et l'angle de mire est de 1/4 à 1/2° (1).

Quant aux tourillons, leur axe doit être plus rapproché de l'axe de l'âme que dans les canons, on peut le couper; ce qui diminue l'effet du tir sur la vis de pointage. En Bavière, l'axe des tourillons dans les obusiers courts est de 1/2 pouce (0 m. 0131) environ au-dessous de l'axe de l'âme. Celui des obusiers longs de campagne est au-dessous de 1/4 à 1/8 de pouce (0 m. 0065 à 0 m. 0033). La prépondérance à la culasse est, dans les premiers, de 1/5 à 1/6; dans les derniers, de 1/8 à 1/9 du poids de toute la bouche-à-feu. Le diamètre des tourillons et la distance des embases sont les mêmes que dans les canons; ils sont montés de même sur des affûts. La hausse, dans les obusiers de campagne, est adaptée à la culasse (2).

AFFUTS D'OBUSIERS.

486. Les affûts d'obusiers sont, dans les parties essentielles, disposés comme ceux des canons. Seulement dans les obusiers

---

(1) L'angle de mire des obusiers français de 22, 16, 15 c., est de 1°; celui de l'obusier de montagne est de 30'.

(2) Dans l'obusier de siége de 22 cent., l'axe des tourillons est de 3/11 du calibre au-dessous de l'axe de l'âme, et la prépondérance à la culasse est de six fois et trois quarts le poids de l'obus.

courts, les flasques sont plus forts, moins divisés ou plus ren-
forcés aux points de division. Les susbandes et l'essieu sont
aussi plus forts. Le poids des affûts doit s'élever à peu près à une
fois autant que celui des bouches-à-feu, pour qu'ils aient de la
durée ; car ils ont davantage à souffrir par suite du tir sous
des angles élevés. L'affût de l'obusier court de 7 liv. pèse, en
Bavière, 1,048 liv. (587 k.); la machine de pointage est en
général semblable à celle des canons. En Bavière, l'obusier
léger de campagne de 7 l. long de 10 calibres se monte sur l'affût
de campagne du canon de 6, et celui de 12 calibres sur l'affût
de 12. Il en résulte une simplification dans le nombre des diverses espèces d'affûts.

Pour le service de place, les affûts d'obusier ont la même
disposition que ceux des canons, afin qu'ils puissent être employés dans les casemates comme sur châssis. Les affûts d'o-
busiers de campagne sont, la plupart du temps, transportés
au moyen d'un avant-train à coffret, ceux pour le service de
batterie avec un avant-train sans coffret (*sattelprotze*)(1).

MUNITIONS.

OBUS.

487. Les obus sont, comme les bombes, ou excentriques
ou concentriques, avec ou sans culot ; dans les derniers le
poids est uniformément réparti, et ils donnent un tir plus régulier. Les obus bavarois sont concentriques et pèsent, sans

---

(1) Les affûts des obusiers de 16 et 15 cent. sont les mêmes que
ceux des pièces de 12 et de 8.

charge, ceux de 7 liv., 12 liv. 1/2 (7 k.); ceux de 10 liv., 18 liv. (10 k. 08), et ceux de 25 liv., 43 liv. (24 k. 08). On les fait avec du fer coulé un peu cassant, pour qu'ils donnent un plus grand nombre d'éclats. La charge d'éclat est disposée comme pour les bombes; l'obus est aussi muni d'une fusée semblable. L'obus de 7 liv. bavarois contient 20 loths (0 k.350) de poudre et 6 loths (0 k 1050) de roche à feu; celui de 10 liv. contient 1 liv. (0 k. 560) de poudre et 6 loths (0 k. 1050) de roche à feu (1)

Dans les obusiers longs, les projectiles sont ensabotés.

BOITES A BALLES.

488. Les balles à mitraille des obusiers sont, comme celles des canons, contenues dans des boites de ferblanc, et la boite à balles bavaroise de 7 liv. contient 75 balles de 6 loths (0 k. 105), et celles de 10 liv. 76 balles de 10 loths (0 k. 175) en fer forgé. Elles sont, suivant la forme de la place qu'elles occupent dans l'âme, munies d'un sabot en bois hémisphérique.

––––––––––––

(1) Les obus avaient autrefois un culot; on y a renoncé, et ils sont aujourd'hui concentriques.

Leur confection et leur réception sont analogues à celles des bombes. Ils doivent être coulés en fonte grise et tenace.

Poids et diamètre des obus en usage en France.

	22 c.	16 c.	15 c.	12 c.
Poids :	22 k.	10 k. 525	7 k. 098	3 k. 900
Diamètre :	220 mill. 2	162 mill. 9	148 mill. 7	118 mill. 4

Dans les temps modernes, on a introduit dans l'artillerie anglaise une espèce d'obus à balles (l'inventeur s'appelle *Schrapnel*) ; ce sont des obus concentriques qui ont une épaisseur de fer assez grande pour n'être pas brisés par la charge, et qui sont remplis de balles de plomb et de la quantité de poudre suffisante pour faire éclater l'obus. L'œil est, jusqu'au moment où on emploie le projectile, muni d'un tampon de bois que l'on remplace par une fusée dont la longueur est réglée d'après la distance du but. La charge destinée à faire éclater, répartie entre les balles, doit briser le projectile creux à 60 pas (45 m. 30) en avant du but, et 18 pieds (5 m. 652) au-dessus de la terre, de manière que les éclats de l'obus et les balles de plomb se répandent sous la forme d'un cône contre le but avec la vitesse déjà acquise dans la trajectoire. Les avantages des obus à balles sur les boîtes à balles consistent en ce que, à un éloignement considérable, quelle que soit la nature du terrain, ils peuvent produire l'effet des boîtes à balles, même sur des objets couverts; mais il faut que la distance soit exactement connue pour bien apprécier la durée de combustion de la fusée, autrement l'effet n'est pas important.

Indépendamment des obus et des boîtes à balles, on lance encore avec les obusiers lourds de petits projectiles à éclairer confectionnés comme ceux dont on fait usage dans les mortiers.

Les boîtes à balles pour obusier ont leur culot placé sur un sabot en bois. Les balles, pour les calibres de 16 et 15 cent., sont les mêmes que pour les canons de 12 et de 8.

	16 c.	15 c.	12 c.
Nombre de balles par boîte :	60	70	42
Poids de la boîte pleine :	15,50	12,10	4,81

Charge.

489. En général on donne dans les obusiers longs une
charge égale à 1/7 ou 1/8 du poids de l'obus, et dans les
courts à 1/10 ou 1/12. Les plus fortes charges s'emploient pour
le tir à balles, les moyennes pour le tir à obus, les plus faibles
pour le tir des projectiles à éclairer. En Bavière, l'obusier
court de 7 liv. reçoit des charges de 28 et 40 loths (0 k. 49
et 0 k. 700); le long de 7 l. (12,20, 40 loths): le lourd, de 12, 20
et 48 loths (0 k. 530 et 0 k. 840); et le court de 10 a une charge
de 40 à 48 loths (0 k. 700 à 0 k. 840).

Ces charges sont contenues également dans des sacs d'étamine, mais les obus et les boîtes à balles ne sont pas fixés avec.

MANOEUVRE ET USAGE.

Charge, pointage, feux.

490. La manœuvre de l'obusier s'exécute d'une manière
analogue à ce qui a été dit au n° 428. Le service de l'obusier
de campagne de 7 liv. nécessite d'ordinaire 10 hommes; celui
de 10 liv., comme pièce de batterie, seulement 5 hommes. On
commence par pointer approximativement, puis la bouche à
feu est écouvillonnée et chargée. La charge est introduite et mise
en place, la fusée décoiffée, et l'obus est placé de manière à
ce que la fusée soit dans la direction de l'axe de l'âme. Ensuite
on donne le pointage rigoureusement et l'inclinaison pour la
distance, au moyen d'un quart de cercle ou d'une hausse; on
perce la cartouche, on place l'étoupille et on met le feu avec
le boute-feu ou la lance à feu. Pour la charge des obusiers

longs, l'obus décoiffé avec son sabot est poussé jusqu'à la chambre avec le refouloir dont la tête contient un trou correspondant à la fusée.

Pour le tirage et principalement le transport des munitions, il y a lieu d'appliquer en général ce qui a été exposé pour les canons.

491. On emploie les obusiers 1° pour lancer des obus dans les ouvrages ennemis et pour atteindre, ou par le choc direct, ou par la dispersion des éclats, les hommes ou les pièces, 2° pour incendier les bâtiments au moyen de la roche à feu ; 3° contre les troupes en rase campagne, surtout lorsque couvertes par les accidents du terrain, elles se tiennent réunies en masse à une grande distance. Les obus éclatant sur place sont très efficaces, contre la cavalerie. Il est à désirer que leur puissance d'action soit augmentée par un tir plus régulier à un plus grand éloignement; il le serait également que les obus pussent aussi être lancés avec les canons.

Portées.

492. La portée horizontale est, dans les obusiers courts, peu considérable, par suite de la faible charge. Le but en blanc, dans le sens précédemment indiqué, n'existe pas, car la ligne de mire et l'axe de l'âme sont parallèles.

Contre les objets voisins, on emploie une faible inclinaison, par exemple, contre les constructions dans lesquelles les obus doivent rester, on tire à plus faible charge.

Contre un but éloigné, on emploie une plus forte charge, une inclinaison plus grande, ou on cherche à l'atteindre par plusieurs ricochets. Le court obusier de 7 liv. avec 28 loths

(0 k 490) de charge, 1,2 pouces de hausse ou 2° d'inclinaison, lance les obus du premier jet à 600 pas (455 m), avec 3 3/4 p° ou 6 1/2 degrés à 1,200 pas (906 m.), et avec 14 1/2° à 2,000 pas (1,510 m.). L'obusier court de 10 liv. donne les mêmes portées. Dans les obusiers longs elles sont plus considérables ; en employant une charge de 20 loths (0 k. 350) et 16° 3/4 d'inclinaison, avec les légers et les lourds de 7 liv., on obtient déjà une portée de 2,000 pas (1,510 m.). Les premiers, avec une charge de 40 loths (0 k. 700) et 18° 1/4 d'inclinaison, portent à 2,700 pas (2,039 m.), et les derniers, avec 48 loths (0 k. 840) et 20° 3/4 à 3,400 pas (2567 m).

En employant le tir roulant avec les obusiers de campagne, on obtient une portée encore plus étendue, en tant que la terrain influe favorablement. Dans cette espèce de tir, on ne doit jamais donner une hausse de plus de 2 p. (0ᵐ,0524), parce qu'autrement les hauteurs des bonds seraient trop considérables.

Dans le tir à mitraille, les portées sont, avec le long obusier de 7 livres sans hausse de 300 pas (226ᵐ,50); avec 1 p. 1/2 de hausse (0ᵐ,0393), de 600 pas (455 m). Les obusiers longs conviennent essentiellement à cette espèce de tir, en dispersant moins les balles. Dans les autres, on obtient des portées semblables. Dans un terrain défavorable, on doit donner la même hausse aux obusiers qu'aux canons (§ 444).

Pour augmenter considérablement la portée des balles à mitraille, on emploie les obus à balles, qui peuvent être lancés à même distance que les obus. A une moindre distance, ils sont moins efficaces, parce que la durée de combustion des fusées est, dans ce cas, difficile à calculer.

Dans la guerre de siége, les batteries d'obusiers sont employées avec succé au tir à ricochet. On peut aussi avec eux, en donnant une hausse de 6 à 8 po. et employant le tir à faible charge, lancer les projectiles à éclairer à 600 pas (455 m.) (1).

Probabilité du tir.

493. La probabilité du tir est encore moindre avec les obusiers courts à obus excentriques qu'avec les canons, ce qui tient, d'une part, au peu de longueur de la bouche-à-feu, de l'autre, à l'excentricité du projectile (2).

L'obusier a l'avantage de donner à la fois des feux directs comme les canons, et des feux courbes comme des mortiers.

En tirant à la distance de 600 pas (455 m.) des obus de 7 liv., les 2/3 portent dans une paroi en planches de 40 pieds (12m,56) de longueur et 9 pieds (2m,826) de hauteur. A 1200 pas (906 m.), les 3/10 seulement portent dans la cible. Si l'on dirige les coups dans un cercle de 24 pieds (7m,54) de diamètre,

---

(1)   Portées de but en blanc des obusiers.

	Charge. k	Portée. m
Obusiers de 22 c. de siège. . .	2,000	575
	1,500	315
Obusiers de 16.	1,500	434
	0,750	250
— de 15..	1,000	360
	0,500	245
— Obusiers de 12..	0,270	195
Obusiers de côte.	3,500	572
— de 22 en fonte. . . .	2,000	478

(2) On suppose que les obus ne sont pas concentriques, ce qui cependant a lieu et en Bavière et en France.

on peut, avec les obusiers courts de 7 liv., y faire tomber le
1/3 des obus. A 1200 pas (906 m.), il n'en tombe plus que
le 12ᵉ. Les autres dévient de 100 à 200 pas (75ᵐ,5 à 151 m.)
en longueur, ou de 40 à 50 pas (30ᵐ,2 à 37ᵐ,85) latéralement.
Avec l'obusier de 10 liv., on obtient dans le but quelques
coups de plus. Dans le tir à projectile roulant sur le terrain,
le nombre des coups qui portent se rapproche de ce qui a été
dit plus haut, si le terrain influe favorablement. Dans le cas
contraire, il s'en perd de 1/3 à moitié. Dans le tir à balles, on
atteint, à 300 pas (226ᵐ,50), un but de 6 pieds 1 m. 89 c. de
hauteur, et 25 pas (17ᵐ,875) de longueur avec le 5ᵉ du nombre
des balles ; à 600 pas (453 m.) avec le 1/10.

L'obus à balles de 24, contenant 130 balles de plomb,
donne 17 éclats.

Nombre de balles ou d'éclats qui ont atteint une paroi de 6 pieds (1ᵐ,89)
de hauteur et 90 (28ᵐ,26) de longueur.

DISTANCES		
en pas.	en mètres.	Nombre de balles ou d'éclats.
400	302	150
600	455	100
800	604	60
1000	755	57
1200	906	45

Résultats et effets du tir des obusiers.

494. Le recul des obusiers, notamment des courts, est con‐
sidérable. Avec la plus faible charge, il est d'environ 30 p.
(0ᵐ,786), et avec la plus forte, de 5 à 6 fois autant.

Les obusiers ont en général une durée suffisante; mais les affûts souvent sont promptement ruinés, par le tir à forte charge, sous des angles élevés. Les chevilles à mentonnets sont souvent brisées.

La rapidité des feux est moindre qu'avec le canon, parce que le chargement et le pointage sont plus compliqués. Il se passe, du commencement de la manœuvre jusqu'au premier coup, de 108 à 120 secondes. Chaque coup d'obus, pour être bien dirigé, exige une minute; mais ce temps suffirait pour tirer deux à trois coups à boîtes à balles.

493. L'enfoncement des obus, dans un milieu résistant, est moindre que celui des boulets pleins. D'après des essais, les obus de 7 et 10 liv. se brisent en un nombre de 9 à 16 morceaux de 4 loths à 2 liv. (0k,070 à 1k,120), et les éclats s'étendent jusqu'à 600 pas (453 m.). Ils ont beaucoup d'effet jusqu'à 100 pas (75$_m$,5).

On a fait des épreuves sur l'action des obus contre la terre, et on a trouvé que l'obus de 6 p. à 150 pas (113 m.) de distance s'enfonce de 21 p. (0m,550) dans une terre placée en long; que l'obus de 7 liv. à 30 pas (22^m,63) s'enfonce de 2 pieds 1$_l$5 (0m,69); que celui de 10 liv. s'enfonce de 3 pieds 3$_l$4 (1m,16), et à 500 pas (377$_m$,50) seulement de 1 pied à 1 pied 1$_l$2 0^m,314 à 0$_m$,471).

En tirant, à une distance de 425 pas (319^m,80), dans une paroi de pin formée de trois poutres superposées, ayant ensemble une épaisseur de 2 pieds 10 po. (0^m,850), les obus de 7 liv. enfoncent de 1 pied 2 po. à 2 pieds (0m,566 à 0^m,628) (ob. l.) Ceux de 10 l., de 1 p. à 1 p. 4 p. (0^m,314 à 0^m,418).

Contre une muraille, les obus ne font d'effet que tirés à proximité. Ceux de 7 liv., à la charge de 1 liv. 3$_l$4, enfoncent de 9 po. (0m,58), et, lancés par les pièces courtes de 24, à la charge de 5 liv. 1$_l$4 (2k,94), ces projectiles pénètrent de 1 pied

6 po. (0^m,471). Dans le 1er cas, ils font un trou ayant un pied
6 po. (0^m,471) de diamètre. Dans le 2e, ils en font un de 2 pi.
5 po. (0$_m$,660). A la distance de 100 pas (75^m,5), une muraille
de 2 à 3 pieds (0^m,628 à 0^m,942) d'épaisseur résiste à tous les
coups d'obus.

Les obusiers longs donnent à leur projectile plus de force
que les anciens. Mais on n'a pas, à ce sujet, de données suf-
fisantes.

L'effet des boîtes à balles, dans les obusiers, ne peut être
considéré comme meurtrier que jusqu'à 3 ou 400 pas (226^m,50
à 302 m.). A une plus grande distance, la vitesse des balles
diminue considérablement. Les obus à balles ont un effet trois
à quatre fois plus grand, et on trouve qu'à 800 pas (604 m.)
le tiers des balles de plomb qui se trouvaient dans l'obus atteignent non-seulement une paroi en planches, épaisse de
3|4 po. (0^m,0195), mais même la traversent.

La durée de combustion d'un projectile à éclairer, de 7 à
10 liv., monte seulement à 5 ou 6 minutes, et leur volume,
pour pouvoir être lancé par les obusiers, doit être petit. Le
diamètre du cercle qu'ils éclairent est aussi moindre.

AUTRES BOUCHES-A-FEU A CHAMBRE.

496. Outre les mortiers et les obusiers, il existe encore
quelques autres bouches-à-feu munies de chambres, et qui
méritent d'être mentionnées.

Les caronades (fig. 6), qui ordinairement sont employées
sur les vaisseaux et dans les casemates, et qui lancent des
boîtes à balles, des projectiles incendiaires et creux, mais la

plupart du temps des boulets pleins de 12 à 68 liv. (6k,72
à 38k,08). Elles sont pour la plupart confectionnées en fonte,
de 6 à 8 calibres de longueur, présentent une chambre cylindrique assez large *a*, et, en avant, une bouche *b* que l'on
ferme avec un tampon, au lieu de tourillons, une crapau-
dine *c* par laquelle ces bouches-à-feu sont liées à leurs affûts
à châssis, au moyen d'un fort boulon. Dans le haut du bouton
de culasse *d* se trouve un anneau *e* par lequel se tire un câble
(*brague*) destiné à empêcher le recul. Leur poids est de cinquante à soixante-dix fois celui du boulet plein.

La *licorne* de l'artillerie russe, ayant 10 à 11 calibres de
longueur avec une chambre conique, longue d'environ 2 calibres, destinée au jet des obus, mais lançant aussi des boulets
pleins. On distingue, pour le service de campagne, le calibre
de 3 et de 10 liv., et, pour le service de siége, celui de 20 à 40.
Leur dénomination vient du poids de l'obus en fonte.

Pour la guerre de montagne, on a adopté en France, un
obusier perfectionné, destiné à cet usage (fig. 9). Cette pièce
de montagne a le calibre d'un canon de 12, la longueur de
7 calibres, pèse 180 liv. (100k,80), son affût à roue avec la limonière, 175 liv. (98 kil.) ; l'obus, 7 liv. 5 loths (3k,978), et
la charge, 15 loths (0k,282). Dans les autres Etats, on se sert
d'une pièce de montagne de 1 à 3 liv. (0k,560 à 1k,68) qui est
plus courte et plus légère que les autres de 3 liv., et qui doit
être portée par des bêtes de somme.

Enfin il y a à mentionnner le canon à bombes du général
français Paixhans, avec lequel des bombes peuvent être lancées, et qui produit un grand effet contre les vaisseaux et
contre les fortifications (1).

---

(1) M. le général Paixhans proposa, il y a déjà longtemps, des

Examen et épreuve des bouches-à-feu.

497. Les bouches-à-feu et les affûts sont, autant que possible, coordonnés les uns aux autres. On établit, dans chaque système d'artillerie, des tables de dimensions, dans lesquelles

---

obusiers de 8 et même de 10 pouces pour la marine. Ils furent embarqués et soumis à des épreuves, et produisirent des effets destructeurs sur des bâtiments, à des distances considérables.

On a cependant objecté contre leur emploi que la circulation des poudres, motivée à bord des bâtiments de l'État pour le chargement des projectiles creux, et que l'éclatement de ces projectiles peut causer les accidents les plus graves. Néanmoins une bouche-à-feu qui diffère peu de celle 8 po. (Paixhans) a été adoptée par la marine, et par l'artillerie de terre pour la défense des côtes.

L'obusier ou canon à bombes Paixhans pèse 3,830 k. Il lance un projectile creux de 22 cent., égal en diamètre à un boulet du poids de 80 liv. Ce qui lui a fait donner le nom de *canon-obusier de* 80. Il a une longueur d'âme de 10 calibres et demi (chambre comprise), des épaisseurs considérables; l'obus est assujetti dans un sabot.

Soumis à des épreuves comparatives avec un obusier en fonte de 22 cent. tracé en 1840, pour la défense des côtes, l'obusier Paixhans a paru supérieur, comme ayant plus de stabilité et une prépondérance plus grande.

Le tir avec obus, pesant 25 k. 86, en est très efficace, jusqu'à 1,500 m. sous les angles de 1° 30" à 6°. Il devient très incertain au-delà de 1,800 m., la charge ne doit pas dépasser 3 k. 50.

Le tir à balles n'est efficace que jusqu'à 800 m.

Pour lancer des bombes à des distances considérables, M. le

sont indiquées les tolérances admises, parce que dans le travail technique malgré le plus grand soin, on ne peut obtenir une précision mathématique.

Ces tables de dimension servent de base pour la réception dans laquelle on doit particulièrement donner beaucoup d'at-

---

colonel Villantroys proposa en 1811 de très gros obusiers, ou mortiers à âme longue, qui portaient jusqu'à 3,300 toises. Ils étaient établis sur des affûts de mortiers et pointés sous l'angle de 45°. On les employa au siége de Cadix.

Les diverses artilleries se préoccupent vivement des épreuves qui ont eu lieu en divers points sur des bouches-à-feu rayées, recevant des projectiles à ailettes, qui glissent dans des rayures pratiquées en hélice.

On présente ici sur cet objet quelques faits qui sont généralement connus. Dans l'été de 1846, on a éprouvé en Suède une bouche-à-feu à deux rayures, inclinées d'un tour sur 5 mètres, recevant un boulet ogival creux de 30, muni d'ailettes qui entraient dans les rayures. Cette pièce se chargeait par la culasse.

Tirée à toute volée, elle a donné une portée de 4 à 5,000 m.

Sous l'angle de 13°, à la charge du quart, elle a donné un tir très exact, portant à 3,500 m. On a seulement remarqué une déviationlatérale constante à droite, qui tient au mouvement de rotation imprimée au projectile.

Des canons rayés se chargeant par la bouche ont aussi été éprouvés, par l'artillerie de marine à Lorient, savoir : une caronade et une pièce de 30. Ces pièces, affaiblies sans doute par les rayures, ont éclaté après peu de coups.

Les épreuves qui ont eu lieu en Suède sont sur le point d'être reprises en France avec des bouches-à-feu se chargeant par la culasse, et d'autres qui se chargent par la bouche; et l'on attend avec intérêt des résultats, qui peuvent amener des changements notables dans l'art de la guerre.

tention au diamètre de l'âme, au calibre du projectile, aux
tourillons et à leurs encastrements, aux boîtes de roues et
aux fusées d'essieux, etc.

498. Dans l'examen des bouches-à-feu, on doit s'occuper
d'abord de l'extérieur. Il ne doit présenter ni traits de vis, ni
raies d'étain, ni *chambres, criques* ou soufflures. Après avoir vé-
rifié les instruments de réception, on mesure la longueur, l'é-
paisseur du métal, le diamètre des moulures et leur distance
entre elles : on examine si les axes des deux tourillons sont
en ligne droite, si l'axe de la bouche-à-feu, conique extérieurement, coïncide avec celui de l'âme cylindrique, et si l'axe
de la chambre, dans les mortiers et obusiers, est ou n'est pas
dans le prolongement de celui de l'âme, si le canal de lumière a
une position et une largeur régulières. On mesure avec l'étoile
mobile (fig. 26), de 2 en 2° le diamètre de l'âme. Cet instrument
consiste en une tige de fer ayant une poignée (*a*) par laquelle
on la meut en avant et en arrière dans un cylindre de laiton ;
de l'autre côté se trouve un cône d'acier (*c*) qui, poussé par la
tige, met en mouvement deux pointes d'acier diamétralement
opposées, dans la tête. En (*b*), il y a une échelle de division qui
permet de juger l'écartement des deux pointes mobiles comparativement au diamètre de l'âme. Deux autres pointes un
peu plus petites, mais immobiles (*d*), maintiennent par leur
position verticale l'instrument dans l'axe de l'âme. Le même
instrument s'emploie aussi pour mesurer le degré de détério-
ration d'une pièce ancienne et reconnaître, si elle est de service ou hors de service ; enfin on pèse les pièces parce que
leur poids permet de juger de la qualité du métal.

499. Lorsqu'une bouche-à-feu a été présentée à cet examen,
elle doit, avant d'être ciselée et ornée de moulures, être sou-

mise à des épreuves de tir instituées depuis le xvᵉ siècle. Elles
varient suivant les États. Les pièces de métal sont en général
tirées sur leurs affûts, mais on place celles de fer sur un appareil destiné à cet objet, et on a soin, dans ces épreuves,
de prendre des précautions, pour ne pas exposer les hommes
de service. En général, les épreuves des pièces sont au-dessus
de ce qu'exige l'usage ordinaire : ainsi, par exemple, la pièce
en France est forée à un diamètre moindre de 0,1 pouce
(0 m. 0262) que celui qu'elle doit avoir. On pense que l'épreuve
rend le métal plus dense, et que la pièce est plus susceptible
de durée en la forant au calibre régulier après cette opération.

En France, les canons et les obusiers sont tirés cinq fois à 5°
d'inclinaison, les canons de siége avec la charge du demi-
poids du boulet; les canons de campagne à la charge du tiers
qui peut encore être augmentée d'une demi-livre (0 k. 280);
les obusiers et les mortiers avec la charge à chambre pleine;
les derniers doivent tirer deux coups à 30° et deux à 60°.
Après le tir, ils sont encore une fois examinés soigneusement,
et s'ils sont de service, marqués avec les armes du pays, le
chiffre du prince, le lieu de la coulée, les noms du fondeur
et du foreur, le millésime, le poids et souvent aussi encore le
nom propre ou le numéro de la pièce.

Conservation des bouches-à-feu et de leur armement.

500. Aussitôt que les bouches-à-feu ne sont plus employées,
elles doivent, ainsi que les affûts, les avant-trains et les voitures, être d'abord complétement nettoyées, visitées, et tous
les défauts réparés; alors le matériel est versé dans les magasins. En général, pour ménager les constructions, on place

les objets lourds en bas et les légers dans les étages supérieurs.

Les canons séparés de leurs affûts sont, par espèces de calibres, placés sur des chantiers de bois, de manière que leurs tourillons ne fatiguent pas, que le canal de lumière se trouve dessous, et que la bouche soit plus basse que la culasse. Les affûts, avant-trains et voitures de même espèce sont engerbés de manière à ménager l'espace et à ce que, placés sur des chantiers de bois, ils ne souffrent pas de l'humidité. Les châssis des affûts de place et côte sont placés sur quatre ou cinq de hauteur dans la position la plus propre à empêcher qu'ils ne se déjettent (1).

Toutes les pièces sont visitées une fois par an, les défauts réparés, et on recouvre les pièces de bois et de fer d'une peinture préservatrice.

Les projectiles pleins et creux réunis par calibres, sont empilés en plein air, les derniers l'œil tourné vers le bas; les projectiles hors de service servent de base. On doit seulement les visiter tous les cinq ou six ans, les nettoyer et les empiler. Les boîtes à balles sont aussi, d'après leur calibre, mises dans de fortes caisses par quintaux et conservées dans des lieux parfaitement secs.

Les cartouches, les bombes d'artifice et les différents moyens d'inflammation sont toujours déposés dans des caisses en bois appropriées à cet effet, avec ou sans étoupe, et conservés dans des dépôts de munitions ou dans des magasins à poudre. Les

---

(1) On a dit ci-dessus (note de la page 91), que les bouches-à-feu en fonte et les projectiles étaient enduits d'une forte couche de colthar.

balles à feu et les boulets incendiaires sont suspendus par une corde et soutenus par dessous.

501. Pour pouvoir porter ces différents objets vite et commodément dans les étages plus élevés, ou pour être à même de les charger ou de les décharger facilement à l'entrée, on établit des mécanismes, des chèvres, grues, etc., mais ces machines ne pouvant se trouver partout, on a, dans les magasins, pour élever et descendre les pièces, des chèvres mobiles (pl. I, fig. 56). Elles se composent de deux hanches *aa*, de plusieurs épars pour les réunir *dd*, d'un pied *b*, d'un treuil *h*, d'une poulie *c* à la tête. On enroule un cable sur la poulie et sur le treuil, après l'avoir passé dans les anses du canon qu'on peut ainsi élever ou descendre (1). Pour enlever les colis et les transporter à une distance considérable, on se sert de triqueballes, voitures à quatre roues ayant l'avant-train des affûts de siége.

L'arrière-train est composé d'un essieu en bois monté sur des roues très hautes et surmonté d'une sellette. Une flèche arcboutée par deux empanons s'assemble normalement entre les deux pièces et forme un levier coudé tournant autour de l'essieu. L'avant-train s'assemble par la cheville qu'on introduit dans une lunette à l'extrémité de la flèche.

Pour soulever le fardeau, on attache des cordages à l'extrémité antérieure de la flèche qu'on élève verticalement, de manière à amener le dessous de la sellette au-dessus du point par lequel doit être enlevé le fardeau. La flèche porte des anneaux

---

(1) On a remplacé ce modèle de chèvre par celui modèle 1840, avec déclic aux extrémités du treuil, chaîne de fer au lieu de câble; elle n'exige que cinq hommes au lieu de dix pour la manœuvre qu'elle abrége de moitié.

d'embrelage des hommes agissent sur les cordages, et, abattant la flèche, enlèvent le fardeau, après l'avoir fixé par un
câble à la sellette et à la flèche.

Cette manœuvre de l'abattage et du dressement de la flecr.e
étant pénible et dangereuse, on a remplacé ce triqueballe par
un triqueballe muni d'une vis qui, en tournant dans un écrou
fixe, élève avec elle deux crémaillères dont les extrémités sont
terminées en crochets pour y fixer un fardeau.

Ce dernier triqueballe a été remplacé par le triqueballe à
treuil sur lequel s'enroulent deux chaînes réunies à leur extrémité, par une traverse qui porte deux crochets qu'on engage
dans les anses des bouches-à-feu.

FUSÉES DE GUERRE.

502 Indépendamment des armes à feu décrites ci-dessus,
on a adopté dans plusieurs États, depuis quelques années, des
fusées nommées *fusées à la congrève, fusées incendiaires, fusées
de guerre.* (§. 65).

Elles consistent en un cartouche cylindrique fermé à la partie supérieure, et qui contient une composition de salpêtre,
charbon et soufre, mêlée intimement et battue avec force.
Pour lui assurer une direction constante, on fixe aux fusées
une baguette en bois plus ou moins longue. On lance les fusées en mettant le feu par l'extrémité la plus basse où se
trouve la mèche.

Les gaz qui se produisent développant leur force expansive
dans toutes les directions, les parois latérales des fusées doivent être assez fortes pour y résister, et les pressions dans le
sens du diamètre se font équilibre, comme dans toutes les

armes à feu ; mais sur le haut et sur le bas, l'équilibre n'a plus lieu. A la partie inférieure, le gaz sort avec violence ; la partie supérieure, telle que la culasse d'une bouche-à-feu, résiste ; et la même cause qui dans les armes produit le recul fait monter la fusée dès qu'il s'est développé la quantité de gaz nécessaire pour en surmonter le poids. La vitesse initiale est, dans les instants suivants augmentée, accélérée par les développements successifs du gaz, et cet effet dure jusqu'à combustion complète de la composition. Le mouvement des fusées est donc soumis aux mêmes lois que les autres projectiles.

503. L'enveloppe des fusées de guerre (fig. 22 et 23) se fait en tôle ; elle a de 4 à 8 calibres de longueur ; elle est en général surmontée d'un *chapiteau* conique qui contient une composition brûlant vivement ; la plupart du temps on fixe aux cartouches, par des bandelettes croisées de tôles, des boulets, obus, bombes, projectiles incendiaires ou à éclairer (479). Les projectiles creux portent une fusée dont l'inflammation a lieu soit par le choc, soit par la combustion de la composition de la fusée volante, et le feu est ainsi transmis à la charge d'éclat.

La composition consiste, comme on l'a déjà dit, en salpêtre, charbon et soufre. Quelques auteurs prétendent qu'on peut y joindre du chlorate de potasse, mais le fait ne paraît pas vraisemblable. L'ouverture du cartouche opposée au chapiteau, est fermée par une plaque percée de cinq trous dans le milieu de laquelle est vissé le bout d'une baguette en bois placée dans la direction de l'axe, et dont la longueur est de 28 à 40 calibres. Autrefois la baguette était fixée latéralement et assujétie au cartouche par des étriers et crampons. Ce mode est encore en usage en Autriche.

Au-dessus de cette plaque est l'*âme* conique ou cylindrique formée suivant l'axe de la composition par le battage sur une broche. Ce vide intérieur a l'avantage d'augmenter, dans un instant donné, la surface d'inflammation, et le gaz se répand en vives étincelles dans les trous de la plaque disposée en dessous.

On a employé en campagne des fusées telles que celles qui viennent d'être décrites, de divers calibres, depuis celui de 3 jusqu'au calibre de 24. Les plus lourdes jusqu'à celui de 64 à 74 livres, sont destinées à l'attaque des places; on désigne leur calibre d'après celui d'un boulet plein de fer coulé de leur diamètre. Quelquefois, leur dénomination provient du poids de la fusée réunie à un projectile creux, ou, comme pour les autres fusées, d'après le poids d'un projectile de plomb de même diamètre.

504. Lorsque les baguettes étaient placées de côté, on les lançait avec des chevalets, tels que ceux employés pour placer des tableaux.

Lorsqu'elles sont dans la direction de l'axe, on se sert de tubes de tôle de fer ou de cuivre montés sur un pied et munis d'un mécanisme propre à leur donner diverses inclinaisons. Des tubes de ce genre dont le poids n'excède que peu celui d'un fusil d'infanterie, sont employés en Angleterre seulement pour les petits calibres.

Pour les lourds calibres, on adapte les tubes sur des affûts à flèche. On peut aussi former des *tuyaux d'orgues* avec plusieurs tubes rapprochés l'un de l'autre et lancer à la fois plusieurs fusées, par exemple, 20 de 3 livres.

Ces affûts se montent sur des avant-trains à coffret, dans lesquels on transporte les fusées des lourds calibres, les baguettes se placent dans le coffret de l'affût. Pour les petits calibres, on peut faire porter les fusées en paquets dans des

poches, par les soldats d'infanterie et de cavalerie, et les baguettes comme des fusils ou des lances.

Lorsqu'on emploie les baguettes fixées de côté, en Autriche,
par ex., on ne peut faire usage de tubes semblables à ceux qui
viennent d'être décrits. Alors on emploie un *trépied* (fig. 21),
sur lequel un tube de fer nommé *curseur* est adapté à un quart
de cercle de manière qu'en visant par ce curseur on peut donner toutes les inclinaisons depuis celle horizontale. Le feu se
donne avec une platine percutante qu'on tire avec une chaîne.

Lorsque l'objet à battre présente une surface considérable, on peut tirer les fusées sans chevalet. Pour obtenir
des feux rasants, on les place à terre. Plusieurs placées à côté
l'une de l'autre peuvent ainsi être enflammées à l'aide d'une
traînée de poudre.

505. Il résulte de la forme des fusées longues et offrant une
grande surface, de l'inflammation successive de la composition, des variations qu'éprouve la position du centre de gravité, que ces corps présentent des propriétés toutes particulières. Elles ont été dans plusieurs états l'objet d'épreuves te-
nues plus ou moins secrètes, ainsi que leur fabrication.

Cependant, autant qu'on peut juger par les essais dont les
résultats sont connus, de leur portée et de la justesse de leur
tir, elles paraissent devoir être d'un emploi avantageux, et
donner au moins autant de coups qui atteignent le but que les
obusiers courts.

Par exemple, en Angleterre, dans des épreuves, on a lancé
sous 9° d'inclinaison, des fusées de 6 liv. de 1,000 à 1,200 pas
(755 à 906 m.) : le quart a atteint le but ; et sous 20° d'inclinaison, des fusées de 12 liv. de 2,200 à 2,400 pas (1,661 à
1,812 m.) le 6ᵉ a atteint le but.

506. Si l'on compare les fusées aux bouches-à-feu de même
calibre, on trouve, il est vrai, qu'elles n'ont pas la même puis-

sance de démontage, mais leur force est suffisante, même dans
les petits calibres, pour mettre hors de combat les hommes
et les chevaux. Or, l'expérience démontre que les feux de l'artillerie sont plutôt éteints par suite des pertes en hommes et
en chevaux, que par le démontage des pièces. La fusée de
guerre paraît donc suffisante pour le service de campagne.
Quant aux gros calibres, ils peuvent servir comme moyens
de destruction dans les bombardements peut-être aussi contre
les fortifications ; dans les pays de montagne où aucune autre
bouche-à-feu n'est transportable, elles peuvent être très
utiles, et dans le service de campagne ordinaire, surtout dans
leur emploi contre la cavalerie, elles donnent un supplément
aux armes déjà existantes. En tenant compte d'ailleurs du prix
de la confection et du transport des bouches-à-feu, tandis
que les fusées peu dispendieuses trouvent en elles-mêmes leur
force de projection et réunissent à la fois le projectile et la
bouche-à-feu, on est amené à conclure que ce moyen de combat est très digne d'attention.

AUTRES ARTIFICES.

507. Il reste à parler de quelques moyens de destruction,
savoir : *globes fumants, bombes roulantes, barils et caisses foudroyants, sacs foudroyants, tourteaux goudronnés, pétards.*

508. Les *globes fumants* consistent en un boulet creux de
carton, rempli d'une composition dont les principaux éléments
sont de la poix, du suif, et d'autres matières produisant une
forte fumée.

Ils servent soit à se dérober aux vues de l'ennemi, soit à le
chasser des mines, soit à donner des signaux de jour. Pour

rendre les mines inhabitables, on emploie aussi des sacs foudroyants, ou de simples obus dont la charge développe en
éclatant des vapeurs qui produisent le même effet.

509. Les *bombes roulantes* ne sont autre chose que de grosses
bombes ordinaires, ou d'une épaisseur un peu moindre de
métal, que l'on fait rouler sur un plan incliné en planches.
On fait de même rouler contre l'ennemi des barils et caisses
foudroyants, remplis d'obus, de roche à feu, de poudre, qui
s'enflamment par des mèches de communication.

510. Les *sacs à poudre et foudroyants* sont des cartouches
de carton recouverts de treillis, ayant environ 1 pied (0m,314)
de longueur. 3 p. (0m,0786) de diamètre, remplis de poudre
de roche à feu, d'une grenade à main, et munis d'une fusée.
On les lance avec des mortiers. On les nomme alors plus
particulièrement *sacs à poudre* (pulver sacke).Si on les lance à la
main, *sacs foudroyants* (sturm sacke).

511. Les *tourteaux goudronnés* sont des couronnes de 6 po.
(0m,1572) de diamètre, formées de mèches entrelacées, ou de
bois de fascinage tressés de 12 à 15 pouces (0m,314 à 0m,393)
de longueur qu'on fait bouillir dans une composition très inflammable, et au moyen desquels on enflamme les objets inac-
cessibles.

On les fait aussi avec des cordages ordinaires ou de la
paille.

512. Les *pétards* servent à faire sauter des portes, etc., et
consistent en un vase sous forme de cloche, rempli de poudre,
fixé sur un plateau (*matrill bret*), et muni d'une fusée. Le plateau est suspendu à une porte et soutenu par un appui en bois.
On met le feu à la fusée, et le pétard détonnant brise la
porte.

Des épreuves récentes prouvent qu'on peut obtenir les

mêmes effets avec un simple sac à poudre, ou avec une bombe chargée. Aussi le pétard, inventé en 1579 par les Huguenots, et employé souvent avec succès, est-il tombé en désuétude.

ARMES DÉFENSIVES.

513. On comprend sous cette dénomination toutes les armes susceptibles d'atténuer ou de détruire l'effet des moyens offensifs de l'ennemi. On doit toujours, avant de s'en servir, les éprouver à l'arme blanche et à l'arme à feu, pour reconnaître leurs avantages réels, comparativement aux inconvénients résultant de leur poids.

Contre les armes blanches existantes, on pourrait facilement garantir le corps; mais les inconvénients du poids et de la gêne d'une armure en tôle de fer l'emportent sur son utilité réelle, et on ne voit nulle part d'armure complète comme dans l'ancien temps (§ 28, etc.).

Contre les armes à feu, il n'est pas facile de se couvrir complétement. Contre les bouches-à-feu cela est complétement impossible avec une armure portative. On peut cependant se garantir des balles de fusil, en se couvrant non seulement de plaques de tôle, mais d'un tissu de cuir fort, de coussins épais de soie et de coton. Ces moyens de défense rendraient immobiles les gens de guerre, si on voulait les couvrir de la tête aux pieds. On s'est borné assez généralement à garantir la tête et la poitrine.

514. Toutes les troupes ont généralement leur tête garantie par une forte coiffure, telle que *sacko*, ou *casque* de cuir ou de métal, de forme variable, la plupart du temps muni d'une *crinière* avec *visière*, *couvre-nuque* et *jugulaires* d'écailles, qui les

fixent, et garantissent les tempes et les côtés de la tête. Ce genre de coiffure ne doit être ni trop lourd, ni incommode. Le centre de gravité doit s'élever peu au-dessus de la tête, sans quoi il en résulterait un vacillement gênant, surtout pour la cavalerie, dans le combat corps à corps.

515. Quant à la défense de la poitrine, on a, dans beaucoup d'armées des corps de cavalerie, composés d'hommes et de chevaux très forts, et destinés principalement à combattre en ligne, auxquels on a donné la cuirasse (fig. 60, pl. I). Elle consiste en une plaque de tôle de fer ou d'acier présentant une arête au milieu, des surfaces arrondies des deux côtés, et recouverte ou ornée d'une feuille de laiton.

La cuirasse peut être simple comme celle des cuirassiers autrichiens, peser 9 à 11 liv. (4 k,94 à 6 k,16). Elle est soutenue par des courroies qui font le tour du corps et couvrent le dos et les épaules, ou bien elle est double, présente une deuxième plaque qui couvre le dos du cavalier; des supports c, et des courroies e réunissent tout le système autour du corps. Pour l'éprouver, on tire sur le plastron, à 50 pas (37^m,75) de distance. Son poids est de 11 liv. 1/2 (6 k,44). Le dos pèse 5 liv. (2 k,811). Le poids total peut être diminué de 1 liv. 3/4 (0 k,980).

On doit aussi protéger le devant des sapeurs avec une cuirasse simple, du poids de 13 liv. 1/2 (7 k,56). Elle ne sert plus à petite distance. On garantit leur tête par un morion pesant 8 liv. 1/4 (4 k,62).

---

(1) Il y a en France un modèle de cuirasses (1825). Elles ont plastron et dos; on les fait en tôle d'acier. Pour les carabiniers, le plastron et le dos sont plaqués en cuivre.

On les fait pour trois tailles. Elles pèsent :

Celles de 1re taille, de   6k.21   à 5,92.

         2e   —   de 6, 03 à 5,77.

         3o   —   de 5, 92 à 5,50.

L'épreuve consiste à tirer sur chacun des plastrons les plus légers, vers le milieu de sa surface, trois balles. (Fusil d'infanterie, charge ordinaire de guerre; distance, 40 m.). Le plastron ne doit être traversé par aucune des trois balles. On tolère qu'il soit déchiré par l'une d'elles.

Les dos sont seulement visités et ajustés avec les plastrons.

On a proposé aussi de confectionner les plastrons en acier fondu. Ils ont bien résisté à l'épreuve réglementaire, bien que l'épaisseur y soit de plusieurs millimètres au-dessous de celles de nos plastrons, et que, par suite, le poids soit allégé de 1 k. 25.

FIN.

VOCABULAIRE

INDIQUANT

Les diverses espèces d'armes, pièces d'armes, projectiles, matières explosives,

machines de guerre, etc., usités à différentes époques.

(Par le traducteur.)

A

Acquéraux (keilstueke), pièces anciennes se chargeant par derrière. La charge se mettait dans une boîte mobile que l'on fixait avec des coins, § 49.

Affut (laffete), machine en bois, en fer, à roues ou sans roues, destinée à supporter un canon, un mortier, un obusier, etc., § 46, 375.

Affut de canon ou d'obusier, de siège, de place, de côte, de campagne, de montagne. Affût de mortier, affût marin, affût de casemate.

Ailes (brechscheibe), partie de la lance qui couvre le poignet, § 33.

Alcret, *alecret* ou *halecret*, cuirasse légère de plusieurs laines.

Allumette, épée longue et mince, usitée autrefois.

Ame (seele), partie vide intérieure de toutes les armes à feu, § 234.

Amorce (poudre d') (zundpulver, zundkraut). On la verse dans le bassinet d'une arme à feu portative pour l'inflammation de la charge , § 304.

AMUSETTE , petit canon de fer (5 pieds de long, 18 lignes de calibre ; boulet de plomb de 1|2 de livre), proposé par le maréchal de Saxe.

ANCON , *angon* , javelot à trois fers.

ANNEAUX de bombe , anneaux en fer servant pour le port de la bombe , § 364.

ANNEAUX d'embrelage pour affût, (protzring), § 383.

ANNEAUX de pointage, fixés sur l'entretoise de lunette et servant, à l'aide de leviers, à manœuvrer et diriger les affûts de campagne.

ANIME (V. Brigandine).

ANSES (handhaben, henkel, delphinen), espèce d'anneaux placés sur les bouches-à-feu et servant à les manœuvrer, § 368.

ARBALETE (armbrust), arc d'acier monté sur un fût en bois , muni d'un canal cylindrique ou demi-cylindrique pour lancer des traits , § 37. On l'appelle *arc à jalet,* si le canal est fermé en tube pour y insérer une *balle* ou un *jalet.*

ARBRE *de la noix* (*tnusscelle*) , § 305.

ARC (bogen), arme composée d'une pièce de quelque matière élastique en forme de segment circulaire ; dont une corde ou boyau joint les deux bouts, § 2 — 37.

ARC-BOUTANTS, pièces en bois inclinées , dans l'affût de place et côte , réunies aux deux montants sous l'encastrement des tourillons.

ARME (waffen), instrument destiné à l'attaque ou à la défense, § 1. Armes offensives , défensives. Armes d'hast. Armes de choc. Armes de main. Armes de jet. Armes à feu. Armes portatives.

ARMET (helen), casque léger sans visière ni gorgerin , § 29.

ARMONS (deichsel arme), pièces encastrées dans la sellette et aboutissant au timon d'un avant-train , § 390.

Armure (schuss waffen), réunion de toutes les pièces de métal qui couvrent l'homme et le cheval, § 28.

Arquebuse (bock büchsen, arkebusen), la première arme à feu portative, § 50. — A croc (hakenbüchse doppelhaken), § 51. — A mèche, § 51. — A rouet, § 54.

Arrêt de la lance, crochet fixé à la cuirasse, destiné à tenir la lance en arrêt.

Arrousement. (V. Écouvillon.) § 369.

Astragale (balsbande), moulure d'une bouche-à-feu.

Attaches du fer de la lance, (V. Branches).

Auget (rinne), partie du châssis de l'affût de place (modèle Gribeauval); en arrière, qui supporte la roulette de l'affût. § 393.

Avant-train (protse), train de devant destiné à former avec l'affût une voiture à quatre roues, § 390.

Azeguaye, sorte de bâton ferré de 10 à 12 pieds de longueur.

B

Bacinet, casque léger, ancien, s'attachant sous le menton avec une courroie.

Bague (de la baïonnette) (sperring-schiebring), anneau par lequel elle est maintenue, § 200. (V. Virole).

Baguée, canon de fusil, dans lequel s'est produit un boursouflement.

Baguette (ladstock) de fusil, mousqueton, pistolet; pièce servant à enfoncer et à bourrer la charge, § 310.

Baguette de fusée (stabe), tige en bois, ayant pour but de diriger la fusée, § 502.

Balles à mitrailles (karkaschen-kugel), balles en fer ou en fonte contenues dans une boîte en fer-blanc, destinées à être lancées par une bouche-à-feu, § 412.

BALLE (kugel), globe de plomb destiné à être lancé par un fusil, un mousqueton, un pistolet, etc., ou autrefois par l'arbalette, § 332.

BALLE forcée (passkugel), enfoncée avec force dans un canon rayé, § 320.

BALLES à feu (feuer ballen), artifices destinés à éclairer et à faire reconnaître les travaux de l'ennemi, § 467.

BALISTE (balliste), arme de jet ancienne, lançant des pierres, globes, traits en ligne courbe, § 16.

BALESTER, variété de l'arbalette, § 37.

BALISTIQUE, théorie du tir des projectiles, § 5.

BARBOLE. (V. Hache-d'armes à marteau).

BARDES, ancienne armure défensive du cheval.

BASILIC, espèce de bombarde ou de canon du plus fort calibre; on donnait autrefois ce nom aux pièces de 48.

BASSINET (pfaune), pièce de cuivre dont la fraisure correspond à la lumière du canon, et qui contient l'amorce, § 303.

BATARDE, nom donné autrefois à la pièce de 8.

BATARDE, épée étroite, sorte de demi-espadon.

BATTANTS (riembugel), pièce de garniture, espèce d'anneau, § 342.

BATTERIE de fusil (batterie), pièce coudée de fer et d'acier, qui recouvre le bassinet, et sur laquelle s'abat la pierre pour faire feu, § 303.

BAIONNETTE (bajonet), lame qui s'adapte au bout du canon du fusil et qui donne le moyen de se servir de cette arme comme d'une arme de main ou d'hast, § 198.

BAIONNETTE-SABRE (haubajonet), baïonnette adaptée à certaines armes à feu, qui sert à la fois de baïonnette et de sabre, § 201.

BEC-DE-CORBIN, hallebarde à fer crochu à l'un des côtés que

portaient, dans les grandes cérémonies les gentishommes de la maison du roi.

BEDAINE, pierre grosse et ronde qu'on lançait avec la catapulte.

BELIER (mauerbrecher, widder, strurmbock, aries), ancienne machine de guerre destinée à saper les murs, § 19.

BELIÈRE, nom donné aux chappes de fourreaux de sabre, qui sont garnies d'anneaux.

BESAGUE. (V. Fauchard).

BISCAIEN, ancien mot désignant un petit boulet de fer.

BOIS de fusil (schaft) (monture), § 311.

BOIS de lance (hampe), § 192.

BOITES à balles (karkatschen buchse), cylindre en ferblanc contenant les balles lancées par une bouche-à-feu dans le tir à mitraille. § 412.

BOMBARDE (bombarden, stein donner-buchsen), canon de fer antique, § 45.

BOMBARDELLE (handrohren, faustrohren, bombardula), ancienne arme à feu de petite dimension. § 49.

BOMBE, (bombe), globe de fonte creux, dans lequel on met de la poudre destinée à le faire éclater, et des matières incendiaires qu'on lance avec un mortier, § 462.

BOUCHE (mundung), extrémité de l'âme d'une arme à feu par laquelle sort le projectile.

BOUCHE-A-FEU (gesschuts), arme à feu de grande dimension telle que canon, mortier, obusier, § 361.

BOUCLES (bunde, ringe), pièces de la garniture d'un fusil, § 312.

BOUCLIER (schild), arme défensive (dénomination générique comprenant parme, parma, targe, écu, rondache, scutum), § 28.

BOUGE, masse d'armes dont la tête ronde et creuse se remplit de plomb (plombée).

BOULET (vollkugel), globe de fonte massif qui se lance avec les canons, § 409, 410.

BOULET *creux*. (V. Obus).

BOULET *ensaboté,* fixé à un sabot.

BOULET *roulant,* c'est-à-dire non ensaboté.

BOURDON, grosse et forte lance dont le fer avait la forme d'un losange.

BOURGUIGNOTE (strurm, dickel-hauben), casque ou heaume ouvert par devant, muni d'une simple visière et de deux oreillons mouvants, destiné aux fantassins, § 29.

BOURRELET (*en tulipe*), renflement vers la bouche d'un canon.

BOUTEFEU, tige de bois portant à son extrémité une mèche, et servant à mettre le feu aux pièces de siége, place et côte, et à conserver le feu dans les batteries.

BOUTEROLLE, renfort de métal dans les armes à feu portatives.

BOUT, garniture en cuivre qui termine le fourreau de cuir d'un sabre ou d'une épée à la partie inférieure.

BOUTON *de culasse* (zapfen schwanz schraube) partie de la culasse d'une arme à feu portative tarandée et vissée dans le canon.

BRACELETS (ohrband), pièces de fer ou d'acier soudées aux fourreaux de sabre en métal et portant des anneaux.

BRACONNIÈRE, partie de l'armure attachée au bas de la cuirasse, en forme évasée et couvrant la moitié de la cuisse (V. Tassettes).

BRAGUE, *braguette,* partie éminente des armures de pied au milieu du corps.

BRAND, grosse épée tranchante qui se maniait à deux mains.

BRANCHE *de sabre* (bugel), partie de la garde destinée à la défense de la main contre les coups de côté, § 209.

BRANCHES *de la lance* (schienen tedern), attaches en fer par lesquelles on fixe le fer à la hampe, § 191.

BRAQUEMARD, épée lourde, tranchante des deux côtés.

BRASSARD (arm schienen), partie de l'armure destinée à défendre les bras, § 28, 31.

BRETTE, épée très longue et mal proportionnée.

BRICOLE, sorte de grande fronde.

BRIDE *de noix* (studel), pièce destinée à maintenir la noix contre le corps de platine, § 303.

BRIGANDINE, cuirasse formée de petites lames d'acier superposées en forme d'écailles et clouées sur une étoffe forte qui leur servait d'assemblage.

BRIQUET, sabre d'infanterie légèrement cambré.

BRUGNE, chemise ou cotte de maille plus serrée que la commune. (V. Haubert.)

BUTTIÈRE, arquebuse forte et longue.

C

CABACET, ancien petit casque. (V. Bacinet ou Bassinet).

CAISSON *à munitions* (munition wagen) , voiture destinée à transporter des munitions, § 422, 423. 424, 425.

CALIBRE (durchmesser, kaliber), diamètre de l'âme d'une arme à feu.

CALOTTE *de pistolet* (*griff*), extrémité recourbée de la monture que l'on saisit dans la main, § 318.

CALOTTE *de sabre* (*kappe*) , pièce de la monture qui surmonte ou termine la poignée (on l'appelle *pommeau* , lorsqu'elle se détache de la poignée et a la forme ronde ou ovale) sur laquelle on rive la soie, § 209.

CALEPIN (*kugel pfflaster*) , morceau de peau ou d'étoffe qu'on met sous la balle d'une arme rayée, § 321.

CAMBORON. (V. Gobisson).

CANAL *d'amorce*, s'étendant de la lumière vers la bouche dans les anciennes pièces de siége, place et côte, et destiné à recevoir une partie de la poudre d'amorce.

CANAL *de lumière* (*zundloch*), ou simplement *lumière*, petit canal servant à porter le feu à la charge, soit dans les bouches-à-feu, soit dans les armes à feu portatives, § 297, 367.

CANCER, nom donné quelquefois au bélier.

CANON (*lauf*), tube de fer, pièce principale du fusil, du mousqueton et du pistolet, dans lequel on met la charge, § 294.

CANON *lisse* (*glatte*), § 319.

CANON *rayé* (*lauf gezogene*), § 320.

CANON (*kanone*), bouche-à-feu lançant un boulet, § 366.

L'usage du canon paraît remonter au commencement du XIV⁰ siècle. Sous Charles VII et Louis XI, l'artillerie prit une extension considérable, et ses progrès augmentèrent encore sous Charles VIII, Louis XII, François I⁰ʳ et Henri II. Ce dernier roi détruisit tous les anciens calibres et les réduisit à six qui furent, dit-on, les suivants : 33 liv., 15 liv. 1/4, 7 liv. 1/4, 3 liv. 1/2, 1 liv. 1/2, 3/4 de liv.

Sous Henri IV, en 1600, l'artillerie se composait encore de six calibres :

Canon. Gr. coulevrine. Coulevrine bâtarde. Coulevrine moyenne
33 liv.   16 liv. 1/2.   7 liv. 1/2.   2 liv. 1/2.

Faucon.   Fauconneau.

1 liv. 1/2.   3/4.

Dans la première partie du règne de Louis XV, en 1732, Valière le père, directeur général de l'artillerie, organisa cette arme sur de nouvelles bases et adopta les calibres de 24, 16, 12, 8, 4 pour les canons, ceux de 12 pouces et de 8 po. 3 li. pour les mortiers.

En 1765 (fin du règne de Louis XV), Gribeauval changea l'organisation de l'artillerie, la composa de bouches-à-feu suivantes :

Pour siége et place : canons de 24, 16, 12 et 8.

Pour campagne : canons de 12, 8 et 4.

Obusiers de siége de 8 pouces.

— de campagne de 6 pouces.

Mortiers à chambre cylindrique de 12, 10 et 8 pouces.

Pierrier de 15 pouces.

On y a ajouté plus tard les mortiers à la Gomer des mêmes calibres.

En l'an xi, on adopta le canon de 24 court, 12 long, 12 court, 6 long, 6 court, 6 et 3 de montagne, l'obusier de 24 (5 pouces 7 lignes), le mortier à la Gomer de 24.

Le système actuel, adopté depuis 1827 jusqu'à présent, comprend les canons de siége et place de 24, 16, 12 ;

Le canon de côte en fonte de 30 ;

Les canons de campagne de 12 et 8 ;

L'obusier de siége de 22 centimètres ;

Les obusiers de campagne de 16 et 15 cent.;

L'obusier de montagne de 12 centimètres ;

L'obusier de côte en fonte de 22 cent.;

L'obusier de place en fonte de 22 cent.;

Les mortiers à la Gomer de 32, 27, 22, 15 cent.

CANON *à main* (*handrorhen*), première arquebuse diminutive du canon. (V. Bombardelle), § 49.

CAPELINE, casque sans visière ni gorgerin affecté à l'infanterie.

CAPUCINE (*unterring*), une des boucles qui tiennent le canon du fusil dans le bois, § 312.

CARABINE, petite arquebuse à rouet. § 56.

— (*buchser, stussen*), fusil ou mousqueton rayé, § 323, 324, 325, 326.

— dite de Versailles (modèle 1793), se chargeant au maillet. (V. la note p. 198.)

— (modèle 1840), percutante, dite de munition.

— (modèle 1842). V. la note p. 200.

CARABINE *à tige*, dans laquelle le bouton de culasse porte à son centre une tige cylindrique en acier sur laquelle on force la balle. V. la note p. 201.

CARCASSE, bombe ovale de plusieurs lames de fer croisées, pleine de poudre grenée, balles, etc. On la lance avec un pierrier.

CARONADE (*caronaden*), canon court et d'un fort calibre, usité dans la marine. § 496.

CARQUOIS, étui de fer, bois, cuir ou écorce, servant à porter les flèches de l'arc ou les *carreaux* (traits pesants).

CARTOUCHE *de fusée*, cylindre en carton ou en tôle contenant la composition.

CARTOUCHE (*patrone*), charge des armes à feu contenue dans une enveloppe de papier ou de serge. § 336, 415.

CASQUE (*helm*), armure de tête. § 20.

CASQUET, id., désignant plus particulièrement un petit casque pour piéton.

CASSE-TÊTE, synonyme de massue.

CATAPULTE, (*katapulten*, *arrcobalista*), machine de guerre ancienne lançant en ligne directe des pierres, traits, etc., § 17.

CATETE, grosse massue courte employée par les premiers Francs.

CÈTRE. (V. Targe ou Pelte).

CHAMBRE (*kammer*), fond d'une bouche à feu où l'on place la charge de poudre, § 451, 452, 453, 482.

CERVELIÈRE, nom antique du bassinet.

CERVICALE, armure du cou d'un cheval.

CHANFREIN, arme en fer ou en cuir bouilli dont on garnissait autrefois la tête du cheval.

CHAPE (*mundblec*), garniture en métal de la partie supérieure d'un fourreau de cuir. § 212.

CHAPEL ou *Capel* (V. Capeline.)

CHAPITEAU, espèce de petit toit en bois, qu'on pose sur la lumière d'un canon.

CHAPITEAU (d'une fusée), (*brand haube*), partie cônique adaptée au haut du cartouche de la fusée au-dessus du pot, rempli de matières incendiaires, projectiles, etc., § 503.

CHARRIOT *à canon*, ou *porte-corps*, voitures sur lesquelles on transportait les pièces de siége.

CHARRIOT *de parc* destiné à porter des approvisionnements, des armes, de la poudre, etc.

CHASSIS *de plate-forme* (*rahme*), pièces en bois sur laquelle sont montés les affûts de place et de côte.

CHASSIS *de transport* (*prots rahme*), châssis particulier sur lequel on monte un affût de place pour le transporter, et auquel on adapte un avant-train. § 395.

CHAUSSE-TRAPPE, réunion de quatre pointes de fer, assemblées à un centre commun, qu'on place à terre, et qui sert de défense contre la cavalerie.

CHEMISE *maillée*, V. Cotte de mailles.

CHETAL *de frise*, poutre traversée en tous sens de pieux armés de fer appelés *lances*, pour défendre des passages et entraver la marche de la cavalerie.

CHEVALET, grosse fourchette pour soutenir le canon à main.

CHEVALET, système de quatre piquets enfoncés en terre se croisant deux par deux obliquement, pour porter les armements des bouches-à-feu de siége, place et côte.

CHEVALET, pièce de bois sur laquelle on place les fusées pour les lancer.

CHEVET, nom donné autrefois au coin de mire des mortiers.

CHEVROTINE, nom donné anciennement dans l'artillerie aux petites balles de plomb de 166 à la livre.

CHIEN (*hahn*), pièce qui en s'abattant sur la batterie dans les armes à silex et sur la cheminée dans les armes percutantes, met le feu à l'amorce, § 303, 308.

CIMETERRE, grosse épée, longue et large, tranchante d'un seul côté et recourbée vers la pointe.

CIMIER, ornement du casque.

CINTRE de crosse, partie arrondie des flasques d'affût portant à terre, quand la bouche-à-feu est en batterie.

COFFRET (kasten), coffre contenant des munitions. § 390.

COIN de mire, (keil) destiné à élever la culasse des bouches-à-feu dans le pointage ; n'est plus usité que pour les mortiers § 384, 385.

COLISMARDE, épée longue, mais déliée et s'élargissant tout-à-coup vers la garde.

COMMINGES, gros mortier ancien de 18 pouces de calibre.

CONTRE-PLATINE, V. porte-vis.

COQUILLE d'un sabre (stichblatte) partie inférieure de la monture d'un sabre destinée à garantir la main des coups directs. V. Garde. § 185.

CORBEAU, longue perche armée d'un fort harpon de fer, ou de faulx pour arracher les créneaux, les mantelets et les lacets avec lesquels l'assiégé cherchait à saisir la tête du bélier.

CORBEAU à griffe, portant une forte tenaille au lieu de harpon.

CORSELET, petite cuirasse.

CORPS de platine (stossblech), pièce sur laquelle s'assemblent toutes les autres. § 303.

CORSECQUE, V. angon.

CORYTE, carquois, ou plutôt étui pour mettre l'arc.

COSTILLE, coustille, coutille, épée longue, déliée, triangulaire ou carrée.

COTTE d'armes, (waffenrock), vêtement d'étoffe riche que les chevaliers portaient sur leurs armes, § 28, 32.

COTTE *de mailles;* camisole à manches composée de petits anneaux de fer accrochés les uns aux autres, ou de chaînettes.

COUCHE, partie pentée du fût du fusil (du tonnerre à la plaque de couche).

COUDE de la baïonnette (bajonet halse) partie coudée à la jonction de la douille à la lame. § 198.

COUILLARD, nom vulgaire de la catapulte.

COULEVRINE *(feld schlange)* pièce ancienne d'abord la plus légère et la plus courte, ensuite la plus longue et le plus pesante. § 58.

COURTOISE, lance ou épée pour tournois, avec pointe brisée ou frétée, tranchant rabattu ou sans pointe, § 59.

COUSTILLE, V. Costille.

COUSSINET *à mortier,* pièce en bois à tourillons roulant dans les flasques, sur lequel reposait le mortier pendant le tir; remplacé par un coin à poignée.

COUTEAU *de brèche,* arme forte, épaisse, tranchante sur une face, pointue et munie d'un manche de 6 pieds.

COUTELAS, ancien sabre.

COUTILLE, V. Costille.

CRANEQUIN (*hand wind*), crochet à poulie ou à treuil attaché à la ceinture pour bander l'arbalète § 37.

CRANEQUIN, engin pour battre les murs et enfoncer les portes.

CRANS *de la noix,* cran du repos *(ruhrast)* cran du bandé *(spann-rast)* § 304, cran de sûreté.

CRAPAUT, affût en fer fondu qui servait au mortier ou au pierrier.

CRETE, partie supérieure du casque,

CREVETTE, V. grenade.

CROC, arme pointue avec crochets pour percer et tirer à soi.

CROC (arquebuse à) *(hakeenbuchse, doppel, haken),* arme retenue par une espèce de crochet, § 51.

CROCHET à bander l'arc à jalet.

CROCHETS doubles de retraite, (*retirir haken*) d'un affût § 383.

CROSSE d'affût ou de flasque ; bas, arrondi du flasque qui porte à terre dans le tir.

CROSSE de fusil ou de mousqueton (kolbe) partie inférieure qui sert de base à l'arme § 311.

CROISETTE, fleuret dont la garde est une simple croix.

CUBITIÈRE, milieu du brassard qui embrasse le coude.

CUIRASSE (panzer), principale arme défensive en fer de l'antique armure qui couvrait le buste par devant et par derrière, § 8, 28, 30.

La cuirasse a été reprise dans les temps modernes, le seul modèle aujourd'hui en usage est celui de 1825 pour la cavalerie. Il est en acier, § 313.

Les modèles antérieurs étaient moins résistants.

Une cuirasse d'un modèle ancien couvre les sapeurs dans les siéges.

CUISSART, (schenkel deckungen) arme défensive pour les cuisses § 31.

CUISSOT, demi-cuissart pour les armures légères.

CULASSE de canon (stossboden), extrémité la plus épaisse, opposée à la bouche, où se trouve la lumière, § 367.

CULASSE du fusil, (schwanzschraube) pièce qui ferme l'ouverture inférieure du canon au tonnerre, dans lequel elle se visse. § 294.

CULOT, fond de la fronde pour recevoir la pierre.

CULOT de la bombe, (segmente, renfort de métal à la partie opposée à l'œil. § 462.

CUVETTE du sabre, partie séparée d'un fourreau en métal, qui en garnit l'entrée.

D

Dague, gros poignard ou épée courte employée autrefois pour les combats singuliers.

Damas (damasrener, damasklenger), espèce de sabre fabriqué à Damas, renommé pour la bonté de la trempe de sa lame et de l'étoffe dont elle était formée, § 225.

Damassé (canon), formé de rubans de fer et d'acier présentant des fleurs et des dessins.

Darde, nom donné quelquefois au dard.

Dardelle, petit dard pour l'arbalette.

Dart, dard, dénomination générique appliquée aux traits lancés par les armes anciennes. (V. Javelot).

Dard de fourreau de sabre (schleifeisen), pièce en fer brasée à la partie inférieure d'un fourreau.

Dauphin, forme des anses dans les anciens canons. Ce nom (*Delphinen*) a été conservé aux anses dans la langue allemande.

Declic. (V. Détente).

Dégorgeoir, pièce composée d'un manche et d'une tige de fer qu'on introduit par la lumière d'une bouche-à-feu pour percer la cartouche avant de placer l'étoupille.

Demi-canon, nom donné quelquefois aux coulevrines qui n'avaient pas un aussi fort calibre que les canons.

Demi-cuissart, cuissart pour le cavalier, de peau au-dessous de la cuisse, et de fer, au-dessus.

Demi-espadon, épée moins longue et plus étroite que l'espadon, dont elle a la forme.

Demi-pique, pique de sept pieds de longueur dont l'usage a été fort étendu dans l'infanterie. (V. Esponton).

Détente (abzug), pièce dans le fusil sur laquelle on presse avec le doigt pour faire feu, § 303.

Double-détente (nadel kupfer, schneller, *stecher*), système faisant abattre le chien sous le plus faible effort, § 324.

Double-canon, nom donné à de gros canons anciens.

Doloire, espèce de hache d'armes.

Douille de baïonnette (dulle), partie creuse dans laquelle le canon s'adapte, § 198.

Douille de lance, partie creuse dans laquelle entre la hampe.

E

Écailles, pièces de fer qui se recouvrent réciproquement dans une armure, comme les écailles d'un poisson.

Échantignolle, pièce en bois dans l'affût de place et côte, servant à donner plus d'élévation à la vis de pointage.

Éclisses (verkeilung), coins de bois petits, larges et minces, servant à maintenir la bombe dans l'axe du mortier à chambre cylindrique, § 471.

Écouvillon (wischer), brosse placée au bout d'une hampe pour nettoyer ou rafraîchir les bouches-à-feu, § 407.

Écu (schilde), petit bouclier, § 28.

Écusson (abzugblech), pièce de la garniture d'une arme à feu portative dans laquelle passe la détente, § 303.

Elme, § 28, 29 (V. Heaume).

Embase des tourillons (anguss scheiben), renforts de métal cylindriques et concentriques aux tourillons placés à leur base contre la bouche-à-feu, § 368.

Embouchoir (oberring), boucle la plus élevée du fusil, § 312.

EMBRASURES, ouvertures pratiquées dans les batteries pour placer des bouches-à-feu.

ENGIN, dénomination générique de toutes les anciennes machines de guerre destinées à l'attaque ou à la défense des places.

ENTRETOISES (riegel), pièces en bois qui relient les deux flasques d'un affût, § 379. — Il y avait dans les anciens affûts de siége quatre entretoises, de *volée* sous le second renfort, de *couche* sous le premier, de *mire* sous l'emplacement du bouton de culasse, de *lunette* près des crosses.

Dans les anciens affûts de campagne il n'y avait que trois entretoises : de *volée*, de *mire*, de *lunette*.

Dans l'affût de place et côte, nouveau modèle, il y a trois entretoises : une de *devant*, une de *milieu*, une de *crosse*.

Dans les affûts de siége et de campagne, *à flèche*, nouveau modèle, il n'y a plus d'entretoise.

ÉPAULIÈRE (schulter-deckel), partie de l'armure ancienne qui défend les épaules, § 31.

ÉPÉE (degen), arme-blanche composée d'une *poignée*, d'un *pommeau*, d'une *garde*, d'une *lame* d'acier longue, *pointue*, *plate* ou *triangulaire*, destinée à agir du tranchant, de la pointe ou des deux manières, § 180, 181.

Il y a en France deux modèles (1816) d'épée (lame droite à deux tranchants); l'une pour les officiers généraux, supérieurs et d'état-major, l'autre qui sert pour les employés militaires et les sous-officiers du corps du génie.

ÉPIEU, arme ancienne, composée d'une hampe portant une lame forte, pointue, large et tranchante des deux côtés.

ÉPROUVETTE (probe morser), petit mortier en bronze ou en fonte, de 7 p. 9 pts (191 mill. 2) de calibre, pour mesurer la force de la poudre, § 249.

ESCOPETTE, espèce de petite arquebuse usitée sous Henri IV.

Espade, *espadon* (schwerk), épée très longue, large et tranchante, qu'on maniait à deux mains., § 34.

Espingole (strenrohr), espèce de mousqueton dont le canon est évasé vers la bouche.

Esponton (sponton), demi-pique de 7 à 8 pieds de longueur, armée d'un fer d'un pied de long qui servit d'armes aux officiers jusqu'à la fin du xviiie siècle, § 42.

Estocade, longue épée destinée à agir de la pointe.

Étoupille (zundrorche), artifice destiné à amorcer les bouches-à-feu. Elle se compose d'un roseau rempli de composition qu'on place dans la lumière, et de 4 brins de mèche appelés *cravates* qui restent en dehors de la pièce pour recevoir le feu, § 417.

Étouteau, pivot implanté sur la douille de la baïonnette, qui borne le mouvement de la virole.

F

Fauchard, arme tranchante des deux côtés, garnie de pointes, munie d'un manche de 5 à 6 pieds de long (besague).

Fauchon, espèce de sabre oriental recourbé par le tranchant en forme de faucille.

Faucon, ancienne petite pièce d'artillerie pour campagne.

Faucon. — Hallebarde.

Fauconneau, ancien petit canon long et du calibre de 1 liv. à 1 liv. 1|2 de balles.

Faucre, arrêt de la lance, espèce de poteau ou de soutien attaché au côté de la cuirasse.

Faulx, composée d'un manche et d'une lame perpendiculaire.

— Charriot armé de faulx (streit wagen). Charriot usité des anciens, § 14.

FER, nom générique de la pièce de métal, aigu, tranchant ou piquant, fixé à un manche, une hampe, une poignée d'une arme.

FER émoulu, pour les combats ; *émoussé*, non *émoulu* pour les tournois.

FLASQUES (wande), pièces principales des anciens affûts, reliés par des entretoises, § 579.

FLÈCHE (block), pièce principale des nouveaux affûts de campagne et de siége, § 391.

FLÈCHE (pfeil), arme qui se lançait avec l'arc. Suivant sa forme et sa dimension, elle avait différents noms : *traits*, *viretons*, *matras*, § 2.

FLEURET, épée à lame carrée, garnie par le bout d'un bouton revêtu de peau, usité pour l'escrime.

FLIC, *flus*, *flise* ou *flèche*.

FOUET-D'ARMES, manche court portant des chaînettes ou des cordes qui soutiennent des globes de fer, quelquefois garni de pointes ; s'appelle aussi *scorpion*.

FOURCHETTE, pièce à charnière fixée au milieu d'une arme portative de forte dimension soutenant l'arme par un bout et s'enfonçant en terre par l'autre bout.

FOURCHETTE, bâton de quatre pieds environ, terminé en fourche, destiné à soutenir l'arquebuse dans le tir.

FORQUINE, *Fourquine*. (V. Fourchette).

FOURREAU (scheide), gaîne, étui en cuir ou en tôle de métal, dans lequel on met l'épée, le sabre ou la baïonnette lorsqu'on ne s'en sert pas pour le combat, § 181.

FRAMÉE, lance très ancienne à fer acéré, plat, étroit et court.

FRANCISQUE, hache d'armes des premiers Francs.

FRÈTE, nom très ancien de la flèche.

FRONDE (schlender, funda), arme offensive très ancienne, formée de deux ou trois cordes et d'un culot dans lequel se place une pierre qu'on lance, § 2, 10, 12.

Frondibale (fundibole), longue pièce de bois à deux bras inégaux dont l'un portait une caisse ou sac de pierres et l'autre un contre-poids, § 18.

Fusée *à bombe* ou *obus* (brandrorchen zunder), cône de bois creux percé d'un trou rempli d'une composition d'artifice pour mettre le feu à la charge d'éclat, § 466.

Fusées *volantes* (kriegksrakete), composées d'un cartouche en carton contenant une composition d'artifices, surmonté d'un pot et d'un chapiteau conique dans lequel est une garniture de pétards, étoiles, serpenteaux, etc.; elles sont dirigées par une baguette fixée au cartouche, § 502.

Fusées *à la congrève*, différant des précédentes en ce qu'elles ont de plus fortes dimensions, et en ce que leur cartouche est en tôle. Le chapiteau est rempli de matières incendiaires ou de balles; la baguette est dans l'axe du cartouche.

Fusil (flinke), arme à feu de l'usage le plus général dans l'infanterie, § 60, 293.

Les modèles en ont été très variables et très nombreux ; leurs principales différences sont signalées ci-dessous.

— Modèle 1746. — Canon à huit pans, longueur 44 pouces, platine carrée, bassinet en fer, sans ressort de baguette, baguette en fer, etc.

— Modèle 1754. — Diffère peu du précédent, pèse 10 livres 4 onces.

— Modèle 1763. — Canon rond, longueur 42 pouces, ressort de baguette attaché à l'embouchoir, baguette en acier, baïonnette à virole, poids 10 livres.

— Modèle 1766. — Canon plus léger, ressort de baguette tenant au tonnerre, baïonnette à ressort, poids 9 livres 8 onces.

— Modèle 1768. — Baïonnette à virole ; du reste semblable au précédent.

— Modèle 1770. — Canon plus fort, platine demi-ronde, ressort de baguette tenant à la capucine.

— Modèle 1771. — Tenon de la baïonnette en dessous du canon, platine ronde, monture en gigue, c'est-à-dire avec un renflement convexe au-dessous de la poignée.

— Modèle 1773. — Ressort de baguette tenant au canon.

— Modèle 1774. — Ressort de baguette tenant à la capucine, baïonnette à bourrelet tenue par un ressort fixé au canon.

— Modèle 1777. — Bassinet de cuivre, ressort de baguette tenant à l'embouchoir, baïonnette à fente et à virole, etc.

— Modèle 1777, corrigé en l'an IX. — Embouchoir, grenadière, capucine retenus par des ressorts, la baguette par un ressort incrusté dans le bois sous le tonnerre, canon de 42 pouces de longueur, à 5 pans très courts au tonnerre; calibre, 7 lig. 9°; pèse 9 l. 8 on. sans la baïonnette longue de 15 po., pèse 10° 3|4.

Les inconvénients de ce modèle, avec lequel on a fait les guerres de l'empire, étaient les suivants : il était trop pesant sur le devant. Son centre de gravité étant trop éloigné du corps, le tir avait souvent lieu trop bas; il donnait de nombreux ratés dus à la pente trop forte de la batterie, etc.

— Modèle 1816. — Les caractères les plus saillants de ce modèle, dans lequel les changements les plus importants ont porté sur la platine et sur la lumière, consistent en une lumière conique ayant 16 points de diamètre extérieur et 12 de diamètre intérieur; bassinet à garde-feu, plan de l'entablement passant par le centre de la lumière, etc.

Il a présenté à un haut degré l'inconvénient de cracher, la batterie s'ajustait difficilement sur le corps.

Enfin le canon trop long, comme dans le modèle précédent, donnait lieu aux mêmes défauts dans le tir.

— Modèle 1822. — Ouverture extérieure de la lumière diminuée, canon diminué de 2 pouces, longueur 40 pouces (1 m.

083), baïonnette augmentée de 2 pouces ; longueur, 17 pouces (0 m. 460), etc.

— Modèle 1822. — Transformé à percussion, batterie et bassinet supprimés, guidon fixé sur le canon au lieu de l'être sur l'embouchoir.

Dans une première transformation : emploi d'une culasse à chambre (contenant la cheminée et une hausse ou visière) vissée au tonnerre du canon taraudé à cet effet.

Dans une deuxième transformation, on n'a plus changé la culasse du modèle 1822, mais on a vissé dans le canon un grain de lumière dans lequel on visse la cheminée, et on a bouché l'ancienne lumière ; on a ménagé de forge sur la queue une hausse et brasé un guidon au bout du canon ; chien changé, sans pierre, avec une tête évidée ; batterie et son ressort supprimés.

— Modèle 1840. — Canon composé, comme dans le premier système de transformation, d'un canon proprement dit et d'une culasse à chambre vissée au canon, platine à un seul ressort à chaînette, cran de sûreté taillé dans la noix.

— Modèle 1842. — Différent du modèle 1840 en ce qu'on conserve l'ancienne culasse du modèle 1822, et que l'on soude un grain de cheminée sur le canon.

Fusil *de dragon.* — Modèle 1777, à pierre, plus court de 2 pouces que le fusil d'infanterie (40 pouces de longueur), etc.

Fusil *de voltigeur, artillerie, dragon.* — Modèle an IX, canon de 38 pouces, garniture en cuivre, sauf la grenadière en fer à deux bandes.

Fusil *de voltigeur.* — Modèle 1816, canon de 38 pouces, d'ailleurs semblable au fusil d'infanterie, modèle 1816.

— *de voltigeur.* — Modèle 1822, canon de 38 pouces, d'ailleurs semblable au fusil d'infanterie, modèle 1822.

— *de voltigeur* 1840 et 1842 ne diffère du fusil d'infanterie que par la longueur du canon.

Fusil *d'artillerie.* — Modèle 1777, canon de 54 pouces, calibre de 7 lignes 9 points, garnitures en cuivre.

— *d'artillerie.* — Modèle 1816, présentant les mêmes dispositions pour la lumière, platine, et les mêmes défauts que le fusil d'infanterie de cette époque.

— *d'artillerie.* — Modèle 1822, comme le fusil d'infanterie, à la longueur et aux garnitures en cuivre près.

Ce fusil, dépourvu de baïonnette, est devenu le fusil de dragon, modèle 1822.

Fusil *de dragon.* — Modèle 1822, transformé à percussion (comme le fusil d'infanterie et de voltigeur), calibre de 17 millimètres 8.

— *de dragon.* — Modèle 1842, ne diffère du fusil d'infanterie que par la longueur du canon ; les garnitures en cuivre et le manque de baïonnette ; mis au calibre de 18 mill.

Fusil *de marine.* — Modèle an IX, diffère du fusil de voltigeur en ce que la grenadière est en cuivre.

Fusil *de récompense,* semblable au modèle 1777, canon bronzé garnitures en argent.

Fusil *de la garde impériale.* — Modèle 1802, semblable au modèle 1777, garnitures et battants en cuivre.

Fusil *des Cent-Suisses.* — Modèle 1814, comme le précédent, battants en fer.

Fusil *des gardes-du-corps et mousquetaires,* batterie à trousse, table évidée suivant une surface cylindrique, bassinet avec recouvrement cylindrique en cuivre.

Fusil nº 1, c'est-à-dire fusil d'une fabrication moins soignée que ceux des modèles réguliers ou composé de pièces appartenant à divers modèles.

Fusil *double de voltigeur corse percutant,* double, à rubans, culasse à bascule, etc.

Fusil *de rempart,* à percussion (modèle 1831), se chargeant par la culasse; calibre de l'arme, 0,0218; diamètre de la balle, 0,0225; longueur du canon, 1 m. 190, 12 rayures, porté par un pivot à charnière placé un peu en avant du centre de gravité, et qu'on adapte dans le trou d'un piquet enfoncé en terre. § 528.

FUSIL *de rempart.* — Modèle 1840, à percussion, calibre de 0 m. 0205; longueur du canon, 0 m. 810, 6 rayures.

FUSIL *de rempart.* — Modèle 1842, diffèrent peu du précédent, sabre baïonnette, poids avec la baïonnette, 5 k. 695

FUSIL *du marquis de Montalembert* (se chargeant par la culasse). Le logement de la charge ayant un peu plus de diamètre que le reste de l'âme du canon, la balle s'y trouve forcée.

FUSIL *à canon tordu*, dans lequel on a tordu successivement, de 2 en 2 ou de 3 en 3 pouces, les diverses parties du canon portées à la chaleur rouge.

FUSIL *à canon à rubans*, dans lequel le canon est formé de rubans de fer enroulés en spirale et soudés.

FUSIL *à canon damassé*, dans lequel le canon est formé de rubans de fer et acier corroyés ensemble et tordus, enroulés en spirale et soudés.

FUSIL *à vent*, dans lequel la balle est mue par l'effet de l'air comprimé. On peut ainsi tirer successivement plusieurs coups.

FUT, bois sur lequel sont montées les pièces en fer d'un fusil, d'une pique, d'une lance.

[G

GACHETTE (stange), pièce d'acier qui engraine par son bec dans les crans de la noix et qui détermine la chute du chien, lorsque, pressée sur sa queue par la détente, elle sort du cran de la noix. § 303.

GAINE, étui du poignard, de l'épée ou du sabre.

GALÉE (galea), ancien nom du casque.

GALET, petit caillou ou *jalet* qui se lançait dans la fronde ou l'arc à jalet.

GAMBESON, *Gambisson, Gambuison* (V. Gobisson).

GANTELET (blechhandschuhe), gros gant de fer pour garantir les mains, § 52.

GARDE (stichblatte), partie de la monture du sabre destinée à garantir la main contre les coups directs, § 185.

GARDE-BRAS, pièce de fer sur le brassard droit pour préserver ce bras.

GARDE-BRAYE. (V. Brague).

GARDE-COLLET, pièces ou bandes de fer épaisses s'élevant sur chaque épaule pour garantir la gorge et le cou.

GARDE-FEU, partie élevée du plan incliné du bord qui est du côté du chien, dans le bassinet.

GARGOUCHES, *Gargouges, Gargousses*, sac de papier ou de parchemin destiné à contenir la charge d'une bouche à feu.

GARNITURE (garnitur) des armes portatives, parties de métal destinée à lier le canon au bois ou à fortifier cette dernière pièce, § 312.

GARNITURE *de fusées*, artifices, pétards, matières incendiaires, balles, contenues dans le pot et dans le chapiteau.

GENOUILLÈRE, partie de l'ancienne armure qui couvre ou défend le genou.

GÈSE, demi-pique ainsi nommée par les Gaulois.

GIGUE (monture en), monture renflée à la poignée; se trouve au fusil modèle 1771 et aux fusils de chasse.

GIMBLET, petite flèche.

GLAIVE (schwerk). (V. Espadon), § 33 et 34.

GLAIVE , lance mince et légère , ferrée d'une pointe longue et aigue.

GLAND, balle de plomb pour la fronde.

GLOBE *d'éprouvette* en cuivre, de 7 pouces (0m.1895) de diamètre et pesant 60 liv. (29 k. 3), dont la portée indique la force de la poudre.

GOBISSON (wamms), pièce de cuir ou d'étoffe destinée à empêcher la pression de la cuirasse sous laquelle elle se portait, § 30.

GOLLET *de mailles*. (V. Chemise maillée).

GORGERETTE.   (Id.)

GORGERY, *Gorgerin* (ringtragen) , partie de l'armure pour garantir le cou. § 30.

GOUBISSON. (V. Gobisson).

GOUPILLES, petites chevilles d'acier trempé, noyées dans le bois, destinées à maintenir des pièces dans les armes portatives.

GOUSSET , partie de l'ancienne armure destinée à garantir les aisselles.

GOUTTIÈRES *de sabre*, creux dans la lame, surmonté d'une arête éminente.

GRAIN *de lumière*, pièce de cuivre rouge contenant le canal de lumière qui se visse dans la bouche–à–feu.

GRACIEUSE, lame légère ou glaive.

GRAPPE, amas de balles arrangées sur un plateau de bois autour d'un axe de fer.

GRÉGEOIS (feu) (griechische feuer), dont on n'a jamais bien connu la composition , et qui paraît n'être autre chose qu'une composition formée des principes constituants de la poudre sous forme de fusée, § 27.

GRENADES *à main* (calibre de 4), pesant 2 liv., se lançant à la main.

GRENADES *de rempart* (calibres de 16, 24, 33), se roulant contre l'ennemi aux moyen d'un auget.

Grenadière (mittelring), boucle du milieu d'un fusil, § 312.

Grève, devant de la jambière.

Griffon. (V. Écouvillon).

Grille, partie de la visière du heaume qui correspond aux yeux et permet de voir par des trous et ouvertures en forme de grilles ou treillis.

Guidon (korn, mucke), pièce de laiton brasée sur l'embouchoir ou vers la bouche du canon, pour donner la ligne de mire. § 299.

Guindrelle, ancienne épée.

Guisarme, arme d'hast, espèce de javeline à deux fers tranchants et pointus.

H

Hache d'armes (streitart); faite comme la cognée ou doloire de charpentier, s'appelait francisque.

— arme à manche mince portant un fer en forme de croissant destiné à agir de taille.

— Lorsqu'elle est munie d'un marteau à l'opposite, on l'appelle barbole ou martiaire, § 33, 36.

Hachereau, hache d'armes, petite, légère, courte.

Hacquebute, ancien nom de l'arquebuse.

Hallebarde (hellebarde), arme de 6 à 7 pieds de haut, composée d'une forte hampe, armée d'une lame pointue, tranchante et crochue des côtés. On s'en sert à deux mains pour combattre, § 42.

Halecret (V. Alecret).

Hamée, hampe de l'écouvillon,

Hampe, autrefois *hante*, manche en bois des armes d'hast.

Hanapier, *hanepier*, partie de l'armure, plastron de fer couvrant la poitrine du militaire armé à la légère.

Harnement. (V. Bardes).

Harpin, *harpis*, arme d'hast de 7 à 8 pieds, dont le fer pointu est accompagné d'un crochet.

Harquebuse. (V. Arquebuse).

Hast (armes d'), dénomination de toutes les armes montées sur un manche en bois, lances, piques, pertuisanes, hallebardes, espontons, faulx, haches, serpes, marteaux, etc.

Haste, javelot sans fer.

Haubert, *haubers*, *hauberc* (pauzer), cotte de mailles serrées destinée spécialement aux chevaliers. (V. Brugne), § 30.

Haubergeon, diminutif d'haubert.

Haubitz, premier nom donné aux obus.

Hausse (auffats), tige graduée sur la culasse d'une bouche-à-feu, servant à pointer les armes à feu à des distances supérieures à celle de but en blanc, § 281, 370, 485.

Haussecol (ring-krage), partie de l'armure antique qui garantissait le cou, § 30.

Signe distinctif indiquant qu'un officier de troupe à pied est de service.

Héalme, *heaume*, casque du chevalier ou du gentilhomme. (V. Elme).

Helepole, tour roulante (waudel thurme), § 20.

Hérisson. (V. Cheval de frise).

Hérisson, boule hérissée de pointes, creuse et remplie d'artifice pour défendre la brèche.

Heuque. (V. Hoqueton)

Heuse, soulier de fer tenant à la jambière.

Hoqueton, casaque militaire plus longue que la cotte-d'armes et ornée.

Hugue de brigandine. (V. Brigandine ou Anime).

J

Jalet, petit caillou rond dont on chargeait l'arc à jalet.

Jambière (beinschiene), chaussure de fer s'étendant du soulier à la genouillière, § 9, 31.

Jacque, espèce de justaucorps de cuir ou d'étoffe se portant sur l'armure.

Jacque de maille. (V. Chemise maillée).

Javeline, arme d'hast, demi-pique composée d'une hampe de 4 pieds 1|2 environ, surmontée d'une lame courte, large, épaisse, tranchante et pointue, servait à pied et à cheval, et quelquefois comme arme de jet.

Javelot (*wurfs piesse, jacuda*), arme de jet, plus courte que la javeline, garnie d'une pointe de fer triangulaire, pyramidale, très aiguë, se lançait à la main de 30 ou 40 pas, § 10.

Jaume. (V. Elme ou Heaume).

Jet (arme de), arme lançant un projectile.

Jouques. (V. Jaques de mailles).

Joyeuse, épée de Charlemagne.

Juisarme. (V. Guisarme).

L

Lacet, petit crochet de fer pivotant pour unir les parties du heaume.

Laisches, lames de fer attachées aux jouques ou à la chemise maillée.

Lance (*lanze*), arme d'hast, composée d'une hampe et d'un fer pointu, de forme et de dimension variables, § 10, 33, 191.

La lance, abandonnée vers le 17ᵉ siècle, fut reprise en France sous les guerres de l'Empire. Il y a eu trois modèles de lance : modèle 1812, longueur 2 mètres 761, branches longues ; modèle 1816, 2 mètres 842, branches courtes ; modèle 1823, 2 mètres 842, branches longues.

Lance-gaye, lame mince et légère approchant de la demi-pique.

Lance a feu, pièce d'artifice servant à mettre le feu aux bouches-à-feu.

Lanternae, demi-cylindre de tôle monté sur une hampe et servant autrefois à charger les pièces.

Lorique (*lorica*), cuirasse, haubert.

Lumière (*zundloch*) d'une arme à feu, canal servant à communiquer le feu à la charge, § 297.

Lunette (prosloch), trou percé dans l'entretoise de crosse d'un affût et destiné à recevoir la cheville ouvrière, lorsqu'on veut assembler les deux trains, § 381.

M

Machines anciennes de guerres, *baliste, catapulte, scorpion, manubaliste, frondibale, malléole-phalarique, vignes, tortue, muscule, hélépole, sambuque, toleno, corbeau, corbeau à griffe, mantelet.*

Machine-infernale, bâtiment chargé de poudre, de bombes,

d'artifices, et destiné à faire sauter des constructions ou à y mettre le feu.

Mâchoires d'un chien (lippen), partie qui tient la pierre, § 303.

Maille, tissu d'un habit de guerre, formée d'anneaux et chaînettes entrelacées.

Maillet ou *mail*, marteau d'armes court, sans pointe opposée au gros bout.

Mailloche, *maillot, maillotin*, petit marteau d'armes à manche long et mince.

Main (armes de), telles que sabre, épée, etc., pour combattre de près.

Main-de-fer, croc, harpon, harpis, havet.

Malléole–phalarique, trait portant des matières incendiaires lancé avec un arc ou une catapulte.

Mangan, *mangane*, catapulte.

Mangonalle, *mangoneau, mangonneau, mangonnelle*.

Mangonnelle, arbalète très forte, à arc de 15 à 20 pieds de long.

Mantelet, carré de bois portant sur des roues, dont le travailleur se couvrait dans les siéges.

Manu baliste, petite baliste ou catapulte, § 17.

Marteau, *marteau d'armes* (*streit Hammer*), arme faite d'un côté comme un marteau, quelquefois de l'autre comme une hache, § 36.

Martel, premier nom du marteau d'armes, ajouté au nom de Charles, en commémoration de l'usage glorieux qu'il en fit contre les Sarrasins.

Marron, petits pétards d'artifice.

Martiobarbule, nom donné par les Romains à la hache d'armes.

Masse d'armes, arme d'hast, tête en fer; boule de fer hérissée de pointes, tenant à un manche en bois.

Massue (*streit kolbe*), corps lourd, d'un bois fort, de forme ronde ou ovale, terminé en manche, avec tête souvent garnie de pointes en fer, § 36.

MATARAS, *matras*, trait pour arbalète ou mangoneau.

MATÈRE. (V. Javeline).

MATTIAIRE. (V. Barbole).

MÈCHE à canon (lunte), cordage de chanvre qu'on fait bouillir dans l'acétate de plomb, et qui sert à conserver le feu pour le tir des canons, mortiers, etc., § 418.

MENTONNIÈRE, partie basse du heaume emboitant le menton.

MENTONNETS, parties saillantes situées autour de l'œil d'une bombe, dans lesquelles passent les anneaux.

MERCI, *mercy*, (glaive de) (dolck), § 33.

MEZAIL, profil du casque fermé.

MIRE (coin de) (keil), sert à pointer les mortiers.

MIRE (bouton de), grain d'orge en cuivre servant à viser, brasé sur la bouche d'un canon de fusil.

MIRE (ligne de), ligne formée par l'arête supérieure du canon d'une arme, dont l'intersection avec l'axe de l'âme donne le but en blanc.

MISÉRICORDE, poignard fort et large à l'extrémité, § 33. (V. Glaive de merci).

MITRAILLE, morceaux de fer de toute espèce, clous, chaînes, balles, lancés par des canons.

MOINE, morceau d'amadou fixé au trou d'un papier qui recouvre l'amorce pour mettre le feu aux mines.

MONTURE de fusil ou bois (schaft), § 3, 11.

MONTURE de sabre (gefass), composée de la calotte, la poignée, la garde, le quillon, § 185.

MONTANTS, pièces verticales de l'affût de place et côte.

MORION, casque aplati des côtés, destiné aux gens de pied.

MORNE, anneau qu'on passait à la pointe de la lance pour qu'elle ne blessât pas dans le tournois.

MORTIER (morser), bouche-à-feu courte d'un fort diamètre , lançant des bombes. § 450.

Système Valière.

MORTIERS , deux de 12 pouces, l'un à chambre cylindrique, l'autre à chambre en forme de poire; un de 8 po. 51. (cylindr.)

Système Gribeauval.

MORTIER à chambre cylindrique de 12°, 10° (à grande et petite portée), 8° ;

Plus tard mortiers à la Gomer, de 12°, 10°, 8°.

Système de l'an XI.

MORTIERS à la Gomer de 12°, 10°, 6°, 24 ou 5° 7 lig.

Système actuel.

MORTIERS à la Gomer de 32c, 27c, 22c, 15c.

MORTIER-ÉPROUVETTE, mortier destiné à éprouver la force de la poudre. (V. Éprouvette).

MORTIER-COHORN, l'un du calibre de 16 , l'autre du calibre de 8, portée de 4 à 500 toises.

MOUFFLARD, partie supérieure du casque.

MOUCHETTES , dénomination de tous les objets qu'on lançait contre les murs avec des engins.

MOUSQUET (muskete), arme à feu d'abord lourde, ensuite plus légère et plus courte que l'arquebuse, munie d'un serpentin, § 32.

MOUSQUETON (carabiner), arme à feu courte.

Modèles.

MOUSQUETON de cavalerie, 1786. Canon de 26 p°, calibre 7 lig. 7 points, platine semblable à celle du modèle 1777 corrigé, garniture en cuivre, sauf la grenadière et la tringle, baguette traversant la crosse.

Modèle an ix.

Longueur du canon , 28 p°, calibre 7 lig. 7 points, platine du modèle de 1777 corrigé ; baïonnette de 18 p°; muni d'une tringle et servant pour toute la cavalerie.

Mousqueton modèle 1816. — Pour la cavalerie, longueur du canon, 18 po. 5 l. 8 points (0m,50), calibre 7 lig. 7 poi., (0,171) point de baïonnette, tringle, baguette séparées de l'arme, porte-vis à queue, lumière et platine du modèle 1816.

Mousqueton *de cavalerie* modèle 1822. Guidon fixé sur le canon, diffère par la platine et la lumière, la queue du porte-vis est supprimée.

Mousqueton *de gendarmerie* modèle 1825. Longueur du canon 28 pouces (0m,758), calibre 7 lig. 7 points (0,0171) , à baïonnette de 17 pouces (0m,460) de longueur, sans tringle, baguette sur le bois.

— *de gendarmerie* modèle 1825, transformé à percussion, transformation analogue à celle du fusil.

— *de gendarmerie* percutant , modèle 1842. Même système que pour le fusil, calibre de 0 m. 0176.

Mousqueton *d'artillerie* à silex , modèle 1829. Longueur du canon 22 p° (0 m. 60), calibre 7 lig. 7 points (0 m. 0171) , sans baïonnette.

Mousqueton *de lanciers*, modèle 1856. Diffère du mousqueton de cavalerie, modèle 1822, en ce qu'il porte une visière et guidon en cuivre sur une embase en fer, et en ce qu'il n'a pas de tringle, devant être porté dans une fonte.

Muscule, logement roulant , couvert, servant à approcher des murs.

N

Nazel, *Nazal*, partie supérieure du casque couvrant le nez. (V. Moufflard).

Noix, arrêt de la corde de l'arbalète tendue et placée dans l'échancrure faite à une petite roue tournante dans le fût.

Noix (nuss), pièce en forme de croissant munie de deux crans dans lesquels engrène la queue de gachette. L'arme est au repos ou au bandé, suivant que cette queue est dans le cran du repos ou du bandé. Lorsque la gachette pressée par la détente sort de ce dernier cran, la noix, pressée de haut en bas par la branche mobile du grand ressort, tourne et abat le chien qui tombe avec violence sur la batterie et détermine l'inflammation, § 303.

O

Obit, *haubitz* (granate), projectile creux, autrefois avec culot, aujourd'hui sans culot, qui se lance avec l'obusier, et dans lequel on met une charge destinée à le faire éclater, des matières incendiaires et même des balles.

Obusier, bouche-à-feu à chambre destinée à lancer des obus.

Modèle système Gribeauval.

Obusier de siége de 8 pouces (22 c); de campagne de 6 pouces (16c) court.

Système de l'an xi.

Obusier de 24 (15 cent.); de 6 poucés (16 c) à longue portée.

Système moderne.

OBUSIER de siège de 22 ᶜ (en bronze) ; de côte de 22 ᶜ (en fonte); de place de 22 ᶜ (en fonte).

OBUSIERS longs de campagne de 16 et 15 centimètres.

OBUSIER de 12 ᶜ de montagne.

ŒIL de bombe ou d'obus, trou conique à la partie supérieure du projectile par lequel on introduit la charge d'éclat et qu'on ferme avec une fusée qui communique le feu.

OLLE. (V. Grenade).

ONAGRE (onager), sorte de catapulte, § 16.

OREILLÈRE ou oreillon, plaque de fer tenant au heaume et destinée à défendre les oreilles et les mâchoires.

ORGUES, réunion sur un madrier de plusieurs canons d'arquebuse ou de mousquet qui prenaient feu par une même amorce.

P

PANIER, pavois fait d'osier et couvert de peaux.

— dans le milieu de la corde de l'arbalète, destiné à recevoir le pied de la flèche.

— de la fronde (V. Culot).

— (korb) d'un sabre, système formé par les branches de la monture, § 209.

PANNE, grand bouclier revêtu de peau.

PARME, bouclier de moyenne grandeur, plus large du bas que du haut, usité pour l'infanterie.

PARTUISANNE. (V. Pertuisanne).

PASSE-MUR, coulevrine de 16 à 40 calibres de long.

PAVOIS, ancien et grand bouclier de piéton employé à l'inauguration des rois.

PEDIEUX, soulier de fer. (V. Hense).

PELTE, grand bouclier des cavaliers.

PENNES, plumes fixées au pied d'une flèche ou d'un dard.

PENTE, courbure que doit avoir la crosse d'un fusil.

PERDREAUX, *perdrix*, projectiles lancés par une bouche-à-feu composée de 13 petits mortiers qui entouraient un mortier de 8 pouces.

PERRIÈRE, onagre, catapulte.

PERTUISANNE (partisane), arme d'hast qui ne diffère de la hallebarde, qu'en ce que la lame est plus longue, plus large et plus tranchante, § 42.

PÉTARD (pétarde), pièce en bronze en forme de cloche, munie au sommet d'un grain de lumière, qu'on accrochait à un objet pour le détruire, § 512.

PÉTRINAL (petrinals, poitrinals), arme à feu usitée autrefois par la cavalerie, § 56.

PETROLE. (V. Marron).

PIED-DE-BICHE (handwinde), crochet pour bander l'arc, § 37.

PIERRE-A-FUSIL (fener sleine), fixée entre les mâchoires du chien et produisant le feu par son choc sur la batterie, § 337.

PIERRIER, bouche-à-feu de la forme d'un mortier, destiné à lancer des pierres, cailloux, ferrailles, carcasses.

Système Gribeauval.

PIERRIER de 15 pouces (41 c.).

Système moderne.

PIERRIER de 41 cent.

PIERRIER, catapulte, mangonneau.

PILE, ancienne dénomination de toute arme de trait.

PIQUE, arme d'hast, dont le bois avait de 13 à 14 pieds et quelquefois même 18 de longueur, et dont le fer large, plat, pointu et tranchant des deux côtés, avait un pied; elle servait à l'infanterie.

PISTOLETS (pistole), petite arme à feu, § 518.

PISTOLET de cavalerie :

— Modèle 1765. Canon de 8 pouces 6 l. (250 mill.) ; calibre de 7 lignes 9 p. (17 mill. 5), platine carrée, bassinet et garniture en fer. Poids, 2 liv. 40.

— Modèle 1777. Canon de 7 pouces (189 mill., calibre de 7 l. 7 points (17 mill. 4); platine à coffret; bassinets et garnitures en cuivre; crochet de ceinture.

— Modèle an IX. Canon de 5 pouces 7 l. (201 mill.) à cinq pans courts; calibre de 7 l. 7 p., garniture en cuivre. (Pour toutes les troupes à cheval, hors la gendarmerie.

— Modèle an XIII. Embouchoir remplacé par une capucine en cuivre ; sans ressort de baguette.

— Modèle 1816. Canon de 7 p. 4 l. 8 points (0^m,2) ; lumière et platine du mousqueton modèle 1816.

— Modèle 1822. Ne diffère du modèle 1816 que par la lumière et la platine.

— Modèle 1822. Transformé à percussion. Longueur du canon, 200 mill., calibre, 171 mill. Système analogue à celui des fusils et mousquetons. Poids, 1 k. 301.

PISTOLET de marine.

— Modèle an IX, an XIII, 1816, 1822, ne diffèrent que par un crochet de ceinture du modèle correspondant.

— Modèle 1837 (à percussion), à culasse à chambre tronc-co- nique). Canon rond, sans visière ni guidon. Garniture en cuivre.

— Modèle 1842. Canon à 5 pans courts, visière et guidon.

PISTOLET de gendarmerie.

— Modèle 1783, an IX, 1816, 1822. Canon, 4 pouces 9 l.

(129 mill.) de longueur, diamètre 6 lignes 9 p. (15 mill. 2).

— Modèle 1840. A percussion.

Pistolet des gardes-du-Corps :

— Modèle 1777 et 1816. Canon bronzé.

Pistolet d'officier (1616, 1822). Canon tordu, visière, guidon; baguette en baleine, avec tête et bout en cuivre.

Ces deux modèles ne diffèrent que par la platine et la lumière, appartenant aux systèmes 1816 et 1822.

Pistolet d'officier de cavalerie, percutant.

— Modèle 1833. Canon à rubans, à 8 pans longs; 48 rayures triangulaires; culasse à chambre cylindrique, etc.

Pistolet d'officier de gendarmerie, percutant:

— Modèle 1836. Canon à 5 pans courts, à 36 rayures triangulaires; culasse à chambre cylindrique, etc.

Plaque de couche (kappe), plaque coudée de fer, destinée à préserver la crosse d'un fusil, lorsqu'on la pose à terre, § 312.

Plastron (vordertheil), partie antérieure de la cuirasse, § 315.

Platine (schloss), mécanisme dont le jeu produit le feu dans les armes à feu. *Platine à silex* (steine schloss), § 302.

Platine percutante (percussion schloss), § 307.

Platine ronde, dans laquelle une partie du corps et du chien sont convexes à l'extérieur.

Platine carrée, dont le corps et le chien sont plats.

Platine à chaînette, platine n'ayant qu'un ressort dont la branche inférieure fonctionne comme celle de l'ancien ressort de gachette, et dont la branche supérieure agit sur la noix par l'intermédiaire d'une chaînette, etc., de manière à produire l'effet de l'ancien grand ressort.

Plombée, *plommée*, masse de fer creusée et remplie de plomb.

Pluteus. (V. Muscule).

Poignal, *poignard*, épée très courte et pointue.

Poignée (griffe), partie de la monture d'une épée, d'un sabre, que la main saisit pour combattre, § 185, 209, 222.

Pointe (spisse), extrémité piquante d'une arme d'estoc, § 182, 221.

Poitrinal, plastron de petite dimension.

Pommeau d'épée (knopf), espèce de globe dans le haut de la poignée.

Pontet de sous-garde, pièce en fer arrondie, ajustée sous l'écusson, ayant pour objet de préserver la détente de toute pression ou choc accidentel.

Porte-feu, petite chambre cylindrique pratiquée autrefois au fond de l'âme des canons de siége.

Porte-mèche, double branche à pinces, montée sur une hampe dans laquelle on passe la mèche pour mettre le feu aux pièces d'artillerie, (V. Serpentin),

Porte-vis (seitenblech), pièce en fer du côté opposé à la platine, recevant la tête des deux grandes vis. (V. Contre-platine, § 312.

Pot, casque fort, épais, garni d'une visière solide destiné aux sapeurs.

Pot-a-feu, espèce de grenade ou de boîte de fer dont la poudre prend feu par une mèche.

Poudre (schiesspulver), composition inflammable de soufre, salpêtre et charbon, présentant des grains, § 227 et suivants.

Poudre-coton, composition fulminante découverte récemment. Elle est produite en trempant du coton dans un mélange d'acides nitriques et sulfuriques.

Poussier, *pulvérin* (mehlpulver), poudre en poussière, § 232.

Projectile (geschosse, wurfkorper), corps lancés. § 226.

Pyroxiline, matière qui compose les diverses préparations par les substances végétales et les acides donnant naissance à des produits explosifs.

PYROXILES , nom générique des diverses substances végétale ,
lorsqu'elles ont été préparées de manière à produire des corps
fulminants.

Q

QUART-DE-CANON, canon du XVIᵉ siècle , ayant 17 calibres de
longueur et pesant 2,300 liv. (Calibre de 12).

QUART-DE-CERCLE gradué qu'on place sur la bouche des mortiers pour leur donner l'inclinaison.

QUARREAU , trait d'arbalète à fer plat , losangé ou carré.

QUILLON (parirstange), c'est, à proprement parler, le prolongement inférieur de la branche principale du sabre en deçà de la
poignée, § 185, 209.

R

RABATTU (fer). (V. Émoussé , pour le tournoï).

RAPIÈRE , épée longue , étroite et tranchante.

RAYURES, creusées en hélice dans l'âme d'une arme à feu rayée.

REFOULOIR (sesser), hampe terminée par une tête cylindrique
pour enfoncer et bourrer la charge d'une bouche-à-feu ,§ 407.

RENFORTS de la bouche-à-feu :(1ᵉʳ renfort bodenstuck) , § 367;
2ᵉ renfort (zappfeustuck), § 368.

RESSORT (grand) (schlagfeder), pressant sur la noix et la forçant à tourner, lorsque la queue de gachette sort du cran du
bandé , § 303 , 504.

RESSORT de batterie (batterie feder), pressant sur le pied de la batterie et la forçant à opposer une résistance au choc de la pierre, § 303, 306.

RESSORT de gachette (stangen feder), maintenant la queue de gachette dans les crans de la noix, § 303.

RESSORTS de boucle, destinés à maintenir les boucles, § 312.

RESSORT de baguette, qui retient la baguette, § 312.

RIBADOQUIN, *ribaldequin*, *ribaudequer*, *ribaudequin*, arbalète de passe, *mangonneau*; — pièce d'artillerie ancienne de 1 liv. ou 1/2 liv. de balles.

ROCHE À FEU (gesmolzene zeng), artifice incendiaire que l'on met dans le chargement de la bombe, § 465.

RONDACHE, *rondelle* (schilde), bouclier rond, convexe en dehors, concave en dedans, § 28.

ROUET (rad), petite roue d'acier adaptée autrefois à la platine d'une arquebuse, § 54.

RUBAN, lame repliée en ruban sur une broche, de manière à former une spirale dont les jonctions sont soudées.

S

SABOT à boulet (spiegel), pièce de bois du calibre de la bouche à-feu, dans laquelle est creusée une cavité hémisphérique qui reçoit le boulet. On l'y fixe par des bandelettes de ferblanc, § 415. On fait usage aussi de sabot pour la balle de la carabine.

SABOT de lance, pièce de fer adaptée au bas de la hampe, § 191.

SABRE (sabel, haudegen, pallasche), arme de taille et d'estoc de formes variées, § 206 et suivants; § 221 et suivants.

Modèles de sabre.

Sabre *de cavalerie*, modèle 1790. Lame droite à deux gouttières, longueur 36 pouces (0 m. 975), monture en cuivre, garde à trois branches dont deux en S, poignée en bois recouverte en basane avec filigrane en cuivre, fourreau en cuir, chape et bout en cuivre, poids 3 liv. 11 onces.

Sabre *de dragon*, modèle 1790. Chape et bélière en fer avec anneau ; d'ailleurs le même que le précédent.

Sabre *de carabinier*, modèle 1790. Lame droite et non évidée ; d'ailleurs différant peu du sabre de cavalerie.

Sabre *de chasseur à cheval*, modèle 1790. Lame courbe à une gouttière, longueur 34 pouces (0m.920), flèche 11 lig. (0m.0248).

Sabre *de hussard*, modèle 1790, conservé en l'an ix. Lame courbe de 30 pouces (0 m. 312) de longueur, flèche 26 lig. (0 m. 0587), garde à une branche, fourreau en bois recouvert en cuir noir, chape et bout en cuivre, dard en fer; poids 3 livres 10 onces.

Sabre *du* 2e *régiment de chasseurs*, modèle 1802, *dragons de Custine, sabre Montmorency*. Lame courbe, longueur 36 pouces (0 m. 975) 8 lig. (0 m. 018) de flèche, pans creux et gouttières, garde en fer à deux branches plates parallèles, jointe par une troisième, fourreau en cuir noir, bordure, bout et trois bracelets en cuivre ; poids, 3 liv. 4 onces.

Sabre *de Royal-Allemand*, modèle 1786. Lame à la Montmorency, flèche de courbure 12 lig. (0 m. 0271), fourreau du 2e de chasseurs, garde en cuivre; poids 4 liv. 11 onces.

Sabre *de gendarmerie à cheval*, modèle 1790. Lame droite non évidée, longueur 32 pouces 6 lig. (0 m. 880), poignée et fourreau comme au sabre 1790, poids 2 liv. 6 onces.

Sabre *d'artillerie à cheval*, modèle 1792. Lame courbe évidée, 22 pouces (0 m. 596) de longueur, 10 lig. (0 m. 226) de flèche, fourreau en cuir, monture en cuivre; poids 3 liv.

Sabre *d'artillerie à pied* avant 1790. Lame droite, 18 pouces (487 mill.), deux tranchants, pans creux, fourreau en cuir noir, monture sans branche, chape et bout en cuivre; poids 2 liv. 10 onces

Sabre *de grenadier* avant 1790, conservé en l'an ix. Lame courbe non évidée, 22 pouces de longueur (0 m. 596), 9 lignes (0 m. 226) de flèche, fourreau en cuir noir, monture à une branche, chape et bout en cuivre.

Sabre *d'artillerie de marine*, modèle 1771. Diffère peu du sabre d'artillerie à pied, n'a pas de pans creux.

Sabre *d'abordage* pour la marine, modèle 1782. Lame de 23 pouces (0 m. 623), légèrement courbée, monture en cuivre, garde à coquille et à trois branches, fourreau comme au sabre de grenadier.

Sabres modèle an xi.

Sabre *de grosse cavalerie*. Lame droite à deux gouttières, 36 pouces (0 m. 975) de longueur, monture en cuivre, garde à coquille à trois branches, fourreau en tôle de fer avec fût en bois.

Sabre *de dragon*. Ne diffère du précédent que par le fourreau en cuir avec garniture en cuivre.

Sabre *de cavalerie légère*. Lame courbe et évidée de 32 pouces (0 m. 880) de longueur et 1 pouce 11 lig. (0 m. 0519) de flèche, monture en cuivre, garde à deux branches et à quillon, fourreau en tôle de fer avec fût en bois.

Sabre *d'infanterie*, dit briquet. Lame courbe non évidée, longueur 22 pouces (0 m. 596), 9 lig 0 m. 0205) de flèche, monture en cuivre avec une branche et un quillon, fourreau en cuir noir, chape et bout en cuivre.

Sabre *de sapeur*. Lame de 27 pouces (731 mill.), légèrement courbe, évidée, le dos taillé en scie, monture en cuivre, sans branche, fourreau en cuir, bout et chape en cuivre.

Garde impériale.

SABRE *de grenadier à cheval.* Lame à la Montmorency, modèle 1802. Monture en cuivre à trois branches en S avec une grenade, fourreau en cuir noir presque entièrement recouvert de cuivre, dard en fer.

SABRE *de chasseur à cheval.* Lame à peu près la même que celle de cavalerie légère modèle, an XI, monture en cuivre à une branche, fourreau comme le précédent.

SABRE *de grenadier à pied.* Lame longue de 24 pouces (0 m. 650), flèche de 12 lig. (0 m. 0271) évidée, monture en cuivre à une seule branche et à quillon, fourreau en cuir, bout et chape en cuivre.

SABRE *de sapeur.* Comme celui de sapeur modèle an XI.

Modèles 1816.

SABRE *de cavalerie de ligne* (carabiniers, cuirassiers, dragons). Lame droite à deux pans creux, de 36 pouces 11 lign. 3 points (1 m.) de longueur, garde à coquille à quatre branches en S, poignée en bois recouverte en basane, fourreau en tôle d'acier avec deux bracelets, deux anneaux et un dard; poids 5 livres 2 1/2 gros.

SABRE *de cavalerie légère* (artillerie à cheval, chasseurs, hussards). Lame à la Montmorency, longueur 34 pouces 4 lignes 3 points (0 m. 930), flèche de 11 lignes (0 m. 027), garde à deux branches latérales et à quillon, poids 4 liv. 8 onces 3 1/2 gros.

SABRE *d'infanterie,* comme le sabre d'infanterie modèle an XI.

SABRE *d'artillerie à pied,* comme au modèle antérieur à 1790, avec peu de différence.

Modèle 1822.

SABRE *de cavalerie de ligne.* Lame courbe à la Montmorency, longueur 0 m. 975, flèche 0 m. 0248, monture, fourreau, poi-

gnée, à peu de chose près, semblables au modèle 1816, poids
2 kilos. 200.

Modèle 1822.

Sabre *de cavalerie légère*. Longueur de la lame, 0 m. 921
flèche 0 m. 0277, poids, 2 kilos. 055.

Modèle 1829.

Sabre *de canonnier monté*. Lame courbe sans évidement, longueur 0 m. 810, flèche 0 m. 059, garde à une branche et à
quillon, fourreau en tôle d'acier.

Modèle 1831.

Sabre *de troupes à pied*. Lame droite à deux tranchants, longueur 0 m. 487, monture d'une seule pièce sans branche, fourreau en cuir, bout et chape en cuivre, poids 1 kilos. 320.

Sabres *d'officier de cavalerie et d'artillerie*, ne diffèrent de
ceux de la troupe que par les dorures.

Sabre *d'officier d'infanterie*, modèle 1821. Lame à la Montmorency, longueur 0 m. 758, flèche 0 m. 020, fourreau en cuir,
chape et bout en cuivre doré.

Sabre de *tambour major*, modèle 1822. Lame à la Montmorency;
0 m. 812 de long. et 0m054 de flèche. Fourreau en cuivre doré.

Sabre *d'abordage*, modèle 1833. Lame légèrement courbe,
large, à grands pans creux, monture et garde en fer, fourreau
comme au sabre d'infanterie modèle 1816.

Sachets, enveloppe en serge contenant la charge des pièces de
campagne.

Saette, *sagette, sajette*, flèche.

Salade (sturm, pickel hauben), heaume sans crête, assez simple
et sans ornement, § 29.

Saladine, premier nom de la cotte-d'armes.

Sambuque, échelle terminée par une petite plate-forme pouvant contenir vingt hommes.

Saquebute, sorte de javeline crochue.

Sarbacane, *sarbatane*, tuyau long de bois ou de fer très mince par lequel on lançait des flèches par le souffle.

Sarisse (sarisse), lance longue et lourde, arme très ancienne, § 10.

Sassoire, pièce transversale disposée en arrière de l'essieu de l'avant-train et maintenant le timon.

Saucisse, *saucisson*, long boyau de cuir ou de toile plein de poudre qui conduit le feu de la mèche au fourneau de mine.

Scorpion, ancien canon.

— petite baliste, § 17.

Schrapnell, obus contenant des balles qu'il lance en éclatant.

Sellette, pièce de bois d'un avant-train placée au dessus de l'essieu.

Semelle *d'affût*, pièce en bois qui supporte la culasse d'une bouche-à-feu.

Serpe *d'armes*. (V. Hachereau).

Serpenteau, cercle de fer muni de grenades chargées de pointes de fer aiguës.

Serpentin, espèce de coulevrine.

— (luntenschloss), pièce qui, tenant la mèche entre deux pinces, l'amenait autrefois dans le bassinet du mousquet, § 53.

Sousbande, bande de fer sous le tourillon.

Sousgarde (abzugbuget), réunion de l'écusson et du pontet, § 312.

Soie (angel), partie en fer de la lame d'un sabre qui sert à la réunir à la monture, § 182.

Spade, *spada*, épée des Gaulois, longue, tranchante, épaisse, sans pointe.

Spirole, ancienne pièce de canon.

Sponton (V. Esponton).

Style, bras de la catapulte.

Stylet, poignard à lame longue, mince, carrée, ou triangulaire et évidée.

Support (V. Fourchette).

Sousbande, pièce de fer mobile qui recouvre les tourillons.

Suwaloff, obusier à bouche évasée comme les espingoles.

T

Taille, coup de tranchant d'une arme.

Taillevas, *tallevas*. (V: Pavois).

Tampon, pièce en bois pour fermer la bouche d'une arme à feu.

Tarcairs, *turcois* ou *carquois*.

Targe, *targue*, (*tartsche*), *cetre* ou *pelte*, § 28.

Tassettes. (V. Braconnière).

Tenons (bajonethafte), petite pièce de fer soudée au canon pour maintenir la baïonnette, § 200.

Timbre, partie ronde du casque qui emboîte le sommet de la tête.

Tiroirs, pièces de fer plates traversant le bois et les mentonnets percés fixés au canon, qu'elles assemblent avec le bois.

Toléno, long levier suspendu à une pièce de bois verticale plus élevée que le rempart d'une place attaquée. A un des bouts du levier était un coffre pouvant porter jusqu'à vingt hommes que l'on amenait au-dessus des créneaux.

Tornicle, longue cotte-d'armes pour les tournois.

Tourillons (schildzapfen), cylindres par lesquels une bouche-à-feu repose sur l'affût, § 368.

Tourteaux goudronnés, artifices incendiaires, § 311.

Tortue, réunion de tous les boucliers d'une troupe formant un abri impénétrable.

Tour roulante ou *beffroy.*

Trabe, *hampe* ou *haute.*

Trébuchet, *trebus, trebutcket.* (V. Mangonneau).

Trélingage, gros cordage divisé en plusieurs branches pour faire agir le bélier.

Tromblon ou *spingole* (tromboue, streurohre), § 315.

Truie, beffroy ou tour roulante.

Turquois, tarquaire ou carquois.

V

Vent (spielraum), différence entre le diamètre du projectile et le calibre de la bouche-à-feu, § 265.

Ventail, partie de la grille du heaume la plus près du menton.

Verdun, sorte de flamberge.

Verge, épée mince et déliée.

Vigne, galerie en bois pour tirer à couvert.

Vis (stellschraube), tige de fer taraudée à l'extrémité.

Vis de pointage (stellschraube), servant à élever ou abaisser la culasse d'une bouche-à-feu, pour pointer plus ou moins loin, § 387.

Virole ou *bague* (sperring, schiebring), anneau mobile qui sert à fixer la douille de la baïonnette, § 200.

Visière, partie saillante du casque mobile sur 2 pivots,, avec des ouvertures pour les yeux.

Visière (visir), pièce fixée sur le tonnerre d'une arme à feu portative, et qui, avec le guidon, donne la ligne de mire, § 324.

Volée du canon (munsdstuck langefeld), partie comprise du 2ᵉ renfort à la bouche, § 369.

Vouge, vougle, vougue. (V. Guisarme).

W

Wurst (wurstwagen), caisson long en bois, servant de monture aux canonniers, § 424.

X

Xyloïdine, préparation fulminante analogue à la pyroxiline qu'on obtient en trempant les substances végétales dans l'acide nitrique, découverte il y a une quinzaine d'années par M. Braconnot.

Y

Yatagan, sabre courbe, usité en Orient.

Z

Zagaie. (V. Sarisse).

EMPLOI

DES DIVERSES ARMES

USITÉES DANS L'ARMÉE FRANÇAISE.

ARMES PORTATIVES.

Armement des troupes.

Infanterie de ligne.

Sous-officiers et soldats : Fusil d'infanterie modèle 1822, transformé à percussion, ou modèle 1842.

Sapeurs : Mousqueton, modèle 1825, transformé à percussion, ou modèle 1842.

Sous-officiers, grenadiers, voltigeurs : Sabre de troupes à pied (modèle 1831.

Infanterie légère.

Sous-officiers et soldats : Au lieu du fusil d'infanterie, fusil de voltigeur, qui n'en diffère que par la longueur du canon.

Sapeurs : mousqueton, modèle 1825 transformé, ou modèle 1842.

Sous-officiers, carabiniers, chasseurs : Sabre des troupes à pied, modèle 1831.

Chasseurs d'Orléans.

Sous-officiers, caporaux, soldats, carabiniers : Fusil de rem-part, modèle 1842.

Chasseurs : Carabine, modèle 1842.

Carabiniers, chasseurs : Sabre-baïonnette.

Carabiniers, Cuirassiers.

Adjudants, sous-officiers, brigadiers, cavaliers : 1 cuirasse ; 2 pistolets, modèle 1822 transformé pour les adjudants ; 1 pistolet pour les maréchaux-des-logis, brigadiers, cavaliers ; 1 sabre de cavalerie de ligne, modèle 1822.

Dragons.

Adjudants, sous-officiers : 1 pistolet, modèle 1822 transformé (2 pour les adjudants) ; 1 sabre de cavalerie de ligne, modèle 1822.

Brigadiers, cavaliers : 1 fusil de dragon, modèle 1822 transformé, ou modèle 1842 ; 1 sabre de cavalerie de ligne, modèle 1822.

Lanciers.

Adjudants, sous-officiers : 1 pistolet, modèle 1822 transformé (2 pour adjudants) ; 1 lance, modèle 1823 ; 1 sabre de cavalerie légère, modèle 1822.

Brigadiers, cavaliers : 1 mousqueton de lancier, modèle 1837 ; 1 lance, modèle 1823 ; 1 sabre de cavalerie légère, modèle 1822.

Chasseurs et Hussards.

Adjudants, sous-officiers : 1 pistolet, modèle 1822 transformé (2 pour adjudants) ; 1 sabre de cavalerie légère, modèle 1822.

Brigadiers, cavaliers : 1 mousqueton de cavalerie, modèle 1822 ; 1 pistolet de cavalerie, modèle 1822 transformé ; 1 sabre de cavalerie légère, modèle 1822.

ARTILLERIE.

Régiments, Pontonniers, Compagnies d'ouvriers.

Adjudants, sous-officiers, brigadiers, maréchaux ferrants, trompettes, artificiers et canonniers à cheval : 1 pistolet, modèle 1822 transformé (2 pour adjudants) ; 1 sabre de canonnier monté, modèle 1829.

Sous-officiers de pontonniers et d'ouvriers : 1 mousqueton d'artillerie, modèle 1829 ; 1 sabre de canonnier monté, modèle 1829.

Artificiers, canonniers à pied, caporaux, pontonniers, ouvriers, clairons : 1 mousqueton d'artillerie, modèle 1829 ; 1 sabre de troupes à pied, modèle 1831.

Canonniers conducteurs : 1 pistolet, 1 sabre de canonnier monté, modèle 1829.

Train d'artillerie.

Adjudants, sous-officiers, brigadiers, maréchaux ferrants, trompettes : 1 pistolet, modèle 1822 transformé (2 pour adjudants) ; 1 sabre de canonnier monté, modèle 1829.

Ouvriers et soldats : 1 pistolet ; 1 sabre de can. monté, m. 1829.

Génie.

Adjudants, sous-officiers : 1 épée, modèle 1816.

Sous-officiers, soldats, ouvriers : 1 fusil de voltigeur modèle 1822 transformé, ou modèle 1842 ; 1 sabre de troupes à pied, modèle 1831.

Sapeur conducteur : Armement du train d'artillerie.

GENDARMERIE.

Brigades à cheval.

Maréchaux-des-logis : 2 pistolets de gendarmerie, modèle

1822 transformé, ou modèle 1840 ; 1 sabre de cavalerie légère, modèle 1822.

Brigadiers et gendarmes : 1 mousqueton de gendarmerie, modèle 1825 transformé, ou modèle 1842 ; 2 pistolets de gendarmerie, modèle 1822 transformé, ou modèle 1840 ; 1 sabre de cavalerie légère, modèle 1822.

Brigades à pied.

Sous-officiers, brigadiers, gendarmes : 1 mousqueton de gendarmerie, modèle 1825 transformé, ou modèle 1842 ; 1 pistolet de gendarmerie, modèle 1822 transformé, ou modèle 1840 ; 1 sabre de troupes à pied, modèle 1831.

Voltigeurs corses.

1 fusil double (dit de voltigeurs corses), 1 sabre de troupes à pied, modèle 1831.

GARDE MUNICIPALE DE PARIS.

à cheval.

Comme la gendarmerie à cheval ; les hommes n'ont qu'un pistolet.

à pied.

Sous-officiers : Sabre d'infanterie, modèle 1816.

Caporaux et soldats : Fusil de voltigeur, modèle 1822 transformé à percussion ; sabre d'infanterie, modèle 1816.

Train des équipages militaires.

Adjudants, sous-officiers, trompettes : 1 pistolet de cavalerie, modèle 1822 transformé.

Brigadiers : 1 mousqueton de gendarmerie ; 1 pistolet de cavalerie ; 1 sabre de cavalerie légère, modèle 1822.

Soldats : 1 mousqueton de gendarmerie ; 1 sabre de troupes à pied, modèle 1831.

Bataillons d'ouvriers d'administration.

Armement de l'infanterie légère.

Compagnies de vétérans.

De sous-officiers : Comme les compagnies de grenadiers d'infanterie.

De fusiliers : Comme les compagnies du centre.

De canonniers : Fusil de voltigeur, sabre de troupes à pied.

Du génie : Même armement.

De cavaliers : 1 mousqueton de cavalerie ; 1 sabre de cavalerie légère.

De gendarmerie : 1 mousqueton et 1 pistolet de gendarmerie.

Compagnies de discipline.

Fusiliers et pionniers : Comme les compagnies du centre de l'infanterie.

TROUPES D'AFRIQUE.

Chasseurs d'Afrique, Spahis.

Comme les dragons.

Zouaves, bataillons d'infanterie indigène.

Comme les compagnies du centre de l'infanterie légère.

Batteries non montées d'artillerie.

Mousqueton de gendarmerie ; sabre de troupes à pied.

BOUCHES-A-FEU.

Le service des bouches-à-feu est fait par les troupes de l'artillerie. Les pièces de campagne sont réparties en batteries de réserve, batteries attachées aux divisions d'infanterie, batteries attachées aux divisions de cavalerie.

Les batteries de réserve contiennent six bouches-à-feu. Elles sont composées 1° de quatre pièces de 12 et deux obusiers de 16 centimètres, huit affûts, dix-huit caissons à munition pour bouche-à-feu, deux charriots de batterie, deux forges; 2° de quatre bouches-à-feu de 8, deux obusiers de 15 centimètres, huit affûts, douze caissons à munitions pour bouches-à-feu, six pour cartouches d'infanterie, deux charriots de batterie, deux forges.

La composition des batteries affectées aux divisions d'infanterie est la même que la précédente.

Les batteries affectées aux divisions de cavalerie se composent de quatre pièces de 8, deux obusiers de 15 centimètres, huit affûts et 12 caissons à munitions pour bouches-à-feu, deux caissons pour cartouches d'armes portatives, deux charriots de batterie, deux forges.

Les batteries de réserve de 12 sont servies par des batteries montées (personnel) composées, sur le pied de guerre, de 4 officiers et 212 sous-officiers et soldats).

Les batteries de réserve de 8 sont servies par des batteries à cheval (personnel, 4 officiers, 222 sous-officiers et soldats).

Les batteries affectées aux divisions sont montées (pour celles d'infanterie), et à cheval (pour celles de cavalerie).

Les pièces de montagne sont formées en batterie de montagne composées de six obusiers de 12 centimètres, sept affûts, une forge, et servies par des batteries montées (personnel).

Les bouches-à-feu de gros calibre, canons de 24, 16, 12, obusiers de 22 centimètres, mortiers, sont employées à l'attaque et à la défense des places et des côtes, et sont servies par des batteries (personnel) ou compagnies d'artillerie, à raison de 7 servants pour les pièces de siége , 5 pour les obusiers , pour les pièces de place et côte et les mortiers de gros calibre; 5 pour les mortiers de 8 pouces.

L'artillerie est chargée également du service des fusils de rempart destinés à la défense des places, et de celui des fusées et artifices de guerre.

APPENDICE

*à la préface du traducteur relative à la troisième
partie de l'*Étude des armes.

———

La troisième partie qui a pour objet l'étude des armes modernes
se compose de deux divisions. La première traite *des armes de
main* ou *armes blanches*, *de la poudre*, présente des généralités
sur *la construction et le tir des armes à feu;* et enfin passe en
revue tout ce qui concerne les diverses armes-à-feu portatives.

La deuxième division traite des *bouches-à-feu, affûts, canons,
artifices de guerre*, et est terminée par un court chapitre relatif
aux armes défensives.

Cette troisième partie, la plus importante de l'ouvrage, n'a
subi que peu de changements dans la traduction ; mais il a paru
nécessaire d'y annexer de nombreuses notes destinées 1° à compléter certains articles de l'ouvrage original (principalement ce
qui a rapport aux procédés de fabrication) ; 2° à présenter quelques résultats relatifs aux armes telles qu'elles sont établies
en France, pour permettre de comparer ces résultats aux principes généraux posés par l'auteur et aux exemples tirés de quelques artilleries étrangères qu'il cite.

On a consulté pour la rédaction de ces notes :

L'aide-mémoire d'artillerie (édition 1844).

L'aide-mémoire de Gassendi.

Les divers numéros du Mémorial d'artillerie.

Les ouvrages de M. le colonel d'artillerie Piobert.

L'ouvrage relatif au tir des armes à feu de M. le chef d'esca-
dron d'artillerie Duquesney.

Le projet de réglement sur les manœuvres d'artillerie qui a
paru en 1826, etc.

On s'est aidé également, pour vérifier certains faits énoncés
dans l'ouvrage allemand , du dictionnaire allemand du général
Hoyer et du Manuel d'artillerie bavaroise. Dans ce dernier livre
imprimé en 1847, et qui, par conséquent , présente les faits les
plus modernes , les résultats indiqués sont en complète concor-
dance avec ceux présentés dans l'étude des armes du chevalier
J. Xylander.

Indépendamment des notes placées à la fin des pages, on a
cru devoir joindre à la traduction :

1º Une notice succincte sur la poudre coton , dont les éléments
sont extraits des comptes-rendus de l'Académie des sciences et du
Journal des armes spéciales ;

2º Un vocabulaire indiquant les dénominations relatives aux
diverses armes , pièces d'armes , etc. On y a mentionné tous les
modèles d'armes qui ont été ou qui sont usités.

Ce vocabulaire a été établi en consultant celui qui se trouve
dans la Panoplie de Carré, la table des matières placée en tête de
l'Aide-mémoire de Gassendi, l'Aide-mémoire (édit. de 1844), les
Mémoires sur l'artillerie de campagne, de MM. les chefs d'esca-
dron d'artillerie Bach et capitaine Favé. etc.

OBSERVATIONS ET RECTIFICATIONS

RELATIVES A DIVERS PASSAGES DE L'OUVRAGE.

§ 2.

ARC... *que l'on courbait en forme demi-circulaire* (*halb kreis formiq*).

Il serait plus exact de dire : *en forme de segment circulaire.*

§ 31.

A l'extrémité de la cuirasse commençait le corselet qui s'étendait jusqu'au haut de la cuisse et qui était attaché à la cuirasse.

Bien que les dictionnaires donnent, en général, pour équivalent du mot allemand *krebs*, le mot français *corselet*, il semble qu'ici, d'après le sens de la phrase, il doit être traduit par *tassettes.*

Il faudrait donc modifier la traduction comme il suit :

A l'extrémité de la cuirasse commençaient les tassettes, qui s'étendaient jusqu'au haut de la cuisse et qui étaient adaptées à la cuirasse; elles pesaient, etc.

§ 48.

NOTE DE L'AUTEUR.

Canons montés sur des roues.

Substituer :

Canons montés sur des affûts à roues.

§ 194.

La lance, en France, est engagée par le sabot dans une botte en cuir placée vers l'étrier droit, et tient au bras droit par la courroie.

RECTIFICATION A LA NOTE DU § 197.

Au lieu de : *Si sa principale valeur n'était pas comme arme de jet ou d'hast, dans les feux.*

Substituer :

Si sa valeur n'était pas plus grande comme arme de jet, par les feux, que comme arme d'hast.

Note du § 199.

La lame de la baïonnette..... a 0 m. 573 de longueur et pèse...

Substituer :

La lame de la baïonnette..... a 0 m. 573 de longueur; cette baïonnette pèse....

Pages 199 et 200.

Modification a un passage de la note sur les canons rayés.

Au lieu de : *On appliqua la même modification au fusil de rempart, modèle 1831. Supprimant le chargement par la culasse, on l'allégea de 1 kilogramme, et...*

Substituer :

Elle (la carabine) se trouva plus juste que le fusil de rempart, mod. 1831; on fut donc conduit à appliquer le même mode de chargement à cette dernière arme. La longueur du canon fut réduite à 0 m. 861, le nombre des rayures à 6, le calibre à 0 m. 0205. Le chargement par la culasse fut supprimé; on adapta une chambre cylindro-sphérique. Le poids total de l'arme ne s'éleva plus qu'a 5 k. 960, sans baïonnette.

Ce fusil de rempart, qui parut encore trop lourd, fut ensuite allégé d'un kilogramme.

Note du § 256.

L'épaisseur du métal dans les pièces... ajoutez : *de bataille.*

Rectification a la note du § 332.

Poids de la balle du fusil d'infanterie et de voltigeur, percutant, modèle 1842,   0 k. 0303, au lieu de 0 k. 303.
Poids de la balle de la carabine, 0 k. 0303,   id.

Rectification a la note du § 335.

Charge de la carabine, modèle 1842 : 6, 25, au lieu de 6, 22.

§ 336.

En campagne..... 60 à 80 cartouches à balles.

Substituer :   48 à 60.

Note du § 338.

On charge à raison de 0m, 04 de gramme par capsule, c'est-à-dire à raison de 0, 04 de gramme, etc.

§ 350.

S'il est prouvé par des essais que la carabine porte mieux qué le MOUSQUETON. Substituer :

. . . . . *que la carabine porte mieux que le* FUSIL.

La rapidité du tir du fusil est présenté comme étant quatre fois plus grande que celle du tir de la carabine (cette dernière arme, il est vrai, supposée chargée au maillet).

NOTE DU § 350, PAGE 220.

Résultats comparatifs du tir entre le fusil et la carabine, etc.

Nombre de balles sur 100 qui ont touché.

. . . . 400 m. . . . . .

Carabine 1842, sans sabot ni calepin , 9, 1.

Substituer   5, 1.

§ 366.

Appareil *de* deux roues.

Substituer *a* deux roues.

§ 396.

Page 265 : Le *tiroir* de chêne.

Substituer : Le *petit châssis* de chêne.

§ 398.

Et être *en* à couvert pendant le chargement.

Supprimer *en.*

NOTE DU § 464, PAGE 326.

Mesurer le diamètre inférieur (des bombes).

Substituer : *Mesurer le diamètre.*

§ 482.

Diamètre des obusiers bavarois.

	Vent.	Diamètre de l'âme.
Obusier de 7 liv.	0, 0037	0, 16
Substituer :	0, 0031	0, 15

NOTE DU § 482, PAGE 339.

L'obusier de 22 centimétres en fonte adopté assez récemment pour le service des côtes. Substituer : *pour celui des places.*

§ 502, p. 361. *La vitesse initiale est...* augmentée, accélérée ; supprimer *accélérée.*

TABLE DES MATIÈRES.

—⟶⟫⟫ ⟪⟪⟪——

FIN DE LA TABLE.

Pl. 1.

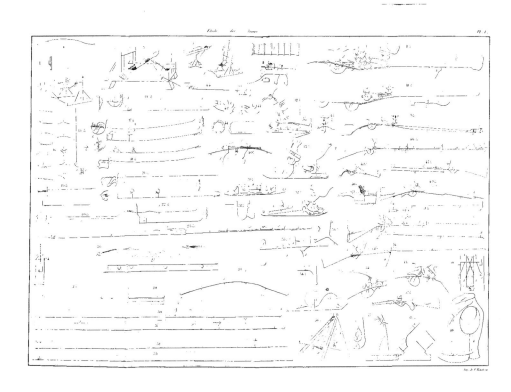

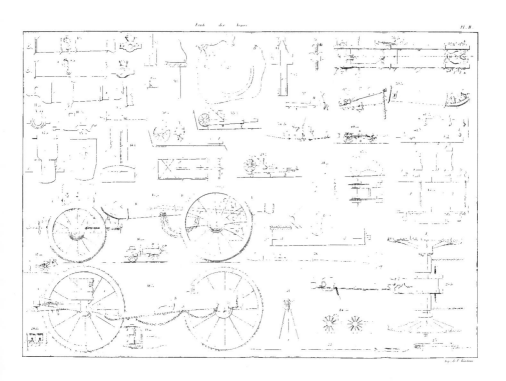

Imprimé en France
FROC031943200120
23227FR00015B/149/P

9 782329 359793